旧国中世重要論文集成

下総国

石渡洋平［編著］

戎光祥出版

序にかえて

本書は、下総国の中世を対象とした重要な論文を集めたものである。下総国のおおまかな範囲は、現在の千葉県北部・茨城県南部・東京都東部である。中世段階では、北には香取海・印旛浦・常陸川があり、西は江戸湾が広がるなど、水上交通と密接な関係にあった国である。こうした水運を介した他国との交流も盛んであった。また、陸上交通でも徳川家康が江戸に入部することもあいまって、銚子方面から江戸へとつづく道は人と物資の移動に欠かせないものとなっていった。現在、中世の房総を研究する人のなかでは、「中世房総史」から「中世東国史」という広い視点を持つことが重要な問題となっているが、それは下総国がもつ地域的な特徴とも関係している。

本書は下総国が対象だが、広くは各国の比較につなげていきたいと考えている。現在、学界では研究対象の狭まりが課題であり、各国の特徴をあぶり出し、全国的な比較検討を進めることも求められている。また、たび重なる自然災害や人口の減少といった現代の日本の状況を鑑みて、地方に残された歴史・文化財・伝承など、先学が蓄積してきた貴重な研究成果を絶やすことなく次世代に伝えていくために、重要な研究成果を集成することが必要であった。

本書では、一六本の論文を収録した。ページ数の関係で掲載を見送ったものもあるが、本書では主要なものとしたことをお断りしておきたい。本書によって、下総国中世の研究が進展すれば幸甚である。

二〇一九年一月

編者識

目次

凡　例

「旧国中世重要論文集成」は、各国の中世がどのような特徴を持っているのかを明らかにしていくことを目的に刊行するものである。編集方針は、以下の通りである。

一、戦国大名ら大勢力の家臣や小さな武士団などの動向をはじめ、宗教・文化・交通・流通・他地域との交流など、地域史を語るうえで欠かせない既発表の重要な論文を集成する。

一、収録する論文は、単著・論文集に未収録のものとする。

一、収録論文が対象とする時代は、およそ鎌倉時代から戦国時代までとする。

一、初出論文で掲載されている写真・図版類は、論旨に影響しない範囲で掲載していないものもある。

一、自治体名については現在の表記に改めたものもあるが、初出段階のままのものもある。

一、冒頭には新稿として、各国の研究状況の概要・収録の方針・収録論文の内容など、読者の理解を助けるための「解題」を付ける。

編集部

旧国中世重要論文集成　下総国

解題

中世の下総国の研究状況と本書収録の論考について

石渡洋平

はじめに

下総国は、およそ現在の千葉県北部・茨城県南部・東京都東部を含み、北は常陸国、南は上総国、西は武蔵国に接する国である（本書巻末の地図参照）。中世の下総国では、現在の千葉県を千葉氏が、茨城県を結城氏が治めたこともあり、時代が経るにつれ、同じ国であっても別の支配単位になっていく。それが現在の千葉県と茨城県に分かれていることとも関係し、下総国と呼びつつ、千葉氏が治める「下総国」と結城氏が治める「下総国」の二国が存在しているような印象を受ける。

これは研究状況にも影響を与えており、問題点としてあげられてもいる(1)。本来であれば、そこをクリアすべきところではあるが、本書では現在の千葉県域を中心とした下総国の中世に関する重要論文を収録した。いずれ、茨城県を中心とした研究状況をまとめる必要も感じている。

なお、下総国の中世を対象とした研究は膨大であり、ここではおおまかな特徴をあげることで解題にかえたい。

一、通史の動向

下総国に限るというわけではないが、房総に関わる通史について触れておきたい。まずは、『房総通史』[2]である。本書は発行年だけみると一九五九年だが、序によれば大野太平氏が一九四四年に執筆したものと分かる。しかし、大野氏の死去、太平洋戦争の影響、編纂関係者の病没などで一時原稿の所在が分からなくなってしまったという。その後、関係各所への博捜の結果、原稿を見つけ出し、刊行されることになったのである。内容は現在の研究からみれば修正を求められるべき点はあるものの、中世では鎌倉時代から戦国時代までの大きな流れと宗教・交通・人物など各項目に目配りがされており、下総国を中世を知るうえでも重要である。

次に取り上げたいのが、小笠原長和・川村優著『千葉県の歴史』[3]である。本書では下総国をはじめ、房総の主要な出来事を中心に記述がされている。本書は山川出版社の県史シリーズの一冊であったが、のちに同社から新版の県史シリーズが刊行された。そのうち千葉県は、石井進・宇野俊一編『千葉県の歴史』[4]である。本書でも前シリーズ同様、主要な出来事を中心に記述されるとともに、交通・流通・宗教の面にも言及されている。

これらを踏まえ、刊行されたのが『千葉県の歴史』通史編中世[5]である。本書は最新の研究成果を踏まえ、中世の房総を通覧している。

このように、下総国を含む房総の通史は充実しており、中世の様相を探るうえで環境は整ってきている状況にある。今後はこれらを踏まえ、それぞれの事項に関してさらなる検証をしていくことが求められている。

二、史料集の刊行と下総国の中世史料の特徴

通史をはじめ、多くの成果を生み出す前提ともなる史料集の刊行にも触れておきたい。一九五〇年代からの『千葉県史料』中世篇の刊行[6]、一九七〇年代からの『千葉県史料』金石文篇の刊行[7]、あわせて「戦国期千葉氏関係文書」を収録する『旭市史』第三巻近世南部史料編・中世史料編の刊行があげられる[8]。その後、『千葉県史料』を引き継ぐかたちで、『千葉県の歴史』資料編中世が刊行され[9]、『戦国遺文』房総編が刊行されるに至った[10]。とくに、現在の千葉県域の下総国に関わる史料はこれらの史料集に活字化され、研究をするうえでの環境はかなり整っている。また、すべてとはいえないが、千葉県文書館で公開されている県史収集複製資料（『千葉県の歴史』を刊行するにあたって調査した際に撮影した写真の紙焼き）などによって活字との文字照合もできるようなり、より厳密な研究ができるようになってきた。

そのなかで、下総国の史料で最大の文書群がいわゆる「香取文書」である。これは下総国一宮の香取神宮（香取社）に関わる史料であり、香取神宮をはじめ、大禰宜家などの各神官家に伝わった文書群のことである。本文書群については、『香取文書総目録』などで概要を知ることができる[11]。なお、本書では香取神宮の論考は含んでいないが、これは単著に収録されているものがあることや、香取神宮そのものの問題として関連論考を一冊にまとめる必要があると判断したためである[12]。

三、本書収録論文について

本書では、第1部「武士と宗教・文化」として九本、第2部「交通と流通」として七本、計一六本の論文を掲載している。すでに、下総国を治めていた大きな勢力である千葉氏は野口実編『千葉氏の研究』(13)や石橋一展編著『下総千葉氏』(14)などで、結城氏については荒川善夫編著『下総結城氏』(15)で研究史の整理がなされ、主要な論考が掲載されている。本書ではこの点を意識しつつ、千葉県域を中心に下総国に関わる重要な論文を掲載した。ここでは、それらの内容を簡略ながら紹介する。

まずは、第1部「武士と宗教・文化」に収録した論文である。外山信司「Ⅰ「香取の海」を基盤とした中世の権力と文化」は、北総地域の地域性について、当時の水上交通で重要な位置を占めた「香取の海」を中心に検討したものである。中世の香取地方には、多くの津（湊）や「海夫」といわれる水運を担う海の民がおり、霞ヶ浦ともあわせ、広大な内海を形成していた。外山論文では、そこに関わる武士・宗教・文化について端的に述べており、短文ではあるが、下総国の地域性を語るうえで重要と考え、冒頭に掲載した。

木村修「Ⅱ　船形・薬師寺の梵鐘と鋳物師善性について」は、真言宗寺院・薬師寺（成田市）の鎌倉時代に鋳造された梵鐘を検討したものである。薬師寺は中世にあって、下総国印東庄（現在の佐倉市・酒々井町・成田市・富里市）に位置し、近くには現在は印旛沼と呼ばれ、中世には印旛浦と呼ばれた内海があった。薬師寺の梵鐘は下総国のものでありながら、鋳造した鋳物師が常陸国の人物であることを明らかにし、ここでも水運との関わりが指摘されている。

高橋健一「Ⅲ　本土寺蔵『華籠』銘の人物をめぐって」は、本土寺（松戸市）が所蔵する貴重な中世資料のうち、華籠（仏教の法会で仏前に散華の香花を盛る容器のこと）に刻まれた人名を検討したものである。木村論文では職人に注目しているが、本論では本土寺を支えていた武士や女性の存在が明らかにされている。そこには、古文書ではみられない人物もいるため、古文書を補う史料となり、系譜関係の復元の助けにもなっている。ちなみに、本論では銘文に注目しているが、華籠自体の装飾はすばらしいものであり、当時の技術の高さには目を見張るものがある。

浜名敏夫「Ⅳ　中世房総の芸能と原氏一族――本土寺過去帳の猿楽者」は、Ⅲと同じく本土寺が所蔵する資料のうち、過去帳に注目したものである。本土寺の過去帳は、天正十一年（一五八三）転写という中世の記述であることばかりか、法名（戒名）・俗名・続柄・年月日（死去日）・地名・職業・死因・逆修供養など豊富な内容を伝える貴重な文化財である。浜名論文では、そのうち猿楽者に注目したもので、房総で展開した猿楽を中心とした芸能の問題や猿楽者を保護した武士である原氏一族について検討したものである。第1部のテーマである武士と宗教・文化がいかに関わり、展開していったかを検討した好事例の論文だろう。

外山信司「Ⅴ　『雲玉和歌集』と印旛浦――本佐倉城主千葉勝胤との関連を中心に」は、永正十一年（一五一四）に成立したという『雲玉和歌集』という史料をもとに、本佐倉（酒々井町）に本拠を構えた下総千葉氏を中心とした和歌文化のありようや歌壇形成について検討している。また、宗教とも関わる本佐倉城下における寺院の建立や城下整備についても検討し、さらに舞台となった本佐倉と印旛の浦の関わりから地域的な特性にも言及した論文である。

角田吉信「Ⅵ　香取市久保・久保神社「千葉親胤御影」について――作者・江戸時代初期の千葉定胤（千葉家当主）」は、久保神社（香取市）所蔵で、戦国時代に若くして家臣に殺害されてしまった千葉親胤の御影を検討したものである。御影自体は江戸時代の史料であるが、そこに至るまでの権力闘争や怨霊の問題などひじょうに興味深い問題を取り上げている。千葉氏の史料自体はけして多くはなく、こうした伝承までも含めて検討した論文は、研究手法や戦国時代から江戸時代への移行についても学ぶところが大である。

川戸彰「Ⅶ　戦国末期における一仏師の活躍――その墨書銘をめぐって」は、戦国時代の末期、下総国東部と上総国東北端で活躍した仏師（仏像を作る人）である浄慶という人物と仏像に残された墨書銘を検討したものである。墨書名の検討によって、角田論文でも触れた千葉親胤の殺害や怨霊との関わり、または仏像製作にあたって支えた檀徒の存在を明らかにしている。さらには、戦乱下での仏像の修造など貴重な事例を紹介したものとなっている。前述したように、史料に恵まれないなかで、地域の住民の動きがみてとれる史料を具体的に検討した重要な論文なのである。

小高春雄「Ⅷ　佐倉市海隣寺の千葉氏石塔群について」は、海隣寺（佐倉市）の墓地に現存する千葉氏歴代の石塔について検討したものである。石塔の銘文・法量・来歴などを分析し、石塔の性格を位置づけている。また、石塔が所在する海隣寺について、移転の問題を中心に検討を加えている。戦国時代の千葉氏は本佐倉（酒々井町）に本拠を構えており、現在は国立歴史民俗博物館がある佐倉城跡は江戸時代のものである。海隣寺は江戸時代の佐倉城のすぐ近くにあるだけに、移転の問題や石塔の性格を把握することは重要で、小高氏は詳細な分析をもとに課題に取り組んでいるといえる。

日暮冬樹「Ⅸ　千葉妙見社から見る千葉氏と原氏――戦国期を中心に」は、千葉一族の妙見信仰の中心にあった千葉妙見社について、中世における変遷や武家との関わりを検討したものである。千葉氏は千葉妙見社で元服式を行うなどひじょうに重要な位置にあった神社であり、『千学集抜粋』という千葉妙見社に関する史料は千葉一族の信仰のみならず、千葉氏の系譜などに関する記載も豊富であり、下総国の中世を語るうえで不可欠な史料である。日暮氏の論文でも『千学集抜粋』を使用し、戦国期の千葉妙見社のありようを明らかにしている。

このように、第1部では千葉一族をはじめとした武家と寺社との関わり、下総における文化・芸能の問題などを鎌倉時代から戦国時代にわたって検討したものとなっている。

つづいて、第2部「交通と流通」に収録した論文を紹介する。阪田雄一「Ⅰ　金沢氏と成田周辺の荘園――その存在意義の再検討」は、武蔵国久良岐郡金沢郷（神奈川県横浜市金沢区）を治めた一族である金沢氏が、下総国埴生庄・埴生西条・印西条など現在の成田市周辺の荘園を支配した問題を取り上げている。そこには、内陸水路や交易の問題が深く関わっていたことが明らかにされ、なぜ遠隔地に支配地を持ったのかという謎に迫った論文といえる。

遠山成一「Ⅱ　戦国期下総における陸上交通について――『下総道』をめぐって」は、戦国時代に東下総から江戸方面をつなぐ軍事・経済ルートについて検討したものである。江戸時代の初めに東下総から江戸へと運ばれた柑子の輸送ルートを先行研究によりつつ確認し、さらに戦国時代の古文書に出てくる地名の菱田（千葉県芝山町）に注目しつつ、歴史的な意義を明らかにし、そのルートを「下総道」と呼称することを提唱している。その後、私をはじめ、「下総道」の呼称が研究者を中心に広まったことを考えると、本論文の重要性がわかってくるだろう。

高橋健一「Ⅲ　戦国時代佐倉の鹿島宿――伝承の検討を中心として」は、鹿島宿（佐倉市）の検討を通じて、戦国時代から江戸時代にかけての下総国の陸上交通について論述している。伝承という実証の難しい問題について、丹念な史料分析をすることで、鹿島宿の位置などを明らかにしたものといえる。江戸時代の記録をいかに戦国時代と絡めていくかという手法にも学ぶべきところが大である。

滝川恒昭「Ⅳ　常総の流通と布川新井氏――新井家旧蔵文書の紹介」は、中世から近代まで常陸川水系の内陸水運の要衝であった下総国相馬郡布川（茨城県利根町）を拠点とし、流通活動に従事した商人新井氏の家伝文書を紹介したものである。戦国時代の新井氏は布川を拠点にしながらも、安房里見氏や下総栗橋城主を務めた小田原北条一族の氏照と関わるなど広範な活動がみてとれる。戦国時代には武家権力に結びついた新井氏のような商人が何人もいて、本論文はそうした商人の存在を古文書の発見と紹介を通じて、明らかにしようとしたものである。

内山俊身「Ⅴ　戦国期簗田氏城下水海の歴史的位置――関東の二大河川流通路の結節点を考える」は、古河公方の家臣である簗田氏が拠点とした水海（茨城県古河市）について歴史地理的な側面から位置づけようとしたものである。水海は古利根川・渡良瀬川水系と常陸川水系の結節点に位置し、下総国の河川流通などを考えるうえで重要な場所である。内山氏は丹念な史料の検討を通じ、武家権力と水運との関わりや水海から関宿（千葉県野田市）へと地理的な重要性が移ることなどを明らかにしている。戦国時代に築かれた城郭の位置は、どのような意味を持つのかという問題を問いかけた論考といえる。

新井浩文「Ⅵ　戦国期の利根川流路と交通――栗橋城と関宿城の機能を中心に」は、関宿周辺の利根川流路と栗橋・関宿城との関係について検討したものである。小田原北条氏による河川普請について、段階ごとに位置づけし、開発や改修の実相に迫っている。戦国時代の河川普請や水運については史料に恵まれているとは言いがたいが、そのなかで限られた史料を読み込み、変遷を明らかにした点が特筆される。

石渡洋平「Ⅶ　『家忠日記』にみる下総国の水陸交通」は、下総国上代（千葉県旭市）を本拠にした松平家忠の日記の記事をもとに、水陸交通の実態に迫ろうと試みたものである。その結果、東下総と江戸を行き来する際の日数や交通手段、人だけではなく物資（年貢など）を運ぶ際の方法などについて試みの段階ではあるが、明らかにしたものとなっている。家忠の日記の記事は、戦国時代から江戸時代へ移行する時期にあたり、この時期の史料は多くないため、今後もさまざまな視角から考察することが求められている。

このように、第2部では、下総国の水陸交通の問題とともに、他国・他地域とのかかわりを検討したものとなっている。

以上のように、本書では一六本の論文によって、下総国の地域的な特性について押さえようとしたものとなっている。とりわけ、本土寺の史料や水運の問題は下総国の特徴をあぶり出すうえで重要なキーワードになってくるだろう。

おわりに

本書では、下総国の地域的な特徴を明らかにするために重要な論文を選択し、収録した。もちろんこれ以外にも掲載すべき論文はあるだろうが、頁数との兼ね合いもあり、本書では一六本の論文とした。これらのうち、実は一九九〇年代の論文が多い。この時期、とりわけ水上交通の研究が盛んで、多くの研究成果が生み出された。しかし、近年では政治史研究が主流になっている感があり、こうした水陸交通などの研究は〝下火〟という状況だろう。

本書で目指したことのひとつに、こうした研究の流行り廃りをなるべく無くし、課題の継続を提唱するということがある。そのときどきの研究状況によって変化はあるだろうが、いかに問題の共有し、継続的に考えていくかということも重要だろう。

そのためには、史料の再検討や新たな視角からの分析、さらには通史のなかでの地域の位置づけなどが必要となってくる。いずれも一筋縄ではいかないが、研究の土台として、まずは主要な論文をあつめた次第である。本書をもとに、さらなる検討を行う必要性があることを述べ、擱筆する。

註

（1）峰岸純夫「千葉県と房総」（『千葉史学』六〇号、二〇一二年）。これは、千葉歴史学会が刊行する『千葉史学』六〇号という節目に、会員の期待ということで寄せられた文章である。峰岸氏は「大学の教員をやっていた時、東北線の古河やその近くの結城は何県で何の国ですかと質問すると、その組み合わせはまちまちで、茨城県と下総国という正解はおよそ三分の一程度となってしまう。この地域の住民も茨城県民意識は希薄のように思われる。この地域を、千葉歴史学会は研究対象にしているのですか」という一文を寄せている。これは、千葉県域を対象とした「下総国」を研究する者にとって重い言葉だろう。

（2）『房総通史』（改訂房総叢書別巻、改訂房総叢書刊行会、一九五九年）。

（3）小笠原長和・川村優著『千葉県の歴史』（山川出版社、一九七一年）。

（4）石井進・宇野俊一編『千葉県の歴史』（山川出版社、二〇〇〇年）。中世は第三章から第五章までであり、第三章を石井進氏が、第四・五章を佐藤博信氏が執筆している。

（5）『千葉県の歴史』通史編中世（千葉県、二〇〇七年）。

（6）『千葉県史料』中世篇香取文書（千葉県、一九五七年）・『千葉県史料』中世篇諸家文書（千葉県、一九六二年）・『千葉県史料』中世篇県外文書（千葉県、一九六六年）・『千葉県史料中世篇』本土寺過去帳（千葉県、一九八五年）・『千葉県史料』中世編諸家文書補遺（千葉県文書館、一九九一年）。

（7）『千葉県史料』金石文篇一（千葉県、一九七五年）・『千葉県史料』金石文篇二（千葉県、一九七八年）・『千葉県史料』金石文篇三（補遺）（千葉県、一九八〇年）。

（8）『旭市史』第三巻近世南部史料編・中世史料編（旭市役所、一九七五年）。
（9）『千葉県の歴史』資料編中世2県内文書1（千葉県、一九九七年）・『千葉県の歴史』資料編中世3県内文書2（千葉県、二〇〇一年）・『千葉県の歴史』資料編中世4県外文書1（千葉県、二〇〇二年）・『千葉県の歴史』資料編中世5県外文書2・記録典籍（千葉県、二〇〇五年）。
（10）黒田基樹・佐藤博信・滝川恒昭・盛本昌広編『戦国遺文』房総編第一巻～第四巻（東京堂出版、二〇一〇年～二〇一三）、『戦国遺文』房総編補遺（東京堂出版、二〇一六年）。
（11）『香取文書総目録』（千葉県、一九九九年）。
（12）たとえば、鈴木哲雄『香取文書と中世の東国』（同成社、二〇〇九年）。
（13）野口実編『千葉氏の研究』〈関東武士研究叢書第二期第五巻〉（名著出版、二〇〇〇年）。
（14）石橋一展編著『下総千葉氏』〈シリーズ・中世関東武士の研究第一七巻〉（戎光祥出版、二〇一五年）。
（15）荒川善夫編著『下総結城氏』〈シリーズ・中世関東武士の研究第八巻〉（戎光祥出版、二〇一二年）。

第1部

武士と宗教・文化

Ｉ　「香取の海」を基盤とした中世の権力と文化

外山信司

一、水で結ばれた地域

現在の房総地方を語るとき、「四方を水に囲まれた地域」と形容されることが多い。利根川と江戸川という河川が県境となって、茨城県・東京都・埼玉県と隔てられ、西側には東京湾、東側には太平洋が位置する房総は、確かに陸上交通という点からみれば閉塞的な土地と言えよう。そのような面の克服を目指して、東京湾横断道路（アクアライン）が建設されたことも記憶に新しい。

しかし、近代以前において、海や河川、あるいは湖沼といった「水」は、人々を隔て、交流と流通を疎外する障壁ではなかった。近代まで河川や湖沼には多くの船が航行し、ひとやものを運んでいた。中世において「水」は人々を結びつけるものに他ならなかった。

このような北総地域の特性から、中世史の分野でも小笠原長和氏をはじめとする水上交通に注目した先駆的な研究が行われ[1]、近くは茨城県立歴史館でのシンポジウム「中世東国の内海世界」も大きな成果であった[2]。本稿では、近年の中世史研究において進展した水上交通論の成果に拠って、「香取の海」を基盤にした中世の権力と文化について垣間見ることとしたい。

二、宝治合戦と香取の海

近世になって、東京湾（江戸湾）に注いでいた利根川が銚子方面に流路が付け替えられ、利根川下流域の干拓が進められるまでの北総地域の地形は、現在とは大きく異なっていた。この地域には、那須連峰の山々を水源とする鬼怒川や小貝川をはじめとする無数の河川が流れ、菅生沼・牛久沼・手賀沼・印旛沼、さらには霞ヶ浦・北浦・外浪逆浦といった大小の湖沼群が連なり、今も水郷地帯と称するにふさわしい景観を呈している。

しかし、中世にはこれらの湖沼群は一体化しており、銚子付近で外海（太平洋）に接する広大な内湾を形成し、「香取の海」とか「香取内海」と呼ばれていた。この沿岸には「海夫注文」（「香取文書」）にみられるように、たくさんの「津」（湊）があり、「海夫」といわれる海民が居住して水運を担った。こうして活発な流通が行われ、富が蓄積されて「有徳人」とか「富裕仁」といった人々も多く現れるにいたった。香取社（香取神宮）や千葉氏一族などの領主も、これらの「津」を支配して水運を掌握し、富を吸収しようとした。

鎌倉時代の宝治元年（一二四七）、北条氏と三浦氏が激突した宝治合戦では、千葉一族として唯一評定衆となり、両総平氏の族長であった上総氏の後継者としての地位を築こうとしていた千葉秀胤（上総千葉氏）に加え、臼井・印東・白井・埴生《はぶ》・成毛・奈古谷・木内氏といった、現在の印旛沼から利根川に面する地域、すなわち「香取の海」沿岸を本拠地とする千葉一族が三浦氏に属したのである。さらに関氏などの常陸の武士団も三浦氏に属した。海の武士団として知られる三浦氏は、早くから安房に進出し、さらに三浦方は六浦（神奈川県横浜市金沢区）に進出しようとし、那古（館山市、白井胤時が那古寺の檀那となっていた）などの東京湾（江戸湾）沿岸にも拠点を有していた。つまり、三浦方は東京湾（江戸湾）から「香取の海」を経て常陸に至る「水の道」を掌握しようとしていたのである。

これに対して北条方には、千葉宗家・大須賀氏・東氏が、三浦方を分断するかのように属していた。つまり、宝治合戦は「水の道」をめぐる北条・三浦氏の争いという側面も持っていたといえよう。

三、律宗の道

三浦氏の敗北後、三浦方に属した千葉一族のなかから白井氏・木内氏は北条得宗家の御内人となった。潮来（茨城県潮来市）の長勝寺には、元徳二年（一三三〇）の梵鐘があり、「客船夜泊常陸蘇城」という、湊町潮来の繁栄を中国の蘇州になぞらえた銘文で知られるが、これは北条高時（崇鑑）を大檀那、木内胤長（道暁）を大施主として作られたものであった〔補註〕。南北朝期に白井行胤は足利尊氏の近習となり、子孫は室町幕府の奉公衆となるが、これは御内人から足利氏家臣というパターンの一つと言えよう。

宝治合戦の後、この地域には新たに律宗寺院が建立されたり、従来の寺院が律宗化されたりして、西大寺流の律宗（真言律宗）が急速に広まった。三浦方に属した庶子家成毛氏・奈古谷氏を倒した大須賀胤氏は、律宗を受容して叡尊の直弟子であった真源を開山として、大慈恩寺（成田市）を創建した。周辺の律宗系寺院としては、正覚院（八千代市）・六崎大福寺（佐倉市）・龍角寺（栄町）・長楽寺（印西市）・永福寺（成田市）・荒見寺（成田市）・土橋東禅寺（多古町）などが挙げられる。正覚院や大慈恩寺には、律宗において特徴的な清凉寺式釈迦如来像が残る。

こうして、鎌倉の極楽寺・金沢称名寺から千葉の大日寺・千葉寺を経て、「香取の海」周辺を通り、極楽寺・称名寺と並ぶ関東における律宗の拠点であった常陸の三村山極楽寺（茨城県つくば市）に至る「律宗の道」が形成されたのである。これに沿って律宗様式の石造物が分布していることも知られている。周知のように、律宗は北条氏と密接に結びついて教線を急速に拡大し、また水運や流通に深く関与し、石工などの技術者集団を擁していたが、宝治合戦は「香取の海」を取り巻く地域が律宗と律宗文化を受容し、鎌倉と密接に結びつく契機となったのである。

四、「香取の海」が育んだ文化

この地域の権力にとって、「水の道」としての「香取の海」とかかわることは不可欠であった。関東に戦国の幕開けを告げた享徳の大乱の過程において、東京湾に面した千葉庄（千葉市）を名字の地とする千葉氏が、「香取の海」の一部をなす「印旛浦」に臨む本佐倉城（酒々井町・佐倉市）に本拠を移したことも、市村高男氏の指摘のように衰退としてではなく積極的に評価すべきである[3]。北条氏政は「自由に舟の出入りがあるからこそ佐倉（本佐倉城下）の商工業者も自由な取引ができる」と述べており（「中野文書」）、佐倉は歌壇が成立するなどの繁栄をみせていた（『雲玉和歌集』）。

また、常陸に生まれ、小田氏ゆかりの法雲寺の塔頭巣月院（つくば市）で仏門を志した臨済宗の高僧大蟲《だいちゅう》宗岑《しゅうしん》は、千葉一族の有力国衆であった国分氏の菩提寺大龍寺（香取市）の住持を務めた。『大蟲岑和尚語集』には、下総の国分氏・原氏、常陸の鹿島氏・土岐氏・烟田氏、下野の那須氏・大田原氏等の諸氏のみならず、絵師・能楽師・医師等との交流が記されているが、大蟲の活動は関東から陸奥に及ぶ広い範囲にわたった。このような大蟲の活躍は、「香取の海」によって育まれ、支えられたものと言えよう。

註

（1）小笠原長和『中世房総の政治と文化』（吉川弘文館、一九八五年）所収の論考を参照。
（2）市村高男監修・茨城県立歴史館編『中世東国の内海世界』（高志書院、二〇〇七年）を参照。
（3）市村「中世東国における房総の位置」（『千葉史学』二一号、一九九二年）。
〔補註〕市村「鎌倉末期の下総山川氏と得宗権力」（『弘前大学国史研究』一〇〇号、一九九六年）では、道暁を山川光義に比定している。なお、山川氏は千葉氏と結びつきを有していた。

Ⅱ

船形・薬師寺の梵鐘と鋳物師善性について

木村　修

はじめに

印東という地名は、現在はほとんど使われていない。成田市船形には公津小学校の印東分校があったが、昭和六一年（一九八六）に廃止された。そのあとに建設された体育館が印東体育館と名付けられ現在にいたっている。他にもあるのかどうかわからないが、私の知るところではこの一例だけである。

印東という地名を冠した荘園、印東庄が、平安時代末から室町時代まで、現在の佐倉市・酒々井町・富里町から成田市の南西部にまたがる広い範囲に存在していた。つまり印東は、中世のこの地域を包括する地名であった。その歴史的な地名が公共施設の名に使用され、現在に生き後世に伝えられている。命名に関係した方々の地域の歴史・文化に対する深い理解と情熱があったればこそと思う。

さて、その由緒ある地名をつけた印東体育館の近くに、新義真言宗の古刹、薬師寺がある。本尊は県指定文化財の木造薬師如来坐像で十三世紀前半の鎌倉時代前期の作、仁王門の市指定文化財の阿吽一対の金剛力士立像も、同じころの作ではないかと推定されている。また、梵鐘は本寺である東勝寺（宗吾霊堂）の宝物館に保管されているが、鎌倉末の応長元年（一三一一）の紀年銘があり、県指定文化財となっている。薬師寺の創建年代は明らかではないが、これらの仏像や梵鐘から考えて、少なくとも鎌倉前期にまで遡ることは確かである。

ここでは、中世の印東庄の一隅にあって、湖水にその音色を響かせていた同寺の梵鐘について考えてみたい。

一、鐘の銘

薬師寺については、安政元年（一八五四）の序のある『成田名所図会』の挿絵「船方薬師寺の図」によって、江戸時代末の境内の様子を窺うことができる。その後に失われてしまった堂宇はあるが、仁王門・薬師堂や石塔・石段などの基本的な配置は現在も変わっていないことがわかる。

同書は梵鐘についても、「応長元年所鋳の皃鐘一口あり」と、やはり挿絵入りで銘文もあわせて紹介し、鋳造した「大工沙弥善性」については「或云、善性ハ常陸人ニテ当時ノ良工ト見ユ、那珂郡檜沢万福寺佐竹義長寄附暦応二年ノ鐘ニモ、大工宍戸嶋井善性トアリ」と註記を加えている。古鐘として注目されていたのである。

鐘は、高さ七九・六センチ、径が五一・四センチと比較的小ぶりで、銘文は池の間の一区内に次のように陰刻されている。

敬白

下州印東庄八代郷船方

薬師寺

一奉鋳鐘一口
右志者為現世安穏後生善
処乃至法界平等利益也
応長元年太歳辛亥十一月日
願主僧良円白敬
大工沙弥善性

（註）『成田名所図会』では、「右志者為現世…」の「為」が落ちている。

銘によると、この鐘は鎌倉時代末の応長元年（一三一一）、僧良円によって薬師寺に奉納された。良円という僧名はかなり一般的なもので、比定すべき人物を絞りきることはできない。成田市土室の祥鳳院に現存する乾元二年（一三〇三）の梵鐘（県指定文化財）には「壇那伐（代カ）沙弥良円」の銘がある。しかし、祥鳳院の鐘には「大日本国総州二宮社壇」とあり、下総国二宮である船橋市三山の二宮神社に奉納された鐘がのちに祥鳳院に移されたのであろう。ふたつの鐘銘の良円をどのように考えるかは、今後の課題である。

二、鋳物師善性の鐘

では、大工沙弥善性はどうだろうか、『成田名所図会』は、善性が常陸国の鋳物師であり、佐竹義長が暦応二年（一三三九）に寄附した那珂郡檜沢万福寺の鐘も鋳造し、「大工宍戸嶋井善性」の銘を残したことを記している。万福寺は、茨城県美和村上檜沢の真言宗智山派大原山常楽院満福寺のことであるが、鐘は那珂湊市の華蔵院に現存し茨城県指定文化財になっている。しかし、その銘には「浄因禅寺」とあり、もとから満福寺の鐘なのではなかった。水戸市彰考館所蔵の『開基帳』によると、浄因寺は寛文三年（一六六三）には満福寺の末寺であったが、同六年に徳川光圀の命で破却され、そのあとへ満福寺が移されたのであった。しかも、鐘銘には「大工円阿、小工橘則正」とあるのみで、善性の名がない。現在の手がかりによる限り、善性の作とすることはできない。

しかし、善性の鋳造した梵鐘はほかにも二口存在していたことがわかっている。

江戸幕府の寛政の改革を施行した老中として著名な松平定信は古物の愛好家でもあった。定信は博捜した成果をまとめ、木版の図集『集古十種』を編集したが、そのなかに「常陸国久慈郡戸嵜村蓮光寺鐘銘」「常陸国鹿嶋郡安福寺鐘銘」の拓本が収録されており、その鐘を製作した鋳物師が沙弥善性とわかるのである。この二口の鐘は現存しないので、ここでは『集古十種』と坪井良平編『日本古鐘銘集成』により銘文を掲げておくことにする。

〈蓮光寺鐘銘〉

（第一区）

奉冶鋳

常陸国久慈西郡戸崎村

蓮光寺鴻鐘

右奉為　公家武家御願円満

当寺壇那除災与楽寺内安穏

令法久住重乞一結講衆三界
有情鎮聞清韻永除業睡
（第二区）
成二世願共生仏会而已
　延慶二天大歳二月二十一日
　　己酉
　　　願主十八日講衆等
　　　　大工沙弥善性

〈安福寺鐘銘〉
常州鹿嶋郡宝雲山
安福禅寺犍椎
　正和丙辰三月十四日鋳
大工完戸鳴井善性
大檀那菩薩戒尼観心
資助当国住沙弥善明
幹縁住持僧光琛識

このうち蓮光寺の鐘銘は、東京国立博物館所蔵の「市河寛斎旧蔵拓本」にも拓本が含まれている（同鐘銘の池の間第一・二区の別と『集古十種』の拓影の欠如部分の補充はこの拓本による）。ところが、『集古十種』が「今在下野国都賀郡小薬村称念寺」と記しているのに対し、「市河寛斎旧蔵拓本」では「今在下野国芳賀郡七井村大沢（現　益子町）円通寺」とされている。市河寛斎は松平定信より十歳年長の儒学者で、ふたりはほぼ同時代の人物である。この間に鐘が移動したのでなければどちらかが誤りとなる。『集古十種』の拓影には欠字などの不備もあり、混乱があったのかもわからない。

さて、これまでのところ、善性の鋳造した梵鐘はつぎのように三口が確認される。

Ａ、延慶二年（一三〇九）　常陸国久慈西郡戸崎村蓮光寺

Ｂ、応長元年（一三一一）　下州印東庄八代郷船方薬師寺

Ｃ、正和五年（一三一六）　常州鹿嶋郡宝雲山安福禅寺

このうちの二口は現存していないが、幸いにも銘文が記録されていた。とくに、安福寺の鐘銘は善性を「完戸鳴井」の鋳物師と伝えていて重要である。完は宍の異体字で、宍戸鳴井となるので、『成田名所図会』の「宍戸嶋井善性」は「宍戸鳴井善性」と訂正される。

ここで、三口の梵鐘が奉納された寺々の位置を確認しておこう。Ａの蓮光寺は廃寺となっているが、那珂川左岸の那珂町戸崎にあった。Ｃの安福寺については、鹿島郡大洋村札に天台宗古札山無量寿院安福寺がある。寺伝によると、同寺は西蓮寺第五世円全の開基とされており、鐘銘の「宝雲山安福禅寺」と一致しない。

ところが、住職酒井貫全師の御教示によると、同寺には戦前まで古鐘があったが戦時中に供出したとのことである。

鐘銘の拓本や筆写などは残されておらず、供出された鐘が安福禅寺の鐘であったかどうかは確認できないが、開基の円全は寛正二年（一四六一）に没した僧侶であり、円全以前に禅宗寺院としての安福寺が存在したことも考えられよう。とすれば、安福寺は北浦東岸の大洋村札に所在したことになる。しかし、両寺が別の寺院となれば、安福禅寺の所在地は鹿島郡内の他所に求めなくてはならない。後考をまちたい。そして、Bの薬師寺が印旛沼の東畔に法燈を伝えていることは述べるまでもない。

三、善性の活動と水運――おわりにかえて

善性は宍戸鳴井の鋳物師であった。宍戸は、JR水戸線に宍戸駅があるように、涸沼川上流の茨城県友部町内の地名である。この涸沼川の流域には、平安時代末から室町時代にかけて小鶴庄が存在しており、八田氏の一族で宍戸を本拠とした宍戸氏が支配したことから宍戸庄ともよばれていた。荘域は、現在の茨城町・美野里町・内原町・友部町から八郷町の一部にまたがり、鳴井はその西南部、江戸時代の成井村、現在の八郷町東成井にあたっている。

東成井の台地を挟んで、霞ケ浦へ注ぐ園部川と、北浦へ入る巴川が流れている。この両川は、江戸時代には奥羽地方と江戸を結ぶ物資輸送の水路として利用されていた。水運路としての利用が、規模はともかく中世に遡ることはまちがいない。現在の利根川下流部は古代から中世まで、霞ケ浦・北浦から印旛沼・長沼をもひと続きにする内海であった。鳴井から園部川を下れば、そこには船形にも鹿島郡にもつながる水域が広がっていたのである。

またこの時代、鳴井から涸沼川を下って涸沼に入るとそこには那珂川の河口部があった。そこから遡れば蓮光寺の

ある戸崎へ至ることができた。鋳造した鐘が運ばれたにしろ、あるいは現地に赴いて製作にあたったにしろ、この水運を措いて鋳物師善性の活動を語ることはできない。

わずか三口の梵鐘ではあるが、その寺々の場所と製作にあたった鋳物師善性の居住地とを考えると、中世の下総と常陸が内海によって共通の文化圏を形成していたことがみえてくる。当時の内海がはたした役割とその培った文化の広がりに思いを馳せつつ、筆を置くことにしたい。

Ⅲ

本土寺蔵「華籠」銘の人物をめぐって

高橋健一

千葉県松戸市平賀に、法華宗日朗門流（比企谷門流）の下総における拠点であった本土寺が所在する。『本土寺過去帳[1]』天正本前文記事に基づけば、日蓮―日朗―日伝―日実―日満―日願―日饒―日福―日意―日瑞―日遊―日暁―日隆―日厳―日悟（慶長十九年遷化）―（以下略）が住僧であった。そして同寺には、日瑞の時代に寄進された銅製華籠が残されており、『千葉県史料金石文篇三（補遺）』（昭和五十五年）、『松戸市史史料編（四）本土寺史料』（昭和六十年）に収録されたことにより周知の史料となっている。しかし、両書のうち後書において、「華皿　金銅の展板に透彫を施した浅い皿状の法具で、永正五戊辰年（一五〇八）の銘のある十二枚である。施主名に弥富・小西・小弓の原一族と思われる名が線刻される。」と述べられている程度で、従来注目されてこなかったと思われる史料である。

ところが、この華籠には、日瑞に帰依した人々多数の名が刻まれていて、十五世紀末葉から十六世紀前葉頃の在地領主の動向の一端を知ることができる点、貴重な史料と言える。本稿は、華籠銘に見える人物に関して、これまで気付いた点を少し述べてみようとするものである。まず、史料をあげよう。なお、七〇二～七一三の番号は『千葉県史料金石文篇三（補遺）』の史料番号であり、東葛飾郡七〇二号～七一三号を示している。

七〇二　華籠　径二八

永正五
戊辰年
平賀
常住
十二内
日久
本願

七〇三　華籠　径二八

明応
七年
□□歳
平賀
常住
十二内
大工
藤次郎

七〇四　華籠　径二八

當住

本土寺十内

日瑞

七〇五　華籠　径二八

細工奉行

本土寺十内

日乗逆修

七〇六　華籠　径二八

旦那

長谷山十内

継長

七〇七　華籠　径二八

弥富大方

平賀十内

妙勝逆修

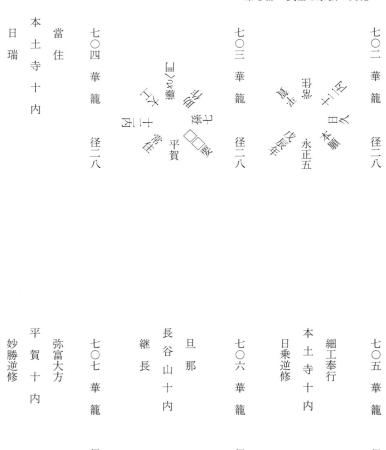

七〇八　華　籠　　径二八

小西大方

本　土　寺　常　住

正中逆修

七〇九　華　籠　　径二八

大旦那

逆修

日弘

十念

本土寺

大わ

胤盛

宗康

七一〇　華　籠　　径二八

平賀

為父母

小弓

田家

中務

順道

孝宗

大日内

七一一　華　籠　　径二八

平賀十内

妙山女

逆修

日善

日春

林次郎

女妙妙

宗安

七一二　華　籠　　径二八

平賀十内

入ホ

惣結縁

道句

妙成

日隠父母

日楽

日浄

七一三　華　籠　　径二八

平賀

彦五郎

左衛門五郎

宗心

田中

王蔵

作者

十内

そして、この銘文を整理すると次のようになろう。

七〇二　平賀常住十二内、本願日久、永正五戊辰年
七〇三　平賀常住十二内、大工藤さへ門、孫七助作、□□要
七〇四　本土寺十内、当住日瑞
七〇五　本土寺十内、細工奉行日乗逆修
七〇六　長谷山十内、旦那継長
七〇七　平賀十内、弥富大方妙勝逆修
七〇八　本土寺常住、小西大方正中逆修
七〇九　本土寺十内、日弘逆修、大旦那宗広、胤盛、大方
七一〇　平賀、大旦(那)内孝宗、隆敏、忠継、長田、小弓、為父母
七一一　平賀十内、尉妙胤、妙浄女、盡法林、日春、日場逆修、妙山女
七一二　平賀十内、日定、日楽、日穏父母、宗長、道印、物結縁人人ホ(等)
七一三　平賀十内、作者藤五、金田、常金、左衛門五郎、彦五郎

銘文中に「十内」「十二内」とあるのは数量を意味する。そして、平賀の長谷山本土寺であることから、それらの上に付された平賀、長谷山、本土寺は同意である。

それでは「十内」「十二内」の数量は何を意味していようか。この点については、弥富大方妙勝（七〇七）は明応八年（一四九九）六月十日に没した女性である（『本土寺過去帳』）、ということに基づいて以下のように理解される。

文明五年（一四七三）より四十二年間にわたり本土寺の住僧であった日瑞（七〇四）は、文明五年以後、明応八年以前に華籠寄進を発願した。その数量が十枚であり、日乗（七〇五）を細工奉行として鋳物師藤五（七一三）に注文した。これに大旦那・旦那等として加わったのが、七〇六、七〇七、七〇八、七〇九、七一〇、七一一、七一二、七一三に名を刻んだ人々である。この後、永正五年（一五〇八）になると、日久（七〇二）を本願主として、さらに二枚の華籠が寄進された。七〇二、七〇三に「平賀常住十二内」とあるのは、十枚から十二枚になったことを意味するのである。この二枚の作者は、鋳物師藤左衛門と孫七助作であった。なお、鋳物師藤五（七一三）、藤左衛門（七〇三）の系統は不明であるが、孫七助作（七〇三）に関しては、「上総国二宮庄邑陊郷大森山満光寺」（茂原市下太田）の応永十六年（一四〇九）三月三日在銘梵鐘に「大工孫七助藤」の名を見ることができ[2]、名前の類似から孫七助作（七〇三）は孫七助藤の系統と見倣して間違いあるまい。

さて、次に華籠寄進に加わった人物の一部を具体的にみていきたい。

明応三年（一四九四）の日瑞文書断簡[3]（本土寺文書）に「仍結縁人数原左衛門景広　同左京亮孝景　同万五郎忠継　設楽弾正継長」とあるので、忠継（七一〇）は原忠継、継長（七〇六）は設楽継長と判明する。また、永正十一年（一五一四）十一月十五日の「日遊自筆消息日記[4]」（本土寺文書）に「一、原《小西》満五郎殿感得申文字数廿九」とあり、原忠継（七一〇）は上総山辺郡小西（大網白里町小西）の領主原氏一族にあたることがわかる。明応三年〜永正十一年頃の原忠継は仮名「万（満）五郎」を称していたのである。

一方、設楽継長（七〇六）は、上総山辺郡山口（大網白里町山口付近）を本貫地とする領主である。日瑞が文明十四年（一四八二）に本土寺の梵鐘として求めた、六崎大福寺（廃寺、現佐倉市六崎に所在していた）の建治四年（一二七八）

三月十一日在銘梵鐘(5)の追刻銘に、

下総州勝鹿郡風早庄平賀長谷山
　本土寺推鐘右高祖

上行
（蓮　座）

以来相当第十番師
日瑞得求之奉施入
檀那設楽助太郎大伴継長半合力
願主真行坊日弘其外

日蓮
（蓮　座）

結縁諸人滅罪生善
乃至法界等云云
文明十二二（四）年壬刀（ヨ）正月五日

とあるので、「半合力」した設楽継長（七〇六）は、姓を「大伴氏」と認識していたこと、文明十四年以後、明応三年以前に仮名「助太郎」より官途名「弾正」へと改名したことが知られる。また、真行坊日弘の名も見えるが、この人物は日弘（七〇九）と同一人であろう。なお、『本土寺過去帳』日牌記事（廿九日上段）に、

設楽助六　三月
行伝
同弾正殿
行信
十一月
行信

とある行信が設楽継長（七〇六）であろう。

設楽氏に関しては、香取大禰宜家文書中に設楽出雲守利継の書状二通（年未詳三月九日付、同十月五日付）がある。(6)時期的には継長→利継となるのであるが、実名に「継」の一字を共有していて興味深い。というのは、原万五郎忠継（七一〇）、古くは原肥前守胤継（肥前入道行朝）ら小西の原氏の一部も「継」を実名の一字としているので、地理的にみても近い位置に拠った両氏には、何らかの社会的関係があったのかもしれない。(7)

弥富大方妙勝（七〇七）は、前出明応三年の日瑞文書断簡に見える原左衛門景広の息女である。(8)『本土寺過去帳』日牌記事（十日）には、

〔上段〕
弥富ノ大方
妙勝善尼
明応八己未六月

〔中段〕
弥富大方マスウ

とあり、上段と中段の二ヶ所に記載されている。同一帖にあり同一人と考えてよかろう。「マスウ」は彼女の名とみられ、逆修して妙勝を授戒したのである。原景広（朗真）は下総印旛郡弥富《いやとみ》（佐倉市岩《いわ》富町《とみまち》）の領主であるが、その息女は当主の母を意味するとみられる「弥富大方」と尊称されていた。

No.	尊称	戒名	生没年	出自	備考
①	小西大方	院勢比丘尼	?～文明15・4・24	秋元氏	原孝景の母
②	臼井御谷ノ上	妙蓮尊尼	?～天正16・9・23	未詳	小西殿（原氏）の母
③	小西大方	妙上	?～慶長7・5・3	未詳	

表1

小西大方正中（七〇八）は、小西の原氏当主の妻と見做せる。『本土寺過去帳』日牌記事をみると、表1に挙げた三人の女性が記載されている。①小西大方院勢比丘尼、③小西大方妙上、②臼井御谷ノ上妙蓮尊尼である。このうち、妙蓮尊尼（②）には「小西殿御老母」、とあるので、小西殿（＝小西の原氏）の母、言い換えれば原氏当主の妻となる。「臼井御谷ノ上」という尊称は、彼女が下総臼井（佐倉市臼井）の出身であることを物語っていよう。そして、院勢比丘尼（①）は、本土寺蔵木版折本法華経の奥書に「悲母院勢御持経也、孝子左京亮奉持之、文明十五年癸卯四月廿八日」とあり[9]（傍点筆者）、前出明応三年の日瑞文書断簡にも見える原左京亮孝景の母であったことがわかる。

『本土寺過去帳』の中に小西大方正中（七〇八）の名を検索することはできないが、小西大方院勢比丘尼（①）の次代の当主夫人であることは間違いない。この点について、原肥前守胤継（肥前入道行朝）は、『本土寺過去帳』日牌記事（廿八日上段）によって文明十三年三月二十八日に没したことが確認される人物である。とすれば、小西大方院勢比丘尼（①）は文明十五年四月二十四日に没しているので、時期的にみると原胤継の妻であったと考えられる。また、「平賀本土寺継図次第」[10]に「小西ノ原ノ肥前入道殿行朝一族悉御一代ノ教化ノ檀那也」とあって原胤継（行朝）は日

意（本土寺九世）に帰依した人物であった。原胤継と孝景の関係を図示すると、

原胤継（肥前守・行朝）――孝景（左京亮）
＝院勢比丘尼（小西大方）

となろう。

一方、本土寺蔵平賀本二十六の大永七年（一五二七）五月十二日付日遊奥書(11)には「大旦那原光信子息肥前守為祈禱也云云」とある。原光信の実名は未詳であるが、彼は受領名「能登守」を称し、大永七年以前に出家して入道号「光信」を称した人物で、後に「日陽」を授戒して天文十年（一五四一）四月十八日に没している（『本土寺過去帳』日牌記事十八日上段）。その母は暁源尼、妻は妙寿とみられる。そして、子息肥前守は某年月に没した行源とみて間違いなかろう。(12)すなわち、次の関係が復元される。

原□□（a）――□□（能登守・光信・日陽）――□□（肥前守・行源）
＝暁源尼　　＝妙寿

問題はaの部分に当たる人物である。原左京亮孝景が日瑞に帰依していたこと、原万五郎忠継（七一〇）が日瑞・日遊に帰依していたこと、原能登守（光信）・原肥前守（行源）父子が日遊に帰依していたことは確認される。これをもとに、私は次のような系譜〔A〕〔B〕を想定した。しかし、根拠に乏しいので、小西大方正中（七〇八）の系譜上の位置付けは今後に期したい。

〔A〕

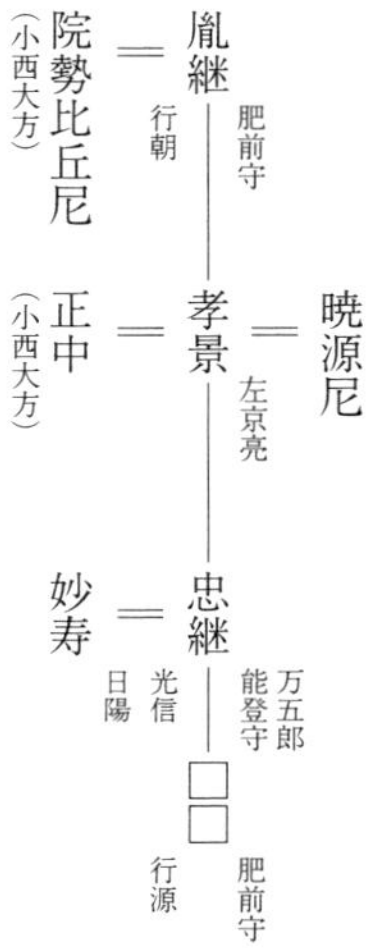

〔B〕

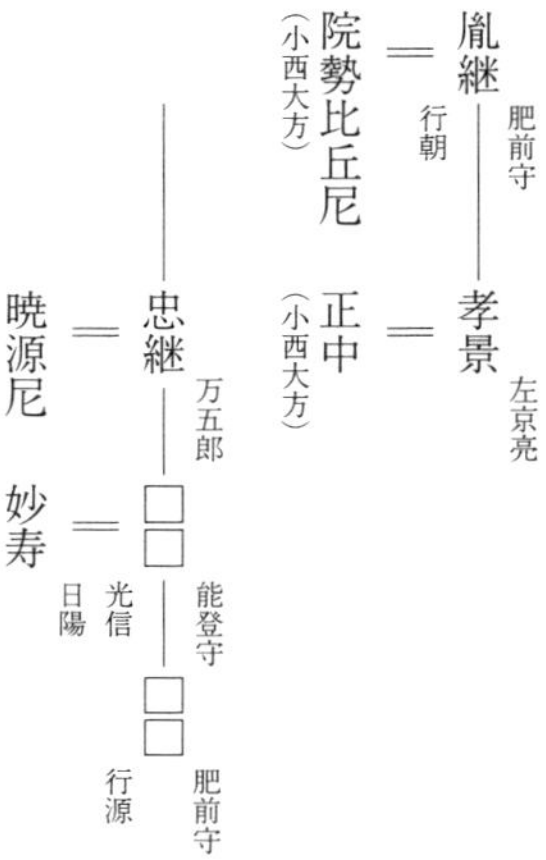

隆敏（七一〇）は、法華宗中山門流法華経寺（市川市中山）の文書中にある、

前々伯父候者、如被申合候、於隆敏不可存別条候、為以後候之間以一札申候、仍如件、

永正十二年

五月九日右衛門尉隆敏（花押）

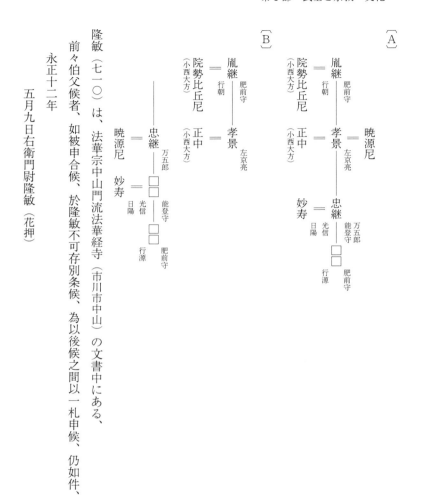

謹上本妙寺

という判物[13]の発給者隆敏と同一人と考えられる。法華経寺は「日蓮の大檀越で日蓮滅後、僧となった富木日常が創建した法華寺と二代日高《にちこう》の開創した本妙寺からなる。日高以降、本妙・法華両山一主の制のもとに歴代の貫主は本妙寺に本拠を置いて両寺を兼帯（中略）、両寺が合併して法華経寺の寺号を公称したのは天文一四年（一五四五）である[14]」といわれる寺院である。宛所に本妙寺とあるのは、このことに起因する。

ところで、本文書の発給者右衛門尉隆敏なる人物については、従来名字未詳とされてきた。この点について、上総山辺郡東金（東金市東金）の領主酒井隆敏と、日朗門流本土寺の日瑞、また中山門流本妙寺・法華寺の日靚との関係を示す明確な史料はないが、私は酒井隆敏に比定したい。酒井氏の系譜・伝記類によれば、上総山辺郡土気（千葉市緑区土気町）の領主酒井定隆（清伝）は土気・東金の城主であったが、土気城を長男定治に譲り、三男隆敏を連れて東金城に隠居したという。この酒井定隆は、法華宗日什門流（妙満寺派）の日泰に帰依している。日什門流の祖日什が建てたと伝えられる相模鎌倉の本興寺に残る永禄二年（一五五九）九月七日在銘棟札[15]には、酒井清伝と日泰との結びつきが文明十三年（一四八一）にはあったことが記載されている。また、

永禄二年己亥九月七日書之、

一棟上之祝言馬太刀之人数之事

酒井中務丞胤治太刀馬、同左衛門佐胤敏太刀馬、本行寺日行口入馬、蓮照寺日盛馬、満栄寺日要馬、本寿寺日修馬、本光寺日顗馬、最福寺馬、本国寺日典馬、本納寺日□馬、當住持善生寺日芸馬、酒井大炊助信継馬、當寺衆中馬、當寺檀那衆馬、

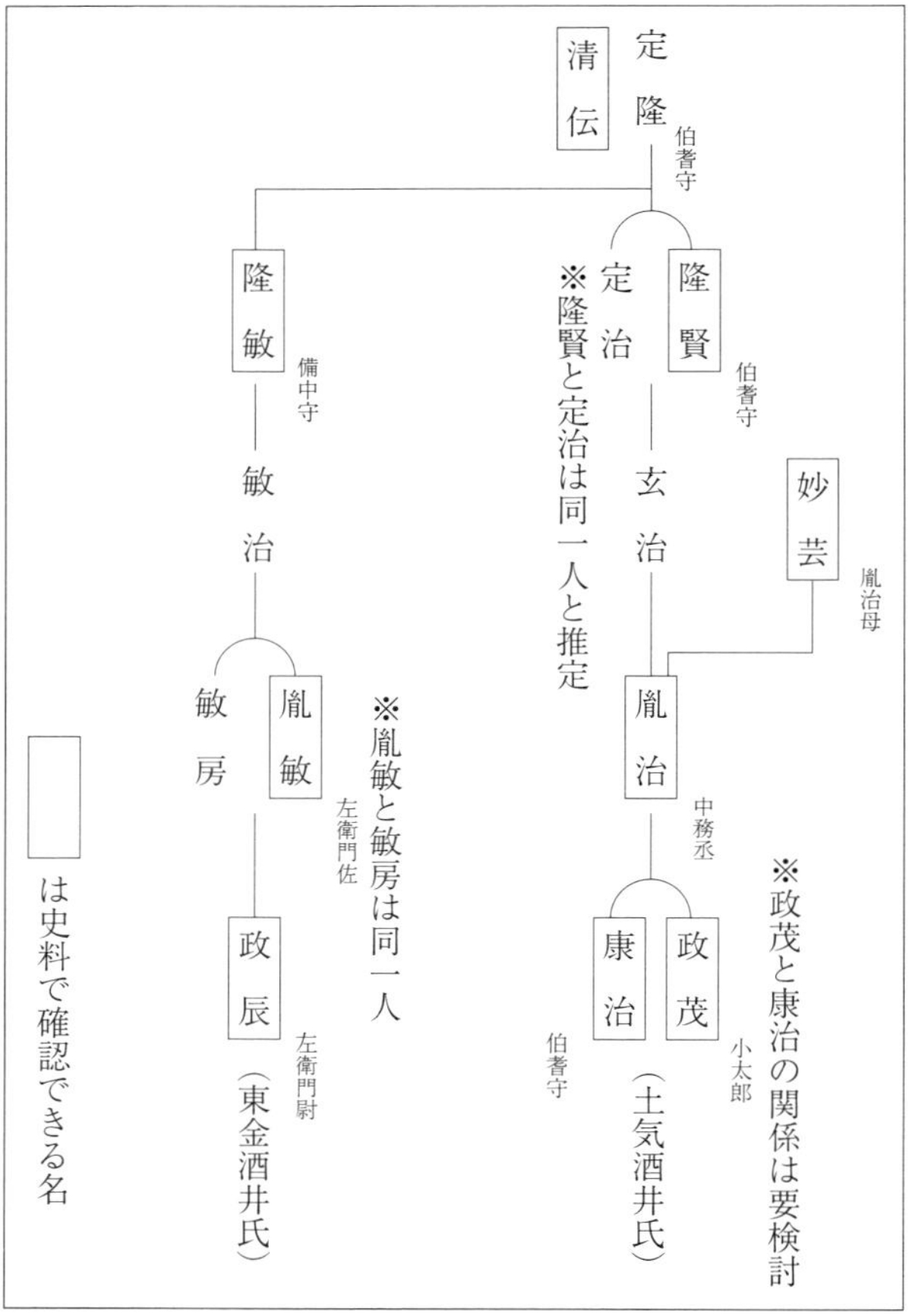

酒井氏略系図

以上太刀二、馬十五

（下略）

とあって、土気の酒井中務丞胤治、東金の酒井左衛門佐胤敏、某所の酒井大炊助信継の名が見える他、同棟札には酒井胤治の嫡子小太郎政茂と、本興寺再興のために米銭を寄進した人々として、胤治老母妙芸、酒井大炊助（信継）御内方、本納之上、東之上、富田八郎太郎、生実御台、酒井左衛門佐胤敏、胤敏老母、鶴子、酒井九郎右衛門尉が記載されている。ここに日什門流（妙満寺派）と酒井氏との関係の深さは確実に知れる。

その中で、日朗門流本土寺との関係もあったことが、『本土寺過去帳』日牌記事に「酒井伯耆守殿、山辺ニテ」とある清伝位（廿九日上段）、「土気酒井伯耆守殿、永正十七庚辰四月」とある隆賢位（廿一日上段）、「土気酒井小太郎母儀、天正廿壬辰九月宮ノ下ニテ」とある妙含霊（九日中段）といった人物から知られるのである。妙含は、その子土気の酒井小太郎の施入により同過去帳に記載されたものと見做せるが、続柄記載のない清伝（酒井伯耆守）と隆賢（酒井伯耆守）は、直接的か間接的に本土寺をも外護していたのではなかろうか。

『寺院本末帳百十三日蓮宗五』[16]（天明年間成立）に、本土寺の末寺として、

妙観寺　上総国山辺郡山田村（東金市山田）
妙法寺　同　右
歓喜寺　同　右
長栄寺　上総国山辺郡小野村（東金市小野）

の四ヶ寺が記載されているのも、そのことを示唆しているかもしれない。妙観寺は長禄二年（一四五八）に日意、長栄寺は永正八年（一五一一）に日瑞の開山を伝えている[17]。

永正十七年に没した隆賢（酒井伯耆守）は、酒井氏の系図・伝記類に見える定治なる人物と同一人と思われるが、とすれば、その弟にあたるという隆敏と本土寺との関係も考えられるのである。なお、酒井隆敏は備中守を称したという。大永四年（一五二四）に推定される四朔（四月一日）付長南三河守殿宛足利高基書状[18]に「一、氏綱（北条）可存忠信趣候歟、酒井備中守も此分申上候」「一、於其州道哲（足利義明）赦免之由申廻候由、酒井備中守書中にあらハし候」とあり、時期的にみてこの酒井備中守は酒井隆敏に比定される。前出法華経寺文書の右衛門尉隆敏もまた酒井隆敏に比定されるの

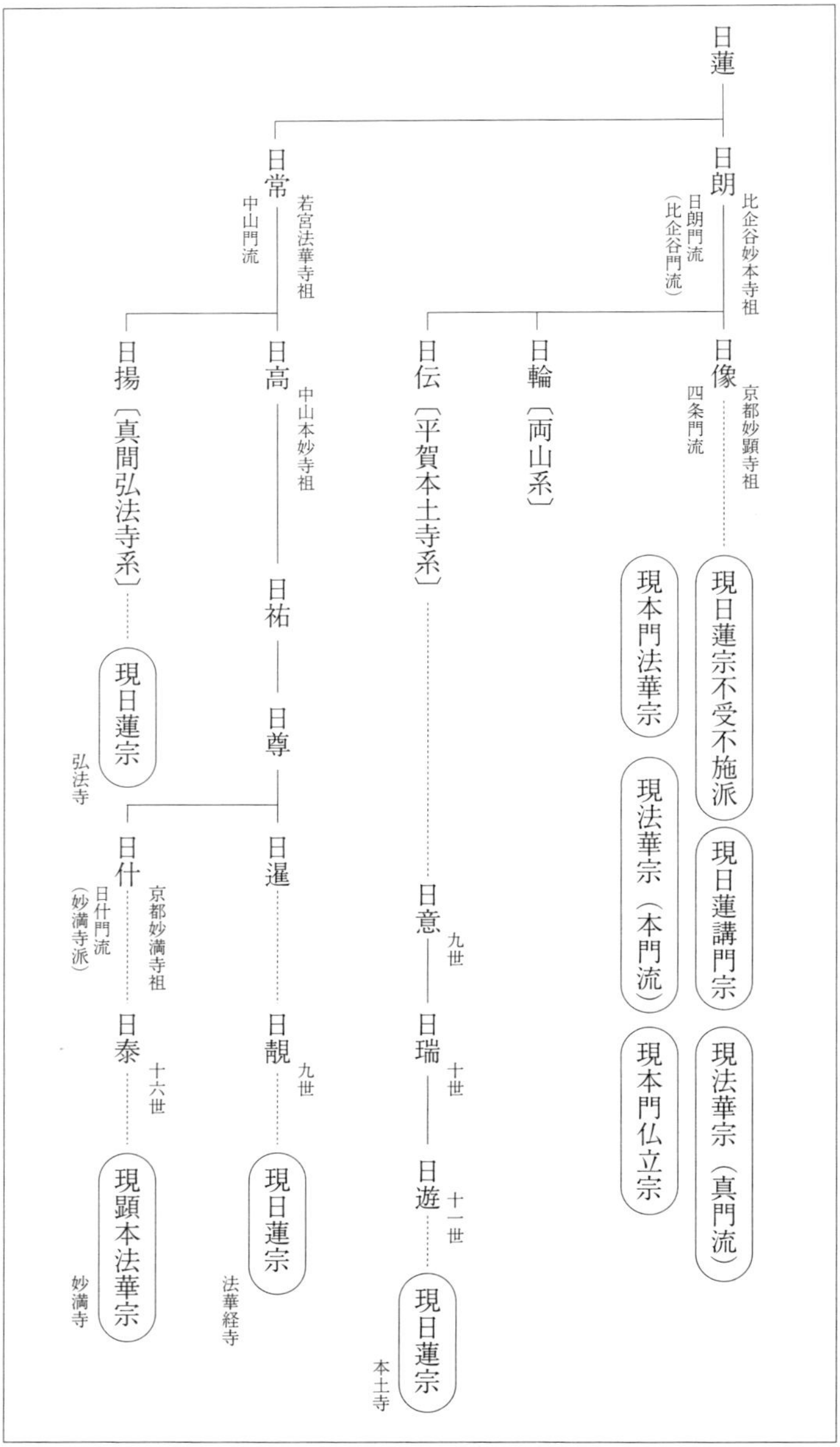

日朗・中山・日什門流関係図
※宮崎英修編『日蓮辞典』を参考とした。

で、これが正しければ、隆敏は永正十二年（一五一五）五月以後、大永四年（一五二四）以前に官途名「右衛門尉」より受領名「備中守」へと改名したことが考えられる。

胤盛（七〇九）、左衛門五郎（七一三）は、国分胤盛と国分朝胤に比定できようか。彼らに関しては、文明期から天文期にかけての表2の文書が知られている。

No.	年月日	文書名	署名	出典	刊本
1	文明4・12・15	国分胤盛安堵状	平胤盛	観福寺文書	『諸家補』観福寺三〇号
2	文明14・12・7	国分胤盛安堵状写	平胤盛	要害家文書	『旭』一四号
3	文明17・8・6	国分胤盛補任状	平胤盛	観福寺文書	『諸家補』観福寺一八号
4	文明19・閏11・23	国分胤盛安堵状	平胤盛	大禰宜家文書	『香取』一二三号
5	明応9・4・19	国分胤盛安堵状	宮内少輔胤盛	大禰宜家文書	『香取』一二九号
6	永正4・9・11	国分胤盛安堵状	胤盛	大禰宜家文書	『香取』一三四号
7	永正11・3・21	国分胤盛寄進状	胤盛	観福寺文書	『諸家補』観福寺二一号
8	永正15・9・21	国分胤景・朝胤連署寄進状	左衛門尉平胤景 同左衛門五郎朝胤	筑波大学附属図書館所蔵文書	『県歴⑭』五号
9	永正17・閏6	国分胤盛寄進状写	国分近江守胤盛	新福寺文書	『旭』三五号
10	天文7・12	国分朝胤安堵状写	平朝胤	「随得集」所収大戸神社文書	
11	（年未詳）・11・17	国分朝胤補任状	国分宮内太輔朝胤	観福寺文書	『諸家補』観福寺二四号
12	天文14・8・26	国分朝胤・胤盛連署寄進状	国分宮内太輔朝胤 同平勝盛	大禰宜家文書	『香取』一五〇号
13	天文18・12・27	国分朝胤寄進状	国分宮内太輔朝胤	観福寺文書	『諸家補』観福寺四四号

表2

『香取』は『千葉県史料中世篇・香取文書』、『諸家補』は『千葉県史料中世篇・諸家文書補遺』、『旭』は『旭市史第三巻』、『県歴⑭』は『千葉県の歴史』第一四号を示し、以下は史料番号である。

前出『寺院本末帳百十三日蓮宗五』には、日朗門流本土寺の末寺・孫末寺として、

浄蓮寺　下総国香取郡大戸川村（佐原市大戸川）

寿正寺　同右

自性院　下総国香取郡本矢作村（佐原市本矢作）

浄国寺　下総国香取郡佐原村（佐原市佐原）

が記載されている。これらは、国分氏の旧領域内に所在する寺院で、浄蓮寺は本土寺末、寿正寺は浄蓮寺末、自性院と浄国寺は、香取郡沢村（栗源町沢）真浄寺の末寺である。中には近世に開創されたことを伝える寺院もあるが、大戸川の浄蓮寺は日瑞の時代にはあった寺院とみられる。とすれば、国分氏一族との関係も看取できるのである。しかし、胤盛（七〇九）、左衛門五郎（七一三）は、国分氏とは限定できない実名・仮名であり、現段階では仮定にとどめておきたい。

小弓（七一〇）・長田（七一〇）・金田（七一三）は地名と考えられるが、その背後には地名に代称された人、若しくは人々がいたことはいうまでもない。下総千葉郡小弓（千葉市中央区南生実町周辺）は、この当時には原氏嫡宗（原胤隆）の拠点であった。長田（七一〇）は、上総山辺郡長田（山武郡大網白里町永田）、金田（七一三）は、上総望東郡金田（木更津市の旧金田村域）か上総長柄郡金田（長生郡長生村金田）のいずれかに比定される。

以上、概括的にではあるが、本土寺蔵「華籠」をめぐる人々について考察した。中にはさらに検討を要する人物、今回検討を加えなかった人物もいる。この点に関しては今後に期したい。そのためには、本土寺十世日瑞の教化活動の足跡を探ることも重要な課題である。本稿は「華籠」という金石文を地域史料化しようとするための一つの試みで

あるが、大方の御教示と御批判を賜われれば幸甚である。

註

（1）『千葉県史料中世篇・本土寺過去帳』（一九八二年）五～六頁。
（2）『千葉県史料金石文篇一』（一九七五年）長生郡八号。
（3）松下邦夫「東葛地方の中世豪族」（地方史研究協議会編『房総地方史の研究』雄山閣出版、一九七三年）。
（4）『松戸市史史料編（四）本土寺史料』（一九八五年）中世史料八号。
（5）『千葉県史料金石文篇二』（一九七八年）東葛飾郡二五八号。
（6）『千葉県史料中世篇・香取文書』（一九五七年）旧大禰宜家文書二八二、二八三号。
（7）この点に関しては、両氏の法名においても「行」字を共有することで一致をみる。例えば、設楽氏の場合の行暹（出雲守）、行哲（出雲守）、行安（左衛門尉）、行信（助十郎）、蓮行（出雲守）、行伝（助六）、行信（弾正継長）、原氏の場合の行朝（肥前守胤継）、行源（肥前守）である。
（8）遠山成一・外山信司「岩富原氏の研究」（『房総史学』二六号、一九八六年）。
（9）註（3）に同じ。
（10）『松戸市史史料編（四）本土寺史料』中世史料一一号。
（11）同前、中世史料九号。
（12）『本土寺過去帳』日牌記事に、次のようにある。

〔十二日上段〕

小西能登殿

暁源尼

母儀
小西能登殿
妙寿位
御内セナ
〔廿日下段〕
小西原肥前守
行源成等正覚
〔廿二日上段〕

(13)『市川市史第五巻』（一九七三年）中山法華経寺文書六一号。
(14) 宮崎英修編『日蓮辞典』（東京堂出版、一九七八年）法華経寺項。
(15)『千葉県史料中世篇・県外文書』（一九六六年）三一三号。なお、川名登氏による「現地調査したところ（中略）書の読み及び註には多少の間違いがあるので注意されたい」と同書に対する指摘がある（「房総の戦国武将・酒井氏の史実と伝説」『房総の郷土史』三号、一九七五年）。本稿では川名氏の翻刻に従った。
(16) 水府明徳会彰考館所蔵。『松戸市史史料編（四）本土寺史料』末寺三号。
(17)「妙観寺遺跡書」「妙観寺歴代書」「長栄寺遺跡書」「長栄寺歴代書」（本土寺文書）。『松戸市史史料編（四）本土寺史料』末寺四〇・四一・三六・三七号。
(18) 東京大学史料編纂所所蔵文書。『新修蕨市史資料編一』（一九九一年）口絵図版、『龍ヶ崎市史中世史料編』（一九九三年）二七九頁。

Ⅳ

中世房総の芸能と原氏一族——本土寺過去帳の猿楽者

浜名敏夫

はじめに

中世房総の芸能をみると、鎌倉期に、上総建暦寺（君津市浜子）で行道が催されている。このことは建暦寺に残る古い菩薩面によって知ることができる。建暦寺の菩薩面について、田邊三郎助氏及び三隅治雄氏の両氏が論ぜられているところである(1)。

室町期に、下総の大社香取神宮（香取市香取）で田舞・神楽が行われているが、このうちの田舞につき中村茂子氏の論文がある(2)。そして、同時期、下総本土寺（松戸市平賀）を舞台に猿楽者長命大夫・明若大夫・金剛三郎五郎などが活躍している。このうちの長命大夫につき、後藤淑氏、乾克己氏の両氏が、それぞれに論考されておられる(3)。

原氏については、小高清氏が上総夷隅の伊北氏に関連して、小西《こにし》原氏（大網白里市小西、小西城を拠点とした原氏）・弥富《やとみ》原氏（佐倉市岩富、弥富城を本拠とする原氏）にふれ、原氏の日蓮宗寺院建立の状況について松裏善亮氏が書かれている(4)。

戦国期に原氏が発給した文書については伊藤一男氏が整理されている(5)。また、弥富原氏に本格的に取り組んだ論文を遠山成一・外山信司の両氏が共同で発表され[6]、その後、外山信司氏が佐倉の原氏（印旛郡酒々井町、佐倉市）について論ぜられている[7]。

本稿は、これら先学に学びながら、房総で展開した中世の芸能、並びに松戸市の本土寺を舞台に活躍したクラカケ（柏市豊四季字鞍掛）の猿楽者・小西の猿楽集団を外護したであろう小弓（千葉市南生実町、小弓城を拠点とした原氏）・小西の両原氏について述べようとするものである。

なお、長谷山本土寺《ちょうこくざんほんどじ》は松戸市平賀六三に所在し、その開創は古く文永六年（一二六九）日朗聖人あるいは、建治三年（一二七七）日伝聖人ともされている古刹である。以下、過去帳とあるのは本土寺過去帳のことである[8]。

一、中世房総の芸能

ここでは、はじめに述べた房総の芸能についてたどりながら、芸能を寺社芸能と民俗芸能とに分けて考え、さらには、猿楽能を外護した領主にふれ、隆盛を極めた本土寺の猿楽者・猿楽集団の展開をみることにしたい。なお、中世房総の芸能をまとめてみると、表1中世芸能関係年表のとおりとなる。

（1）房総の芸能

君津市浜子所在の建暦寺に菩薩面三面がある。このうちの一面は、鎌倉期の作で行道に使われたものであった。行道は東大寺の重源によって広められ、阿弥陀如来の信者の臨終に如来自らが聖像を伴って来迎し、臨終者を極楽浄土

表１　中世芸能関係年表

番号	西暦	和　　暦	内　　　　　　　容	場　所	備　考
1	1328	嘉暦　3.　3.	陵王面に嘉暦の記載あり	大戸神社	県金石分２
2		鎌倉期	菩薩面１面	建暦寺	関東の仮面
3	1338	建武　5.　6.	猿楽給７反の記載がある	市原市新堀	金沢文庫古文書
4	1343	康永　2. 10.　8	延年の舞が行われる	妙光寺	佛像伽藍記
5	1354	文和　3.　4.　5	御田植早乙女之事	香取神宮	香取文書
6	1384	至徳　1.	足利義満、神輿を寄進す。神踊、申楽、舞楽あり	市原市飯香岡八幡宮	飯香岡八幡宮由緒本記
7	1413	応永 20. 10. 18	千葉兼胤、神楽銭十結を寄進	香取神宮	香取文書
8	1441－43	嘉吉　1－3	長命次郎・明若大夫本土寺で猿楽能を演ず	本土寺	日晴記
9	1452	享徳　1.　5. 18	タウニワ（道庭）ノ御前	〃	過去帳18下
10	1454	〃　3.　8. 16	鎌倉公方足利成氏、長命大夫の猿楽能を御覧	鶴岡八幡宮	殿中成氏年中行事
11	1466	寛正　7.　6.　7	妙珍比丘尼　印西師戸ノ御前	本土寺	過去帳７中
12	1476	文明　8. 10. 20	長命大夫妙重位クラカケニテ	〃	〃　23〃
13	1478	〃　10.　2. 28	妙円尼　鳩谷不動坊ミ子	〃	〃　28〃
14	〃	〃　10.　3.　9	妙春善尼小西トオソ安擦母	〃	〃　9〃
15	1481	〃　13.　9. 28	民部大夫政吉・原次郎五郎弼次の両名、獅子頭奉納	千葉市寒川神社	県金石文１
16	1499	明応　8?	面作り　瑞円尼	本土寺	過去帳30下
17		室町期	神事面（飛出、○見、姥）	香取神宮	関東の仮面
18		〃	鬼舞面（青鬼）	下総町迎接寺	〃
19	1509	永正　6. 10. 16	原宮内少輔胤隆、小弓城で宗長に猿楽能をみせる	千葉市南生実町	東路の津登
20	1513	〃　10.　1.　7	越城座頭日音　本郷ニテ	本土寺	過去帳７上
21	1528－32	享禄□□	羯鼓に享禄の記載あり	八千代市七百余所神社	県金石文２
22	1538	天文　7	根本四郎左衛門、神輿を寄進	千葉市八剣神社	棟札銘
23	1573	天正　1.　7	国分胤政、延年を舞わせる	佐原市大龍寺	戦国の禅僧大虫和尚
24	1584	〃　12.　4. 11	浅野対馬守、太鼓を寄進	松戸市桂林寺	我孫子市史
25	1585	〃　13. 12. 15	里見義頼、猿楽能を演ずる	館山市鶴谷八幡神社	千大人文研究 17
26	1593	文禄　2. 10. 10	朗詣　小西鷺谷主水	本土寺	過去帳10中

（注）過去帳は、本土寺過去帳のことで数字及び上下は日段をそれぞれ表す。

へ迎える供養会であり、[9] そこに登場する聖像に使用されるのが菩薩面である。

香取市大戸神社に陵王面《りょうおうめん》一面、納曽利面《なそりめん》二面があり、ともに鎌倉期のものとされる。陵王面には、嘉暦三年（一三二八）三月の銘が書かれており、[10] 年号記載ということからして貴重といえる。陵王面は、越天楽などで知られる舞楽に用いられる仮面である。

舞楽の書である『舞楽要録』には、陵王と納曽利は対になって載せられている。大戸神社の陵王面・納曽利面は、対となって使用され、保存されてきたのであろう。

南北朝期、香取市香取の香取神宮で、御田植の神事祭がとり行われている。『香取文書』には、文和三年（一三五四）四月五日のこととして、「御田植早乙女之事」と記載があり、早乙女が御田植の神事に参加している。[11] 古面の者三名は、飛出《とびで》（薙刀を振る）・癋見《べしみ》（鍬を持ち）・姥《うば》（苗草を持つ）の様相であったという。同神宮には、「御田植早乙女之事」に使用されたと思われる室町期の古面三面（飛出・癋見・姥）が社宝として残されている。[12]

神楽も御田植の神事には奏されているが、このほか、応永二〇年（一四一三）一〇月一八日に、下総の守護である千葉兼胤が、「御神楽銭一〇結」を香取神宮に寄進したことが『香取文書』にあり、神楽の行われていたであろうことがわかる。[13]

室町期、下総本土寺を舞台にした猿楽能・猿楽が盛んであったが、これは下総本土寺の教線拡大とあいまってのことであった。

猿楽関係については後記することにして、ここではあまり知られていない女性芸能者の御前《ごぜ》・比丘尼《びくに》の姿を追ってみることにしたい。御前は鼓を打ちながら曽我物語などを弾きかたる女性芸能者である。過去帳一八日下段に「円妙

尼　享徳三年（一四五二）五月タウニハノ御前」とある御前は、上総東金を故地としていたようである。タウニハは堂庭のことをいい近世、道庭となった。[14]過去帳に出現する御前は、この堂庭の御前を初現として長享三年（一四八九）のアヒコ御前までにおよぶ室町末期の三七年間であった。御前で注目されるのは、比丘尼との関連である。過去帳七日中段に「妙珍比丘尼印西師戸ノ御前」とあって、比丘尼が生前、御前であったと記されているのである。また、一八日下段には、文明七年（一四七五）に亡くなったマイカ崎御前日暁ヲハがいるが、もうひとり日暁のヲハが過去帳にある。それは、二五日上段に記されている妙心比丘尼で、文明一六年（一四八四）に亡くなっている。マイカ崎御前と妙心比丘尼は姉妹であろうと思われるが、姉妹のうち、ひとりは御前で、他のひとりは比丘尼である。[15]

比丘尼は、曼陀羅を絵解きしながら勧進して歩く姿がよく知られている。比丘尼は本来、仏に仕えるものであるが、室町期には芸能者となっているものが多い。過去帳の比丘尼霊名は一一三名で、その年代は康暦二年（一三八〇）から天文二三年（一五五四）に及んでいる。[16]なお、過去帳二八日中段に、文明一〇年（一四七八）、妙円尼という鳩谷（埼玉県鳩ケ谷市）のミ子（巫女）が亡くなったと記している。巫女も女性芸能者であった。

戦国期に作成された羯鼓《かっこ》が下総七百余所神社（八千代市村上）に保存されている。この羯鼓は、長さ五四cm・幅二八cmあって、ほかの羯鼓に比べ相対的に大きいのがその特徴である。羯鼓には、享禄□□年（一五二八―三二）の墨書銘がある。[17]伝承では、米本城主村上氏が市原から逃げてきた時に羯鼓を携えてきて、七百余所神社に寄進したとされるが、真偽のほどはわからない。

同じ戦国期、下総矢作城（香取市矢作）の城主国分胤政が、下総大龍寺（香取市与倉）の本堂前で、少年八名にて延年を舞わせている。天正元年（一五七三）七月のことであるという。[18]

（２）寺社芸能と民俗芸能

中世房総で行われた芸能は、表１中世芸能関係年表にみられるように、そのほとんどが寺社芸能である。なかでも前記した建暦寺（君津市）の行道、大戸神社（香取市）の舞楽は、宗教行事としての性格を濃厚に残している。

南北朝期に上総茂原の妙光寺（茂原市茂原、現藻原寺）で舞われた延年、香取神宮の神楽などもそうである。[19] 七百余所神社（八千代市村上）に保存されている享禄年間の羯鼓は、現在使われていないのではっきりとしないが、延年の舞の時に奏されていたのではなかろうか。

民俗芸能（郷土芸能）として古いのは、下総迎接寺（香取郡下総町冬父）で行われていたであろう「鬼来迎」の催事である。迎接寺には、「鬼来迎」に使用された仮面が多数保存されているが、このうちの鬼舞面青鬼は、戦国時代あるいは室町期に遡るとされる古面である。[20] 迎接寺の「鬼来迎」は、仮面の残存状況から、室町末期遅くとも天正年間に始められたものとみられる。

迎接寺の「鬼来迎」は仮面のみ残され、実際にみることができない。現在、祭事が行われていないためである。「鬼来迎」そのものは、虫生の広済寺（匝瑳郡光町虫生）で毎年七月一六日に盆供養として上演されている。

寺社芸能としては寺社からの独立性を有し、民俗芸能としては地域との密着性に劣る芸能に猿楽・猿楽能がある。猿楽・猿楽能は当初、寺社の保護を受け発展してきたものであるが、寺社の勢力が衰えるにつれ、独立性を認められるようになったのである。室町期には、寺社と猿楽などの芸能者との関係は持ちつ持たれつの相互に補完する状態であったという。

（3）猿楽能と領主

金沢文庫古文書にある建武五年六月日付の上総国新堀郷給主得分注文に「猿楽給　七反内」と記載があるが[21]、当地を所領した相州金沢の称名寺（横浜市金沢区）には猿楽の演ぜられた記録が残されていないという[22]。上総新堀郷（市原市新堀）あるいは新堀郷の近くで猿楽能は演ぜられていたのではなかろうか。

房総における猿楽に関連の領主及び演能者をまとめると、

時代	場所	領主	演能者
室町期	下総本土寺	曽谷典宗	長命次郎
〃	相州鶴岡八幡宮	足利成氏	長命大夫
戦国期	下総小弓城	原　胤隆	？
〃	房州鶴谷八幡宮	里見義頼	里見義頼

となる。室町期（嘉吉年間）、下総本土寺で演能されているが、その状況について本土寺僧日晴の記す『日晴記』に「(日福聖人)、平賀ノ御堂ヲ結構ニ造リ、堂供養ヲ成サシメ玉フ長命次郎ト明若大夫ノ出会ニ猿楽ニ致ス嘉吉年中也」とあって、本土寺の本堂新築に際し、長命大夫の同族である長命次郎と明若大夫が猿楽能を演じている[23]。

日福聖人は本土寺六世（あるいは八世）で曽谷氏の一門である。日福聖人の五代祖である曽谷法蓮は本土寺の大檀越で宗祖日蓮の直弟であった。

曽谷氏の系譜を示せば、

曽谷法蓮——道崇——伝浄——典久——裕典——典宗
　　　　　　　　　　　　　　　　　└日福

となる。[24] 曽谷法蓮は、年代的に法蓮寺・礼林寺（ともに市川市大野四丁目に所在）を開山したとされる曽谷教信と同一人であろうと考えられる。

曽谷氏の系譜からして、本土寺の本堂を新築したのは、日福聖人を庇護する曽谷氏一族の外護によるとみていいであろう。日福御舎兄曽谷裕典は、応永二三年（一四一六）に入寂しているので、猿楽能を演じさせた曽谷氏の当主は裕典の子典宗であったろう。

享徳三年（一四五四）八月一六日、鎌倉鶴岡八幡宮の社頭に於て猿楽能が演ぜられた。演能者は、本土寺の猿楽者長命大夫であり、これを御覧になったのは鎌倉公方足利成氏であった。[25] 長命大夫は本土寺猿楽者のなかでも長老として崇められる存在であったに違いない。

永正六年（一五〇九）一〇月一六日、連歌師柴屋軒宗長は、小弓城主（千葉市南生実町）原宮内少輔胤隆に招かれ、千葉の崇神妙見の祭礼を見学している。同夜延年の猿楽が催されたのである。[26] 延年の猿楽とは猿楽の古い香りを漂わす猿楽能のこととされている。

天正一三年一二月一五日・一六日、鶴谷八幡宮（館山市八幡）の境内で猿楽能が催された。これは、御曹司様（里見義康）御元服の祝いに行われたもので、『里見家永正元亀年中書札留抜書』に載せられている。猿楽能の演目が判る貴重な記録である。[27] この記録によれば、「御曽《曹》司様（里見義康）鵜羽　松浦を被成也」とあり、さらに、「上様（里見義頼）者、松風之大鼓あそはし候也」とあって、里見家の当主里見義頼及び御曹司里見義康が自ら猿楽能を演じているのである。里見義康の演じた鵜羽、松浦はさぞ見事であったろうと思われる。

（4）本土寺の猿楽

本土寺を舞台に活躍した長命大夫、明若大夫などの猿楽者が居住していたのは、クラカケ（柏市豊四季字鞍掛）の地であった。現在残されているクラカケ地名は、東武鉄道野田線豊四季駅直近の北西側に位置し、東武鉄道の線路（北側）と県道（南側）にはさまれた長さ二五〇m・幅八〇mほどの一角である。付近の諏訪神社には源養家が鞍を掛けたという所謂「鞍掛けの松」があった[28]。

過去帳にクラカケと記載があるのは、宝徳二年（一四五〇）の「妙円入出雲ノ父クラカケ」から明応三年（一四九三）「妙祐尼明若四郎家中母」までの四三年間のことである。以後、過去帳の記載からクラカケは消滅してしまうことになる。

前記したように、嘉吉年間（一四四一～三）本土寺で長命次郎・明若大夫が、享徳三年（一四五四）鎌倉鶴岡八幡宮で長命大夫がそれぞれ猿楽能を演じている。長命大夫は、過去帳一六日中段に「同（文明）八年丙申　クラカケニテ長命大夫妙重位十月」とあって鞍掛（柏市豊四季）の地で亡くなっている。長命次郎については一六日中段に「長命次郎」とあるのみで没年などは未詳である。年未詳ではあるが、長命大夫の亡くなった文明八年（一四七六）より以前に没しているようにみられる。

クラカケの地を本拠地とした猿楽者については、表2猿楽能関係者年表にまとめてみたのでこれによって、猿楽の展開をおってみることにしたい。

明若大夫は、クラカケの大夫では一番発展した大夫であったろう。過去帳をみると、

一七日中段「光満入　文明十四（一四八二）壬寅明若大夫クラカケ」

表２　猿楽能関係者年表

番号	西暦	和　　暦	内　　　　　容	日段	備　　　考
1	1454	享徳 3. 2. 24	妙法入享徳三甲戌二月クラカケ	24中	
2	1456	康正 2. 5. 14	妙蓮康正二子五月クラカケ	14〃	
3	〃	〃 2. 7. 20	妙典猿楽十郎十郎二郎父也康正二戌寅七月	20上	大夫十郎十郎二郎
4	1464	寛正 5. 10. 23	妙信尼寛正五甲申十月クラカケ三郎四郎ア子	23中	大夫三郎四郎姉
5	1466	〃 7. 7. 15	妙円尼寛正七丙戌潤七月クラカケ	15〃	
6	〃	〃 7. 8. 10	妙禅入寛正七丙戌八月クラカケ与五郎父	10上	大夫与五郎父
7	1468	応仁 2. 10. 3	妙宣尼応仁二戊子十クラカケ三郎五郎母	3下	大夫三郎五郎母
8	〃	〃 2. 10. 23	妙鏡入応仁二戊子十クラカケ小六父	23中	
9	1469	〃 3. 7. 10	妙法入応仁三乙丑七月クラカケ五郎四郎	10〃	大夫五郎四郎
10	1471	文明 3. 4. 24	妙実文明三辛卯四月クラカケ左近三郎	24下	
11	1472	〃 4. 11. 6	妙延文明四壬辰猿楽三郎五郎クラカケ	6中	大夫三郎五郎
12	1476	〃 8. 6. 4	文明八丙申クラカケノ長命大夫女ヒメ松	4下	長命大夫女
13	〃	〃 8. 10. 23	同（文明）八丙申クラカケニテ長命大夫妙重位十月	23中	長命大夫
14	1482	〃 14. 3. 17	光満入文明十四壬寅明若大夫クラカケ	17〃	明若大夫
15	1487	〃 19. 1. 24	同（文明）十九丁未正月了信尼クラカケ	24下	
16	1488	長享 2. 4. 20	中村妙村入長享二戊申四月明若四郎ノ家中兄	20〃	明若大夫家中
17	1493	明応 3. 15	妙裕尼明若四郎家中母明応三	15上	明若大夫家中
18		和暦不明	妙珍尼　クラカケ二郎五郎母	2下	大夫二郎五郎母
19			妙法入道　クラカケ四郎二郎父	12〃	大夫四郎二郎父
20			赤松女　乙酉四月クラカケ	13〃	
21			妙行入　明若四郎家中ノ父四月那須ニテ	19上	明若大夫家中
22			妙頂　サルカクアイワカ正月カウトニテ	10下	愛若大夫
23			妙頂尼長明五郎家中五月カサイ	22〃	長明五郎家中
24			妙正女　十一日キリカヤ明若三郎悲母	27中	明若大夫家中
25		和暦・地名不明	┌ 妙涼　アツカハ └ 妙弥　ツツミウチ弥三郎	28中	大鼓造り 鼓打

二〇日下段「中村　妙村入　長享二（一四八八）戊申四月　明若四郎ノ家中兄」
一五日上段「妙裕尼　明若四郎家中母明応三（一四九三）」
一九日上段「妙行入　明若四郎家中ノ父四月　那須ニテ」
二七日中段「妙正女　十一日キリカヤ　明若三郎悲母」

とあって、その活動範囲は、那須（栃木県那須郡那須町）、中村（香取郡多古町）、桐谷（流山市桐ケ谷）とみえ、下野那須・下総中村まで足跡を残している。

前記三名のように演能の記録はないが、ほかのクラカケの大夫として、十郎十郎《（マヽ）》二郎大夫・愛若大夫・長明五郎がいる。十郎十郎二郎大夫について過去帳二〇日上段に「妙典　猿楽十郎十郎二郎父也　康正二（一四五六）戊寅七月」と記載している。猿楽十郎十郎二郎は、クラカケで亡くなっていないようであるが、大夫の中でも座長の立場にあったのではなかろうか。十郎十郎二郎という名からして、猿楽能観世流に属していたようである。

過去帳一〇日下段に「サハカクアイワカ《（ルカ）》　妙頂正月カウトニテ」とあるように、愛若大夫がカウトで亡くなっている。カウトの地は、神門と書いて佐倉市の神門であろうと考えられる。佐倉市神門の近くに、印旛郡酒々井町本佐倉がありそこには、字名で「猿楽場《さがくば》」という地名が残されている。「猿楽場」とは、猿楽の上演された場所ということではなかったろうか[29]。

過去帳二二日下段に「五月カサイ　長明五郎家中法名妙頂尼」とあるが、この長明五郎は、カサイ（東京都葛飾区・江戸川区）を根拠地としているものの、長命大夫の一門とみていいのではなかろうか。

クラカケの猿楽者が京都で演能している。将軍義政が御覧になった仙洞猿楽で、寛正六年（一四六五）二月二八日

に上演された『能楽源流考』[30]に紹介されている観世元章氏編さんの「雲上散楽会宴」によれば、

　壇風　　　○○○○　　　○○○

観世大夫政盛　金剛四郎次郎元正　美濃与五郎吉久

　重荷

　　　　　○○○○

音阿弥元重　宮増次郎五郎

とあり、これに対応する記載が過去帳にある。

一二日下段「妙法入道　二月　クラカ□《（ケ）》四郎二郎父」

一〇日上段「妙禅入　寛正七（一四六六）丙戌八月　クラカケ　与五郎父」

二日下段「妙珍尼　クラカケ二郎五郎母」

とあるのがそれである。

ほかに三郎五郎・五郎四郎・三郎四郎のそれぞれの大夫の記録がある。『蔭涼軒日録』に、延徳三年（一四九一）九月一一日「金剛三郎五郎自坂本来」を始めとして、明応元年（一四九二）三月三日、翌明応二年五月一九日に京都相国寺で演能していることがみえている。

五郎四郎の演能記録は、『大乗院寺社雑事記』に文明一二年（一四八二）八月一一日「五郎大夫昨日不参事座中入之間」とある。三郎四郎は、前記『蔭涼軒日録』に延徳四年（一四九二）三月二日「三郎四郎」である。与五郎・三郎五郎・五郎四郎・三郎四郎の各大夫の後裔は、クラカケの地を去って、京都・奈良で活躍していたようである。

二八日中段に年号・地名が未詳の二名が記されている。

妙淳アツカハ

妙弥猿楽ツ、ミウチ弥三郎

とあるのがそれで、妙淳のアツカハは、「厚皮」と書いて大皮のことである。大皮とは大鼓の別名である。ツ、ミウチは「鼓打」を表している。両名は線でむすばれていることからして大鼓の制作者と鼓打の関係を示したものと受けとれる。妙淳アツカハ、妙弥ツ、ミウチの両者はクラカケの猿楽一座に所属するものであったろう。[31]

（5）本土寺の猿楽集団

本土寺の猿楽者は、室町期、東国の代表的な存在であった。寛正六年（一四六五）、義政上覧の仙洞猿楽にクラカケの猿楽者四郎二郎・与五郎が演じているし、金剛三郎五郎は、延徳三年（一四九一）九月、相国寺で演能しているなどその活躍はめざましく、猿楽能の本拠京都を圧する勢いにあったことは前述した。

この猿楽能と共に活躍したのが小西（大網白里市小西）の猿楽集団である。猿楽集団は、クラカケの猿楽者がその拠点を京畿に移し始めた一五世紀後半から小西を根拠地として活躍を始めるのである。本土寺の教線が東上総に伸びてきたことと関連しているであろう。

小西の猿楽集団の存在が確認できるのは、九日中段の「小西トヲソ安擦（按察）母妙春善尼文明十（一四七八）三月」から一〇日中段の「朗詣小西鷺谷主人文禄二年（一五九三）癸巳十」までの一一五年間である。これはクラカケ地名の猿楽者に比し、活躍の期間が大分長いということができる。

　猿楽集団のなかには、面作り・按察《あんさつ》・神頭大夫《じんどうだいゆう》・座頭・比丘尼・セキイなどがいるが、その特徴とするところは、按察・神頭大夫にみられるように古来からの猿楽芸能を演じていたことである。

　按察は、前記按察母のほか三日中段「小西按察慈父妙胤逆修」とあって、小西に按察の母、父のいたのがわかる。按察そのものは舞楽にでてくる用語で、安摩《あま》の舞にみられる。猿楽芸能としては安摩のものまねをしていたものと思われる。神頭大夫は、三〇日下段に「上総州小野郷神豆（神頭）大夫道本逆修」とあり、大網白里市小西に隣接する小野（東金市小野）に居住していた。東金の道庭にはタウニワの御前が住んでいたので同じように小西猿楽集団の一員であったろう。神頭の意味であるが、これは弓矢の矢頭のことである。[32] 弓矢を扱う居射の芸などに優れていたのではなかろうか。

　ほかに古来の猿楽芸として過去帳四日下段に「クホノ彦三郎ホッカ」と載せるホッカがある。ホッカは放下《ほうか》を表して放下師のことである。[33]

　放下師の姿は、手に持った品玉・輪鼓・コキリコ（細く短い棒状のもの）を叩いたり、空中にまいあげ、落ちてきたところを手で捉えるなどの所作を行う、いまの手品師に似る存在であった。クホノ（松戸市久保平賀）とあるので小西ではないが、同じく本土寺を舞台にする猿楽者として交流はあったであろう。

　小西で特筆すべきは、女の面作り師（面打）がいたことである。女性の面打が室町期にいたという記録は、ほかに見当たらないので、小西の面打が日本で一番古いといっていい。女性の面打には、面打として名高く京都市に住む岩井彩氏などおられるがそう多くはない。女性の面打はいつ頃からいたかというと明治時代あるいは終戦後（昭和二〇年以降）とするのが一般的な見方である。

小西には、面作り瑞円尼、猿楽能の女面を名乗る「曲見《しゃくみ》」狂言の女面を名乗る「乙《おと》」などが住んでいた。過去帳の三〇日下段に「瑞圓尼　石田伊賀姉己未　面作」、一一日中段に「妙鏡尼　小西曲身（見）家中」、一五日中段に「妙縁尼　小西乙母」とそれぞれ記載されている(34)。いずれも年代は未詳であるが、瑞円尼の亡くなった年号の己未についてみることにしたい。結論からいえば、それは明応八年（一四九九）のことである。過去帳から瑞円尼の家系を作成すると、

□□
‖──□□──妙越尼（石田伊賀姉孫）
瑞円尼（石田伊賀姉）　　‖
│　　　　　　　　　　日音
暁円（石田伊賀）　　　越城座頭

となり、瑞円尼の孫妙越尼の旦那とみられる日音（越後国出身で城派の座頭、松戸市本郷で活躍した）が亡くなったのは過去帳七日上段に「越城座頭日音　永正一〇癸酉正月本郷ニテ」とあるとおり永正一〇年（一五一三）である。永正一〇年以前の己未は、明応八年（一四九九）及び永享一一年（一四三九）が近い年号となる。小西猿楽集団の活躍するのは一五世紀後半ということからして、ここでは、明応八年（一四九九）説をとっておきたい(35)。

二、原氏一族

本土寺六世日福聖人の在任中である嘉吉年間（一四四一〜三）に本土寺の本堂が新築され、その新築を祝って猿楽者長命次郎・明若大夫によって猿楽能が演ぜられている。本堂新築を外護したのは曽谷氏一門であった。なぜなら、日福聖人は曽谷氏の出身で、曽谷氏の当主曽谷裕典の弟にあたる人であったからである。

ところが、文安五年（一四四八）に本土寺七世（あるいは九世）となった日意聖人の御代、宝徳四年（一四五二）壬申一〇月一五日夜、講坊より出火して両堂悉く焼失することとなってしまったと『日晴記』[36]にある。

日意聖人は、檀越の曽谷弾正直満・狩野但馬入道・信濃入道朗意（弥富原氏）に援助を求め、堂宇再建に着手したのである。[37]そして、一年七カ月後の享徳三年五月一四日から工事に入ったのであるが、同年（一四五四）一二月二七日東国に発生した享徳の大乱のために、本土寺は再度炎上の憂きめをみるに至った。[38]『日晴記』にも「天下ノ大乱其歳ノ十二月二十七日管領上杉右京亮憲忠西御門ノ御所ニシテ誅セラレ玉フ夫ヨリ以来大乱于今在」と記している。

さらに、本土寺の大檀越であった伊北の狩野氏、大野の曽谷氏は、享徳の大乱に巻き込まれ、その勢力を失ってしまうのである。

過去帳一二日上段には、

□（享）徳四（一四五五）□□（八月）　□□（狩野）日向朗意
（於嶋打死）□□□□

とあり、狩野氏は千葉本宗家（千葉胤直）とともに嶋城（香取郡多古町）において打死してしまったのである。

また、一九日上段から下段にかけて、

曽谷─┬─左衛門尉直繁法名秀典
　　　├─弾正忠　直満　蓮宗
　　　└─七郎将旨法名典意

康正二（一四五六）丙子正月於□（市）河打死其外於□（市）河合戦貴賤上下牛馬等皆成佛道平等利益

と記され、同じく檀越の曽谷氏が市河城（市川市）で、千葉実胤と共に、古河公方（馬加氏、原氏）の軍勢と戦い打死にしてしまうのであった。(39)

このようなことから、本土寺七世日意聖人は、本土寺の再興に新しい檀越として小西の原氏をたより、小西原氏を迎えることに成功したのであった。『日晴記』に「小西ノ原ノ肥前入道殿行朝一族悉御一代ノ教化ノ檀那也。其他弥富、市東、沢、岩部、玉造、勝田皆悉日意御代ノ御弟子檀那也」と記されており、(40)日意聖人御開闢の最初の寺が高師（茂原市高師）の実相寺なりとあることからも明らかであろう。ただ、茂原の原氏については、これより早く南北朝期にその名がみられるが、『佛像伽藍記』以外に原氏を確認できる資料に乏しくこれからの究明がまたれるところである。なお、茂原、小西、小弓及び小金の原氏についてまとめると表3原氏一族関係年表のとおりとなる。

（1）原氏の系譜

原氏の系譜として過去帳（大過去帳）の初めに、御当家之先祖次第・千葉介代々先祖次第と共に原継図が掲げられ

表3　原氏一族関係年表

番号	西暦	和　暦	内　容	故地	備　考
1	1354	文和 2. 7. 29	治部阿後来　原殿後来　豊後後来	茂原	佛像伽藍記
2	1406	応永 13. 11. 8	原越前殿　長峰　百四十四文	小弓	香取文書
3	〃	〃 13. 11. 9	原殿　椎名郷分　三貫八百二十五文	〃	〃
4	〃	〃 13. 12. 5	原越前入道殿分　小栗原九反五十歩	〃	〃
5	1407	〃 14. 2. 27	原越前入道殿分　高篠　四町七反	〃	〃
6	1431	永享 3. 12. 24	原宮内少輔胤義、中嶋内田の売券	〃	中山法華経寺文書
7	1441	〃 13. 20	妙長尼ハラ孫二郎女	〃	過去帳20上
8	〃	嘉吉 1. 6. 20	原入道道盛嘉吉元六月結城陣ニテ	〃	〃 20中
9	1444	〃 4. 4. 19	原筑前守	小西	〃 19上
10	1456	享徳 5. 6. 14	原胤房、真間山根本寺に安堵状	小弓	弘法寺文書
11	〃	〃 5. 6. 20	原胤房、真間山弘法寺に安堵状	〃	〃
12	1457	康正 3. 11. 11	原小六珍晴十四歳	小金	過去帳11上
13	1468	応仁 2. 10. 23	妙鏡入クラカケ小六父	〃	〃 23中
14	1471	文明 3. 6. 24	古河落城小金の原、成氏を守護す	〃	鎌倉大草紙
15	〃	〃 3. 9. 9	原越前入道道喜、小弓館ニテ打死	小弓	過去帳9上
16	1481	〃 13. 9. 20	原次郎五郎、寒川神社に獅子頭奉納	〃	県金石文1
17	〃	〃 13. 9. 28	原肥前入道行朝	小西	過去帳28上
18	1495	明応 4. 3. 24	朝勢比丘尼小弓	小弓	〃 24〃
19	1505	永正 2. 10. 24	妙小十月妙裕小西原	小西	〃 24下
20	1509	〃 6. 10. 16	原宮内少輔胤隆、宗長を猿楽で歓待	小弓	東路の津登
21	1517	〃 14. 10. 15	足利義明、小弓城を攻める、原二郎討死	〃	快元僧都記
22	1533	天文 2. 5. 1	原胤隆、真間山弘法寺を安堵す	〃	弘法寺文書
23	1551	〃 20. 2. 15	原式部大夫胤清、金光院に畠を寄進	〃	金光院 〃
24	1555	〃 24. 6. 24	原孫次郎胤貞中山法華経寺を安堵す	〃	法華経寺〃
25	1565	永禄 8. 5. 15	原上総介胤貞八剣八幡神社宛書状	〃	八剣神社〃
26	1566	〃 9. 6. 12	原上総介胤貞、八剣八幡神社宛書状	〃	房総古 〃
27	1570	〃 13. 8. 10	小西能登守殿日源千葉寺下ニテ打死	小西	過去帳10上
28	1577	天正 5. 5. 26	原胤栄大厳寺に安堵状を出す	小弓	大厳寺文書
29	1579	〃 7. 6.	原式部大夫胤栄掟書案	〃	中山法華経寺文書
30	1602	慶長 7. 5. 3	小西大方（原肥前守奥方）池上ニテ	小西	過去帳13上

（注）1　原氏は、茂原、小西、小弓及び小金の原氏のみ掲載した。
2　原胤栄は、小弓から臼井に移っているが、一応小弓に含めておいた。

ているが、それには、

- 一番甲斐守
  - 同原孫次郎殿桂覚　六月野田《ニテ》打□
  - 越後入道勝覚
  - 不二庵全覚　天文五年七月十一日
- 二番信濃守
  - 左衛門朗珍子息朗真
  - 信州朗意
- 三男壱岐守　肥前守行朝
- 四男伯耆守

となっている。この継図によれば、原氏の兄弟は四人であり、兄弟の父親となる人は載せられていない。継図の書かれた天正期には未詳となってしまっていたのであろうか。

なお、兄弟の四人（甲斐守・信濃守・壱岐守・伯耆守）にあっては過去帳にその記載がない。過去帳で確認できるのは次の三名である。

一五日上段の左衛門朗珍子息朗真

原朗真位

原朗真の滅した年月は未詳であるが、応仁・文明年間とみていいであろう。

一二日上段の信州朗意
□□（文明）二□（庚寅）八日武□（州）水ハツニテ逝去　原信□（濃）入道法名朗意霊

原信濃入道（朗意）の入滅したのは、文明二年（一四七〇）とある。

二八日上段の肥前守行朝
［（原肥前入道行）］朝同（文明）十三辛丑三月

原肥前入道行朝が亡くなったのは、文明一三年（一四八一）三月二八日であった。

一番甲斐守の子息不二庵全覚に書かれた天文五年七月一一日の意味であるが、普通にみれば没年である。天文五年（一五三六）では、原肥前入道行朝と比べて遅すぎるのではなかろうか。

原氏の系図としては、ほかに『千葉大系図』がある。(41) この系図によって原氏をみると、

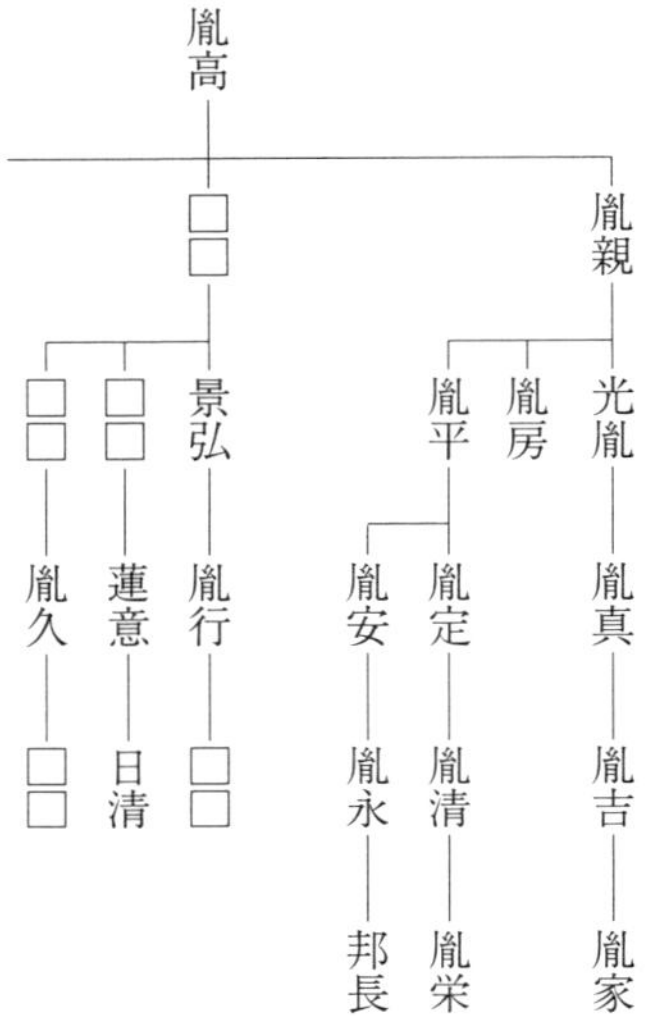

□□―胤継―行朝―胤次―□□
□□―□□―友胤―虎胤
　　　　　└胤家

と示されている。しかし、内容的には、裏付けの資料が必要のようで、その事例としては次のことがある。

小弓原氏についての記載は、「胤定―胤清―胤栄」となっているが、これは、胤清、胤貞、胤栄と続くべきものである。胤栄の父親が胤貞であることについて、天正七年（一五七九）六月付の原胤栄掟書案がある。

一、本末之仕置如先代守住《ママ》寺下知不可背法度事
一、如亡父胤貞一札千田北條兩庄之内御門徒之御出家之上之沙汰之事、菟角可為寺家之御計急度不可有異儀候事
一、寺領之事、隣郷知行之仁等、毎度令混亂私領之境、致違亂之甚以不可然、於自今以後者不可有越境之妨事
一、於当寺不可有狼籍事
右此等之條々於違犯輩者、可處重科之如件、
天正七年己卯六月　　胤榮在判
法華經寺(42)

このなかに「如亡父胤貞一札千田北條兩庄之内」とあって、胤栄が亡父胤貞の如くであると述べていることからわかるであろう。

胤清、胤貞の関係を、発給文書からみると、胤清は天文二〇年（一五五一）二月一五日付で、千葉市の金光院に寺家・畠を寄進している。[43] これに対し、胤貞のは天文二四年（一五五五）六月二四日付で中山法華経寺に出した安堵状である。胤清を先にするのがいいであろう。真間山弘法寺に、原胤清の天文年間とされる書状がある。[44]

ここでは、小西城（大網白里市小西）及び小弓城（千葉市南生実町）に拠った原氏について表3・原氏一族関係年表、過去帳より両原氏の系譜を作成してみた。

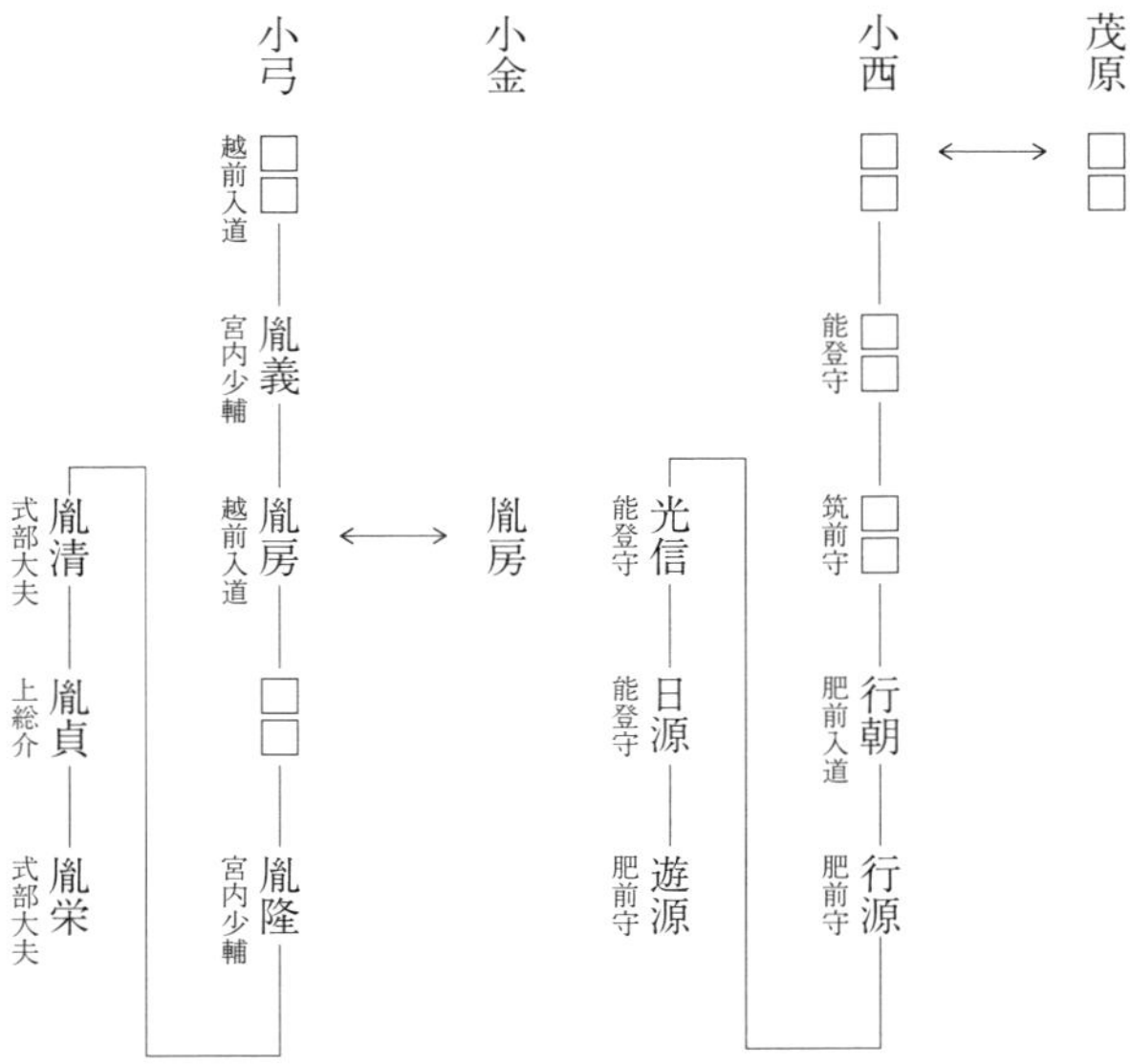

この原氏系譜にある茂原原氏であるが、茂原の妙光寺（藻原寺）に残された『佛像伽藍記』に「文和二年（一三五四）七月二九日　天事始事雑掌有之（略）治部阿後来　原殿後来　豊後後来」とあって、原殿と尊称でよばれる原氏の存在が知られる。(45)

妙光寺（藻原寺）では、前記のとおり康永二年（一三四三）一〇月八日に舞楽の延年が舞われている。長禄二年（一四五八）、小西原氏の当主原肥前守行朝が高師（茂原市高師）に、実相寺を開基している。開山は本土寺七世日意聖人であり、日意聖人御開闢の最初の寺であることは述べた。高師の実相寺は、小西正法寺と同じく原氏の居館を寺院にしたとされている。

ところで、小西原氏の初見を確認できるのは、過去帳の一九日上段にある「原筑前守嘉吉四卯月」の記載で、嘉吉四年（一四四四）である。このかぎりでは、茂原の原氏が小西に移ったようであるが詳しいことはわからない。

小弓原氏の初見は、『香取文書』にある香取造営料足納帳である。応永一三年（一四〇六）一一月八月付として「原越前殿　長峰（千葉市大宮町）百四十四文」とあるのがそれで、ほかに、椎名（千葉市椎名崎町）、高條（千葉市高品町）、小栗原（船橋市本中山二丁目など）に所領を有していた。(46)

小弓原氏は、前記の原越前入道から原宮内少輔胤義、原胤房と続いた。原胤房の前に、嘉吉の乱に結城城（茨城県結城市）で打死にした原入道道盛がみえるが、過去帳の中段にあるので、小弓原氏の当主ではないだろう。小弓原氏が、その力を小金（松戸市）、大野（市川市）に伸ばしたのは原越前入道胤房のころではなかったろうか。

享徳の大乱によって、千葉胤直、家臣曽谷氏などが滅びたのが要因である。康正二年（一四五六）正月、本土寺の大檀越であった曽谷直満が市河城で打死にしたことは前記した。その六カ月後に原胤房が安堵状を出している。その内容は、次のとおりで二通ある。

下總國葛餝郡八幡庄□□屋中村幷秋山村等事、如□本御知行不可有相違、仍状、如件、

享徳五年六月十四日　胤《原》房（花押）

眞間山根本寺

眞間山根本寺にあてたもので、葛餝郡八幡庄（市川市・松戸市）の所領安堵状で、享徳五年（一四五六）に出されている。さらに、もう一通であるが、

下總國八幡之庄眞間弘法寺御門前之田畠幷中村・秋山村如前々御知行不可有相違之状、仍如件、

享徳五年六月廿日　（花押）《原胤房》

眞間弘法寺

とあり、眞間山弘法寺にあてたもので、日付が違うが前文とほとんど同じ内容となっている(47)。

『鎌倉大草紙』に、文明三年（一四七一）六月二四日古河公方足利成氏が、上杉方の長尾景信に攻められ、結城城、落城の末に千葉氏のところに逃げたとある。その時、成氏を守護したのが房州里見、上総の両武田、小金の原であったという(48)。この小金の原であるが、これは原胤房であるとみていいのではあるまいか。原越前入道胤房（法名道喜）は、同年（一四七一）の九月九日上杉方に攻められ、小弓館で打死にしている。

（２）猿楽の外護者原氏

嘉吉年中（一四四一～三）下総本土寺の堂供養に長命次郎・明若大夫が猿楽能を演じているが、この時の外護者は

曽谷氏一門であった。享徳の大乱によって曽谷氏は滅亡するが、その後に、下総小金、大野付近に勢力を伸張させたのが小弓原氏であったことは先に述べたとおりである。

日意聖人の弟子日晴が記した『日晴記』には、日意聖人の檀越として小西原氏のみが強調されているが、曽谷氏にとって替わった小弓原氏、先代日福聖人からの檀那である弥富原氏も本土寺の大檀越であったのである。日意聖人御代[49]の原氏について過去帳をみると

文明二年（一四七〇）原信濃入道法名朗意　　（弥富）
〃　三年（一四七一）原越前入道道喜　　（小弓）
〃　一三年（一四八一）原肥前入道行朝　　（小西）

となって、弥富　原信濃入道朗意・小弓　原越前入道道喜・小西　原肥前入道行朝がそれぞれ載せられており、三原氏が日意聖人の檀越であったことがわかる。

このうち、本土寺の猿楽者を小弓原氏・小西原氏が、小西の猿楽集団を小西原氏が外護したのではなかろうか。弥富には、猿楽者とみられる者の法名が、過去帳に見受けられないので、芸能者はいなかったのであろう。

原越前入道道喜の居城、小弓城（千葉市南生実町）は、江戸湾の入江を望む台地に中世築かれたものであり、戦国期には後北条氏の運送船が出入りしていた。天正九年（一五八一）一〇月四日付の北条家朱印状案写がある。

従下總相州江為運送船貳艘、小弓・下曽我野ニ掛置由、海上諸役一切不□（可）有之候、為先此印判可往行、若横合等有之者、可遂披露者也、仍如件、

天正九年辛巳十月四日　　松田奉之

酒井伯耆守（康治）殿[50]

相州から運ぶ兵粮を運送する船二艘の海上諸役を一切免除している。酒井伯耆守（康治）は、土気城酒井氏の第五代城主となったひとである。

天正一四年（一五八六）九月四日付の北条家朱印状には

土気之證人兵粮漕送之船壱艘、此一廻無相違可被申付候、仍如件、

奉之

（天正十四年）丙戌
九月四日　（虎朱印）　幸田

梶原備前守殿

山本信濃守殿

とあって、兵粮運送船の出入りがわかる。[51]

小西原氏の居城、小西城（大網白里市小西）は、日蓮宗妙高山正法寺の裏山の小高い丘一帯である。正法寺は、原肥前入道行朝の館に、長禄二年（一四五八）原肥前入道行朝が開基しており開山は日意聖人であるという。[52]

なお、同年茂原の高応山実相寺（茂原市高師）も開基原肥前入道行朝、開山日意聖人によって建立されていることは既に記した。

（3）猿楽者の原氏

本土寺を舞台に活躍した長命大夫などが居住したのはクラカケ（柏市豊四季字鞍掛）の地であり、面作りなど猿楽集団が住んだのは小西（大網白里市小西）の地であった。両地の猿楽は、領主原氏に庇護されたであろうことは、いままで述べてきているが、ここで記そうとしているのは小弓原氏・小西原氏・小金原氏のなかにあって領主層とは認めがたい芸能者原氏の存在である。いままで、芸能者原氏について書かれたものはないが、その存在は興味深いので、芸能者原氏についてふれてみることにしたい。

小金原氏　クラカケには、猿楽能を演じる大夫の座があり、少なくとも猿楽三郎五郎・明若大夫・長命大夫の三系統があったであろう。また、クラカケの地は前述したように極めて狭い範囲にかぎられていること、クラカケの過去帳記載は宝徳二年（一四五〇）から明応二年（一四九三）までの四三年間の短い期間であったことなどからして、過去帳にクラカケと記されていれば、寺社の関連を除き、猿楽一座の関係者とみても間違いではないであろう。そこで過去帳をみると、一一日上段に「原小六珍清　康正三（一四五七）十一月十四歳」と記載がある。この記載だけでは、領主層の原氏一族と考えてしまうが、これに対応する二三日中段には「妙鏡入応仁二（一四六八）戊子十月クラカケ小六父」とあって[53]、クラカケの猿楽者一座に属していたであろうことがわかる。クラカケの原小六珍清と原小六父の父子は原氏を名乗る猿楽者であった。

小弓原氏　寒川神社（千葉市寒川一丁目）に、室町期に奉納された獅子頭がある。この獅子頭には銘が書かれており、銘の年号から千葉県で最も古い獅子頭であることが判明する。その内容には、「依為大破神明之　獅子面竝宮殿　奉建立也　旹文明十三年（一四八一）辛丑　九月廿日　本旦那民部大夫政吉　次旦那原次郎五郎弼次」[54]とあって、神明社（寒川神社）の宮殿を建立し、獅子面を奉納している。また、奉納者は本旦那民部大夫政吉で、次旦那は原次郎五郎弼次と記されている。

天正期に成立したという『千学集抄』[55]に、民部大夫の記載がある。北斗山金剛授寺（千葉神社、千葉市中央区院内所在）を舞台に活躍していた大夫八人のなかにいる。「一、八人の大夫の事、第一左衛門大夫は左近四郎、第二左近八郎、第三弥九郎笛の役也。第四兵衛五郎太《（大）》鼓の役也。第五兵衛次郎小鼓の役也。第六民部四郎羯鼓の役也、第七民部五郎太鼓の役也。第八左衛門四郎大拍手の役也」とあって、第六に民部四郎が羯鼓の役を、第七に民部五郎が太鼓の役をしている。

この両名は、民部大夫を名乗っていること、羯鼓・太鼓を奏する芸能者であることから、文明年間、神明社（寒川神社）に獅子頭を奉納した民部大夫政吉の後裔とみていいであろう。また、原次郎五郎弼次は、本旦那民部大夫が芸能者であるので、次旦那の立場から、やはり芸能者とみて誤りはないであろう。

民部大夫政吉、原次郎五郎弼次は、北斗山金剛授寺に庇護される芸能者であった。妙見の祭りには、大夫としておおいに活躍したことであろう。近世の資料ではあるが、延享三年（一七四六）の寒川村差出帳に「妙見祭　舞大夫分米五俵」と記載がある。寒川村の人々は、舞大夫に米五俵を出していたのであるが、このことは中世から続いていたのではなかろうか。このようなことから、民部大夫政吉、原次郎五郎弼次の両者は、神明社が破損した時に、宮殿を修理し、獅子頭を奉納したのであろう。

奉納された獅子頭は、耳の形などに地方色が見受けられるものの優品である。その技法は鎌倉方面から伝播したものとみられる。(56)

小西原氏　小西には、小西原氏の居城小西城があって、小西原氏に庇護された面作り・按察・神頭大夫などの芸能集団が活躍していたことは既に述べた。この小西に、原氏を名乗るが、領主層の原氏ではなく、猿楽集団の一員ではなかったかと思われる原氏がいる。それは、過去帳二四日下段の「妙小十月小西原　同妙裕永正二（一五〇五）丙子《ママ》正月」とある原氏である。領主層の原氏で過去帳の下段にあるのは、ほかに見当たらず、小西の地名（字名）にも原がないなどのことから、妙小・妙裕に記されている小西原は、芸能者の原氏としていいのではなかろうか。

（4）小西原氏と交易

小弓城は、江戸湾の入江を望む台地に築かれ、台地に続く低地に津（港）が設けられていた。戦国期、この津を利用して、後北条氏が兵粮を東上総に送りこんでいたことは前記したとおりである。小弓がいつ頃から津として機能していたか明らかでないが、小弓城主原氏は海上に関する諸権利を行使していたことであろう。

上総小西衆も、江戸湾の海上交通に係わっていた。このことについてみてみると、過去帳六日上段に「按察公蓮長寛正五（一四六四）甲申十二月品河海ニ沈給　同船之諸人成佛　得道左ヱ門五郎」とあって、按察公の蓮長が品河海で亡くなっている。按察公の按察については先に説明したが、舞楽の用語で、安摩のものまねをすることである。小西の猿楽集団に関連していたであろうから上総小西衆としていいであろう。

ほかに、過去帳一日下段に「道祐禅門小西三月左衛門太郎フナハシ海賊ニテ被打　八月」と記され、船橋で海賊と戦い打死にした小西の道祐禅門（左衛門太郎）の記事がある。年代は未詳であるが、明応から文明にかけて（一四六九～一五〇〇）のことであるとされている。[57]

また、伊勢御師久保倉藤三の書いた『御導者日記』[58]の永正一五年（一五八七）一二月二五日の項に、「こにし　江戸　彦四郎殿　百文　帯一すち（筋）」とある。このこにしは、小西のことで小西衆をいっているのであろう。さらには年未詳ながら、天正年間と認められる記事が過去帳二三日上段にある、「日章　上総州衆　同（八月伊豆海沈）」である。上総小西衆の日章が、越中・越前・信州の人々とともに、船が伊豆の海に沈み亡くなっているのである。[59]

品河海で沈んだ左衛門五郎、船橋で海賊に討たれた左衛門太郎、伊豆海に沈んだ日章などは、いずれも上総小西衆で、海上交通に従事しているのであった。芸能集団とみられる上総小西衆が、海上交通に深く関与していたのは、小西原氏のもとにあって、海上交易に従事させられていたのではなかろうか。小西原氏が海上交易に従事していたと考えられるのは、寛正五年（一四六四）から永正一五年（一五八七）までの一二三年間である。室町期から戦国期におよぶ長い期間であった。

おわりに

中世房総における芸能は、鎌倉期の銘がある大戸神社の陵王面・鎌倉期とされる建暦寺の菩薩面、南北朝期における香取神宮の御田植早乙女の祭事・神楽、室町期を中心とする本土寺の猿楽能（長命大夫）・戦国期にかかる猿楽集団（面作り）などにみられるように、東国のみならず全国的にみてもその水準の高いことを指摘することができるであろう。そのようなことをふまえながら、房総の芸能をたどり、本土寺の猿楽能・猿楽集団の位置づけに努めてみたわけである。

そして、本土寺の猿楽能・猿楽集団を外護したであろう小弓城の原氏・小西城の原氏・小金の原氏について述べてもみた。しかし、室町期の原氏については未詳の部分が多くその実態が捉みがたかった。なかでもその系譜はとくにそうであった。また、クラカケの原小六父子、獅子頭に銘のある原次郎五郎、小西原の妙小などは芸能者としての原氏であり、小西猿楽集団と関連する品河海に沈んだ左衛門五郎、伊豆海に沈んだ日章、海賊に討たれた左衛門太郎の存在は、小西原氏が海上交易に従事していたことを窺わせるものである。

小西原氏に庇護された小西衆は、伊勢信仰・熊野信仰と結びつき、海上の道を遠く西国にまでその足跡を残している。猿楽能の大夫、鼓打なども東国の地、下総から京畿にいたり活躍をしている。これらのことは、もっと知られていいいのではないだろうか。

本稿は、千葉歴史学会の中世史部会において、発表した内容を整理し取りまとめたものである。発表の際に、中世史部会に出席の会員の皆様方から貴重なご意見を賜ったことをここに記して感謝申し上げたい。

註

（1）　田邊三郎助「建暦寺の菩薩面」（『千葉県立上総博物館報』第四三号、一九八一年）、三隅治雄「来迎会と地獄芝居」（『芸能の科学』第一四号芸能論考Ⅶ、一九八二年）。
（2）中村茂子「神田の田植と奉納芸」（『芸能の科学』第一四号芸能論考Ⅶ、一九八二年）。
（3）後藤淑『中世的芸能の展開』（明善堂書店、一九五九年）、乾克己「常陸の古面と東国地方の猿楽」（『房総文化』第一四号、一九七七年）。
（4）小高清「伊北城と狩野氏（二）」（『総南文化』第一五号、一九七四年）、松裏善亮「原氏と平賀本土寺日意その一」（『佐倉市史研究』第五号、一九八六年）、同「原氏と平賀本土寺日意その二」（『佐倉市史研究』第六号、のち『日意聖人と勝田・妙勝寺』所収、一九八七年）。
（5）『大網白里町史』（一九八六年）の伊藤一男執筆部分。
（6）遠山成一・外山信司「岩富原氏の研究」（『房総史学』第二六号、一九八六年）。
（7）外山信司「戦国期佐倉の人々」（『千葉県の歴史』第三六号、一九八八年）、同「戦国末期の佐倉―城下集落の人々と後北条氏―」（『中世房総の権力と社会』高科書店、一九九一年）。
（8）『千葉県史料中世編本土寺過去帳』（一九八二年）、森田洋平編『本土寺過去帳年表』（我孫子市教育委員会、一九八五年）、同編『本土寺過去帳地名総覧上下』（我孫子市教育委員会、一九八七年）。
（9）田邊三郎助「建暦寺の菩薩面」（『千葉県立上総博物館報』第四三号、一九八一年）、同編「行道面と獅子頭」（『日本の美術』第一八五号、一九八一年）、『千葉県史料金石文篇』第二編（一九七八年）、『関東の仮面』（町田市立博物館図録第七五集、一九九一年）。
（10）『千葉県史料金石文篇二』（一九七八年）、西川杏太郎編「舞楽面」（『日本の美術』第六二号、一九七一年）。
（11）註（2）に同じ。
（12）註（9）『関東の仮面』、後藤淑『中世仮面の歴史的・民俗学的研究』（多賀出版、一九八七年）。
（13）『千葉県史料中世編香取文書』（一九五七年）。
（14）拙稿「中世房総で活躍した女性芸能者」（『千葉文華』第二六号、一九九一年）。

(15) 森田洋平「本土寺過去帳に見る座頭と御前」(『我孫子市史研究』第一二号、一九八八年)。
(16) 田村知子「本土寺過去帳の比丘尼霊名は勧進比丘尼か」(『我孫子市史研究』第一一号、一九八七年)。
(17) 『千葉県史料金石文篇二』(一九七八年)、『八千代市ふるさと歴史』総集録(一九九〇年)では、羯鼓の制作年代を「天正一一年(一五八三)癸未卯月八日之作」として扱っている。
(18) 清宮良造『戦国時代の禅僧大虫和尚』(一九八一年)。
(19) 妙光寺(藻原寺)所蔵の『佛堂伽藍記』に「御殿入次第事日記有之十日也延年」とあり、供養会の際に行われたようである。『千葉県史料中世編諸家文書』(一九六二年)。
(20) 註(9)『関東の仮面』。「鬼来迎」は、下総町の迎接寺のほか浄福寺(香取郡小見川町下小堀)、広済寺(匝瑳郡光町虫生)で行われている。このことは、三隅治雄「来迎会と地獄芝居」(『芸能の科学』第一四号芸能論考Ⅶ、一九八二年)に詳しい。
(21) 『千葉県史料中世編県外文書』(一九六六年)。
(22) 外村久江「鎌倉地方の猿楽」(『金沢文庫研究』第六六号、一九六一年)。
(23) 『日蓮宗宗学全書』、『松戸市史』史料編四本土寺史料(一九八五年)、長沼友兄「本土寺過去帳と番匠たち」(『我孫子市史研究』第一一号、一九八七年)。
(24) 森田洋平編『本土寺過去帳年表』(我孫子市教育委員会、一九八五年)、小松邦彰・冠賢一編『日蓮宗小事典』(法蔵館、一九八七年)、過去帳ほかを参考に作成した。
(25) 註(3)に同じ。『群書類従』第二二輯「武家部九殿中以下年中行事」には「同一六日於社頭猿楽アリ、長命大夫毎年申也、公方様有御出於龍王ノ間御覧」とある。
(26) 『東路の津登』。『群書類従』第十八輯日記部・紀行部には「十四日十五日、千葉の崇神妙見の祭礼とて、三百疋の早馬を見物也、十六日延年の猿楽夜に入てことしはてぬ」とある。
(27) 『千葉大学人文研究』第一七号(一九八八年)。
(28) 拙稿「本土寺過去帳の猿楽考」(『我孫子市史研究』第一一号、一九八七年)。

(29) 猿楽場（さがくば）の字名については、佐倉市史編さん委員松裏善亮氏の御教示による。拙稿「本土寺過去帳と臼井」（『うすゐ』第三号、一九八八年）。
(30) 能勢朝次『能楽源流考』（岩波書店、一九三八年）。
(31) 拙稿「中世房総における芸能の展開―本土寺過去帳にみる猿楽能―」（『千葉県の歴史』第三八号、一九八九年）。
(32) 拙稿「本土寺過去帳の面作り」（『我孫子市史研究』第一二号、一九八八年）。
(33) 中田實「本土寺過去帳のホッカ考」（『我孫子市史研究』第一二号、一九八八年）。
(34) 註（32）に同じ。
(35) 座頭日音と石田伊賀の関係については、註（15）に詳しく述べられている。
(36) 『日蓮宗学全書』、『日晴記』「平賀本土寺系図次第」、『松戸市史』史料編四本土寺史料（一九八五年）。
(37) 梅本正雄『本化別頭仏祖統紀』（本山本満寺、一九六八年）。
(38) 鎌倉公方足利成氏は、享徳三年（一四五四）一二月二七日関東管領上杉憲忠を謀殺したが、このことを発端に享徳の大乱が勃発したのである。佐藤博信「享徳の大乱の勃発をめぐって」（『戦国史研究』第二号、一九八一年）、のち『古河公方足利氏の研究』（校倉書房、一九八九年）に詳しく論じられている。
(39) 註（6）に同じ。
(40) 註（36）に同じ。
(41) 『改訂房総叢書』第五輯（一九五九年）。
(42) 「中山法華経寺文書」（『市川市史』第五巻、一九七三年）。註（7）外山信司「戦国末期の佐倉―城下集落の人々と後北条氏―」で本文書にふれている。
(43) 『旭市史』第三巻（一九七五年）。
(44) 「弘法寺文書」（『市川市史』第五巻、一九七三年）。
(45) 註（19）に同じ。

(46)「香取造営料足納帳」(「香取文書」『市川市史』第五巻、一九七三年)。なお、遠山成一「室町前期における下総千葉氏の権力構造についての一考察—香取造営料足納帳の分析を中心に—」(『千葉史学』第一六号、一九九〇年)の分析が詳しい。
(47)『市川市史』第五巻(一九七三年)。
(48)『古河市史資料中世編』(一九八一年)。
(49)『日晴記』によれば、日意聖人は応永二〇年(一四二〇)市川で誕生、文安五年(一四四八)本土寺第七世、宝徳四年(一四五二)一〇月一五日堂宇焼失、文明五年(一四七三)四月九日弥富長福寺で遷化となっている。
(50)『神奈川県史資料編三古代・中世(三下)』八六六三。
(51)『神奈川県史資料編三古代・中世(三下)』九一九五。拙稿「中世江戸湾の海上交通」(『千葉史学』第一九号、一九九一年)。
(52)原肥前入道行朝については、日蓮宗関係の書では、原能登守平胤継と記載し、小西の阿弥陀堂を法華堂に改めたともしている。註(37)『本化別頭仏祖統紀』。
(53)註(28)に同じ。
(54)『千葉県史料金石文篇一』(一九七五年)。
(55)『改訂房総叢書』第二輯(一九五九年)。
(56)拙稿「千葉県寒川神社の獅子頭について」(『千葉県文化財保護協会報』第五〇号、一九九一年)。
(57)小笠原長和「中世の東京湾—房総と武相との関係—」(『史観』第四七冊、のち『中世房総の政治と文化』所収、一九八五年)。
(58)『大日本史料』第九編之八(東京大学出版会、一九五三年)。
(59)拙稿「中世江戸湾の海上交通」(『千葉史学』第一九号、一九九一年)。

V 『雲玉和歌集』と印旛の浦
——本佐倉城主千葉勝胤との関連を中心に

外山信司

はじめに

永正十一年（一五一四）四月六日に成立した衲叟馴窓の和歌集『雲玉和歌集』[1]（『雲玉和歌抄』ともいう。以下『雲玉集』とする）は、戦国時代に本佐倉城（酒々井町本佐倉）の城下としての「佐倉」[2]で編纂された文学作品である。

これには、室町時代から戦国時代の東国に関する興味深い記事が見られる。例えば永享の乱や鎌倉公方足利氏に関する記事・堀越公方に近侍した武家歌人木戸孝範や、「古今伝授」で有名な東常縁《とうのつねより》、東国武士随一の文化人として知られる太田道灌とその父道真の動向や歌を見ることができ、国文学のみならず、近年は歴史学の分野でも注目されている[3]。また下総をはじめ、房総についての豊富な記述や、千葉氏の一族家臣のみならず、戦国期の房総人の歌も含まれている。佐倉に関する記事が見られることは言うまでもない。

ところで、千葉氏の本城であった本佐倉城とその城下は印旛沼に面しており、水運などを介した印旛沼との結びつきの上に、その重要性が存在した[4]。戦国期に入って千葉氏が本拠を名字の地たる千葉から佐倉へ移したことについて、従来は勢力の衰退の表われとされてきたが、市村高男氏は「この本拠地移転は、むしろ戦国期における千葉氏の発展

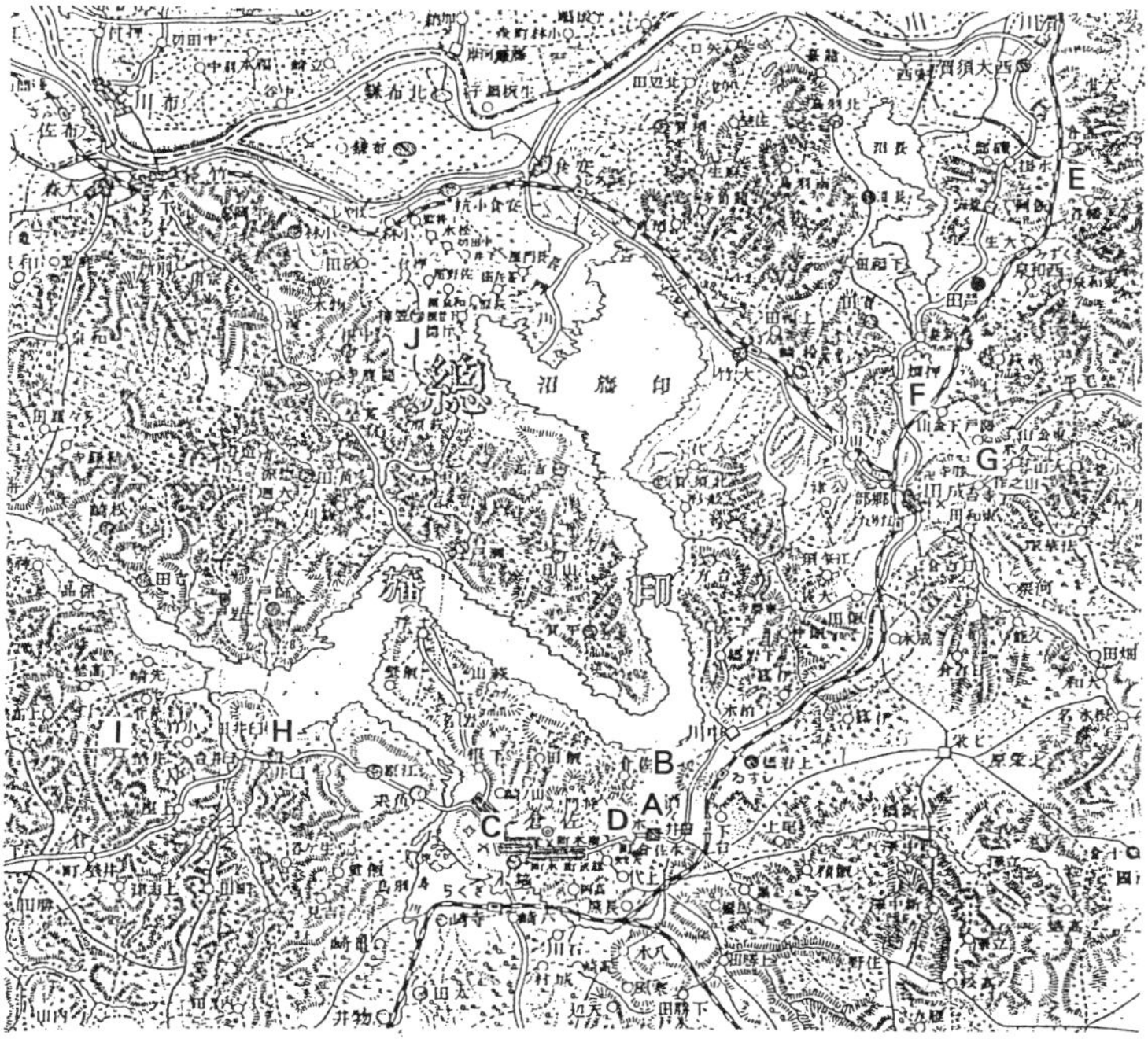

図１　『雲玉集』関連地図　0　5km

Ａ　本佐倉城，Ｂ　勝胤寺，Ｃ　海隣寺（現在地），Ｄ　妙胤寺，
Ｅ　幡谷城，　Ｆ　押畑城，Ｇ　寺台城，Ｈ　臼井城，
Ｉ　千手院，　Ｊ　笠神城，
（明治40年修正　20万分の１地形図「佐倉」を拡大して使用）

を招来する要件となった[5]」と述べ、積極的に評価されている。

印旛沼は中世以前「印旛の浦」と呼ばれたが[6]、近世に江戸幕府によって、利根川が現在の流路に付けかえられる前は、下野国（栃木県）から流れる鬼怒川水系に位置した。そして「手下の浦」と呼ばれた手賀沼や霞ケ浦・北浦などの湖沼群とともに、「香取の海」とか「鹿島香取海」と称された、銚子で太平洋に開口する広大な入江の一部を形成していたのである。『今昔物語集』に「衣川ノ尻ヤガテ海ノ如シ[7]」と見えることはよく知られている。この「香取の海」が海民の活動の舞台であり、東国における「水の大動脈[8]」として活

発な水運が行われていたことは、近年の中世史研究において注目を集めているところである。(9)

そこで、小稿では国文学の分野での先学の研究成果を承け、『雲玉集』に見える佐倉や印旛の浦に関する記事を紹介し、戦国期の当地域の文化レベルを再評価するとともに、豊かな文化を育んだ印旛の浦についても触れてみたい。

一、『雲玉集』と千葉勝胤

(1) 衲叟を保護した勝胤

『雲玉集』には源貞範による長文の序があるが（跋とする本もある）、その冒頭を示す。

平のなにがしと申したてまつりて弓馬の家にすぐれ、威を八州にふるひ、諸道に達して政を両総にをさめ、中にも大和歌にこころをよせて佐倉と申す地にさきくさのたぬをまき給ふ、誠に桓武の御すゑ、平安のみやこをあらためたまひて、此所天ながく地ひさしと見えたり、ここに又ほうけつきたる世すてものあり、若年の比武州江城辺に星霜をおくりしが、秋風たちて露のみだれにむさし野をまよひいで、老年におよび、貴命懇志のあまりに三四ケ年の春秋をかの地になぐさみ、節の一つぎ月の歌合のよすがばかりや、愚歌しるし奉るべきおほせしきりなり(10)（傍点筆者）

作者衲叟馴窓の出自や経歴は明らかではなく、序や『雲玉集』の記事から推測するしかないが、「若年の頃、武蔵国江戸城のあたりに星霜を送った武将で、老年になって隠栖し、下総国佐倉に身を寄せて、和歌をよみ、風流事に晩年を送った一世捨人」(11)とされる。

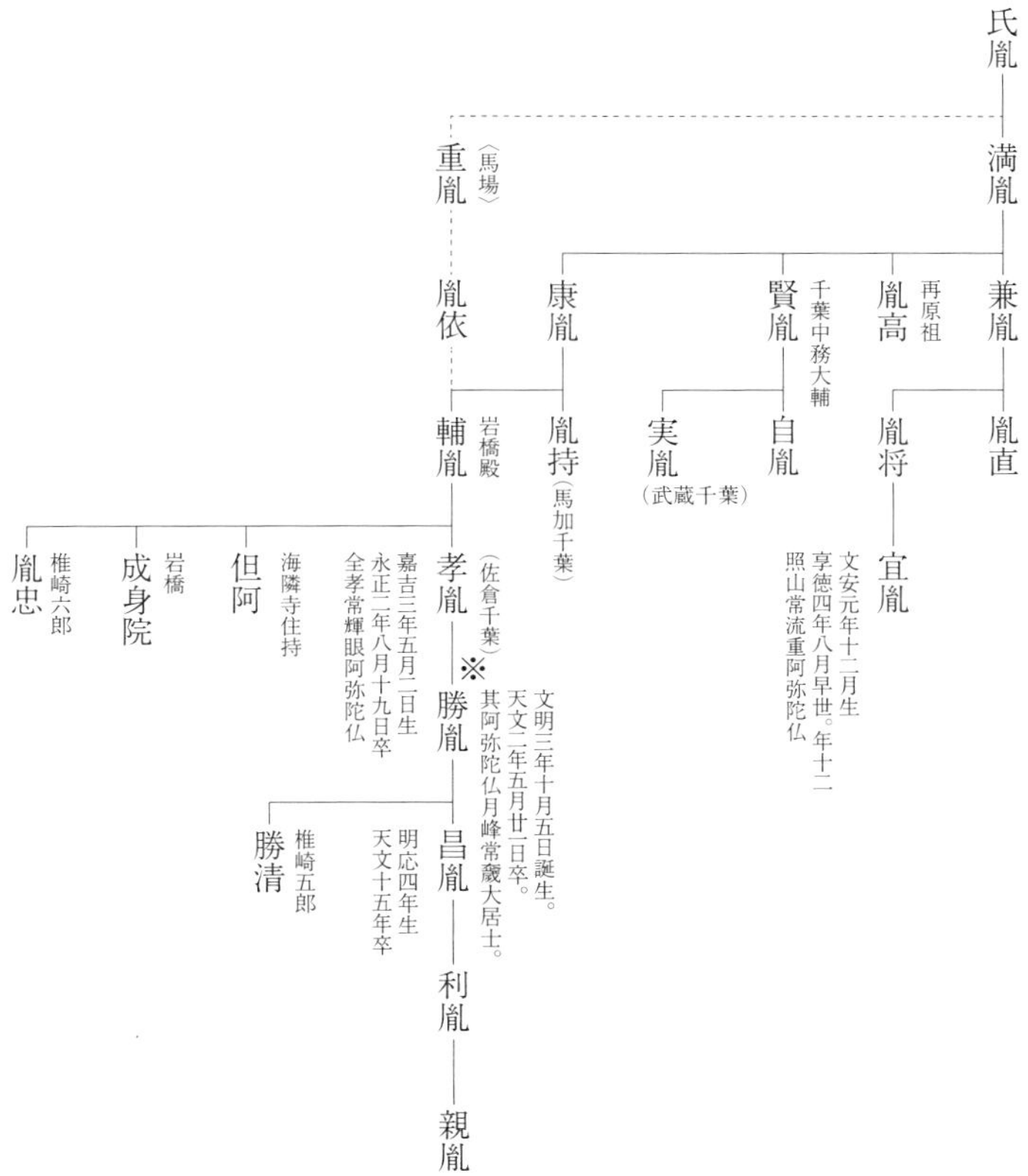

図２　千葉氏略系図
『千葉大系図』による
（系図の……は『千学集抜粋』による）

序によると衲叟は、和歌を好んで、佐倉に幸草《さきくさ》の種を蒔いた（繁栄の基礎を作った）桓武天皇の末裔の「平のなにがし」の命令と好意を受け、佐倉で三・四年を過したのである。しかも佐倉では後にも触れるように、季節や月ごとの歌合が催されていた。このような文芸活動の後援者である「平のなにがし」の仰せにより、自作の歌を中心にして編まれたのが『雲玉集』であった。

　なお『雲玉集』の成立が永正十一年であり、衲叟は佐倉に三・四年滞在していたことから、衲叟が佐倉に来たのは永正七・

八年頃と推定される。この当時の本佐倉城主は、文明三年（一四七一）に生まれ、永正二年の父孝胤の死によって千葉家当主を継承した勝胤（輪覚・其阿弥陀仏・月峰常𪗱《じょうかつ》大居士）であった（図２）。つまり「平のなにがし」とは既に井上宗雄氏が指摘されたように、千葉勝胤に他ならない。勝胤が衲叟の庇護者だったのである[12]。

衲叟は政治的には、享徳の大乱[13]において古河公方足利氏と対立抗争した、関東管領上杉氏方の人物と言える。『雲玉集』には、扇谷上杉氏の家宰として知られる江戸城主太田道灌、室町幕府の奉公衆で上杉方の武将として房総で活躍した東常縁の動向が比較的詳しく記されている。また衲叟は、幕府の命により古河公方を打倒するために伊豆へ下向した堀越公方に近侍した木戸孝範と親交があったのに加え[14]、江戸城の近くで青年期を過しており、太田氏周辺の文化人として位置づけられるからである。

しかし衲叟を庇護した勝胤は父孝胤（常輝）と同様に、房総における古河公方側の中心であった。享徳の大乱の中で古河公方に属した馬加康胤が原氏とともに千葉胤直を滅ぼし、千葉宗家を継承すると、嫡流の系統が上杉氏の支援を受けて武蔵千葉氏となる一方、下総の千葉氏は一貫して有力な古河公方側であったことはよく知られている。

このような勝胤が、世捨人を称する歌人とはいえ、政治的・軍事的に対立する立場の人物を厚遇し、保護することは矛盾するようではあるが、佐藤博信氏が指摘された、政治的対立を越えた文化的次元での結びつき[15]を示す事例に他ならないのである。

（２）海隣寺建立の歌会

『雲玉集』には、千葉山海隣寺（佐倉市海隣寺町）に関する興味深い記事が見られる。海隣寺は時宗当麻派に属し、その山号が示すように千葉氏の菩提寺として、また昌胤以下の千葉氏歴代の供養塔群（五輪塔・宝篋印塔《ほうきょういんとう》）(16)が残ることで有名である。馬加康胤によって馬加（千葉市花見川区幕張）から佐倉に移されたとされ(17)、現在地に移る以前は、本佐倉城近くの酒々井にあったという(18)。『千葉大系図』(19)には、勝胤三男の鹿島幹胤が鹿島新城を近世の佐倉城の地に築き、同寺を城の傍らの現在地に移したと見える。『雲玉集』の記事は次のとおりである。

海隣寺御建立之始ての御会に、山寺早梅を申せし
330　あけにけり年をもまたで玉匣ふたかみ山の窓の梅が香
彼道場は当麻末寺なれば二上山を申して候、

（中略）

海隣寺と申すは高地にして、北には湖水滄滄たり、入江島島印鏤のうらにつづき、浪轟轟と見えたり、霞をながすと詠ぜし信太のうき島もながれきて、東南には外山魏魏として、谷には松の梢むらがりて囲繞せり、その時一続の当座にも又雪を申せし
333　山もとの千丈の雪の梢をも庭の小松にうゑつぎてみん
竹をも千丈と申す、これは千丈凌雪応喩稽康之姿と、延喜御庭の松をかきし詞によって申せしなり〔冬部〕

また次のような記事も見られる。「御建立の道場」とか「御本寺当麻」という部分から、これも海隣寺に関するものとわかる。

御建立の道場にて御会当座の歌に、池蓮を申せし
172　にごりにはしまぬはちすの糸なれど猶色色にそめどのの池

御本寺当麻にそめ殿の池あり、曼荼羅のはすの糸五色にそめられし池なり　〔夏部〕

以上により、千葉勝胤の時、本佐倉城下の、背後に山林を控えた、北に「印鏤《（旛）》のうら」を望む高台に菩提寺海隣寺が建立され、その際に歌会が催されたことがわかる。その年代は、前述のように衲叟が佐倉に隠栖した時期、すなわち永正七年から十一年の晩冬と考えられる。海隣寺では冬・夏と季節ごとに歌会が行われ、中世には印旛沼が「印鏤（旛）の浦」と呼ばれていたこともわかり、興味深い。

また「霞をながすと詠ぜし信太のうき島もながれきて」という表現から、霞ケ浦南岸の水運の要地として知られる信太庄《しだのしょう》（茨城県稲敷郡・土浦市）と佐倉とが、印旛の浦・香取の海を媒介にした水上交通によって結ばれていたことが窺える。なお、この記述は源頼政の次の歌をふまえている。

しだのうきしま、常陸

題不知、歌林

あさきゐるうなかみがたを見渡せば霞にうかぶしたのうきしま[20]

この歌は下総側から海上潟、すなわち香取海を望んだところ、対岸に信太庄を見ることができるという情景を詠んだものであり、この歌をふまえた『雲玉集』の表現によって、佐倉と信太庄との水による結びつきが印象づけられる。あわせて最初に平氏打倒の兵を挙げた頼政への親近感を感じることもできよう。この頼政の挙兵が、後の頼朝による鎌倉幕府の樹立と千葉氏の躍進を導く契機となったからである。

さて、以上のような『雲玉集』の記事により、永正期に千葉勝胤によって、本佐倉城下に千葉氏の菩提寺として海隣寺が建立されたことが明らかになった。なお『千学集抜粋』[21]には、勝胤の八男として「重阿弥海隣寺」が見え、

『大系図』には輔胤の二男として「海隣寺住持但阿」が見える〔図2〕。いずれにせよ、この頃千葉氏が庶子を住職として入寺させたことがわかり、同寺の建立を裏づけよう。

（3）寺院の建立と城下の整備

勝胤は海隣寺の他にも、華翁祖芳を開山として享禄元年（一五二八）に常㕝山勝胤寺《しょういんじ》を城下の浜宿（佐倉市大佐倉字浜宿）に開基している(22)。浜宿には港（浜宿河岸）があり、佐倉の出入口として重視された。曹洞禅に帰依した勝胤は、ここに自己の法号を山号とし、実名を寺号とする寺を開いたのである。海隣寺が、代々時宗信仰を有した千葉氏の「氏寺」的な菩提寺であったのに対して、勝胤寺は勝胤自身の信仰に基づく個人の菩提寺であった。同寺には、十六世紀前半の作品と考えられる「伝千葉介勝胤画像(23)」が残り（図3）、勝胤の供養塔もある(24)。

また勝胤は日蓮宗の寺院を祈願所とした。常勝山妙胤寺（酒々井町本佐倉字猿楽場）である。勝胤の名が山号と寺号に分けて入れられており、同寺が旦那である勝胤によって中興（実質的な開基であろう）されたことが推定される(25)。

このように勝胤は、寺院の建立に代表される本佐倉城下の都市的な整備を推進したのである。なお従来は本佐倉城下が都市として発展したのは、天正十三年（一五八五）に千葉邦胤が横死して後北条氏の勢力が急速に下総に滲透し、後北条氏が本佐倉城を自己の支城として位置づけ、千葉氏の領国「佐倉領」を支城領として再編成して以降の、十六世紀後半とされてきた。本佐倉城が後北条氏の下総支配の中枢となると、他の後北条氏の有力支城と同様に、大規模な拡張が行われて城下町を取り込んだ「惣構」の構造を呈するに至ったと考えられていたからである(26)。

しかし、それより半世紀以上も前の勝胤の時代にも、寺社の建立を中心とする限定的なものとは言え、城下の整備

図3　伝千葉介勝胤画像（千葉県佐倉市・勝胤寺蔵）

が行われていたことの意味は小さくない。つまり本佐倉城下の発展は、永正期と天正期の二つの画期があったことが判明するからである[27]。

本拠地を佐倉に移して以降の千葉氏歴代の中で、勝胤は傑出した人物と言えよう。『雲玉集』の序に「威を八州にふるひ、諸道に達して政を両総にをさめ」とか「佐倉と申す地にさきくさのたねをまき給ふ」と述べられていたように、勝胤は佐倉の繁栄の基礎を築いたのである。『雲玉集』の序は勝胤に対する賛歌とも言えよう。

父の孝胤は本佐倉城を本拠としたものの[28]、文明十二年（一四八〇）の境根原合戦で敗北し、そのために翌年には臼井城が落城するなど、領国内が戦場となり、下総は極度の軍事的緊張下にあった。しかも孝胤の臼井城籠城に見られるように、一時的にせよ千葉氏の本拠が臼井城であった可能性もあり、本佐倉城の政治的重要性も確立していなかった。臼井城合戦に代表されるように、時に下総に反攻した旧嫡流の武蔵千葉氏も、勝胤の代になると武蔵国の地域領主と化し、下総国内における千葉氏の権力も安定し、これにともなって佐倉の政治的重要性も増加していった[29]。こうした下総の政治的中心となった佐倉は積極的に城下の整備が進められたと考えられる。

（4）佐倉歌壇と下総の歌人

こうして政治的求心性が高まり、これに伴って交通のネット・ワークが形成されるに従って、佐倉は次第に都市的な場となっていった。そして千葉氏の保護の下に、衲叟のような歌人さえも居住し、活発な文芸活動が展開され、歌壇も形成されるに至ったのである。

『雲玉集』の序によると、勝胤は「大和歌にこころをよせ」ており、「節の一つぎ月の歌合」、すなわち季節ごとや月ごとの歌合が行われていた。前述の海隣寺建立の歌会の他にも、次のような記述がある。

「於御前七百番御歌合」（No.36詞書）、「於御前」（No.259詞書）、「月次御歌合」（No.41詞書）、「御歌合」（No.76詞書）などの歌合の他、「天神御法楽千首の内」（No.109詞書）、「五十首の内」（No.129詞書）、「百首の内」（No.25詞書）、「蒙求二首の内」（No.132詞書）などの記事が見える。これらの定数歌も衲窓個人の連作というより、「当所天神御社頭にて当座歌」（No.111詞書）とあるのと同様、機会を捉えて行われた、歌壇を背景とした「座の文芸」であったと考えられる。

もちろんこれらすべてが佐倉で行われたとは断定できないものの、「御前」とは勝胤の列席を意味する可能性が高く、勝胤の周辺には少なくない歌人がおり、歌壇が成立していたことが推測される。

『雲玉集』には残念ながら勝胤の歌を見ることができないが〔補註〕、この「佐倉歌壇」と言うべき歌壇を構成した人々の作品を見ることができる。

此落葉という事を　平胤相　幡谷加賀守

285　木のもとにさそふ紅葉をひろひきて嵐をつつむ袖の色かな

澗寒月といふ事を　　信尊 粟飯原民部少輔

299　ふけのぼるみたにの水にすむ月やあゐより出づる氷なるらん

本文めづらしきをや

愚恋のこころを　　幸清 海役（保）丹波守

363　のる駒のけあげの露を水にだにやどればやどる月を見せばや

円城寺道頓と申す人、三十余年後、下総に白地《あからさま》にかへりきてよまれしとなり

473　故郷にかへる我が身はおきなさび人もとがめぬ世にこそやすけれ

園城寺道頓と申せし人、月前述懐をよめる

250　かかる身のなぐさめ草のかげとてや月の桂の世におほふらん

これは、太田道灌、江島参籠の時、一座一の歌と諸人申せし、

これにより、名字の地の幡谷《はたや》城（成田市幡谷）もしくは押畑城（成田市押畑）に拠る幡谷氏[30]、千葉氏の一族として知られる粟飯原《あいはら》氏[31]、寺台城（成田市寺台）の城主と推定される海保氏[32]、千葉氏の重臣にして名字の家臣である円城寺氏[33]の歌を知ることができる。

特に、千葉氏の直臣であった幡谷加賀守は注目される。『千学集抜粋』に次のような記載が見られるからである[34]。

一、永正二年乙丑十一月十五日、昌胤御元服につき高篠より妙見宮へならせらる、烏帽子装束にて御参詣也、御先打ハ原孫七也、後陣は幡谷加賀守也、（後略、傍点筆者）

これは一五〇五年に行われた、勝胤の嫡子昌胤の元服に関する記事の冒頭であるが、幡谷加賀守が重要な役割を果たしたことがわかる。昌胤の元服と『雲玉集』の成立は九年の差しかないことから、『雲玉集』と『千学集抜粋』の加賀守は同一人物と判断される。加賀守は、勝胤の信頼を得た直臣であったと考えられる。

またこの儀式に際して「御馬腰刀納められける人数」の中に、幡谷又六郎・宮内少輔を見ることができ、同氏は大須賀一族でありながら、勝胤・昌胤段階以降、大須賀氏を離れて千葉氏に近侍する直臣となったことがわかる。本佐倉城と大須賀氏の拠点助崎城（下総町助崎）・松子城（大栄町松子）との間に位置する根小名川流域を領したためであろう。[35] こうして勝胤の直臣となったため、加賀守は「佐倉歌壇」に属し、衲叟とも親交を持ったのである。

またこの他にも「御馬腰刀納められける人数」の中には、粟飯原孫太郎・大学・久四郎や海保但馬守が見え、粟飯原・海保氏も千葉氏を支える直臣であったことがわかる。彼らと『雲玉集』に見える粟飯原信尊・海保丹波守とは近い一族であろう。こうして千葉氏の直臣層こそが、「佐倉歌壇」の主要な構成メンバーであったことが判明するのである。

なお円城寺道頓は、太田道灌周辺にあったことがわかる。円城寺氏が享徳の大乱において、千葉宗家を実質的に支えた上杉方の重要な勢力であったことはよく知られている。[36] 享徳四年（康正元、一四五五）八月の多古・島合戦、翌年正月の市川合戦では多数の円城寺一族が敗死しており、大乱の中で同氏は大きく勢力を失った。[37] 上杉方の千葉氏嫡流が武蔵へ移って武蔵千葉氏となると、円城寺氏もこれに移った。戦国期の『北条氏領役帳』には、武蔵千葉氏の家臣として「円城寺」が見える[38]。円城寺道頓もこうして武蔵へ移ったが、武蔵千葉氏の拠点である石浜城（東京都台東区浅草）は江戸城に近く、また同じ上杉方であった関係から、道灌に近づくことができたのであろう。そして同様に、道灌周辺の文化人であった衲叟と親交を持ったと考えられる。

しかし、下総がほぼ敵対する古河公方側の勢力下に置かれ、勝胤の代になって古河公方側の下総の千葉氏が政治的に安定すると、上杉方であった道頓も「故郷」の下総に帰ったのである。このような道頓の軌跡は衲叟と全く同一と言えよう。彼もまた「佐倉歌壇」の一員であった[39]。

（5）臼井と『雲玉集』

佐倉について考察してきたが、『雲玉集』には他にも、印旛の浦周辺に関する記事が見える。

（前略）当代御懇志ありし元恵と申す法師、密乗院、俄盲人となりて、彼観音にまゐり七夜参籠申し、恵日破諸暗と祈念

442　此世だにまよへるみちをてらさずはまして消えなん後の世のやみ

かやうに申し給ふ、三千礼満足し両眼忽あきらかなりしかば、遠路をへて御近辺に長谷寺うつし奉られける、彼法印臼井灌頂に請ぜられ、景気の詞に、西社頭松長梢畳富士雪、北印鏤浦隣岸浸筑波雲

これを歌によめとありしかば　衲叟

443　神の代につくりおきけん海山は人のことばのたねとこそなれ

大海の神の御事なるべし

（傍点筆者）

これによると、衲窓と親交のあった元恵と言う僧は視力を失ったが、長谷寺に参籠して祈り、平癒することができた。そのため、同寺を佐倉もしくは臼井周辺に勧請したという。

そして臼井で行われた灌頂、すなわち仏門に入ったり、修行者が昇進する際などに香水を頭上に注ぐ真言密教の儀式にあたり、招かれた元恵は、そこからの景色を漢文の詞に著した。「西には松の枝ごしに冠雪した富士の嶺が、北には印旛の浦の岸辺が近くて筑波山にたなびく雲が波の上に見渡せる」というような意であるが、これを承けて衲叟が和歌を詠んだのである。

臼井でも寺社での儀式に際して文芸活動が行われていたことが判明し、佐倉のみならず、印旛の浦の周囲には、豊かな文化的雰囲気があったことがわかり、興味深い。しかも、先の海隣寺建立の記事と同じく、印旛の浦を詠むに際して常陸の地名があわせて詠み込まれており、印旛の浦を介して当地と常陸が結びついていたことが印象づけられる。

なお、元恵の聞いた寺院は不明であるが、臼井周辺に現存する長谷寺の末寺としては、実蔵院（佐倉市臼井台）・千手院（同井野町）がある。前者は、創建年代は不明であるものの、鎌倉末期の作とされる木造阿弥陀如来坐像（佐倉市指定文化財）が残る。後者は、永和二年（一三七六）に澄秀が『大般若経』を補写した「臼井庄石神花院」が移ったものである。(40) ともに『雲玉集』に見える「臼井灌頂」の舞台であった可能性を指摘できよう。

二、文化の背景としての印旛の浦

『雲玉集』の海隣寺建立および臼井灌頂の記事には、ともに印旛の浦が登場し、当地域の中世文化が印旛の浦によって育まれたことを象徴している。本章では、前述のような文化活動を生み出す上で不可欠の背景となった印旛の浦について考えたい。

　そのためには、印旛の浦西岸の笠神（印西市）に関する、『檀那門跡相承資』の中の次のような記事は注目されよう。

（前略）彼玄吽ハ更移他家ニ也、其故ハ有徳ノ在家ノ仁一向伝授之、印西ノ笠上又太良禅門等ノ類是也（後略、傍点筆者）[41]

　これは、康暦二年（一三八〇）に什覚によって書かれた部分に見える。法系の継承をめぐる争いについて記されており、印西庄の内であった笠神に又太良禅門という「有徳ノ在家」、すなわち有徳人が存在したことが判明する。笠神の集落は現在でも、印旛沼・利根川に面した広大な低湿地の中に取り残された独立丘陵の麓に展開しており、中世にはまさに印旛の浦の中に浮かぶ島のような景観を呈していたと推定されている。しかも北には「水の大動脈」であった香取の海がほど近く、印旛の浦と香取の海との分岐点に位置し、印旛の浦から香取の海への出入口となるという恵まれた地理的条件から、笠神は港として繁栄したのであろう。笠神には戦国期の遺構を残す笠神城跡があるが[42]、その小字は「舟戸」であり、笠神城が港を押さえる城、水運を掌握するための城であったことを推測させる。笠神にも回船・流通・金融などを業とする、又太良禅門のような有徳人が成長していたのである。

　このような現象は、笠神に限らず、香取の海の周辺では普遍的なものであった。常陸の富有人や佐原の蔵本がよく知られているが[43]、同一の水系に属する印旛の浦でも全く同様だったのである。

　印旛の浦をめぐる水運について、早く小笠原長和氏は「作倉城を中心とする重要な水のルートとしては、作倉から印旛沼・常陸川を溯り、関宿を経て古河御所方面に達するルートの存在に対して、常陸川の下流付近で絹川に入り、水上して北関東に及ぶルート、この水系が東流して香取内海を経て外海に通ずるルートとなり、これらの水流は、さらに分流して関東各地に四通八達の流通網をひろげていた」と指摘された(44)。市村高男氏はこれを「水の大動脈」として位置づけられたことは前述のとおりである(45)。

このような水運と、それに支えられた佐倉における盛んな商業活動を物語る史料として、天正十三年（一五八五）の千葉邦胤没後に北条氏政が佐倉領の直接統治に乗り出した時期に比定される、八月十八日付の原豊前守宛北条氏政書状がある。これは、佐倉に入港する船舶への課税である「舟役」をめぐるトラブルに対して、氏政が千葉氏直臣筆頭の原胤長にその解決策を命じたものである。その一節は次のようなものである。

一、川下より作倉へ入船を役可取事、不分別候、其故者自由ニ舟来候而こそ、作倉之地下中も自由ニ可弁用所候へ、入舟にひさくさを申候者、船来間敷候間、所之衰微不可然候、さて役不取而不叶与云儀ならハ、作倉へも又関宿へも来而商売を成戻舟ニ役可取者、無異儀候、猶作倉へ滞来舟ニ役を可取儀者、一向不分別候、（傍点筆者(46)）

氏政は、佐倉に入港する船に課税すべきではないとしている。その理由は、自由に船が来航するからこそ「佐倉之地下中」、すなわち佐倉に居住した商工業者集団が、自由に活動できるのであり、課税すれば来航する船が減って、佐倉が衰微するからとされている。

この史料により戦国期の佐倉は、水運によって関宿とも結ばれ、活発な水運によって支えられた都市的な場となっており、「佐倉之地下中」と呼ばれた商工業者集団が住んでいたことがわかる。

また近世初頭の史料であるが、阿部浩一氏により注目されている壬辰〔文禄元年（一五九二）〕九月二十七日付の八日市場領年貢勘定證文[47]も興味深い。これは前年の年貢を関宿に輸送した際の文書であり、「佐倉公津より運送の舟賃也」とか「八日市場より公津まで運送、馬数二百十六疋」などと見える。これにより八日市場領の年貢が佐倉や公津（成田市）まで陸送され、ここから関宿まで水運によって運ばれたことが判明する。阿部氏が「物資の集積地としての佐倉[48]」と述べられているように、佐倉は陸上交通と水上交通との接点をなす要地であった。

本章で述べたことから、印旛の浦から香取の海に至る水運を背景とすることによって佐倉が都市的な場となり得たことが明らかになる。そしてこのような都市的な発展と活発な交通ゆえに、佐倉をはじめとする印旛の浦周辺は、『雲玉集』に見えるような文化活動の舞台となったのである。

おわりに

小稿では、『雲玉集』の佐倉や印旛の浦に関する記事を紹介し、本佐倉城主千葉勝胤が佐倉での文芸活動の後援者であったことを述べた。また佐倉では勝胤の代に、海隣寺の建立に代表されるように、寺社の建立を主体とする城下の整備が行われた。この時期に、佐倉の政治的重要性が増したことの反映であろう。こうして、佐倉ではしばしば歌合が催され、勝胤の周囲には「佐倉歌壇」と言うべき歌壇が形成されたのである。そのメンバーは、千葉氏の直臣層と世捨人であった。

しかし、戦国期の佐倉はなお下総第一の大名であった千葉氏の本城の本佐倉城が所在したという政治的重要性のみのために都市的な場となったのではなかった。「東国の水の大動脈」の一環を構成する印旛の浦や香取の海を舞台とする活発な水運とこれによる経済的な繁栄なしには、佐倉は決して都市的な場となることはなかったと考えられる。衲叟のような世捨人が、政治的な対立を越えて佐倉に隠栖し、文芸活動を行うことができたのは、勝胤の保護はもちろんであるが、佐倉が水運に支えられた都市的な場であったためであろう。佐倉も都市に特有な「無縁」の場としての性格を持っていたと思われる。換言すれば、十六世紀前半の佐倉は、文芸活動を可能にするだけの都市的な発展を遂げていたと考えられる。

以上述べて来たように、その政治的重要性と水運による経済的繁栄という二つを背景とすることにより、佐倉は『雲玉集』に見られるような文芸活動の舞台となり得たのである。佐藤博信氏が「江戸を中心として河越・品河・佐倉・鎌倉などの都市的な場をセンターに文芸（歌会サロン）を媒介にしたネットワークが形成されていたのではなかろうか(49)」と指摘されたように、衲叟が『雲玉集』を編纂した佐倉の地は、印旛の浦、すなわち豊かな水を介して広く東国各地と結ばれていたのである。

小稿が、従来草深い辺境の地とイメージされてきた戦国時代の佐倉の、文化的レベルの再評価につながるならば、筆者にとって幸甚である。

【付記】小稿は、一九九五年六月の千葉歴史学会中世史部会での報告をもとに論文化したものである。その際に数々の有益な御教示・御意見を賜わった諸氏に篤く感謝申し上げる。また『雲玉集』の所在について御教示くださった五十嵐公一氏、「古典文庫」の閲覧にあたって御世話になった北詰栄男・高橋健一両氏、「伝千葉介勝胤画像」の写真掲載について御配慮いただいた丸井敬司氏に対しても改めて御礼申し上げたい。

註

（１）翻刻には、島津忠夫・井上宗雄編『雲玉和歌抄』（古典文庫第二四八冊、一九六八年）、『新編国歌大観第八巻　私歌集編Ⅳ』（角川書店、一九九〇年）がある。小稿は後者に拠ったが、必要に応じて前者を参照した。研究としては前者の解説、井上宗雄『中世歌壇史の研究　室町後期　改訂新版』（明治書院、一九八七年）、島津忠夫「和歌と説話と―雲玉和歌抄をめぐって―」（『国語国文』三七巻三号、一九六八年）などがある。筆者も「『雲玉和歌歌集』と戦国期佐倉の文芸活動」（『戦国史研究』二七号、一九九四年）で若干の紹介を行った。

（２）もちろん土井利勝によって築かれた近世の佐倉城とその城下（現在の佐倉市街）ではない。酒々井町本佐倉・上本佐倉・酒々井、佐倉市大佐倉を含む一帯を指す。なお拙稿「戦国期の佐倉についての覚え書き―本佐倉城とその城下をめぐって―」（『佐倉市史研究』九号、一九九〇年）・「戦国末期の佐倉―城下集落の人々と後北条氏―」（中世房総史研究会編『中世房総の権力と社会』高科書店、一九九一年）を参照されたい。本佐倉城については木内達彦『本佐倉城跡発掘調査報告書―戦国　佐倉城の調査』（印旛郡市文化財センター、一九九五年）が最新の成果である。

（３）『鷲宮町史　通史上巻』（一九八六年）の第三編第九章第二節「鷲宮地域の文化人たち」（冨田勝治執筆）で『雲玉集』に言及しているほか、佐藤博信「上総大坪基清試論―特に東常縁との関係を中心に―」（『国語と国文学』七三巻一号、一九九六年）でも触れている。

（４）小笠原長和「東国史の舞台としての利根川・常陸川水脈」（『中世房総の政治と文化』吉川弘文館、一九八五年）。拙稿「戦国期の佐倉についての覚え書き」も参照。

（５）「中世東国における房総の位置」（『千葉史学』二一号、一九九二年）。

（６）後述するように『雲玉集』では「印鏤のうら」と見え、また「伊婆の浦」などの表記もあるが、以後便宜上このように表記する。

（7）巻第二五「源頼信朝臣責平忠恒語」（日本古典文学全集第二三巻、小学館、一九八七年）。
（8）前掲、市村「中世東国における房総の位置」。
（9）網野善彦「海民の社会と歴史（二）―霞ケ浦・北浦―」（『社会史研究』二号、一九八三年）以降の急速な研究の深化・発展を想起されたい。また一九九三年の千葉県立中央博物館での特別展「香取の海―その歴史と文化―」は特筆されよう。
（10）『八洲文藻』では跋とされ、源貞範の筆とある。貞範については未詳。
（11）前掲『雲玉和歌抄』（古典文庫）解説。
（12）前掲『中世歌壇史の研究　室町後期』。孝胤の没年については『本土寺過去帳』（千葉県史料中世篇、一九八二年）による。また勝胤については、丸井敬司「千葉介勝胤と関東の情勢」（『館報』千葉市立郷土博物館、一九九〇年）がある。
（13）佐藤博信「足利成氏とその時代」（『古河公方足利氏の研究』校倉書房、一九八九年）などを参照。
（14）井上氏が前掲『中世歌壇史の研究　室町後期』で指摘されているように、孝範は衲叟を「ともたちなりける人」と呼び（『孝範集』）、衲叟が若い頃に初めて参加した歌合の判者が孝範であった（『雲玉集』No.105詞書）。
（15）「古河公方周辺の文化的諸相―古河公方研究の深化のために―」（『三浦古文化』四九号、一九九一年）。
（16）佐倉市指定文化財。『千葉県史料　金石文篇二』（一九七八年）印旛郡四五～五七号。
（17）享保七年（一七二二）に磯辺昌言によって著された『佐倉風土記』などの、近世に成立した諸書に見える。同書は「佐倉文庫第二集」（佐倉市教育委員会、一九七四年）として翻刻。
（18）『佐倉市史　巻二』（一九七一年）第二篇第二章第二節五「中世の仏教」参照。
（19）近世の成立。『改訂房総総叢書　第五輯』（一九五九年）所収。
（20）『夫木和歌抄』（『新編国家大観第二巻　私撰集編』）、『頼政集』（『同第三巻　私家集編Ⅰ』）に見える。なお「霞をながす」の部分が『古典文庫』（京大本）では「霞うなかす」とあり、表現に異同がある。
（21）『妙見信仰調査報告書（二）』（千葉市立郷土博物館、一九九三年）所収。
（22）『千葉大系図』には天文元年（一五三二）の建立とあるが、同寺には享禄二年五月五日の勝胤寺衣鉢閣下宛総持寺五院住持連署公帖（『千葉県史料中世篇　諸家文書』一九六二年）があることから、天文元年説は否定される。
(23) これについては浅野秀剛「勝胤寺蔵伝千葉介勝胤像について」（前掲『館報』）がある。
(24) 勝胤種寺千葉家供養塔（佐倉市指定文化財）の中に含まれるが、江戸時代のものである。
(25) 『酒々井町史　通史編下』（一九八七年）第八章第一節「寺院」に詳しい。
(26) 前掲の拙稿「戦国末期の佐倉」参照。なお柴田龍司氏の一連の研究成果（「戦国末期の城郭から見た権力構造―下総原氏を中心として―」『千葉県文化財センター研究紀要』一〇号、一九八六年・「中世城郭の外郭部について」『中世城郭研究』創刊号、一九八七年・「下総本佐倉城について―惣構の検討―」『帝京大学山梨文化財研究所研究報告　第三集』一九九〇年）に多くを学んだ。
(27) 柴田氏が「本佐倉城「惣構」について―長勝寺脇館跡の発掘成果を通して―」（『中世城郭研究』七号、一九九三年）で、惣構が十六世紀前半段階で存在していた可能性を指摘されたことは注目される。
(28) 『千学集抜粋』（前掲）には、文明十六年（一四八四）に移ったと見える。諸説の中でこれが最も妥当と考える。
(29) しかし、永正十五年には足利義明が小弓城（千葉市中央区南生実町）に入り（小弓公方）、古河公方に属した千葉氏と厳しく対立することとなり、下総は再び動乱期を迎える。
(30) この両城については、『成田市史　中世・近世編』（一九八六年）第四章「市域の中世城城址と伝承」参照。幡谷氏については遠山成一「戦国期成田地域に関するノート―幡谷氏と馬場氏の考察を中心に―」（『成田市史研究』一八号、一九九四年）がある。
(31) 拙稿「白井庄根古谷城と塩古粟飯原氏について」（『千葉城郭研究』三号、一九九四年）で一応のまとめを行った。
(32) 清宮秀堅『下総国旧事考』（崙書房、一九七六年復刻）巻九「寺台故城址」に海保三吉の父として丹波が見える。なお、天正十三年（一五八五）と推定される二月十日付千葉邦胤ヵ書状（「原文書」『千葉県史料中世篇　諸家文書補遺』一九九一年）に海保丹波守が見えるが、『雲玉集』の丹波守の子孫であろう。
(33) 遠山成一「円城寺氏について―室町期における下総千葉氏の被官形態―」（前掲『中世房総の権力と社会』）に詳しい。
(34) 前掲『妙見信仰調査報告書（二）』。
(35) 前掲、遠山「戦国期成田地域に関するノート」参照。

（36）前掲、遠山「円城寺氏について」。

（37）『本土寺過去帳』（前掲）十二日条・十九日条。

（38）『平塚市史1　史料編古代・中世』（一九八五年）所収。円城寺氏の所領として上野（台東区）などが見える。

（39）この他に宣胤の連歌が見え（No.517）、千葉宣胤の可能性もある〔系図1〕が、黒田基樹氏は桃井氏の可能性を指摘された。

（40）拙稿「下総白井氏について―岩富原氏以前の鹿島川中流域（下）―」（『佐倉市史研究』八号、一九八八年）で言及した。

（41）「逢善寺文書」（『千葉県史料中世篇　県外文書』一九六六年）。

（42）『千葉県所在中近世城館跡詳細分布調査報告書Ⅰ―旧下総国地域―』（千葉県教育委員会、一九九五年）に解説がある（井上哲朗執筆）。

（43）小森正明「常陸国富有人注文の基礎的考察」（『茨城県史研究』七一号、一九九三年）、「中世後期東国における商業史の一視点―香取社領の蔵本を素材として―」（『史境』二二号、一九九一年）など参照。

（44）前掲「東国史の舞台としての利根川・常陸川水脈」。

（45）前掲「中世東国における房総の位置」。

（46）「中野文書」（前掲『千葉県史料中世篇　県外文書』）。なお阿部浩一「中世後期における関東内陸水上交通と伝馬・宿」（峰岸純夫・村井章介編『中世東国の物流と都市』山川出版社、一九九五年）に解説あり。また、藤木久志「内戦の中の村と町と城」（『城郭と中世の東国』高志書院、二〇〇五年）において検討されている。前掲の拙稿「戦国期の佐倉についての覚え書き」でも言及した。

（47）「神保文書」（前掲『千葉県史料中世篇　諸家文書』）。

（48）前掲「中世後期における関東内陸水上交通と伝馬・宿」。

（49）前掲「上総大坪基清試論」。

〔補註〕松本麻子「『雲玉和歌抄』と関東歌壇」（『連歌文芸の展開』風間書房、二〇一一年。初出は二〇〇五年）では、勝胤の歌二首が指摘されている。

Ⅵ　香取市久保・久保神社「千葉親胤御影」について

——作者・江戸時代初期の千葉定胤（千葉家当主）

角田吉信

一、御影に描かれた千葉親胤とは

香取市（旧小見川町）久保・久保神社には、「千葉親胤御影」が伝えられている。本文は、この御影に対する考察であるが、時代をさかのぼって解説したいと思う。

天文十六年（一五四七）七月十二日、千葉家当主・千葉利胤（一五一五～一五四六）が逝去。利胤の嫡男・千葉親胤（一五四一～一五五七）が七歳で家督を相続し、千葉介となった。

「千葉大系図」の千葉親胤の条には、「親胤生質勇気超人、其心驕為国政有私、氏族諸臣疎之、欲使胤富続家督」と記されている。

天文二十三年（一五五四）、古河公方・足利晴氏と小田原城主・北条氏康が対立。親胤は、北条氏康の軍勢に加わって古河城を攻撃。足利晴氏は捕らえられた。弘治二年（一五五六）、上杉謙信が来攻し、親胤が出陣する。親胤は、若年にして、武勇に優れた武将であった。又、優れた才能を持っていたと思われる。親胤の妻は、北条氏康の娘である。この親胤に対し、暗殺を企てる人物がいた。その首謀者は、親胤の後に千葉家の家督を相続した、叔父・千葉胤富（一五二七〜一五七九）だったのではないか？

『千葉伝考記』には、次のように記されている。

天文十年辛丑九月十五日生る。（中略）親胤若年なりと雖も勇気胆力人に越えたり、されども剛愎驕慢にして国政をなすに往々私あり。故に氏族諸臣之を疎んじ信服せず其兄胤富に家督を継がしめんと弘治三年八月七日佐倉城中にて猿楽を催し親胤をして之を観せしむ。親胤其の危機を察し窃に妙見社内に隠れんとする所を家臣小野某追跡し来り渉十兵衛という者をして親胤を弑せしむ。時に年十七。法名眼阿弥陀仏。又総泉寺殿月窓常圓大禅定門といふ。

『千葉実録』には、「此の人、悪逆無道にして家を治め難く、潜かに鴆毒を以て弑せらる。御側衆女房に至るまで、心に叶はざれば、御座或は書院先にて、場所を嫌わず手打ちにし給ふ」と記されており、親胤を悪人扱いしている。これは、胤富家督相続を正当化させる為の史実の歪曲とも考えられる。「千葉大系図」には、

同三年（弘治）丁巳八月七日、於佐倉親胤殺害。年十七、法名月窓常圓眼阿弥陀仏、又号総泉寺殿長山昌暾大居士、家臣砂尾修理於領地武州橋場古寺立廟塔、為法事、改総泉寺寄附寺領、可謂忠臣矣。

とある。

親胤暗殺の主謀犯は誰か？実行犯は誰か？色々な諸説があり、真実は不明である。親胤亡き後、親胤の弟・千田胤羽ではなく、叔父の胤富が家督を相続している事を考えると、胤富が宗家乗っ取りを画策し、家臣に親胤暗殺を命じたのではなかろうか？胤富はこの事件に悪意を感じたのか？後々、親胤の慰霊を行なっている。

森山城（香取市岡飯田・下飯田）の城主であった胤富は、弘治三年（一五五七）八月七日の親胤暗殺事件の後、千葉

宗家の家督を相続。千葉胤富として、森山城から千葉宗家の本拠地である本佐倉城（酒々井町）へ移った。

二、小見川に眠る千葉親胤の妹

親胤暗殺で、親胤弟妹の運命は？親胤暗殺事件を知った弟・千田胤羽は、身の危険を感じて京都へ逃げた。しかし、胤富の説得で佐倉へ帰還。どうやら、殺されずに済んだようである。

妹は、小見川城（香取市小見川・分郷）の粟飯原常宣の妻となっている。「千葉大系図」の粟飯原常宣の条には、「有由不為源公之養子也、妻千葉介利胤女、文禄四年十一月五日死、法号新福寺伝翁宗心」と記されている。文中の源公とは、弘治三年（一五五七）、胤富が森山城から本佐倉城へ移った後、小見川城から森山城へ移った、粟飯原源公入道胤次の事である。胤次が森山城へ移った後、小見川城へは、小田原城主北条氏康の九男・粟飯原光胤が胤次の養子となって小見川城を守っているが、胤次には、複数の養子がいた事になる。ちなみに、光胤は、天正十六年（一五八八）五月五日に亡くなり、森山城下の芳泰寺へ埋葬されている。常宣は、文禄四年（一五九五）十一月十五日に亡くなり、小見川城下の真福寺（新福寺）へ葬られている。

親胤の妹で、常宣の妻は、寛永三年（一六二六）十月二十三日に八十三歳で亡くなり、夫の常宣と同じ、小見川城下の真福寺（新福寺）へ埋葬されている。法名は、「新福院梅林清香大姉」である。

真福寺は、香取市分郷字根古屋に所在する臨済宗の寺院で、応安二年（一三六九）に覚源禅師が開基した寺院である。覚源禅師は、東胤頼の子・木内胤朝の曾孫・木内楽胤で、香取市五郷内の樹林寺（臨済宗）を中興開山（年代不

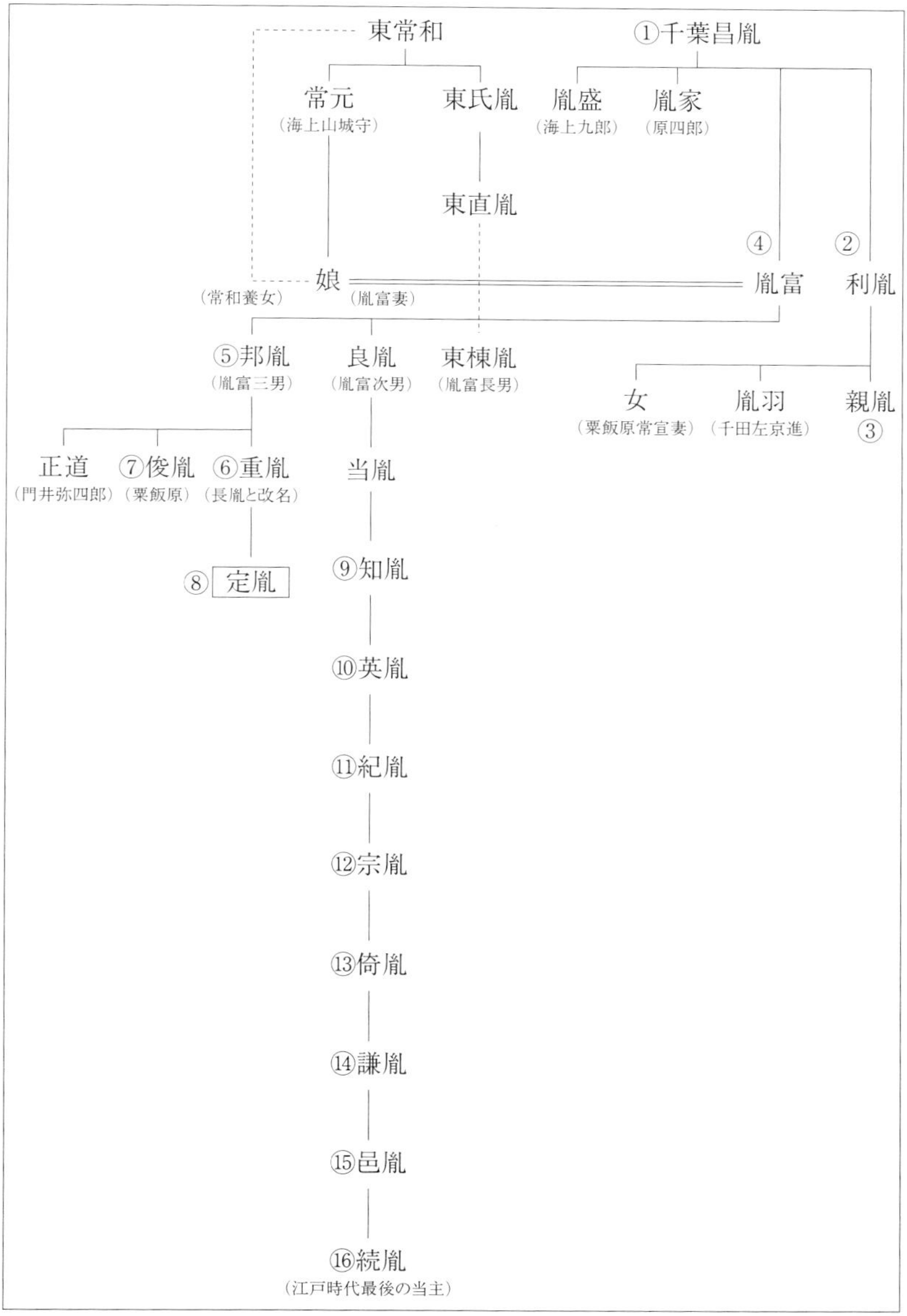

千葉昌胤以降・千葉家略系図
（数字は、宗家継承順位）

詳）した人物である。覚源禅師は、応安二年（一三六九）二月二十九日に遷化している。樹林寺の四季桜（香取市指定天然記念物）は、応安年間（一三六八〜一三七五）に覚源禅師のお手植えと伝えられる。覚源禅師の墓碑は、真福寺裏手の歴代住職墓碑群の中にある。境内墓地には、下総式板碑・五輪塔などがある。

親胤妹夫婦の五輪塔と伝えられる場所もあり、五輪塔二基が最近まで樹立していた。しかしながら、近年、墓地の区画整理があり、消滅。歴史的重要人物の墓所が、簡単に消え去ってしまい、残念である。

三、親胤の怨霊

親胤暗殺後、親胤の怨霊が出た事が、『千葉実録』に記されている。

親胤の怨念悪霊となりて種々祟りをなし、是より自然に御家衰へ、不幸短命の端を生ずるなり。

「千葉系図別本」には、「則親胤公荒神ト成玉ヒ。佐倉中エ毎度魔ヲ成シ玉フ事。冷ニ数様体也。去程行逢奉ル者忽以絶命」とある。胤富が千葉宗家の家督を相続した後、下総国は、上杉謙信・里見氏などの来攻をしばしば受ける、騒乱の時代と化したのである。胤富の家臣団の中に、若死にする人が多数いたのだろうか？

胤富自身も親胤の怨霊を恐れていた形跡がある。佐倉市海隣寺にあった阿弥陀如来木像（現存せず）は、永禄八年（一五六五）に仏師浄慶によって彫像されている。この仏像の銘文には、

敬白、奉刻彫阿弥陀如来并二菩薩像、厥造像意趣者、平朝臣親胤眼阿弥陀佛為頓證仏果之爰以則離三有繋縛□女執速至安養無垢浄剰無疑者也仍法界普利、下総国印東庄佐倉、長徳寺　開山　眼阿、佛師浄慶、于時永禄八年丑

千葉家当主の宝篋印塔群　千葉県佐倉市・海隣寺境内

千葉親胤供養塔　千葉県佐倉市・海隣寺境内

七月十四、於鹿嶋郷印旛郡、彫之、

と記されている。造像の趣旨は、平朝臣親胤眼阿弥陀仏（千葉親胤）の頓証仏果を目的とし、安養無垢浄剥に至る事を念じ、法界を普く利する事を願っている。

この仏像造顕の本当の目的は、親胤の怨霊を鎮める為であったようで、本願は、胤富だったと考えられる。

尚、現在の海隣寺境内には、親胤を供養する為に建てられた宝篋印塔が現存する。同所には、親胤の宝篋印塔と一緒に、当時の千葉家当主の宝篋印塔が樹立しており、佐倉市の文化財に指定されている。

四、胤富、久保に親胤寺建立？

香取市久保字荒原の久保神社には、「千葉親胤御影」が伝わっている。この「御影」は、久保神社の別当寺で久保字久保ノ入に所在していた最勝院に伝わっていたものである。昭和三三年（一九五八）、最勝院が廃寺となって解体され、「御影」が久保神社へ移ったわけである。

久保神社は、社伝によると長徳元年（九九五）、東国巡回中の陰陽師・安倍晴明が、この地で悪病が流行した為、御祭神の高皇産霊命を奉斎して創建したと伝えられる。それ以降の詳しい社伝は不明だが、神社の社紋は月星紋で、千葉氏と密接な関係があった事が想像される。

久保は、江戸時代以前、阿玉台村の一部であった。阿玉台村は、千葉氏の祖・平良文（八七七〜九四三）の館と伝えられる館跡があり、隣の五郷内には、良文の墓と伝えられる塚や、良文の霊を供養する為に建立された樹林寺があり、千葉氏の発祥の地でもある。千葉氏祖先の霊地ともなっているのである。こうした土地柄である事から、森山城主であった胤富が、久保神社の造営に関与していた事が考えられる。「久保区有文書」に、江戸時代に描かれたと推定される『久保神社御神幸絵図』があり、神仏習合で総勢一四七名が登場し、盛大な祭典が営まれるほどの神社であった事がわかる。

さて、久保神社の別当寺である最勝院であるが、山号が光明山で、院号の最勝院が寺名となっている。「千葉新介親胤御影」は、江戸時代初期、当時の千葉家の当主・千葉定胤が奉納したもので、「親胤寺　久坊授之」と記されている。久坊とは、久保の事と思われ、「久保の親胤寺にこれを授ける」という意味である。「御影」が、最勝院に伝わっていた事を考えれば、最勝院の寺号は、親胤寺だったのだろうか？

親胤寺を建立した人物は誰だろうか？最も相応しい人物は、胤富である。胤富は、親胤暗殺に関与していた事が考えられ、親胤の怨霊を鎮める行為を行なっている。佐倉市海隣寺の阿弥陀如来木像は、親胤の慰霊を目的に造像されている。久保の親胤寺もその一つではないか？親胤は、弘治三年（一五五七）八月七日に暗殺されているが、「御

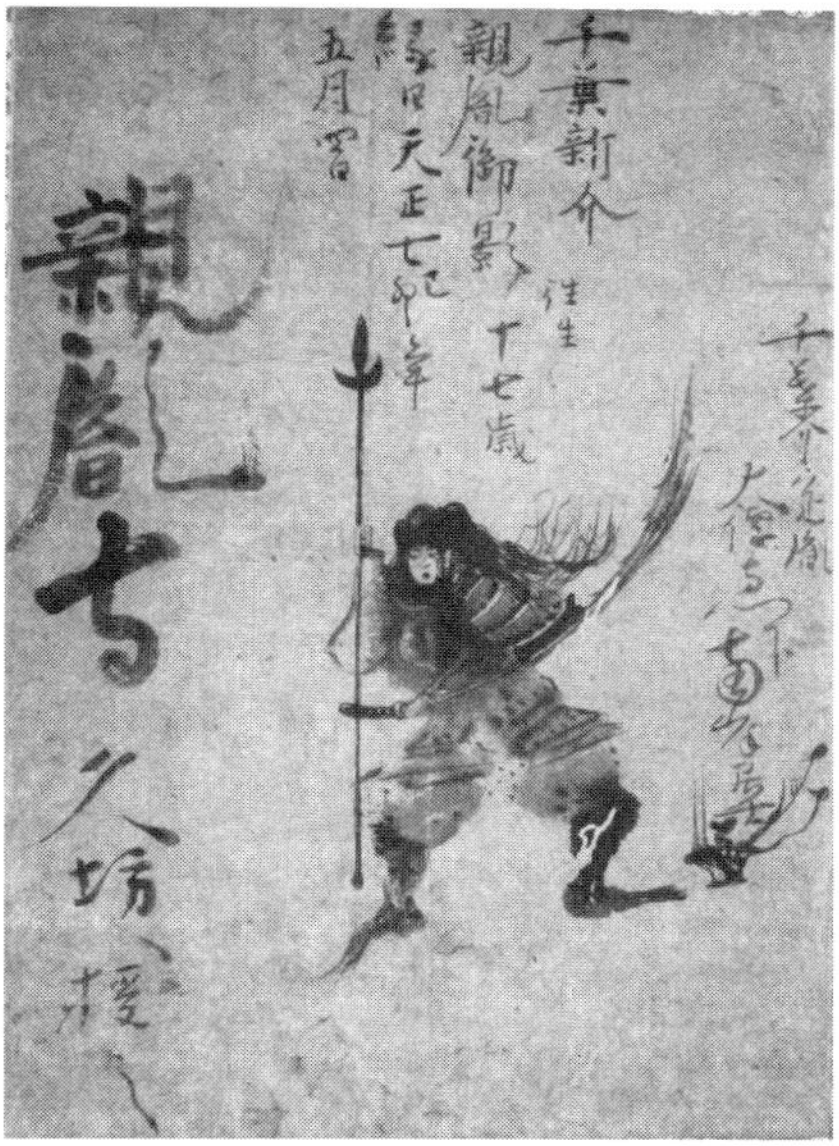

千葉親胤御影（千葉県香取市・久保神社蔵　画像提供：香取市教育委員会）

久保神社に伝わる『千葉親胤』御影の掛け軸

箱書「千葉介親胤御影軸」

「　千葉介定胤
大徳寺門下南岸居士　花押
千葉新介　往生
親胤御影　十七歳
縁日　天正七己卯年
五月四日
像
親胤寺　久坊授之」

久保神社拝殿（千葉県香取市）

影」には、「縁日　天正七己卯年五月四日」と記されている。一見、親胤に関連した年月日に見えるが、天正七年（一五七九）五月四日は、胤富が五十三歳で逝去した年月日である。「御影」の作者・定胤が、親胤と胤富の亡くなった年月日を間違えて記載した可能性もあるが、「縁日」と記されている事を考えれば、親胤寺が胤富によって建立された寺院である事を物語っているのではなかろうか?

【著書に見られる記載への疑問】

『良文村誌』（菅佐原源治郎、一九五一年）

・「最勝院　天正の頃千葉介親胤祈願所となし親胤の御影を奉納せられて現存せり」

＊天正の頃は、親胤亡き後で、事実と異なる。恐らく、「御影」に記された、「縁日　天正七己卯年五月四日」から、この様な記事が書かれたのであろう?

・「観音堂　久保区字久保の入にあり慶長年間の建立にして千葉介親胤の守り本尊十一面観世音を安置す　又千葉家系図、旧記等を存せり　明治二十五年堂宇破損し廃寺となし本尊は観明院に移安せり」

＊慶長年間（一五九六～一六一五）に、親胤の守り本尊が安置されているが、親胤が亡くなって五十年前後経っている。記載の記事が事実としたら、誰が安置したのだろうか?観明院の本尊十一面観世音像の胎内を調べれば何かわかるかもしれない。千葉家系図とは、久保区私有文書「千葉系図六頭之次第」か?内容は、拝見した

事が無いので、不詳である。

『久保郷土史』（久保郷土史編纂委員会、二〇〇三年）

・「最勝院　本寺は天正年間（一五七三～一五九一）に森山城を治めていた千葉介親胤が祈祷所にしたことに由来するという。そのため親胤の御影を奉納しており、現在は区有の掛け軸として保管されている。」

＊記載内容から、「良文村誌」を踏襲していると思われる。天正年間は、親胤亡き後で、記載内容が事実と異なる。

・「観音堂　慶長年間（一五九六～一六一四）に千葉介親胤が建立し、守り本尊である十一面観音菩薩を安置したことに始まるという。明治二十五年（一八九二）に堂宇が破損したのに伴って廃寺となり、本尊は観明院に移された。」

＊記載内容から、「良文村誌」を踏襲していると思われる。慶長年間は、親胤亡き後で、記載内容が事実と異なる。

五、森山城主だった千葉胤富

大永七年（一五二七）一月十五日、千葉昌胤（一四九五～一五四六）の子、胤富が生まれる。天文一五年（一五四六）、千葉昌胤が逝去し、千葉宗家は、胤富の兄・千葉利胤が家督を相続。しかし、利胤は、翌天文一六年（一五四七）七月十二日、三十三歳の若さで逝去。利胤の嫡男・千葉親胤が七歳で家督を相続し、千葉介となった。

この頃、千葉昌胤の庶子である胤富は、海上山城守（常元・東氏胤の弟で、辺田海上氏の養子となる）の娘で東常和の養女を妻とする。胤富の舅は、東氏である。一説に、海上氏を継承したとされているが、東氏を継承したのかもしれない。胤富が再建した西音寺（香取市下飯田・浄土宗）に「東胤富公木像」が伝わる事、森山在城中に生まれた胤富の長男・棟胤が東姓を称した事がその理由である。三崎庄（銚子市）を中心に繁栄していた海上氏は、東胤頼を祖とする東氏の分流である。胤富は、海上氏の紋章に由来する「鶴黒丸印」を用いていた。『千学集抄』に、昌胤の「三男胤富海上九郎」とあり、千葉胤富の事とされていたが、昌胤の子で、海上山城守の養子となった海上九郎胤盛の事であろう。胤盛は、胤富の弟である。『千学集抄』の記事は、胤富と胤盛の記載違いであろう。「千葉大系図」の海上九郎胤盛の条には、「為海上山城守之養子。」と記されている。当時、海上氏と千葉宗家の関係が密接であった事が窺える。

胤富は、野心の持ち主でもあった。東氏の居城・須賀山城（香取市岡飯田・東庄町根方）の乗っ取りである。須賀山城は、千葉常胤の六男で東氏の祖である東胤頼が、文治元年（一一八五）に築城したと伝えられている。その後、東胤頼の孫、東胤行が美濃国山田庄（岐阜県）を賜り、本領は東庄でありながら、東氏は郡上踊りで有名な岐阜県郡上八幡の郡上城を代々居城としていた。この須賀山城へは、東氏の分家筋が居城していた。胤富の時代、須賀山城には、東常綱が居城していた。須賀山城の地を防衛上重要視した胤富（？）は、城の明け渡しに応じない東常綱の須賀山城を攻略し、須賀山城を落城させて手中に収めた。「千葉大系図」の東常綱の条には、

千葉介胤富来仕介之時、為窺房州之敵、或討常州之讐、欲意須賀山城、于時常綱不応之、故攻落当城、放火之、輔築之、令在城之、時人謂、初城於古地、今城者号引地、乃森山城是也、常綱有二子為流浪也、右衛門秀胤、其

後号加雲。

と記されている。「千葉大系図」の千葉胤富の条には、

父昌胤破当国須賀山城、築森山城、使胤富居之、為郡境之守衛、或窺房州之敵、或討常州之讐、指揮氏族家臣麾下等。猶城下列軒交代焉、又為通性芳泰之菩提、同所建立通性山芳泰禅寺、弘治三年相続家督、使粟飯原源公入道居于森山城。同出雲守光胤猶居于小見川城。

と記されている。

須賀山城に居た東常綱の系統は野に下ったが、胤富は、棟胤・良胤・邦胤の子があり、長男・棟胤は、東棟胤と名乗って、東氏を継承している。東庄地域の名族・東氏の血は、胤富の血に塗り替えられたのである。

須賀山城を奪い、東総地域最大の軍事拠点である森山城（香取市岡飯田・下飯田）を築いた胤富。胤富は、千葉宗家乗っ取りという更なる野望を考えていたかもしれない。

森山城主であった胤富は、弘治三年（一五五七）八月七日の親胤暗殺事件の後、千葉宗家の家督を相続。千葉胤富として、森山城から本佐倉城へ移った。しかし、その後も森山城を本佐倉城の支城（東総地域最大の軍事拠点）と位置づけ、その支配に関与していた事は、「原文書」という古文書史料から知る事が出来る（『香取民衆史九』に掲載）。

六、信心深かった胤富

久保に親胤寺を建立したのは胤富か?それを特定する史料が無いが、香取市の森山城下に胤富が再建した寺院が二

ヵ所ある。胤富の信心深さを物語っている。

弘治二年（一五五六）五月、通性山真性院芳泰寺（岡飯田・曹洞宗）が火災（須賀山城攻略の戦火か？）で焼失。胤富が再建している。「千葉大系図」の胤富の条には、「又為通性芳泰之菩提、同所建立通性山芳泰禅寺」と記されている。訳すと、「通性芳泰の菩提の為、同所（森山城）に通性山芳泰禅寺を建立。」である。通性芳泰の菩提とは、何の事だろう？研究者の間で、通性芳泰とは、胤富の妻の法名とされている。芳泰寺は、妻の健在の時に再建されたと思われるので、妻の菩提寺という事であろうか？胤富の妻は、海上山城守常元の娘で、東常和の養女であり、東氏一族である。芳泰寺は、東氏の菩提寺である。

「通性芳泰の菩提の為」とは、右記とは別の事も考えられる。「通性芳泰」とは、この地に須賀山城を築いた東氏の祖・東胤頼夫妻の法名を合わせたものともいわれている。胤富は、東氏のいた須賀山城を落城させ、東氏を追い出し、森山城を築いてこの地を支配したわけだが、支配するにあたり、先霊（東胤頼の霊）を鎮める為に芳泰寺を再建したとも考えられる。

芳泰寺山門の由緒解説板には、「鎌倉時代の建仁二年七月、森山城主東胤頼が平山寺をこの地に移し、夫妻の法名「通性院殿真岩常源大居士」「真性院殿芳泰大禅定法尼」に因み、寺名を通性山芳泰寺に改めた」とある。芳泰寺本堂に、住職曰く胤頼夫妻の位牌があり、上記の法名が刻まれている。誰もが、これを胤頼夫妻の法名と信じ、本堂隣の二基の五輪塔を胤頼夫妻の墓（香取市指定文化財）と思い込んでいる。しかし、これらを揺るがす事実を知ってしまった。

天正七年（一五七九）五月四日、胤富が五十三歳で逝去。胤富の法名は、真岩常源大禅定門。「千葉大系図」には、

「天正七己卯年五月四日卒。年五十三、法号真巌常源其阿弥陀仏」と記されている。胤富の法名と胤頼の法名が酷似している。尚且つ、胤富の妻の法名が、「通性院芳泰」である為、胤頼の妻の法名と酷似している。胤富夫妻が、胤頼夫妻と同じ様な法名をつけたのか？芳泰寺に伝わる「通性院殿真岩常源大居士・真性院殿芳泰大禅定法尼」は、胤頼夫妻ではなく、胤富夫妻の法名ではないだろうか？法名の「大居士」と「大禅定法尼」が不揃いであり、「大禅定門」と「大禅定法尼」が相対するので、本来は、「通性院殿真岩常源大禅定門・真性院殿芳泰大禅定法尼」ではなかろうか？胤頼と胤富が間違って伝えられている可能性もあるだろう。という事は、本堂隣の胤頼夫妻の墓は？研究者の間で、胤頼夫妻の五輪塔は、胤頼の時代よりも新しい時期（戦国時代末期〜江戸時代初期）の所産との指摘があるので、胤頼夫妻ではなく、胤富夫妻の墓（供養塔）である可能性もある。森山城も、胤頼が築城した事が定説となっているが、胤富が築城した可能性が高い。

伝・東胤頼夫妻の供養塔（千葉県香取市・芳泰寺境内）

芳泰寺の他に、永禄五年（一五六二）、胤富は西音寺（下飯田・浄土宗）を再建している。西音寺には、「中興開基森山城主東胤富公木像」が伝わっている。「東胤富」とある事は、胤富は、東常和の養女を妻とし、長男・棟胤が東氏を称しているので、東常和の養子となっていたのかもしれない。

胤富の信仰心の背景には、次の様な事が考えられる。①支配地に寺社を建立する事により、自らの支配を民衆へ知らしめる為。②親胤のような非業の死をとげた人物の怨霊を恐れた為。③自らの悪行から、死後の地獄行きを恐れ、神仏の御加護にすがった事、などである。

七、その後の千葉宗家の運命

天正七年（一五七九）五月四日、胤富が五十三歳で逝去。この年月日が、久保の親胤寺の「縁日」として、「千葉親胤御影」に記されている。

胤富の子に、三人の男子があり、長男・楝胤は、東氏を称して森山城に在城？次男・良胤、三男・邦胤は、双子の兄弟とされ、胤富がまだ森山城に在城していた弘治三年（一五五七）三月二十二日に生まれている。母は、通性院芳泰である。良胤は、「千葉大系図」にも記されていない謎の人物である。多病の為、弟・邦胤に家督を譲ったとも言われる。反北条氏派とされる良胤は、本佐倉城から追放され、公津城（成田市）に幽閉。その後、子の当胤と共に出羽国（山形県）へ移り、慶長十三年（一六〇八）に亡くなったとされる。邦胤は、天正七年（一五七九）の胤富の死後、千葉宗家の家督を相続。天正十三年（一五八五）一月、佐倉城内にて新年の祝賀の儀があり、邦胤の御前で、家臣・鍬田万五郎（一鍬田孫五郎か？）が放屁した為、邦胤大激怒。六十七人いた宴席の中央へ万五郎を叱り飛ばした。これに恨みを抱いた万五郎は、五月一日に邦胤を短刀で刺し、逃走。しかし、万五郎は、追手に捕まって斬首され死亡。負傷した邦胤は、傷がもとで六日後の五月七日に逝去。二十八歳であった。

邦胤の死で、同年、邦胤の長男・重胤が九歳で千葉宗家の家督を相続。千葉家当主が若年であった為、小田原の後北条氏が、直接千葉氏の所領を支配するようになる。

天正十八年（一五九〇）、豊臣秀吉が小田原城を攻撃。重胤と弟・俊胤（小見川・粟飯原家の家督を相続）は、家臣を引き連れて小田原へ出陣した。しかし、小田原城は落城。重胤十四歳、俊胤十二歳。徳川家康は、若年の重胤兄弟を助命。兄弟に、蟄居を申し渡す。重胤は、長胤と改名。

重胤（長胤）の子に、「千葉親胤御影」を久保の親胤寺へ奉納した定胤がいた。

八、「千葉親胤御影」を奉納した千葉定胤

定胤は、元和三年（一六一七）、重胤の子として生まれる。胤富の曾孫である。

寛永十年（一六三三）六月、江戸にて定胤の父・長胤（重胤）逝去。通説では、これで千葉家が滅亡したとされているが、長胤の死後、弟の俊胤が千葉宗家の家督を相続。寛永十六年（一六三九）七月十九日、江戸浅草・鳥越明神の神主となっていた叔父の俊胤が江戸で逝去すると、定胤が千葉宗家を継承。

『成田市史研究二十二号』（一九九八年）中の「旧主旧臣間の官途状類授受とその意義」に、「千葉邦胤の子重胤、その子貞胤（定胤）が、邦胤と同腹の良胤の孫知胤らと共に香取郡五郷内（現・小見川町）と武田（現・神崎町）に住み、その後、貞胤が江戸で没したのち知胤が千葉宗家を名乗った」と記されている。これが事実だとすれば、大変興味深い内容である。それは、香取市久保地区の隣が五郷内である事である。知胤は、武田村に住んでおり、定胤は五郷内（樹林寺か?）に住んでいたようである。親胤が暗殺されて、約九十年の歳月が経過した中、久保の親胤寺という小さな寺院の存在を知っていた事は、五郷内に住んでいたからこそ知っていたのではないか?

香取市本矢作の某家には、定胤が描いた絵が伝えられている。定胤は、絵が得意であったようである。この絵には、和歌が記されているが、左から右へと記されており、「千葉介後之定胤南岸居士」との署名押印も左ではなく、右にしている。風変わりな人物であったようである。久保の「千葉親胤御影」も、左ではなく右に「千葉介定胤大徳寺門下南岸居士」と署名している。署名の「大徳寺」とは、京都の大徳寺の事か？

定胤は、浪人の身分でありながら、「千葉介」を自称していた。そして、旧家臣へ宛てた「官途状」が残されている。

九、定胤、旧臣へ官途状発給

世の中は、戦国の乱世が終わり、徳川氏の支配の世となった。かつて、千葉県の大半を支配していた千葉宗家であるが、定胤の時代になると、一介の浪人の身分となっていた。そして、かつての千葉家家臣のほとんどは、帰農していた。千葉宗家の当主は、帰農した旧臣からの援助を受けて生活していたようである。当時、千葉氏に「千葉介」という身分は与えられていないにもかかわらず、浪人・定胤は「千葉介」を自称し、旧臣との関係を継続していた。

定胤は、旧臣との主従関係を明確にする為、「官途状」なるものを旧臣へ発給している。官途とは、官途（官職名）を与える為に発給した文書であり、そもそも、官途を授与する権限は、武士社会では将軍が掌握していた。将軍が、朝廷に奏上して、大名などに官職や位階を授与していたのである。官途の他に、受領（国司名）を与える文書に受領状がある。

定胤が旧臣へ発給した官途状の中で、成田市押畑の幡谷家文書（成田市指定文化財）から、「千葉定胤官途状」を紹介したい。幡谷家は、大須賀氏一族である。

官途
慶安　　後之
霜月朔日　　定胤（花押）
元歳
勝長遣之
幡谷四郎左衛門殿

慶安元年霜月朔日付け千葉定胤官途状（個人蔵、画像提供・成田市教育委員会）

この「官途状」は、慶安元年（一六四八）十一月一日付で、旧臣・幡谷四郎左衛門宛てに発給したものである。この「官途状」の花押と、「千葉親胤御影」の花押は、完全に一致する。定胤の花押は、異様な形をしている。又、幡谷家の「官途状」の筆跡と「御影」との筆跡も良く似ており、同一人物である事が分かる。

定胤以降、幕末まで、千葉家の当主は、旧臣へ宛てて「官途状」や「元服状」などを発給し続けている。『成田市史研究二十二号』「旧主旧臣間の官途状類授受とその意義」の中で、大野政治氏は次の様な指摘をしている。

「①経済的に何も持たない千葉氏末流が、千葉宗家という家格を維持し旧家臣団を掌握するために、元服時に官途状を下付したり、系譜書などを作成下付したこと、②旧家臣団は、千葉家再興の時には重く任用するという言葉に魅惑され、小田原北条氏の滅亡と共に失った武士身分への復帰を主家である千葉氏の再興に期待したこと、③その期待が良胤流子孫の千葉氏再興の念願と連携していたこと、さらに、④譜代の下人を名子（小作人）として隷属させた名主層である旧臣たちが、自身の家格維持のために千葉宗家に仕え、その再興運動に関与していたことなどである。」

幕府支配が盤石であった江戸時代初期、こうした旧主と旧臣とのやり取りは密かに行なわれていたと思われるが、幕府支配が緩み出すと、旧主と旧臣とのやり取りが公然と行われるようになっている。江戸時代後半になると、千葉宗家の家督相続の際、下総国香取・海上・匝瑳郡、上総国武射郡の旧臣宅（五十一軒）を巡回する儀礼が行われている。中世以来の主従関係を確認することが目的であるが、その一方で、旧臣からの取り持ちや祝儀を期待していたのかもしれない。この旧臣宅への巡回も幕末まで続いている。

定胤が、「千葉介」を自称し、幡谷家を含めた旧臣宅へ「官途状」を発給したり、旧臣宅をまわって「千葉介」と自署した絵を残した事は、自身が、千葉家の当主である事を旧臣へアピールするためではなかろうか？又、久保の親胤寺に奉納された「御影」も、単なる親胤供養の為ではなく、自身がかつての領主・千葉家の末裔である事を民衆へ知らしめるためではなかっただろうか？

千葉家の当主である事を世間にアピールしていた定胤は、千葉家再興を香取神宮へ祈願している。この願文が、「香取大禰宜家文書」の中に残されている。

一〇、定胤、香取神宮へ千葉家再興を祈願するが、二ヶ月後に逝去

定胤が、成田市の幡谷氏へ「官途状」を発給したのと時を同じくして、慶安元年（一六四八）十一月吉日、香取神宮へ千葉家再興の祈願をしたことが、「香取大禰宜家文書」から知る事ができる。「香取大禰宜家文書」の中の「千葉定胤証状」には、次の事が記されている。

思召者急々世ニ出様、神慮所奉仰也、於然者、身上相応之知行、可令寄附也、無念野心之処、不思議之感応、無二無三、仍状如件、

慶安元年　千葉介

十一月吉日　定胤（花押）

香取大明神申上

以上の文書を訳すと、「思し召しは汲々世に出たならば、神慮奉仰のところなり、於て然らば、身上相応の知行を寄進できます。何も野心を抱いておりません。信心が神仏に通じる以外、この世に二つ、三つもの思いは抱いておりません。この状に記した通りであります。」となる。意味は、「もし、世に出て知行を得たならば、それは香取明神の神慮のおかげです。そのあかつきには、私の身上に相当した知行を香取明神へ寄進致します。私は、この願いが神仏に通じる以外は、何も野心を抱いておりませんし、この世に二つ、三つもの思いは抱いておりません。以上、この状に記した通りでございます。」となる。浪人・定胤が仕官できる事を香取神宮へ祈願し、その願いが叶った時は、香

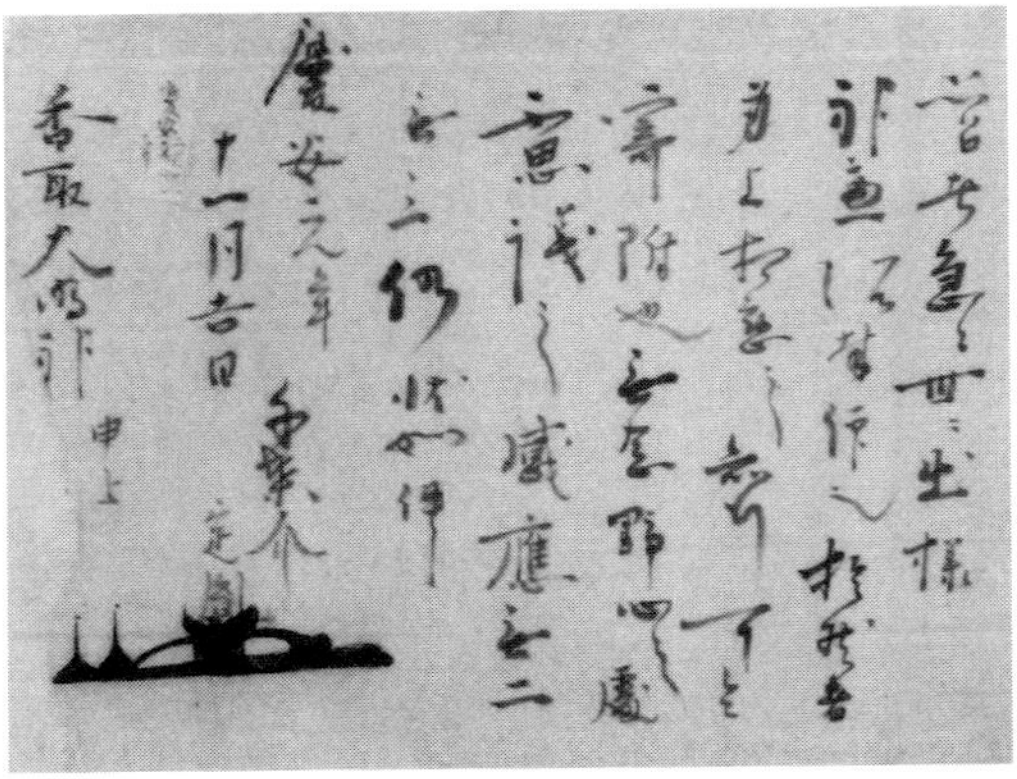

慶安元年十一月吉日付け千葉定胤官途状（「香取大禰宜家文書」 画像提供・千葉県文書館）

取神宮の神慮のおかげであり、それ相応の知行を寄進するとの事である。香取神宮も、寄進を期待したのか、一浪人の願文を大切に保管していた。この「証状」に、この祈願の他に何にも野心や願望を持っていない事が記されているが、本心なのだろうか？本心は、再び領主となり民衆を支配する事ではなかっただろうか？

この文書の書体は、「御影」「官途状」「矢作に残る絵」の書体とは異なり、神妙に書き記したような感じを受ける。四者の史料を見比べると、四者に共通する筆跡があるので、定胤の真筆である事がわかる。花押の部分であるが、「御影」「官途状」のものとは異なり、丁寧に記されている。一見、別人のようにも見えるが、花押の基本の形は同じ様に見受けられる。香取明神の神慮にすがるため、丁寧に自署した事が考えられる。

定胤の願い叶わず、香取神宮へ祈願した二ヶ月後の慶安二年（一六四九）一月十一日、三十三歳で病死。法名は、常光院殿雪林南岸大居士。定胤の子・七之助は早世の為、跡継ぎが無く、定胤の血流は断絶。千葉家旧臣は、千葉宗家相続者を探し、下総国武田村（神崎町）に住んでいた知胤に千葉宗家相続を懇願。知胤は、胤富の次男で、千葉宗家を相続した邦胤の兄・良胤の血流。良胤は、反北条派で本佐倉城から追放され、公津城（成田市）に幽閉。後に子の当胤と共に出羽国（山形県）へ移った人物。知胤は、当胤の子で、胤富の曾孫である。知胤は、定胤の逝去から十一日後の一月二十二日、千葉の妙見堂（千葉神社）での千葉宗家相続の儀式で、千葉宗家の当主となる。以後代々、知胤の血流が千葉宗家を継承。

最後に

「千葉新介親胤御影」は、江戸時代初期の千葉家当主・千葉定胤が描いて、久保の親胤寺へ奉納したものである。定胤は、一介の浪人。この「御影」は、単なる親胤供養の為ではなく、一介の浪人・定胤が、千葉家の再興を願いながら、自分の存在を民衆にアピールするための一つの材料であったと思われる。

定胤の人物像は、定胤の残した史料を観察すると、一風変った人物であった事が想像できる。しかしながら、絵の才能や文才があったことが伺える。まだまだ、私の知らない定胤の残した資料が散在していると思われるので、それらを調べれば、定胤の人物像が更に理解できる事であろう。

一民衆（一介の浪人）である定胤は、為政者になろうと奔走。しかし、願い叶わないまま、若くして絶命。血筋も断絶。定胤も、非業の死を遂げた人物である。

尚、「千葉親胤御影」は、二〇〇五年十二月六日、小見川町有形文化財に指定された（現・香取市指定文化財）。

最後に、本文執筆にあたり、千葉城郭研究会・外山信司氏、香取市教育委員会・平野功氏の両氏に資料の提供を頂きました。ここに、感謝の意を表します。

参考・引用文献

①『良文村誌』（菅佐原源治郎、一九五一年）。
②川戸彰「戦国末期における一仏師の活躍」（『千葉の歴史第一三号』一九七七年）。
③千葉琢穂『桓武平氏良文系全系図　第一巻』（展望社、一九八四年）。
④『小見川町史　通史編』（小見川町町史編纂委員会、一九九一年）。
⑤木村修「旧主旧臣間の官途状類授受とその意義―幡谷家・海保両家文書を例として―」（『成田市史研究二二号』一九九八年）。
⑥『千葉実記』（浅野雅文、一九九九年）。
⑦『久保郷土史』（久保郷土史編纂委員会、二〇〇二年）。

Ⅶ

戦国末期における一仏師の活躍——その墨書銘をめぐって

川戸　彰

最近、戦国末期に下総東部ならびに上総東北端において活躍した一人の仏師の存在を知った。名を浄慶という。彼の所作になる仏像が四体知られている。記録にみられるもの二、現存するもの二がこれにあたる。まだ埋れているものがあるように推定され、識者の御教示を得たいところである。小稿は、この浄慶なる一仏師の活躍を中心に、信仰集団の動向をとらえ一地方文化の姿相を追求することを目的とした。読者諸賢の御批正をいただければ幸甚である。

一

成田市大室の円通寺に安置されていたという木造釈迦如来坐像は、現在知られている浄慶所作最古の仏像である。『豊饒山圓通寺縁起略』(1)によれば、次の如く記されている。

仏殿釈迦坐像高サ二尺三寸宝趺ノ下ヨリ体中ヲ見レバ中興本願観翁道悦居士ト記ス道悦ノ時モ堂宇再営ト見エタリ其ノ次ニ当檀那平朝臣勝秀ト書ス助崎ノ城主ナリ其ノ次ニ紀州粉河寺ノ住侶佛子浄慶彫刻于時天文二十四年乙卯二月廿八日造立畢下総州豊饒山圓通禅寺住持清字明浦誌之ト六十八字ヲ記シタリ明浦和尚住持之時勝秀佛殿ノ

營建シ浄慶ニ命ジテ彫刻シタルナルヘシ天文二十四乙卯ヨリ寛文四甲辰マデ百十年ニ成ル

とある。木像は現存しないので、正確な銘文の配列を明らかにすることができないのが遺憾であるが、右の記載に従って、篠崎四郎先生は『房総金石文の研究』の中に左の如き字配りを試みておられるので参考までに記しておこう。

中興本願観翁道悦居士
當檀那平朝臣勝秀
紀州粉河寺住侶佛子浄慶彫刻
于時天文二十四年乙卯二月廿八日造立畢
下総州豊饒山圓通禅寺住持僧清字明浦（ママ）記之

との記載がこれにあたる。

さて、円通寺は、成田市大室字仲妻にある臨済宗妙心寺派に属し、千手観音を本尊とする。寺伝によれば、光仁天皇の皇子で、桓武天皇の皇兄にあたる摂津国勝尾寺二世の開成大師を開山とする。大師は、のち勝尾寺にかえり天応元年辛酉の年十月四日示寂したといわれる。

その後興廃を経て、千葉常胤の四男、大須賀胤信の四代の後胤、助崎城（現・下総町名古屋に城址あり）主の平胤輝は、建長寺の国一禅師を招請して本寺を再興し、寺運の興隆につとめたといわれる。のち数代を経た享禄のころ、助崎に信濃と称する人物がおり、入道して観翁道悦居士といったことが『千葉県印旛郡誌』に記されている。銘文中の「中興本願観翁道悦居士」がこれに該当することは、言を俟たない。

しかし、『千葉県香取郡誌』によれば、「印旛郡久住村大室区圓通寺記には胤信初め本城（助崎城のこと）を築き後松子城を築き之に移り尋て子通信をして之に主たらしめ再び助崎に移り数邑を分食し享徳中四世の子胤輝歓翁道悦に至り宗家と隙あり家臣と共に圓通寺に退去す」(2)とある。この場合の観翁道悦は胤輝のこととなっている。円通寺にとって観翁道悦は、中興といわれるだけに極めて重要な存在であった点は、充分に首肯できるが、年代や俗名等にくいちがいがあり、何時代の人物か判断に苦しむところが大きい。いずれにしても平勝秀はその後裔にあたり、天文の頃助崎城主であったことは、先の『縁起略』に明記されている。明浦和尚の住持時代に、勝秀は、旅の仏師浄慶のすすめをうけたものか、はたまた、仏師の存在を知って依頼したものか明らかでないが、『縁起略』記載の通り浄慶に命じ、先祖菩提のため釈迦如来坐像を造像せしめ、天文二十四年二月廿八日にこれを完成させている。本例は、まさに城主という一地方の支配者によって造顕が試みられた実例にあたるものである。

二

上記の円通寺木造釈迦如来坐像同様現存しないが、中路定俊の『成田参詣記』巻四によれば、佐倉海隣寺に浄慶作の阿弥陀三尊像が安置されていたことが知られる。

敬白
奉刻彫阿弥陁
如來并二菩薩像
厥造像意趣者

平朝臣親胤眼
阿弥陁佛為頓證仏果之
爰以則離三有繫縛□女
執速至安養無垢浄剎
無疑者也仍法界普利
下総国印東庄佐倉
長徳寺　開山　眼阿
佛師浄慶
于時永禄八年丑七月十四
於麻嶋郷印旛郡
彫之

とあり「以上ハ同寺持佛阿弥陁如來木像識丈ケ一尺二寸」と記している。

因みに海隣寺は、千葉山と号し佐倉市海隣寺町於茶屋にある。時宗當麻派に属し、本山は相模の當麻無量光寺（現・神奈川県相模原市）で、阿弥陀如來を本尊とする。寺伝によれば、治承三年七月二六日、千葉介常胤は、一族を従えて海辺にいで、月の昇るを見ようとした。その時、海上に異光を認め、命じて網を打たせたところ金色の阿弥陀像を得たという（本像を月越如來と称す）。のち文治三年に千葉郡馬加の地に寺を建て本像を安置したのが海隣寺の開創となっている。はじめは、真言の道場であったが、千葉介貞胤（一二三九〜一二八九）のとき、時宗に改め、他阿上人真教大和尚を中興開山としたと伝えている。康正年間、馬加康胤、甥の千葉介胤直を亡ぼしてのち、康胤自身も間もなく上総八幡において戦死したので、千葉宗家は岩橋殿輔胤によってうけつがれた。輔胤の時代の文明十六年（一四八四）に千葉—平山—長崎（寺崎乃至六崎あたりという）を経て本佐倉（現・酒々井町）に城を移すことになり、寺もまた此地へ移転したといわれる。のち、親胤の時代、鹿島台に城が構築されたのを契機（中断し、完成に至らず）に、現在地へ移されるという経緯をもっている。

さて、海隣寺に安置された木造阿弥陀如來は、銘文によって二菩薩像すなわち観音菩薩と勢至菩薩を脇侍とする三尊像として造像されたことが知られる。造像の趣旨は、平朝臣親胤眼阿弥陀仏の頓証仏果を目的として、安養無垢浄剎に至ることを念じ、法界を普く利することを願っている。

親胤については、『千葉伝考記』によると、次の如く記されている。

「天文十年辛丑九月十五日生る。（中略）親胤若年なりと雖も勇気膽力人に超えたり、されども剛愎驕慢にして国政をなすに往々私あり。故に氏族諸臣之を疎んじ信服せず其兄胤富に家督を継がしめんと弘治三年八月七日佐倉城中に於て猿楽を催し親胤をして之を観せしむ。親胤其の危機を察知し窃に妙見社内に隠れんとする所を家臣小野某追跡し来り渉十兵衛という者をして親胤を弑せしむ。時に年十七。法号眼阿弥陀仏。又総泉寺殿月窓常圓大禅定門といふ。」とあり、また『千葉実録』には「此の人、悪逆無道にして家を治め難く、潜に鴆毒を以て弑せらる。御側衆女房に至るまで、心に叶はざれば、御座或は書院先にて、場所を嫌わず手打にし給ふ。（中略）然る処に、親胤の怨念悪霊となりて種々祟りをなし、是より自然に御家衰へ、不幸短命の端を生ずるなり。」と記されている。

造顕の最大の目的は、「親胤の怨念悪霊となりて種々祟りをな」すのを鎮めるためであったようである。これもまた、推定の域を出ないが、本願は千葉介胤富と考えられ、仏師浄慶に阿弥陀三尊像の製作を依頼したのではなかろうか。円通寺の釈迦如來坐像を天文二十四年二月に完成させて十年後の永禄八年七月に本像を彫像しているが、この間浄慶は印東地方の何処かで仏像を刻んでいたと想像される。本阿弥陀三尊像は、銘文中に「鹿嶋郷」において彫刻したことをしるしている。鹿嶋郷の郷域は定かでないが、すでに、海隣寺が鹿島城近くに移されていたことを物語るものではなかろうか。『千葉伝考記』によれば、「親胤或時新城を築きて之に居らんと欲し、近隣南方に土木工事を興して、既に竣成に至りしも、未だ果さざる事ありて、暫く鹿島大與次を此所に居らしむ。即ち此の城を名づけて鹿島の新城といひ、旧城を本佐倉城と称し、代々の菩提所海隣寺を新城の傍に移せり」とあって頗る興味深い。もし海隣寺が移転前であったとすれば、鹿島郷は浄慶の居住地を示すものと考えられ、此の地において阿弥陀三尊像を造顕し本佐倉の海隣寺へ納入したとしなければならない。この点については諸賢の御教示を得たいところである。

なお参考までに、現在の海隣寺墓地内に千葉介親胤の為に建てられた宝篋印塔がある。高さ一一一・五米をはかり左の如き銘文を刻んでいる(3)。

（塔身）　　（基礎）

右意趣者為

南無阿弥陁　眼阿弥陁佛

拡治三年丁巳八月七日

三

次に、浄慶は、現・山武郡芝山町新井田にある称名寺の本尊阿弥陀如來坐像を造像している。称名寺は時宗に属し、成田市大竹の円光寺末にしてその隠居寺といわれている。『総州山室譜伝記』（宝暦六年十月に成った史伝）の「山中和田殿新井田村称名寺本尊建立並山中染井観音堂建立之事　井田平三郎元服之事」の項に左の如き記載がある。

奉建立阿弥陀如來　永禄九丙寅年十一月三日　佛師浄慶　施主　和田伊賀守胤富　飯櫃隠岐守光俊　和田弥五郎胤茂（後左衛門尉と称す）　木川源助胤清（後伊予守と称す）　山沢津島守重氏　三瀬蔵人佐茂義　鈴木蔵人正久　佐々木弥五郎貞正

右和田左衛門尉胤茂子息脳病に付本尊建立せられしと云ふ。右之通本尊修理の時新井田三郎兵衛写し置くもの也。依て茲に記す。

とある。本史伝によって称名寺を訪れ、胎内銘の有無を確認したところ、後記の如き墨書銘を得ることができた。なお、本像は木造の阿弥陀如來坐像にて像高五〇糎を計測する。光背・台座を存し、浄慶の作品では現存最古のものである。胎内膝部と同背部に次の如き銘文をのこしている。(4)

（胎内膝部墨書銘）

右勧進人朮

和田伊賀守

飯櫃隠居内家比老
和田弥五郎
岩澤津嶋守
三瀬蔵人佐
木河源四郎
鈴木蔵助正久
御客人奥持於［
平二左衛門内家
衆一坊多津可母
新行寺善助
　　仏所浄慶
永禄九年丙丁霜月
　　　　　　　　　　三［

（胎内背部墨書銘）内田代［
我建超世願　誓不成正覺
必至無之道　　永禄九年丙刁霜月三日
斯願不満足

奉造立阿弥陀如來作始閏八月九日
霜月三日令成就所
上総國武射郡小池郷新田稱名寺
住持第八代和田教順覺阿弥陀佛　作者佛［
大檀那藤原和田弥五郎并村山将□（監カ）［

とある。『総州山室譜伝記』中記載の人名と若干の相異が認められるが、本稿は調査結果の墨書銘に従って記述をすすめたい。

銘文中の和田氏とは、現在芝山町山中字登城地籍に所在する山中城の城主として君臨した在地小領主である。千葉七郎師時の四男和田六郎胤長を祖とするといわれ、当時は和田五郎左衛門胤信の子胤富が城主として、千葉氏の旗下に属する飯櫃城主山室氏を、井田氏と共に支える有力な一門となっていた。弘治元年井田胤友が山室、和田の援助を得て、坂田城主三谷信茲を宝馬野に打とると、井田氏は三谷氏にかわって坂田城に入城し、一帯を制圧した。その後、和田氏は、坂田城主井田因幡守の客将となり、その兵力は井田軍団の半ば近くを占めていたことが知られている[5]。

浄慶は、上記の如き在地小領主和田氏のため阿弥陀如來を造像したのである。『総州山室譜伝記』によって和田胤茂の子息の脳病平癒を念ずる為に造顕されたことが知られる。勧進人衆中の和田氏以外の岩沢津嶋守　三瀬蔵人佐木河源四郎　鈴木蔵助正久等は有力な家臣と思われ、浄慶は、これら和田一族ならびに重臣等の依頼をうけて造像したのではなかろうか。なお、本像は永禄九年閏八月九日に作り始め、約四カ月をようして十一月三日に完成したことが墨書銘によって知られる貴重な遺品である。浄慶は、その後も当地に留って仏像を刻んでいたのであろうか。その

事実を暗示させる記述が、『総州山室譜伝記』の「薬師如來台座書附之事」の項に認められる。すなわち、

上總國武射郡加茂郷　願主長信　飯櫃村善應院　住僧長易　檀那源朝臣山室常陸守光勝

佛師常慶再拝敬白再興　于時永禄十丁卯二月吉日　右如此

とある。常慶の常は浄の当字であろうと思われ、その可能性はかなり強いものがある。ここにも、在地小領主の頼みを入れ、造顕に精出した一仏師の姿をみることができる。

四

上総国の東北端にある武射郡下で活躍していた浄慶は、脚を東方に転じ、再び下総国に入国するようである。この事実を証明する仏像が、旭市史編纂の過程で、近年、同市野中にある長禅寺において発見された。長禅寺は、金剛山と号し、真言宗智山派の中本寺である。應永八年、山城国醍醐寺金剛王院実賢の法系長範の開基と伝えられる。木造愛染明王坐像（像高一・二一米）を本尊とし、本像の胎内から左の如き墨書銘が発見されたのである。(6)

（胎内前面墨書銘）

新左衛門隼人　掃部禅司

岩井六良衛門息　　左京

中将十六歳

八歳内藤九郎息

法胤丸十二歳　ユワイ新衛門息　五ケ村之内勧進銭已上四貫八百計也り

小四郎十五歳

聖円明院長法福聚院禅司

常住衆

東性院

地主千葉介殿胤富御代　三崎荘横根郷野中長禅寺愛染本願長栄

脇細工　太田西福坊　同専光坊　光明寺長運　吉祥坊禅乗坊　円照坊民部坊

大　工　平衛門　蚫園自性院長宗　観音寺長印　宝珠

（胎内右側面墨書銘）

御衣木　泉河薬師堂ノ内木

ハセ部母　千代松　主計　彌四郎　平木　延寿阿買タリシヲ本ノ木

熊千代　千代ワセ　神七　一車十疋ニ所望申也

源五郎猿（虎カ）眉

□（当）寺殿堂仏像令新造之謂者去乙丑（永禄八年）年十二月六日暁天遠金ヨリ

□（当）村及放火其刻寺院片時焼亡ス仏天冥慮尽ル歟ト計也

□（結）句其年寒立ニテ五穀一トシテ不熟然間ヿ年（永禄九年）春モミ八升

□（春）秋ニ□麦一斗六月ノ末モミ四升ムキ六升依人民餓□（死）
五ケ村之内千余人也雖然門徒誦反断之□（処）□（春）
内七□□イ□ヲ□□（イ）

（胎内背面墨書銘）

唄（衆）分ハ秋ニイタリ先此分ニテ取立ン歟而レ𪜈間数ヲ不足柱已下レハ宜
□（道）印妙光
□（永禄九年）年ハ先以クリヲ造リ寺中ヘ遂本意小見河ニテ柱并トリタシノ分ヲトリ
河口シハ五文
エワイ六郎右衛門合力
一貫文岩井源兵衛　合力右衛門四郎
□（賀）□印
卯（永禄十年）年九月廿八日ヨリ番匠ヲ置十一月廿八日屋移辰（永禄十一年）年瀧別當ノ坊ヲ買取リ堂ヲ造立
十一月十八日
六月ヨリ番匠シ置九月十五日棟上大公太田清衛門殿堂供養トノ先師十三回来冬ナレ𪜈一座御訪遂
井
其次ニ授者三十余人アルニ依傳法灌頂行畢且次ノ方十八人長日法叓前代未聞之由皆人唱也
此上ニハ本尊焼失之歎迄也然処ニ京仏師小河浄慶トテカクレナキ名人被下也問ゟ術モ難成又
子息源田孫次郎
自力ハ微塵程モ无レハ之思立ン力無之雖然願トメ无不満ケレハ万吉ハ本尊威力マカセテ彼人ヲ
己巳（永禄十二年）三月十二日呼立則十三日細工ヲハシメ五月吉日仏体之分畢作断仏体三貫文

（胎内左側面墨書銘）

永禄十二年己巳九月吉日
当寺長禅寺第九住　長榮年満五十歳
内方二郎兵衛息新三郎各々分之
合力アリ

右の胎内墨書銘については、千葉大学人文学部長の小笠原長和先生の研究(7)ならびに『旭市史』第三巻にその紹介、解説がある。小笠原先生は、本像について「その本尊木造愛染明王坐像は、特にかわった彫刻としての特色はないにしても、伝統的な技法を忠実に伝えている優作のように思われる」と指摘している。銘文についての概要にふれ、かつ、歴史的な意義について論ぜられている。

銘文によれば、「当寺殿堂仏像令新造之謂者」という書出しで、永禄八年十二月六日のあけがた、野中村付近に火が放たれ、一帯は火の海となって長禅寺の焼失したことを記している。この点に関して、小笠原先生は上総国勝浦城主正木時忠の東総侵入による災難と考えられ、本地方が戦場となった時、焼失したものと考察されている。

この戦災に加えて、同年はきびしい寒気のため穀物がみのらず、翌五年も米麦が不作で横根郷内五カ村のうち餓死する者が千人余に及んだという。従って仏事どころでなく檀徒の読経も絶えがちになったのであろう。その復活をはかるため長禅寺の再建と造仏の事業が村人の間に話合われ、資金を工面して着手に踏切ったようである。

永禄九年には、岩井六郎右衛門の合力によって庫裡が造営されることとなり、柱や用材の不足分を小見川より取寄せ、翌年九月二十八日から大工が入り、二カ月を経た十一月廿八日に新屋に移ることができた。永禄十一年に入って滝別当の坊を買取って堂の造営を開始した。六月に大工が入り、九月十五日棟上が行われた。殿堂供養には授者三十余人に仏法灌頂を行い、また十八人の長日法事が営まれたという経緯が記されている。

本尊の造像については、充分な資力もない中で、京の仏師小河浄慶とその子息源田孫次郎の二人に嘆願している。「本尊威力マカセテ彼人ヲ己已三月十二日呼立則十三日細工ヲハシメ五月吉日仏体之分畢作斩仏体三貫文」とあり、永禄十二年三月十二日、浄慶を招いて承諾を得、翌日早速製作が開始されている。その完成は五月吉日であり、費用は三貫文を要したことが知られる。また、造仏の用材は、泉河にある薬師堂の内木を用いたことを記している。

本尊は、上述した三体の仏像がいずれも有力な部将クラスの本願によって造像されているのに対して檀徒農民の合議によって造顕がすすめられた点が大いに異っている。苦しい財力の中での事業だけに浄慶との折衝は困難を極めたことと想像される。約二カ月をようして完成した時の檀徒農民の感激とよろこびは著しいものがあったと思われる。

五

浄慶の活躍した天文末年、弘治、永禄の頃は、小田原北条氏の両総への進出が活発となり、北上を続ける房州の里見氏と雌雄を決する戦がはなばなしく展開された時代といえよう。かかる動乱下に、佛師浄慶は房総へやって来たのである。房総入国の時期や年齢等、皆目不明に属するが、遠隔地よりくだって来たことだけは銘文によって知られる。円通寺の釈迦如來坐像には「紀州粉河寺住侶佛子浄慶」とあり、長禅寺本尊愛染明王坐像には「京佛師小河浄慶トテカクレナキ名人」とある。本銘文による限り、浄慶の出身地は山城国（京都）であったと思われ、関東への行脚以前、紀州粉河寺に居住し、佛像の製作に従事していた時期があったのであろう。前者の「紀州粉河寺住侶」はこのことを物語っているように解せられる。その後、房総における佛像製作の需要も次第に増加するようになり、永禄十年前後に息子源田孫次郎を招いたのではなかろうか。永禄九年霜月三日銘の称名寺の阿弥陀如來坐像を約四カ月の日時を費して完成させているのに対して、本尊より大きく技術的に複雑な長禅寺の愛染明王坐像を約二カ月で仕上げていることがそのよき証拠となろう。

戦国末期より近世初頭まで、房総において活躍した他国出身の佛師には、相州鎌倉の佛師を除外すると、新たに三人の名前が知られる。現・千葉市高品町にある等覺寺の薬師如來坐像（元亀二年辛未七月二日）を彫成した「志州常鏡」[8]を筆頭に、現・木更津市高倉高蔵寺の観音菩薩像（天正十五年丁亥四月八日）を造像した「佛子九冫大隅輔□□（生出）」[9]、現・安房郡三芳村山名の智光寺に安置されている阿弥陀如來坐像（元和二年辰四月八日）を彫刻した「奈良佛師井上□（助）一良」[10]の三名が該当する。このように見てくると、浄慶の活躍した年次は若干さかのぼり、先駆的な役割を果したことがいえそうである。

当時、動乱によって破壊をうけたり、失われたりした寺院はかなり多かったと思われる。その復興を契機として造像、修理も盛んであったと推定される。この事実を物語る銘文を拾ってみると、現・富津市亀田の安国寺木造不動明王坐像背面墨書銘（天文八年己亥六月廿八日）に「永正十六戊刁六月廿八日佐貫郷大乱其時彼尊躰御膝背悉破損之間自鎌倉大佛所師法眼越申再興申處也」[11]とあり、現・木更津市大寺の熊野神社薬師造像札（永禄十丁卯九月八日）に「大寺總破之事當國亂入毀堂舎悉悉放火人民總就中別當不及□□」[12]とある。さらに、現・市川市中山の中山法華経寺日蓮坐像腹籠銘（天正二年九月十六日）に「房州乱之砌御面損御座間、奉修造之刻奉納候」[13]などの銘文がこれにあたり、先述の永禄十二年五月吉日造顕の浄慶、源田孫次郎の手になる長禅寺本尊の木造愛染明王坐像もこの範疇に属するものである。本愛染明王坐像は、檀徒農民の浄財の醵出によって庫裡、本堂に続いてつくられた仏像である。戦乱下における造寺造像、修理等は、案外このような形ですすめられる事例が多かったように思われる。これに対する在地小領主の場合は、円通寺の釈迦如來坐像にみられるように、先祖菩提を目的とし、海隣寺の阿弥陀三尊像の如きは、弑された者に対する怨念悪霊の鎮めにあり、称名寺の阿弥陀如來坐像は、子息の脳病平癒を祈念する等、造像の意趣は、前記庶民層の本願と異り、地域住民を広く含めることなく、特定の家柄、人物を中心とした極めて巾狭いものであったことが理解され、支配者と被支配者の間に、信仰心の相異を明瞭に認めることができる。

県内所在の墨書銘等を有する仏像を調査してみると、有力檀徒農民及び同上を含めた一般農民の結衆によって造立される事例が圧倒的に多い。しかしながら、浄慶の場合は衰勢にあったとはいえ、後北条氏と姻戚関係にあった名族千葉氏を筆頭に、城もちの中小領主である武将の発注をうけた点が特筆される。やはり、京佛師というネームバリューがしからしめたのであろうか、興味あるところである。

註

（１）『豊饒山圓通寺縁起略』は本書の末尾に「茲時寛文第四甲辰歳二月吉祥日仍師命祖三謹撰書」とあり、成立年代を把握することができる。

（２）『千葉県香取郡誌』（千葉県香取郡役所、一九二一年）第十七編旧蹟誌の助崎城址の項による。観翁道悦の観の字が歓となっている。

（３）篠崎四郎先生の調査によって判明する。筆者実査。

（４）『千葉県史料』金石文篇一（千葉県、一九七五年）一七四―一七五頁。

（5）『横芝町史』第二章中世四「宝馬野の変と三谷氏の滅亡」。
（6）『千葉県史料』金石文篇一、二三八―二四〇頁。
（7）小笠原長和氏「戦国動乱下の造像―下総国三崎荘長禅寺愛染明王像を中心に―」（『史観』八十八号）。
（8）『千葉県史料』金石文篇一、二一〇―二一一頁。
（9）前掲書、八七頁。
（10）前掲書、一三―一四頁。
（11）前掲書、一〇一頁。
（12）前掲書、六九頁。
（13）中尾堯氏編『中山法華経寺史料』（吉川弘文館、一九六八年）二四一頁。

【付記】本稿は胎内墨書銘を中心に執筆したが、実際は現存の二仏像について彫刻史上の特質等にふれる必要がある。筆者の力量不足によってこれを果すことができなかった。是非とも専門家の研究を期待したい。なお、末筆ながら円通寺の史料については成田市史編さん室長藤下昌信先生をはじめ、室員の皆様、市教委の小川和博氏に大変お世話になった。明記して感謝の意としたい。

Ⅷ　佐倉市海隣寺の千葉氏石塔群について

小高春雄

一、本稿の目的

佐倉市海隣寺墓地の一角に遺存の良い古い石塔群が存在することはよく知られている。そして、その石塔群が千葉氏歴代の石塔であることも『千葉伝考記』の既に記すところである。加えて、石塔の多くに法名がみられることは、千葉氏当主と石塔との対比を可能としている。

このように、本石塔群は石塔そのもののみならず、その事績が明らかな人物に比定される点で、資料的価値は極めて高いものがある。既に、研究実績のみられるところではあるが、本稿は今一度様々な角度からこの石塔群について検討するものである。

二、海隣寺について

海隣寺は正徳五年（一七一五）成立の『総葉概録』によれば「寺もと馬加にありしを佐倉に移して将門山の辺に建

つ。のち又、今の地に移す」とある。(1)

馬加の旧地はともかく、本佐倉については、永正十一年に成立した『雲玉和歌集』の記載（「海隣寺御建立之始ての御会に、……海隣寺と申すは高地にして、北には湖水滄滄たり、入江島島印鏤のうらにつづき、……」）から、勝胤の時に「当麻末寺」すなわち時宗当麻無量光寺末寺として本佐倉城下に建立されたことが確認されたとする（外山一九九六(2)）。また、その具体的な場所についても、「酒々井町天野」（千葉一九五九(3)）、酒々井町仲宿「大谷家の反対側の地」（篠丸一九七一(4)）等の指摘がある。

現在の寺地への移転について諸書は鹿島築城を挙げているが、『千葉大系図(5)』、『千葉伝考記(6)』などではそれを親胤の代（天文～弘治）とする一方、「千学集抜粋(7)」では天正十三年、八箇国より動員し「かしまの城を御取立となりける」とあるのみで、海隣寺の移転について具体的にふれているわけではない。

その性格としては、千葉氏代々の菩提寺とするが、より正確にいえば馬加系千葉氏それも佐倉移転後の話であろう。そこでひとつ整理しておかねばならないのが、勝胤寺との関係である。勝胤寺は、「勝胤寺文書」から明応年間には既に存在し、享禄年間には千葉氏の庇護の元、当地有数の寺院として現在地にあったことは間違いない(8)。そして、境内の一角には千葉氏累代の墓と伝えられる大小の石塔が存在する。『総葉概録』には「勝胤以下邦胤に至るまで皆将門山の北、勝胤寺に葬ると言う」とあるが、実際「墓の徴すべきものは勝胤、邦胤のみ。其の他、古塔十余箇列り存すと言えども、名字を知らず」と付け加えている。後にふれるところであるが、海隣寺には昌胤以下の大形の石塔が確かに存在するのに対し、勝胤寺の石塔はほとんどが無銘で、その大きさも総じて海隣寺に及ばない。この石塔群の相違は二つの寺の千葉氏との関係や海隣寺の移転の時期等、千葉氏をめぐる状況の産物と推測されるが、これはあくまでも本稿の目的の副産物にすぎない。

三、千葉氏石塔群について

海隣寺の石塔群については、『千葉伝考記』に「佐倉開運寺（海隣寺のことにあらざるか。）に、千葉氏廟石七基有之と云ふ。輔胤、孝胤、勝胤、昌胤、利胤、親胤、邦胤なり」とあって、この石塔群の対象者が具体的にされている。一方、『総葉概録』については既に紹介したところである。前者は何らかの記録に拠ったもの、また、後者は実際に見聞したものと受けとれようか。しかし、それにしては、後者の場合、勝胤寺において勝胤、邦胤の「墓」と断定した理由は明瞭でなく、また、海隣寺における名字を記せずという記述―法名のみということであろうか―も「墳墓」の項の初めにふれた大日寺の記載[9]と比較して腑に落ちないところがある。もちろん、同じく佐倉藩士渡辺善右衛門が十八世紀初めに著した佐倉市内の詳細な地誌『古今佐倉真佐子』[10]の海隣寺の項にもまったくふれられていないことを思えば、了とすべきかもしれない。

それはともかく、墓域の状況や個々の石塔について詳細かつ具体的に言及したのは、戦後昭和三十二年の『佐倉市誌資料』第一輯十六金石文[11]（千葉光弥氏の調査に基づき平田鹿郎氏執筆）とすべきであろう。すなわち、「千葉氏の墓は本堂の裏西の高台地で、最も奥に五輪塔や宝篋印塔が雑然と十六基一列に並んでいる。外にも後方の叢中に転げて若干の石がある」とし、以下左側から順次、銘文及び対比される千葉氏歴代の名を挙げている。

この本堂の裏でしかも西の高台とは、現在の位置とほとんど大差ないようで（海隣寺よりの聞き取り）、『佐倉市史』には往時の状況（周囲は篠が茂っていたようである）が写真で紹介されている。[12]向かって左より、銘文から当時の並び順を追ってゆくと第一図のようになる。すなわち、昌胤以降、親胤、胤冨、邦胤、重胤までの石塔が具体的に比定されたのである（当初第七番目の石塔については空白となっていたが、昭和五十五年の千葉氏の報告では利胤とある、[13]脱漏とみるべきであろう）。なお、十五番に尚胤として報告されている正徳元年六月十四日銘の本立院殿真雲なる人物は、『総葉概録』では邦胤三男正胤の子としてみえるが、『千葉大系図』では正胤―正重である。しかし、寛文十一年（一六七一）に成東千葉氏の子孫が江戸の宗家を訪れた際には、正胤―尚胤父子が相手をしており（「椎名家文書」『成東町史』[14]）、ここでは前者をとっておく。

その後、昭和五十三年には『千葉県史料』金石文篇二が刊行され、中世の石塔計十二基の銘文が報告されている。[15]前者と比較すると、結果として新たな判読箇所や訂正部分も認められるが、利胤以外の昌胤、親胤、邦胤については一致する。なお、法量や石塔各部の遺存状況が記載されている点は対比上有り難い。

昭和五十五年には上に挙げた二者の業績を補ってくれる報告があった（斎木一九八〇[16]）。宝篋印塔の総てが図化されたことは単に形態や法量のみならず、銘文、名号、陰刻蓮座のあり方等、本来一つの塔としての情報を提供してくれた点で注目されるが、これは目的や手法の相違もあろう。その初めに「相輪、笠、塔身以下、各材の積重ねが本来のものではない」とする指摘が何よりもそのことを雄弁に物語っている。

金石の大家、篠崎四郎氏もこの石塔群に僅かながらふれている（篠崎一九八七）。「宝篋印塔十三、五輪塔三基が入り交じって並んで」おり、「拓本に取って判読した結果、天文一、弘治一、天正九、寛永一、正保一、合計十三基が判明」し、これらが、『千葉伝考記』とよく法名、没年が一致することを指摘している。[17]篠崎氏の調査は昭和五十二年時のもので、詳細な報告のないことが惜しまれる。

この他には、篠崎氏も指摘した邦胤の石塔における史書と金石の相違であるが、この点については、川戸彰氏の考証がみられる（川戸一九八七）[18]。

以下、先学の業績も踏まえ具体的に海隣寺石塔群を検討する。

まずその総数については、「佐倉市誌資料」第一輯では「刻字の判読出来得るもの」として十六基を挙げているが、これには重胤の塔を含む近世塔も三基ふくまれている。無銘のものについては記載なく判然としない。一方、『千葉県史料』金石文篇二では十二基、斎木勝氏の報告[19]（斎木一九八〇・一九八三）では計十六基を数える。

この数は基礎ないし地輪あるいは現在の組み合わせの数を挙げたものともいえるが、それでも昭和三十年代以降、石塔の総数には大きな変化が認められなかったといえよう。とはいえ、既に指摘されているように、その組み合わせは一見して不自然なものが多く、造立以後何回かアトランダムに積み直されたとみてよい。それゆえ、①法量の整合性、②各部に刻まれた名号の字体、大きさ、③石質等の外観などから本来の構成を探ってみると、造立当初の組み合わせに近いと思われるものは、第二番目の胤富塔また第十番目の正保三年銘塔ぐらいである。他は基礎と塔身部、基礎と笠部、塔身と笠部などがそれぞれ対応するかと思われるのが実態である。なお、ついでながら、重胤の寛永塔についてはまったく問題がないと思われる。

法量については、宝篋印塔の場合、基礎の横幅が三〇〜三五cmと四〇〜四五cmのものに大きく二分されるが、前者の場合は高さ一四〇cm前後、後者の場合は高さ一七〇cm前後をそれぞれ計るものと思われる。一方、五輪塔では笠までの幅約四〇cm、高さ一三〇cmを越えるほどのものながら、一部広く普及した小型のもの（第一図右端）もみられる。

しかし、後者はこの墓塔群に本来伴うものではないと考えられる。

銘文については、宝篋印塔の場合、各部に名号（相輪部に「南無」、笠部に「阿」、塔身部に「弥陀」あるいは「陀」、基礎部に蓮華座上の「佛」あるいは「陀佛」）、基礎部右側（〜左側）に願文（書き出し―供養者―造立目的の順、要するに法名誰々の供養のためにこの石塔を建てるというのである）、同左側に没年月日（逆修の場合は造立年月日）を刻むのを基本とするが、塔身部に六字名号また「阿弥陀」と刻む場合もある。六字名号は主に時宗系石塔で認められ、この点は研究の進んでいる板碑の例でも明らかなところである。

石塔と千葉氏との対応関係については、既に『佐倉市誌資料』以来昌胤〜重胤までの千葉氏当主に比定されているところであるが、今回の調査によって明確に比定しえたのは、親胤（一基）―胤富（一基）―邦胤（二基）―重胤（一基）についてのみである。

昌胤の法名は法阿弥陀佛、天文十五年一月二十七日に没しているが（「千学集抜粋」）、比定された石塔には、天正ないし天文の十年代が確認（干支も不明）されるのみで、月日も二月ないし正月二十四日とある。また、利胤の場合は『佐倉地方文化（抄）』で第七番（利胤）とある。確かに覚阿弥（陀仏）は確認されるものの、とりわけ周縁部は剥落が激しく年号は不明である。『千葉県史料』金石文篇二の調査時点で既に確認できなかったために載せなかったとすれば、『佐倉市誌資料』の「天文十六丁未年七月十二日」つまり利胤とすべきかもしれない。しかし、この石塔はその裏面にも銘文があり、その供養者はどうみても覚ではなくむしろ其阿弥陀仏と読める。現状ではそれを利胤と断定できないが、何れにしてもこれら二基の供養者は宗家筋の人物ではあろう。

前住とある四基については海隣寺前住持、それも千葉一族から入寺したものであろうか。天正十七年七月吉日銘の逆修と銘記する二基（宝篋印塔及び五輪塔）についてはは造立日を知るのみであるが、名号を除いて銘文はまったく同じ構成である。いずれも法量、内容共申し分ない（その造立者については後述）。

十七世紀代の正保四年二月二十四日銘の法号連阿弥陀佛なる人物は俊胤ないし正道（諸系図ではそれぞれ邦胤の二男また三男とする。なお、正道はまた政通ともある）に相当すると思われ、近世における千葉宗家筋の人物である。

天正七年三月二十九日銘の法名□阿弥陀佛は、『千葉大系図』に親胤の弟に胤羽を載せており、京都へ「出走」した後に佐倉へ帰住したとあるので、この胤羽の可能性もあろうか。

ところで、同じく『千葉大系図』には、勝胤の子（昌胤の弟）として胤重を載せ、「鹿島新城」に居らしめたことを記しているが、彼の菩提寺は同時に移ったこの海隣寺ではなく、新たに造った勝全寺であるという。常陸鹿島氏と多分に混同しているところもあるが、そうだとすれば、胤重以後胤豊―胤清と載るこの系統は海隣寺との関係は認められないことになる。

最後にその型式的側面であるが、紀年銘から見れば確実なもので弘治三年（一五五七）～天正十七年（一五八九）に及び、近世のものでは寛永～正徳に渡っている。紀年銘の年代幅が造立の年代幅と一致しないことはもちろんであるが、ではそれはどの程度の幅にとらえておくべきであろうか。

この点で、例外的な逆修塔からまず考えてみよう。逆修塔は生前にたてられるのでその紀年銘はまさに造立日と一致する。天正十七年銘の五輪塔、宝篋印塔は恐らく同一人物によってたてられたものであろうが、これを時の当主とすれば重胤である。しかし、彼は元服前の当時僅か十三歳の少年である点を考慮すると、むしろ時の海隣寺住持の所産とみたほうが自然である。ともあれ、この塔は本県における中世最末期の明瞭な一例といえよう。

次に、近世の二例の内、重胤の塔は笠の耳が先端に至って外湾し、装飾に富んだ相輪部を除けば、法量・形態共に寛永十年代前半の一般的な安山岩製宝篋印塔と言ってよい。また、正保三年塔は基礎（段形は除く）また笠の幅と高さの比が小さく（要するに腰高）、隅飾も素面で段形が厚みを増していることなど、他の石塔との違いは明瞭である。

これらを考慮した上で、下総における紀年銘資料を中心にその年代幅を考えてみよう。

最初に宝篋印塔であるが、しばしば引用される銚子の円福寺（飯沼観音脇別院）塔は享禄三年〜寛永六年の約百年にわたっており、また、過去の積み直しも考慮される。但し、銘文を伴う石塔地輪また基礎部については問題なく、この点は八日市場市西光寺の資料もまとまった例といえる。

佐原市観福寺の宝篋印塔は一基は天正二十年、もう一基は文禄五年（『千葉県史料』金石文篇二による）で、しかも後者は逆修塔である[20]。また、下総町龍正院の一連の石塔（斎木氏報告分の四基、山門前の道路脇にまとまって存在する。）の内、慶長九年銘の宝篋印塔（斎木一九八〇）[21]は逆修塔で、かつ、他の石塔も形態的に酷似し短期間に造立されたと思われること（池上氏報告分の二基はさらに下る）[22]から比較資料として信頼できよう。

観福寺の塔は段形を除く（段形と基礎の比は時代による変化が明瞭でない）基礎の横／縦の比率が文禄逆修塔で一・六、天正塔で一・九を計る。一方、龍正院は慶長逆修塔で一・八、その他は一・九を示し、これらはいずれも海隣寺塔の一・七〜二の幅に収まる。笠の隅飾は低いながらも大きく開き、相輪の頂部は逆漏斗状を呈する。名号や題目がみられないのはともかく、種子が揃っているのは半数（龍正院）、また、正面塔身・基礎部のみ（観福寺塔）という特徴がある。

さて、一般的に近世、それも元和以降のものは横／縦の比率がほぼ一・八以下に収まり（要するに一見して顕著な横長のものはほとんどない）、除々に低くなる傾向がある[23]（これに対して、前記円福寺、西光寺例は天正以前で平均二・〇また一・八である）。そして、笠の隅飾は徐々に立ち上がり、それにつれて段形も厚みを増すが、結果としていわば甲高の形態となる。相輪も概ね形式化、簡略化をたどるが、明瞭な時期的変化を示すのはその頂部である。即ち、戦国期には逆漏斗状を呈するものが、元和～寛永の頃には概ね丸い宝珠ないし茶碗を伏せた形となる。

銘文は向かって基礎右側に願文、中央に種子（蓮華座上）、左側に没年月日（造立年月日）を配し、塔身四面に四仏種子（蓮華座上）を刻む（名号が刻まれる場合は、相輪に南無、笠に阿、塔身に弥または弥陀、基礎に陀仏または仏、題目しかり）のを基本的な形とするが、戦国期においても全部備わったものはむしろ少ない（とりわけ中小型）。ただし、近世に至るとせいぜい種子のみで、願文が刻まれる例は確実に減少し、かわりにというべきか、供養の対象である個人の法名が目立ってくる。そして、十七世紀の中頃の明暦頃から法名を中央に、年号を右側に月日を左側に書き分けるようになり、ここに近世的銘文が成立する。

五輪塔も基本的には同じ流れであるが、逆修塔のまとまった例はみられない。『千葉県史料』金石文篇二で銘文が紹介されている逆修塔一基を含む享禄三年～慶長九年までの佐原市物持院跡五輪塔群（五基）はもっとも良好な比較資料といえるが、現在では墓地そのものが荒れはてて不揃いな塔各部を若干見い出すにすぎない。それゆえ、公表済みの実測資料また筆者実測資料の内、十六世紀代のものの横／縦の比率を求めてみると、ほぼ一・二～一・五の範囲に収まり[24]、これは海隣寺塔四基の値（一・三～一・五）と矛盾しない。

一方、近世塔の場合、元和から寛永と次第に縦長になり、十七世紀の中頃には一・三以下、つまり正方形に近い形状（逆転するものも現れる）となる。この点は銚子の円福寺（飯沼観音ではない）等産地に程近い墓地の様相から証明

される。(25)

形態の変化からみると、慶長期以降地輪上幅が下幅より若干広い台形を呈するものが目立つようになるが、一方、水輪は概して寛永期以降に至り明瞭な腰高の算盤玉形を呈するものの、空風輪の変化はより早い。即ち、慶長の後半には空風輪は丸みのある形態から角張った五角形化の傾向が顕著である。また、火輪は軒の厚さが増す傾向がみられるが、寛永期に至っても戦国期の形態を踏襲する例がまま認められる。

銘文は宝篋印塔とほぼ同じ変化を辿るといってよい。

さて、石塔の年代決定、とりわけ四半世紀程の短い時間幅を対象とする場合などは、畢竟一つの要素ではなく幾つかの要素の総合的な判断による他ないのが現状であろう。ただし、既に述べたように、慶長期の後半また十七世紀の中頃は確かに石塔の形態変遷上一エポックをなし、この点で海隣寺の石塔をみると、近世に造立された一部のもの（寛永また正保期）を除けば慶長後半期の特徴がほとんどみられないことから、その下限は天正末からせいぜい慶長の始め頃、そしてその上限は紀年銘からすれば、十六世紀の中頃ということになるが、十六世紀前半の紀年銘資料が稀少なことを考慮すればとりあえず中頃以降としておくのが無難であろう。いずれにせよ、銚子砂岩製の本石塔群は十六世紀の後半それもその多くは天正期の所産、つまり、逆修塔以外の石塔においても紀年銘とそれほどの懸隔はないとみておきたい。(26)この点は、千葉宗家が天正十八年を境として佐倉との関係を実質的に絶たれてしまうことと符合するのではなかろうか。

さてここで今までの検討結果を要約すると、次のようになる。

①海隣寺の伝千葉氏石塔群は既に指摘されているように、後世その多くが積み直され造立時の構成ではないこと。

②その大きさは宝篋印塔が高さ一四〇cmと一七〇cm、五輪塔が一三〇cm前後を計ると推測されること。
③そのほとんどに六字名号（南無阿弥陀仏）が刻まれているが、これは海隣寺の宗旨である時宗のゆえであること。
④供養の対象者は利胤については断定できないものの、親胤～重胤に及ぶ千葉氏の当主（ないし宗家筋）及びその子孫と海隣寺の代々住持であること。
⑤石塔群の年代は一部明瞭な近世のものを除けば、そのほとんどが十六世紀後半の天正期の所産と考えられること。
⑥⑤とも関連するがその紀年銘については同時代資料として信頼がおけること。たとえば、「千学集」（抜粋）と比較して問題のない親胤、胤富はともかく、邦胤の没年月日については、天正十三年五月七日で問題ないことなど。

四、海隣寺と本佐倉との関係について

さて、これで本稿の目的は一応達せられた訳であるが、その調査結果から派生する問題に若干ふれてみたい。

その最も重要かつ問題となる点は、なんといっても海隣寺の移転のことであろう。『千葉大系図』では、「享徳の乱」により康胤が宗家にとって代わるや、その菩提所たる馬加（現千葉市幕張）の海隣寺もまた佐倉「城下」へ移転したとするが、馬加から千葉へ直ぐに移ったものでないことは、既に古く「千学集抄」[27]を検討した奥山氏の論じたところである（奥山一九四〇）[28]。即ち、「屋形様千葉より平山へ御越し、又長崎へ移らせられ、それより佐倉へ移らせら」れ（「千学集抄」）、佐倉へ移ったのは文明十六年（一四八四）、孝胤の時とする。

この点、「千学集抜粋」を検討すると、実はいくつかの事実が判明する。

一、康胤は馬加、次の胤持から平山に移ったとする。

二、平山へ居たのは胤持、輔胤、また、孝胤までとする場合、さらに、勝胤まで含める場合の三者が認められる。

三、長崎に関係するのは輔胤であり、彼は岩橋殿とも称されていたこと。

四、奥山氏が指摘した長崎と寺崎の関係については、長崎の他に寺崎、六崎も登場し、単純に誤写と思えないこと。

五、佐倉に確定するのは昌胤以降であること。

六、海隣寺そのものの記載はないが、勝胤の八男重阿彌は海隣寺へ入寺したと思われること。

つまり、比較的信頼性がおけるとされる「千学集」にして、輔胤から勝胤まではその居所が不明ないし一定しないわけであるが、勝胤については若干の関係資料も存在する。

永正十一年（一五一四）成立の衲叟《のうそう》馴窓《じゅんそう》の手になる『雲玉和歌集』には、「平のなにかし—作倉と申す地にさきくさのたねをまき給う」とあり、このなにがしが勝胤本人であることは既に指摘されている（外山一九九六）[29]。また、菩提寺である勝胤寺も「勝胤寺文書」等から「享禄年間の初期に建立されて」いたという（高橋一九九一）[30]。そして、当の海隣寺の建立も前掲和歌集から永正七年以降数年の間に比定され、しかも、印旛沼に続く入り江を北側に望む高台に立地していたことが明らかである。それゆえ、（常勝山）妙胤寺、勝胤寺というように、自らの開基（中興）になる寺院を城下に配した勝胤こそ本佐倉を取り立て、かつ、海隣寺を「城下」に建立した人物とみるのは自然ではあろう。

ところで、海隣寺は既にふれたように、酒々井の天野、または、「大谷家の反対側の地」とされるが、現在の天野は仲宿に一部接した国道五一号線にかかる一帯であって、大谷家からみても県道（宗吾・酒々井線）沿いから離れた東南の地である。『雲玉和歌集』にいう「高地」はともかく、「北には湖水蒼々たり」の地としてはふさわしくない。

もし、天野にこだわるとすれば、その範囲を広くとって上宿また仲宿の西側にもとめるという見方もできよう（事実、近年の位置の比定はその辺りに求められている例が多いが、前掲和歌集にみられる地理的環境を素直に解せば現在地であってもおかしくない）。

参考までの話であるが、酒々井宿には大谷家を始めとした海隣寺を菩提寺とする家々があり、これを酒々井時代の関係の名残とみるむきもあろう。しかし、天正十九年に千葉氏の遺臣達が鹿島宿から酒々井町に移住してきた（『印旛郡誌』後編）[31]とする伝承（いわば酒々井宿の興りを説くもの）があり（高橋一九九〇）[32]、その関係が中世に遡るものとすれば、「鹿島移転」後の海隣寺との関係を考えるべきかもしれない。

一方、本佐倉城以下の佐倉及びその城下の最近の調査成果にもこの点得るものがあった。

本佐倉城は平成二年〜五年度にわたって確認調査が行われたが、その全域に調査の手が及んだことにより、各曲輪の性格及び年代幅にある程度の見通しをつけることが可能となっている（木内一九九五）[33]。

即ち、報告書でいうⅠ郭〜Ⅶ郭（「城山」から「セッテイ山」）まではほぼ指摘通りであろうが、荒上、向根古谷両地区については、「中級家臣屋敷地」また「宿営地」というより、台宿の一部を後に取り込んで新曲輪とした結果と推測する。そして、Ⅰ〜Ⅲ郭南麓の根古谷地区及び周囲の山麓こそ家中つまり家臣団の屋敷地と考える。また、過去の改築を示す埋没堀が調査でも確認されなかったことは、当初から現在のプランを意識して築いた可能性があるが、曲輪の造成土に遺物が混入していることや、Ⅱ郭とⅢ郭を区切る小規模な堀などはやはり改築を示すものといえようか。また、出土遺物の年代観については、編年作業が進んでおりかつ伝世要素の少ない瀬戸・美濃製品について、大窯第2〜第4段階（つまり十六世紀の第二四半期から十七世紀のころまで。藤沢一九九三）[34]の所産がほとんどを占めるという。

これらの確認調査結果は、従来いわれている文明年間築城説あるいは明応五年（一四九六）六月に木内、横作内両氏が誅された「佐倉中城」の記載とどう対応するのであろうか。遺物だけからいえば瀬戸・美濃大窯第1段階（藤沢前掲書）の遺物もみられ、また、調査担当者の木内氏は改修の跡がみられるⅢ郭上に妙見宮がみられることや、含まれる遺物の年代から、十六世紀前半に「城の主郭群を中心とした大改修が想定」できるとする。[36]実は既に述べたように、佐倉取り立てに関する「千学集」の記載は一定しているわけではなく、「佐倉中城」についても外山氏がまとめたごとく、『本土寺過去帳』では明応五年以後「佐倉」に関する記載は、年号の判明するもので天正十三年つまり約一世紀後の事となる（外山一九八八）。[37]築城年代の確定にはさらなる研究を要しようが、文明年間はともかく、十六世紀の前半それも永正〜大永年間以降には本佐倉城が形をなしていたことは認めてよいであろう。

そこで城下に移るが、近年上本佐倉地区（本佐倉城南側台地）における調査例は豊富で（高谷一九九六参照の事）、[38]向根古谷郭の南側には約五〇〇mにわたって中世の遺構が拡がっていると想定され、国道二九六号東端の調査（上本佐倉上宿遺跡）では台地括れ部をあたかも区切るかのように内部に障壁を有する堀跡が検出されている。[39]柴田氏がかつて「大手口」と指摘した所以でもあろう。[40]問題はその年代で、一部それ以前を含むもののその主体は何れも十六世紀の中頃から後半にあり、上宿遺跡の堀も重複遺構の検討（藤沢編年第3段階＝十六世紀後半の遺構より後出する）から、天正期まで下ることも考えられよう。[41]

そうすると、少なくとも千葉勝胤以降は本佐倉城との関係が肯定されるとしても、城下の発展そのものはその後数代の間で捉える必要があることになる。

ところで、千学集抜粋には天正十三年（一五八五）に北条氏の命により「かしまの城を御取立」てて、そこに邦胤亡きあと母また娘を置いたことを記しているが、これが永禄～天正年間の文書にみられる「佐倉普請」と一連のものとみる意見（小笠原一九八七）(42)と、それは本佐倉城との関係で考えるべきだとする意見がある（外山一九九〇）(43)。後者は鹿島の城の存在を必ずしも否定するものではないが、完成したとすれば『千葉伝考記』のように「代々の菩提所海隣寺を新城の傍へ移せり」とする記述は納得性がある。

明確に「佐倉御普請」と登場する年未詳二月晦日付高城胤辰書状写(44)は、何れにせよ代替わり前の天正十年以前に比定され(45)、井田氏また後に高城氏が替わろうかという長期間の普請であったことが窺われるが、これは確かに本佐倉城の普請とみてよいだろう。一方、同じく年未詳十二月十日付け北条氏直書状(46)には「佐倉普請之儀悉出来明瞭」となったので、今つまり十二月十日に関宿まで着陣したことを伝えている。そうすると、この時の普請完了はそれを遡る数日前と思われるが、問題はその年代である。

本文書は天正十二年また十三年あるいは十七年と様々に比定されるが、十三年とすると「北条氏尤事なれハと、天正十三年丙戌十一月御馬を出され、佐倉へお越しにて、かしまの城をお取り立てとなりける、―中略―十二月三日にハ普請成就し、門、せいろ、壁、家作まて、十二日には全く事おハり、十五日には姫様御ふくろ様邦胤母なり御上りなされける」（「千学集抜粋」）と符合する。

実は、小幡氏に宛てたかと思われる十月二十九日付け北条氏直書状(47)には、邦胤後の佐倉の仕置のため来る十日に出馬することが述べられており、実際に下総に向けて出陣したこともその後の経緯より明らかである。それは十一月二十五日付けで北条氏政が原若狭守（邦胤亡き後千葉宗家の後見人ともいうべき人物）に一層の随従を要求した文書(48)に登場する「既一城築立上、更当国之儀、於今不及用捨候」の文言とも合致するものであろう。

そして当の現佐倉城の下に眠る鹿島の城は、昭和五十五年の確認調査では、横矢また塁線の出張りなど、それはどうみても十六世紀中頃以降の所産と推測され（慶長十五年の土井氏築城時には堀の埋土も少ない）、また、内外の調査においても当該期の明瞭な遺構・遺物はほとんどみられないことなど、何れにしても城郭としての生命は短かったことが予想される。

では、鹿島の城の存在を認めるとすれば、海隣寺との関係はどうであろうか。

実は筆者の知るところ、鹿島築城と海隣寺移転がリンクしているのは『千葉伝考記』他近世の所産になるもののみで、もちろん「千学集抜粋」には登場しない。だいたい居城の移動に伴い、その菩提寺はともかく石塔は移動しないのが普通である。仮にその移転を天正十三年から十四年とした場合、十四年以降の石塔のみ存在するのが自然ではある。むろん、これを近距離ゆえの結果と捉える考えもあろうが、石塔群の実際の年代幅とそこにあった寺院の年代幅についても考慮する必要があると考える。

そこで、最後に群としての海隣寺石塔について考える。本石塔群は十六世紀の半ばから近世十八世紀初めにわたっているが、近世塔は不連続かつ石質も異なり、銚子産砂岩製石塔としては天正二十年で終わっている。この銚子産砂岩は灯台で有名な犬吠の崖面から切り出されたと思われるが、石塔は隣県の鹿島から海上、匝瑳、香取、印旛東部、山武北部に及んでいて、十四～十五世紀の様相は不明な点が多い一方（多古町東禅寺次いで大栄町大慈恩寺等に初現形態がみられる）、十六世紀第二四半期の享禄・天文の頃から各地に紀年銘資料の類例が認められ、同後半の天正年間には量的にも広範な広がりが確認される。しかし、その供給のピークはむしろ近世十七世紀代前半の元和～寛永にあり、近世以降新たに加わった同じく砂岩製石祠型墓塔と消長を共にする。

利胤ないし親胤以降邦胤まではまさしく銚子産砂岩製石塔の普及と一致し、邦胤をもってほぼ終息するのもその後の千葉氏の運命（一族からの入寺という点も含めて）と符合する。そして、その法量つまり大きさや作りという点でも、大型ではあるが特別に群を抜いているわけでもない。そういう意味では本石塔群は中世末期における砂岩製石塔地帯（それも外縁部）の一典型と総括できよう。

なお、この一典型とは、五輪塔にしろ宝篋印塔にしろそれらは法量の大小がありまた量的には少ないが一石五輪・宝篋もある（稀には砂岩製の板碑も存在する）。これらが墓地の片隅に混在しているのが普通であり（本佐倉城北方の勝胤寺がそうである）、この点、海隣寺例はほぼ歴代当主のみで構成される一例ということになる。前者が一族・家中の墓域の体現であるとすれば、後者は千葉氏の氏寺それもその墓所の体現と捉えられるであろうか。

＊本稿執筆にあたり高橋健一氏には多くの参考文献のコピーをいただいている。また、外山信司氏の佐倉関連の一連の著作からは多くの事を学ばせていただいた。

註

（1）『佐倉文庫』第六集（佐倉市教育委員会、一九八一年）。以下『総葉概録』は同書より。
（2）外山信司「『雲玉和歌集』と印旛の浦」（『印旛沼―自然と文化』一九九六年）。
（3）千葉光弥「佐倉に於ける千葉氏史蹟」（『佐倉地方文化』六、一九五九年）。
（4）篠丸頼彦『佐倉市史』第一篇（佐倉市、一九七一年）。
（5）『千葉大系図　全』復刻版（千葉市加曽利貝塚博物館、一九七二年）。以下『千葉大系図』は同書より。
（6）『改訂房総叢書』第二篇史伝（一）（二）改訂版。以下『千葉伝考記』は同書より。

（7）「千学集抜粋」（『妙見信仰調査報告書（二）』千葉市立郷土博物館、一九九三年）。以下「千学集抜粋」は同書より。
（8）高橋健一『芳桂院―戦国期東国の一女性とその周辺―』（一九九一年）、田村言行・高橋健一『総州　佐倉城』（佐倉市、一九八三年）。
（9）「右十六の石塔大日寺に在り」とある（篠丸頼彦『佐倉の歴史』一九八一年）。
（10）佐倉市教育委員会編『古今佐倉真佐子』（一九八八年）。
（11）平田鹿郎「十六金石文」（『佐倉市誌資料』第一輯）。
（12）篠丸頼彦『佐倉市史』第一巻（佐倉市、一九七一年）。
（13）千葉光弥「佐倉に於ける千葉氏史蹟」（『佐倉地方文化』六、一九五九年）。
（14）伊藤一男「第二章」（『成東町史』成東町、一九六六年）。
（15）『千葉県史料』金石文篇二（千葉県、一九八七年）。
（16）斎木勝「房総宝篋印塔考」（『物質文化』三五、一九八〇年）。
（17）篠崎四郎『房総の史跡散歩』（一九八七年）。
（18）川戸彰「第四章中世第二節」（『酒々井町史』通史篇上巻、一九八七年）。
（19）註16文献、「房総五輪塔小考」（『研究連絡誌』第三号、千葉県文化財センター、一九八三年）。
（20）観福寺の二基は現在本堂の右脇墓地に一揃いの塔として存在し、付近には当該期の石塔はみえない。しかし、かつては天正～文禄・慶長期頃の多くの石塔が存在したようである（『香取郡誌』、『房総金石文の研究』）。
（21）かつてその北側御堂脇に積み置かれていたものを現在地に復元・整備したものである。龍正院檀家総代を勤めた根本家先祖の供養塔で、寛永期にはほぼ安山岩製となるので、慶長～元和期の所産としてよい。
（22）池上悟「下総型宝篋印塔について」（『立正大学人文科学研究所年報』第三一号、一九九〇年）。なお、石塔は寛永初期の所産であろう。
（23）筆者計測資料等から。なお、円福寺、西光寺例では近世塔は何れも平均一・五前後を測る。

(24) 筆者計測資料等から。なお、円福寺例では約一・五である。
(25) 海上町岩井共同墓地竜福寺住持墓塔群などは好例である。慶長、元和期はそれぞれ一・二、一・三、万治から享保はすべて約一・一である。
(26) 一から数年後の年忌供養の折りに建てられたものと推測されるが、もちろん三十三回忌までは考慮しておくべきで、胤富塔の裏面に刻まれた天正七年の紀年を有する覚阿弥陀仏の場合はこれを利胤とした場合、彼は天文十六年に亡くなっているので、丁度三十三年後に相当する。すなわち、ここでは胤富とその兄利胤の年忌に合わせて造立された可能性が高い。なお、参考までにふれておくと、近世とりわけ十七世紀代には半世紀前後も遡って造立する例がままみられるので要注意である。
(27) 「千学集抄」（『改訂房総叢書』第三巻史伝（一）（二）改訂版）。
(28) 奥山市松「ふるきことども」（『千葉文化』第二巻、一九四〇年）。
(29) 註２に同じ。
(30) 註８に同じ。なお、註12でも既述。
(31) 「第十二　酒々井町誌」（『千葉県印旛郡誌　後編』復刻版、一九七一年）。
(32) 高橋健一「戦国時代佐倉の鹿島宿―伝承の検討を中心として―」（『房総の郷土史』第二〇号、一九九二年）。
(33) 木内達彦『本佐倉城跡発掘調査報告書』（酒々井町、一九九五年）。
(34) 藤沢良佑『瀬戸市史』陶磁史篇四（瀬戸市、一九九三年）。
(35) 『千葉県史料』中世篇本土寺過去帳（千葉県、一九八二年）。
(36) 註29に同じ。
(37) 外山信司「戦国期佐倉の人々」（『千葉県の歴史』三六号、一九八八年）。
(38) 高谷英一『上本佐倉上宿遺跡発掘調査報告書―本佐倉城下町の調査―』（印旛郡市文化財センター、一九九六年）。（本）佐倉宿が発展した理由としては、千葉氏の根拠地として定着したことに加え、水陸の交通・物流上の要地であったことが大きいと思われ、また、里見氏の北上に伴い、小弓・千葉付近の一時的な避難地としての宿の拡大も予想される。ただし、既調査では宿に特徴的な地割を見いだしているわけではない。これは街道から離れた地を調査していることに拠るのであろう。

(39) 香取正彦・落合章雄『一般国道二九六号国道道路改良事業埋蔵文化財調査報告書三―酒々井町上本佐倉上宿遺跡―』（財団法人千葉県文化財センター、一九九七年）。

(40) 「大手口」のみならず、主に次の三篇で本佐倉城の「惣構」構造を指摘している。柴田氏の「惣構」論は宿・根小屋はもちろん、周辺の寺院、館跡を含めた広域の城下論とでもいうべきものであるが、関東中でも個別千葉県の戦国末期の城下の様相については、史料の用例や個々の城郭の学際的な研究の進展をまって規定すべきものと考える。

・柴田龍司「戦国時代末期の城郭からみた権力構造」（『研究紀要一〇』財団法人千葉県文化財センター、一九八六年）

・柴田龍司「中世城郭の外郭部について」（『中世城郭研究』創刊号、一九八七年）

・柴田龍司「下総本佐倉城について―「惣構」の検討―」（『帝京大学山梨文化財研究所研究報告　第三集』一九九〇年）

(41) 註34に同じ。但し瀬戸・美濃陶器の年代観も無批判に受け入れるべきでなく、その内包する様々な問題点を熟知した上で初めて効果的となる。この点は、既に当の藤沢氏の指摘したところである（「城館出土の瀬戸・美濃大窯製品」『帝京大学山梨文化財研究所研究報告　第三集』一九九〇年）。例えば、本県の例からみると大窯の第1段階の下限年代は更に下ってもよいと考える。

(42) 小笠原長和「千葉氏の佐倉築城とその滅亡」（『日本歴史』四七五号、一九七七年）。

(43) 外山信司「戦国期の佐倉についての覚え書き―本佐倉城とその城下をめぐって―」（『佐倉市史研究』第九号、一九九〇年）。

(44) 『戦国遺文　後北条氏編　第三巻』二四五二「高城胤辰書状写」。

(45) 中山文人『企画展「小金城主高城氏」展示解説図録』（松戸市立博物館、一九九六年）。

(46) 『戦国遺文　後北条氏編　第四巻』二八九九「北条氏直書状」。

(47) 『戦国遺文　後北条氏編　第四巻』二八七六「北条氏直書状」。

(48) 『戦国遺文　後北条氏編　第四巻』二八九六「北条氏政書状」。

海隣寺石塔群銘文一覧（現並び右側より）

凡例・筆者調査結果を元に、『佐倉市誌資料』第一輯、『佐倉地方文化』六、『千葉県史料』金石文篇二を参考として作成。それぞれ、「佐市資」、「佐地文」、「千史金」と略称。
・□は確定に至らなかったものまたは判読不能のもの。
・（　）内の人物は「千学集抜粋」に対応する供養者名である。

①天正七年銘宝篋印塔（不明）

右奉造立趣者
為□[1]阿弥陀佛
□[2]住大□[3]果也
佛（蓮座）
乃至法界平等
利益□[4]
于時天正七己卯年
（左側面）
三月二十九日

1「佐市資」では「相」
2「前」か。　3「覚」か。
4「佐市資」では「大施主敬白」

②天正七年銘宝篋印塔（千葉胤富）

奉起立意趣者
為其阿弥陀佛
佛（蓮座）

住□[1]楽□[2]□[3]也　　1「佐市資」では「詣」。　2「邦」か。

　大施主敬白

天正七己卯年五月四日

（裏面）

奉□[1]志意趣者　　1懇か。

為覚阿弥陀佛

佛（蓮座）

碩證菩提也

于時天正七年吉日

③天正十七年銘五輪塔（不明）

奉起立意趣者逆修

為生一房證大菩提

佛（蓮座）

乃至法界平等利益

于時天正十七己丑年七月吉日

④天正十七年銘宝篋印塔（不明）

奉起立意趣者也

為生一房證大菩提

陀佛（蓮座）

乃至法界平等利益
于時天正十七己丑年七月吉日

⑤弘治三年銘宝篋印塔（千葉親胤）
右意趣者為
眼阿弥陀佛
弘治三年丁巳八月七日

⑥寛永十年銘宝篋印塔（千葉重胤）
南無阿弥陀佛
陀佛
六月
于時寛永十年癸酉
十六日

⑦無銘宝篋印塔

⑧天正十三年銘宝篋印塔（海隣寺住持）
右奉建立之趣者□[1]□[2]　1法か。2「佐地文」では寺。
前住為其阿弥陀佛
佛（蓮座）

于時天正十三年乙酉六月十八日
法□[3]□[4]白　　3、4全体で「法子敬白」であろう。

⑨天（文）十（五）年銘宝篋印塔（千葉昌胤か）
為法阿弥陀佛
（蓮座）
天□[1]十□[2]年□□□[3]月廿四日　　1文か。2五か。3正か。

⑩正保五年銘宝篋印塔（千葉正通か）
観世音菩薩
大勢至菩薩
連阿弥陀
廿四日
正保五年戊子
二月

⑪天正十三年銘（千葉邦胤）五輪塔
右奉刻立□[1]□[2]　　1、2「趣者」であろう。
為法阿弥陀佛
陀佛（蓮座）
住西證□[3]之□[4]也　　3道か。4は不明。

乃至法界平施照益

（左側面）

于時天正十三年乙酉

五月十日大施主敬白

⑫天正十三年銘千葉邦胤宝篋印塔

右奉□[1]□□

1造か。

為法阿弥陀佛

住西證道□[2]也

2不明。

佛（蓮座）

仍普□[3]□[4]□[5]

3、4二字ないし三字分。5「千金二」では楽。

于時天正十三年

五月七日大施主敬白

⑬無銘宝篋印塔

⑭年号不明五輪塔（不明）

奉造立意趣者

其阿弥陀佛

陀佛（蓮華）

阿弥陀□[1]

1佛か。

（裏面）

奉造立意（以下剥落）

為覚阿弥（以下剥落）

陀佛（以下剥落）

□[2]□[3]□[4]（以下剥落）　2、3、4不明。

⑮天正十年銘五輪塔（海隣寺住持）

右造立□[1]者海隣寺　1趣であろう。＊「千金二」他では者海間に為を入れる。

前住

陀佛（蓮座）

其阿□[2]□[3]佛大覚□[4]也　2、3「弥陀」、4「果」であろう。

天正十年壬午十一月廿六日

⑯天正十年銘宝篋印塔（不明）

□[1]□[2]□[3]趣者　1、2、3不明。

□[4]□[5]□[6]前住　4～6　海隣寺か。

佛（蓮座）

其阿弥陀仏大覚果也

大施主

天正十年壬午十一月廿六日

敬白

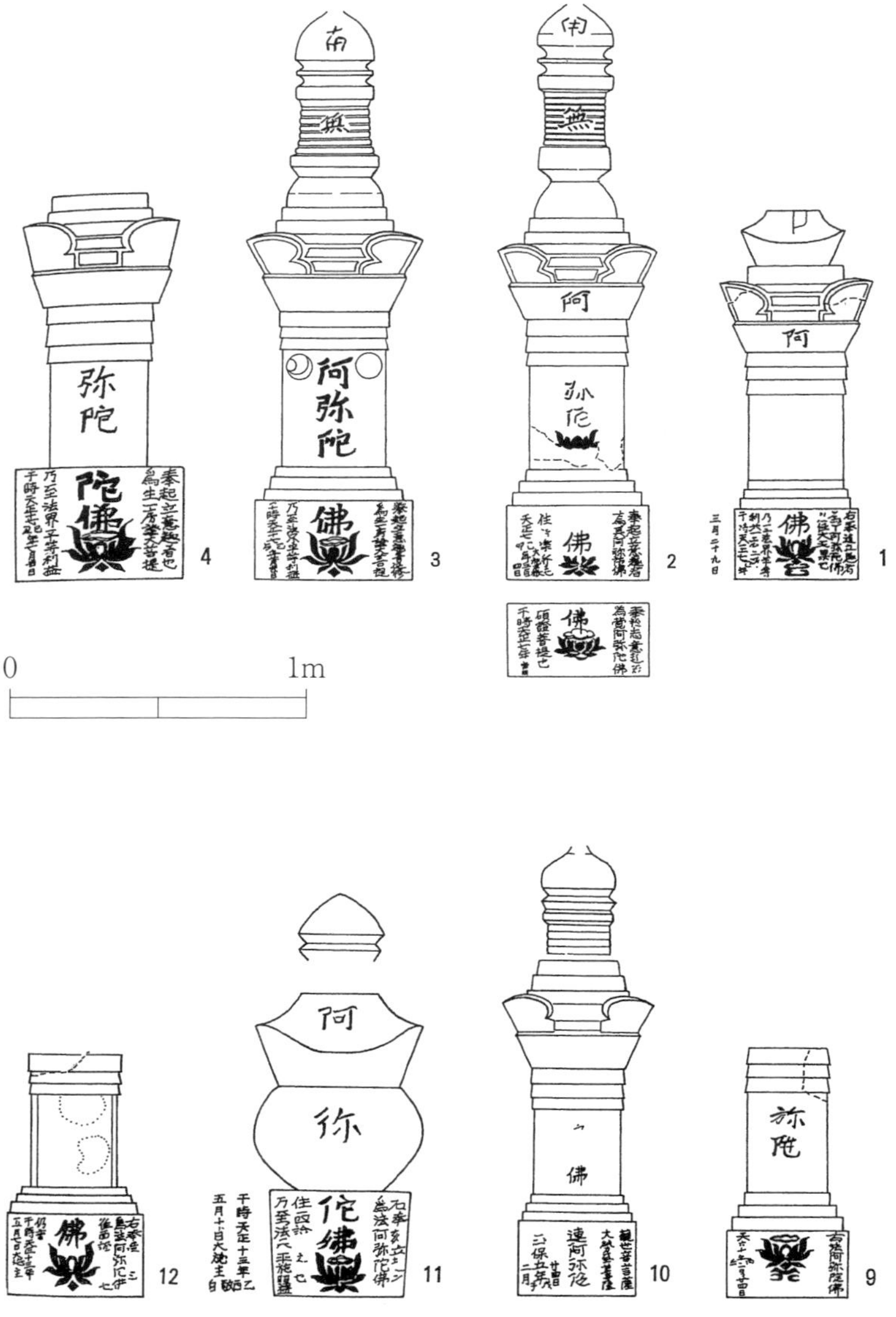

佐倉市海隣寺石塔群実測図（1/20、番号は現並び順右側より）

8

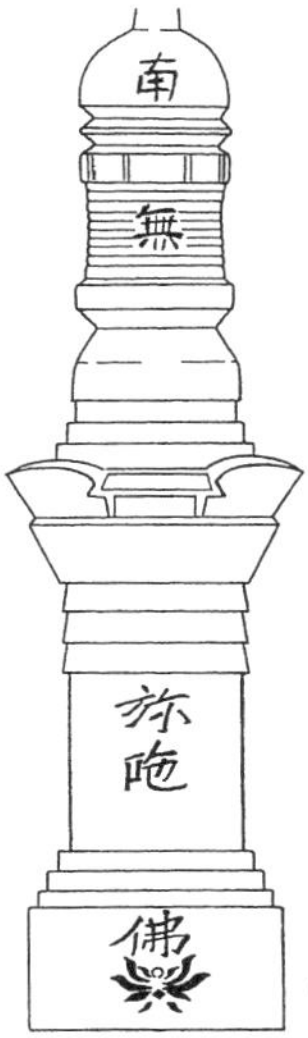

7

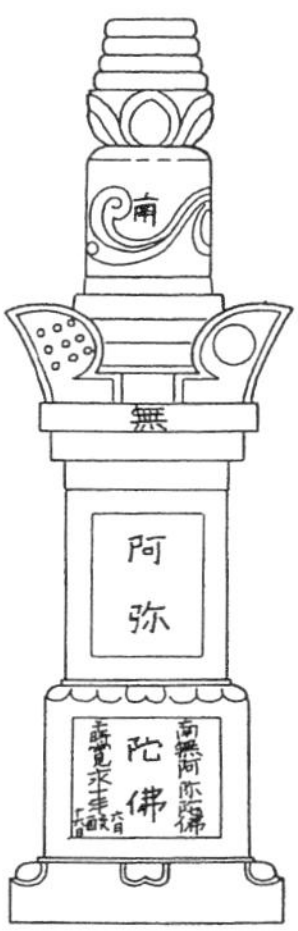

6

5

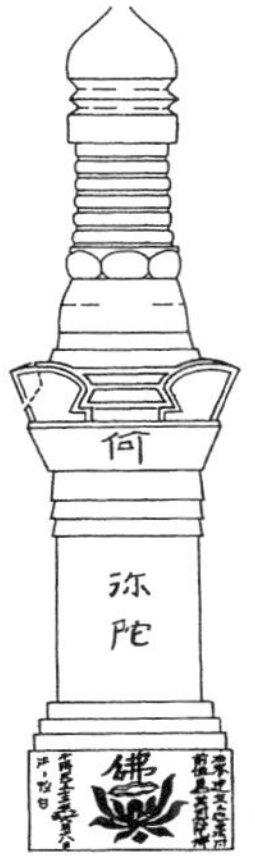

16

15

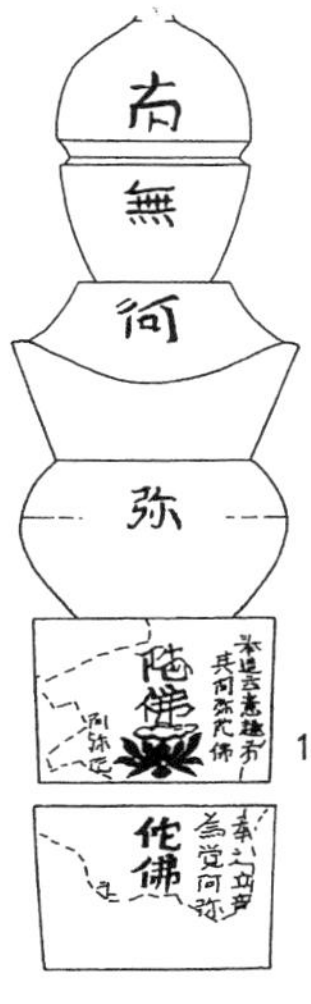

14

13

Ⅸ　千葉妙見社から見る千葉氏と原氏——戦国期を中心に

日暮冬樹

はじめに

千葉氏と原氏は、中世の印西地域に影響力を持っていた武家である。同じ千葉一族である千葉氏と原氏は、妙見に対する信仰を、当初は共通して持っていたと思われる。この千葉一族の妙見信仰の中心にあったのが、千葉妙見社であった(1)。

ただ、中世千葉妙見社の史料は残存状況が悪いため、その研究はあまり進展しているとは言えない状況であるが、次のような先学がある。

まず昭和期に、和田茂右衛門氏は、古代から現代に至る千葉神社の歴史をまとめた中で、中世の千葉妙見社に関しても言及している(2)。

伊藤一男氏は、「千学集」を主に分析して、金剛授寺と妙見社の組織と祭礼・年中行事の復元をおこなっている。現在では中世の千葉妙見社の全体像を示す数少ない研究となっている(3)。本稿の記述と重なるところも多い。

次に平成期になって、千葉市立郷土博物館による妙見信仰の資料調査がおこなわれた。その際、関係史料が翻刻されるとともに発表された論考の中には、金剛授寺尊光院に触れたものも少なくない[4]。その後、「旧妙見寺文書」が発見され、近世の妙見寺から中世の様相が覗えるようになってきた[5]。

また、個別研究の中で千葉妙見社に言及されることも多い。簗瀬裕一氏は中世の千葉の景観復元をおこない、その中で金剛授寺尊光院についても検討を加えている[6]。さらに、黒田基樹氏が千葉妙見社遷宮から千葉氏の権力構造を分析し[7]、外山信司氏が妙見宮でおこなわれた戦国期千葉氏の元服を通して、そこに見られる千葉氏・源氏の意識を明らかにしている[8]。新たな研究では、柴田聡司氏による原氏研究において「妙見座主」や金剛授寺神主職にふれている[9]。

これらの先学に拠りつつ、まずは千葉妙見社の歴史について簡潔にまとめておきたい。（表1参照）

千葉妙見社は、現在多くの参拝客を集める千葉神社となっているが、その起源は、千葉氏の信仰していた妙見尊の別当寺である北斗山金剛授寺とされる。金剛授寺は、調伏破滅の事はせず、御神の御祈念をおこなったと言われる[10]。住職が妙見座主とされる尊光院を中心として、末社として惣代七社・八幡・稲荷大明神・清滝大権現・石神大明神・摩利支天堂・弁財天・天満天神社・山王権現・二十八宿堂・三十六禽堂があり、神宮寺薬師堂（満願寺）・虚空蔵堂（光明寺）・六院六坊・宝幢院といった寺院も見ることができる[11]。

近世になると、金剛授寺は妙見寺となった。近世の妙見寺は巨大な複合的寺院であり、妙見尊を安置する妙見堂の別当として、妙見堂領を管理していた。その中心は尊光院であり、その住職が妙見座主であった。末社に八幡大菩薩・山王大権現・稲荷大明神・香取大明神・護摩堂・虚空堂《ママ》があり、妙見寺供僧中に威徳院・福寿院・妙見寺の事務一般を担当する正覚院・成就院・増福院・常仙院・座主の隠居塔中であった宝幢院があったとされる[12]。その後、明治期の神仏分離によって、妙見寺は千葉神社となった。

表 1　千葉妙見社年表

元号	年	西暦	月	日	出来事	出典
神亀	5	728	8	15	上野国群馬郡七星山息災寺開基	千学 79 頁上
承平	3	933	12	23	息災寺妙見下総へ	妙絵 57 頁上、千学 70 頁下・84 頁上·100 頁下
天元	2	979	—	—	①覚算大僧正（忠常 2 男）生誕	妙実 109 頁下
長保	2	1000	9	13	金剛授寺建立	千学 79 頁上・100 頁上
長保	元	999	—	—	①覚算大僧正　金剛授寺を勅願寺にする 21 歳	妙実 109 頁下
治暦	3	1067	—	—	②覚永大僧都（常長 7 男）生誕	妙実 109 頁下
承保	元	1074	3	31	①覚算大僧正（忠常 2 男）寂　96 歳　覚永 8 歳	妙実 109 頁下
康和	5	1103	—	—	③大僧都宥覚（常重甥）生誕	妙実 110 頁上
大治	元	1126	2	10	千葉常兼逝去　83 歳	千学 72 頁下
大治	元	1126	6	1	千葉開府伝承	千学 78 頁上
大治	2	1127	7	16	千葉御神事開始	千学 78 頁下、妙絵 59 頁下、妙縁 81 頁下
保延	3	1137	8	22	法東院（宝幢院）建立	千学 90 頁上
康治	2	1143	2	5	②覚永大僧都寂　77 歳　宥覚 41 歳	妙実 109 頁下
保元	元	1156	—	—	④権少僧都覚伝生誕	妙実 110 頁上
治承	4	1180	9	20	源頼朝が千葉妙見社参詣の伝承	千学 74 頁下
寿永	2	1183	2	3	千葉常重逝去　98 歳	千学 72 頁下
文治	2	1186	10	8	③大僧都宥覚（常重甥）寂　84 歳　覚伝 31 歳	妙実 110 頁上
文治	2	1186	—	—	⑤法印覚秀生誕	妙実 110 頁上
建久	元	1190	—	—	⑥大僧正覚仙（成胤 2 男）生誕	妙実 110 頁上
正治	元	1199	2	24	千葉常胤逝去　83 歳	千学 73 頁上
建仁	3	1203	7	20	千葉胤政逝去　63 歳	千学 73 頁上
建保	6	1218	4	10	千葉成胤逝去　57 歳	千学 73 頁上
安貞	2	1228	5	27	千葉胤綱逝去　31 歳	千学 75 頁上
天福	元	1233	1	15	妙見御内陣琴琵琶其外十二之楽之声	妙絵 64 頁下
天福	元	1233	7	20	結城舟開始	千学 78 頁下、妙絵 59 頁下、妙縁 81 頁下
仁治	3	1242	3	13	④権少僧都覚伝寂　87 歳　覚秀 57 歳	妙実 110 頁上
仁治	3	1242	9	17	千葉時胤逝去　24 歳	千学 75 頁上
建長	5	1253	—	—	⑦律師照覚（胤綱甥）生誕	妙実 110 頁上

元号	年	西暦	月	日	出来事	出典
正嘉	元	1257	5	1	⑤法印覚秀（胤政 10 男）寂　72 歳　覚仙 68 歳	妙実 110 頁上
文永	6	1269	8	9	⑥大僧正覚仙（成胤 2 男）遷化　80 歳（妙実「文安 6」）	妙実 110 頁上
建治	元	1275	8	16	千葉頼胤逝去　37 歳	千学 75 頁上
永仁	7	1297	—	—	⑧権少僧都覚源（胤宗 2 男）生誕	妙実 110 頁上
正和	元	1312	3	28	千葉胤宗逝去　45 歳	千学 75 頁下
延元	2	1337	11	20	⑦律師照覚（胤綱甥）寂　85 歳　覚源 41 歳	妙実 110 頁上
観応	2	1351	1	1	千葉貞胤逝去　61 歳	千学 76 頁上
貞治	4	1365	9	13	千葉氏胤逝去　？歳	千学 77 頁上
至徳	元	1384	—	—	⑨法印円覚（満胤 4 男）生誕	妙実 110 頁上
至徳	3	1386	9	3	⑧権少僧都覚源（胤宗 2 男）寂　90 歳　円覚 3 歳	妙実 110 頁上
応永	3	1396	—	—	⑨法印円覚（満胤 4 男）座主補任　13 歳	千学 94 頁上
応永	33	1426	6	8	千葉満胤逝去　64 歳	千学 77 頁上
永享	2	1430	—	—	⑩法印珍覚（兼胤 3 男）生誕	妙実 110 頁上
永享	2	1430	6	17	千葉兼胤逝去　39 歳	千学 77 頁上
永享	8	1436	—	—	⑪法印覚実（胤直甥）生誕	妙実 110 頁上
文安	元	1444	—	—	⑩法印珍覚（兼胤 3 男）座主補任　15 歳	千学 94 頁上
宝徳	元	1449	—	—	⑪法印覚実（胤直甥）座主補任　14 歳	千学 94 頁上
享徳	3	1454	6	23	千葉胤将逝去　23 歳	千学 77 頁下
享徳	3	1454	7	20	原円城寺合戦始まる	妙絵 65 頁上、妙縁 80 頁上
享徳	4	1455	3	20	千葉胤直堀内退散→妙見堂・摩利支天堂焼失	妙絵 65 頁上下、妙縁 80 頁上、千学 87 頁上・106 頁上
享徳	4	1455	8	15	千葉胤直逝去　42 歳（4 学「享徳 3 年」）	千学 77 頁下
康正	2	1456	6	12	千葉胤持逝去　23 歳	千学 77 頁下
康正	2	1456	10	1	千葉康胤逝去　59 歳	千学 77 頁下
寛正	2	1461	6	19	⑨法印円覚（満胤 4 男）寂　78 歳　珍覚 32 歳	妙実 110 頁上
応仁	元	1467	1	8	千葉妙見宮客殿焼失→妙見は仮屋へ	妙絵 66 頁上、千学 87 頁上
文明	18	1486	4	25	⑩法印珍覚（兼胤 3[(2)] 男）寂　57 歳　覚実 51 歳	妙実 110 頁上、千学 94 頁上
明応	元	1492	2	15	千葉輔胤逝去　77 歳	千学 79 頁下
文亀	元	1501	—	—	⑫権少僧都範覚（原胤隆 3 男）生誕	妙実 110 頁上

元号	年	西暦	月	日	出来事	出典
永正	元	1504	4	13	原胤隆が木内胤治を討つ	千学 92 頁下・99 頁下
永正	10	1513	12	15	⑪法印覚実（胤直甥）於大日寺寂　78 歳　範覚 13 歳	妙実 110 頁上、千学 94 頁上
永正	10	1513	—	—	⑫権少僧都範覚（原胤隆 3 男）座主補任　13 歳	千学 94 頁上
永正	13	1516	8	23	三上但馬守が千葉城攻め落とす	千学 91 頁上
大永	元	1521	8	19	千葉孝胤逝去　63 歳	千学 80 頁上
大永	3	1523	11	15	千葉利胤元服	千学 104 頁下
大永	7	1527	—	—	⑬法印常覚（勝胤 6 男）生誕	妙実 110 頁上
大永	7	1527	11	25	範覚が佐倉へ行く。	千学 84 頁下
享禄	元	1528	4	5	千葉勝胤の千葉妙見社参詣	千学 84 頁下
天文	元	1532	—	—	⑭法印覚胤（常覚肉弟）生誕	妙実 110 頁上
天文	元	1532	5	21	千葉勝胤逝去　63 歳	千学 80 頁上
天文	4	1535	—	—	⑬法印常覚（勝胤 6 男）座主補任　9 歳	千学 94 頁上
天文	12	1543	1	25	⑫権少僧都範覚（原胤隆 3 男）於佐倉城寂　43 歳　常覚 17 歳	千学 94 頁上、妙実 110 頁上
天文	15	1546	1	27	千葉昌胤逝去　51 歳	千学 80 頁上
天文	16	1547	7	12	千葉利胤逝去　30 歳	千学 80 頁上
天文	16	1547	7	17	千葉妙見社妙見堂棟上	千学 100 頁下、妙絵 66 頁上
天文	19	1550	11	23	千葉妙見社御遷宮	千学 101 頁下、妙絵 66 頁下
天文	21	1552	5	28	覚胤が本庄内匠に妙見社の沙汰を申し付ける。	千学 100 頁上
天文	21	1552	6	5	小嶋七郎左衛門事件に関して千葉親胤から感状が出る。	千学 99 頁上
天文	23	1554	—	—	⑭法印覚胤（常覚肉弟）座主補任　23 歳	千学 94 頁下
弘治	3	1557	8	7	千葉親胤逝去　17 歳	千学 80 頁下
元亀	元	1570	7	29	⑬法印常覚（勝胤 6 男）寂　44 歳　覚胤 39 歳	妙実 110 頁上、千学 94 頁上
元亀	2	1571	11	15	千葉胤富と邦胤の連判による不入判物	千学 102 頁上
天正	7	1579	5	4	千葉胤富逝去　55 歳	千学 80 頁下
天正	9	1581	8	7	⑭法印覚胤（常覚肉弟）遷化　50 歳	妙実 110 頁上、千学 94 頁下
天正	13	1585	5	7	千葉邦胤逝去　29 歳（千学天正 12 年）	千学 80 頁下
—	—	—	—	—	⑮権大僧都覚全（胤富養子）座主補任　19 歳	千学 94 頁下
文禄	4	1595	12	28	再興造営	神主

元号	年	西暦	月	日	出来事	出典
元和	3	1617	10	10	⑮権大僧都覚全(胤富養子）寂　?歳　宝幢院石塔有り	妙実 110 頁上

「千学」=「千学集抜粋」（『妙見信仰調査報告書（二)』千葉市立郷土博物館　1993 年）
「妙実」=「妙見実録千集記」（『妙見信仰調査報告書（三)』千葉市立郷土博物館　1994 年）
「妙絵」=「千葉妙見大縁起絵巻」(『妙見信仰調査報告書（一)』千葉市立郷土博物館 1992 年）
「妙縁」=「下総国千葉郷妙見寺大縁起」（『妙見信仰調査報告書（一)』千葉市立郷土博物館　1992 年）
「神主」=千葉妙見神主粟飯原山城所蔵文書（市村高男「『下総崎房秋葉孫兵衛旧蔵模写文書集』の紹介（一)」「中央学院大学教養論叢」4－2）
注　出来事の○に数字は、妙見座主の世代数を示す。

表２　千葉妙見社供分坊変遷表

時代	区分	供分坊 第六	第五	第四	第三	第二	第一	史料 （内容）	出典
中世	坊名	宗持坊	宝光坊	福秀 （寿）坊	蓮乗坊	西蔵 （龍）坊	好寂坊	供分本坊	千学 89 頁下
	供分	善金子	草香辺 殿子	神主子	小野道 印の子	佐久間 子	市原九郎 勝子		
	院名	慶陽院	円勝院	福寿院	蓮乗院	西蔵院	真如院	六供の 御座上	千学 86 頁上
		慶陽坊	真乗坊 真乗坊 真乗坊 真乗坊 真乗坊 （五代替る）	某 某 某 某 某 （五代共替る）	明勝院 明勝院 明勝院 （今昔同三代）		真如坊(院) 真如坊(院) （二代）	供分本坊	千学 89 頁下
		龍珠院	延命院	利勝院	明勝院	成福院 西龍坊	成就院 成就坊		
	侍番	同 市原殿	同 高知丸殿	同 山崎殿	同 草香辺殿	同 渋井殿	相番守殿	妙見宮 御番	千学 90 頁上
	老成者	退転	高知丸 ハ子也	金親兵部 少輔殿	金親三郎 左衛門殿	那須源三 左衛門	深山 図書之助		
天正 9 年	院名	龍珠院	(□印院)	(加生院)	(□□院)	増福院	成就坊	千葉神社 文書 1778	戦国遺文 房総編 3
近世		正覚院	威徳院	福寿院	浄仙院	増福院	成就院	今の六匹 之事	妙実 109 頁下

注　天正 9 年の（　）内院名は推定
戦国遺文房総編 3 ＝佐藤博信他編『戦国遺文房総編』第 3 巻（東京堂出版、2012 年）

本稿では、中世千葉妙見社の変遷にまず触れて、その後に千葉妙見社と千葉氏・原氏との関わりについて述べてみたい。

一、千葉妙見社の変遷について

「六院」「六坊」から「供分坊」へ

千葉妙見社の別当寺である金剛授寺の始まりは、長保二年（一〇〇〇）平忠常次男覚算大僧正による開山が通説である[13]。しかし、当初の金剛授寺には、千葉妙見尊はなかったことが既に指摘されている。妙見尊は、千葉宗家滅亡後に金剛授寺に移されており、もともとは千葉氏の館にあったとされる[14]。

千葉妙見社の組織体制に関する史料は少ないが[15]、おおまかに供僧の寺院関係・社人の神社関係・殿原の家風の三部門に分けられると思われる。この三部門の関係が、妙見尊の移動によって大きく変化したと思われるが、これまでの研究では、その点にあまり注意がはらわれてこなかったのではないか。

千葉妙見社の寺院のうち、まとまった記述のあるものは、金剛授寺を別として、尊光院・宝幢院と「六院」「六坊」とされる供僧中に関するものを見出すことができる。

「六院」は、「六東《覚》」の祈願所として「六東《覚》」が建立したとされる[16]。院主には「六東《覚》」の御子がなり、その後継者候補に幼少者しかいない時には、粟飯原・三谷・椎名各氏の子息がなった。この役は屋形様と御同座し献杯するために、補任される家が決められていたとされ、最終的には「老成者」の子息に定められた[17]。

「老成者」[18]は、「老敷者」[19]・「院家の老」[20]とも呼ばれ、妙見座主に伺候する有力者であった。[21]しかし、老成者であっても家格が低ければ、「供分」にはなれなかった。[22]老成者は、「妙見宮御番」「夜番」を務めており、[23]中山・本庄・金親・高千代各氏がなっていることが確認できる。[24]

「六坊」は「院家の老」が番にあたるものとされるが、[25]原・円城寺・粟飯原・三谷・椎名・鏑木・池内の「名字中」から「六坊」が定められたとされる。「六坊」は、「六院」とともに「十二供」を構成したが、千葉氏当主が千葉胤直の時代に「六坊」は退転したという。[26]

「六院」「六坊」すべての名称とその詳細な変遷は不明である。しかし、わずかながら、その概要が覗える中世史料がある。これまで、近世の編纂物の記事〔補註1〕を主体とした説明がなされてきたが、「千学集抜粋」など中世の史料に依拠した想定にすべきものと考える。

「六院」「六坊」は「当寺の前代」[27]とされ、戦国期には「供分本坊」「供分出坊」「供分坊」などと呼ばれるものに変化していったようである。その詳細は不明であるが、「六坊」の退転と呼ばれるような寺院数の減少が起こり、覚実の時代、妙見尊が寺家に移転した後、当初は寺家脇坊であったものが、それぞれ屋敷を建て各坊ごとに変わっていき、「供分坊」と号するようになったとされる。[28]

「供分坊」の名称がわかる史料を集めて、その変遷を考えたものが表2である。「供分坊」の名称は、基本的に表2の上から下に変化していくと推定する。

〔史料一〕[29]

第一好寂坊市原九郎勝子　真如坊二代成就院成就坊

〔史料二〕[30]

好寂坊　相番守殿　此跡ハ深山図書之助　円覚御供本庄五世孫也

〔史料一〕は「供分本坊」を示す史料の一部であるが、その記載は、もとになった「六坊」の名称・「供分」（坊家、坊の主）・改称した時の「六院」の名称の順に記載されたものであろうか。

〔史料二〕は「妙見宮御番の事」の史料の一部であるが、二人番を組む旧六坊の名称・侍番（殿原）とその番を引き継いだ老成者と思われる。これらの史料の解釈自体が、まだそれぞれ検討の余地があるだろう。[31] ただ、近世の史料を主体に考えられてきたものよりかなり複雑な変遷であったと言えるのではないか。

また、この表2に見られる人物には、「六院」「六坊」を建立し、その主を務めたとされるいわゆる千葉六党や原・円城寺・粟飯原・三谷・椎名・鏑木・池内といった諸家がまったく見当たらない。このことは、「六院」「六坊」と「供分坊」の間には、大きな断絶があると言えるだろう。また、草香辺氏や市原氏のように、異なった坊に記載のある家があることからすると、各「供分」は、中世において世襲のような形で必ずしも固定されていなかった可能性が高いのではないか。

これらのことから考えると、妙見尊の移動があった十五世紀中頃から後半を境にして、「六院」「六坊」体制から「供分坊」体制に千葉妙見社の寺院組織は、変化していったと考えられないだろうか。

妙見の儀式と供僧・社人

「正月三日の夜の修正[32]」・「正月三ケ夜修正[33]」・「正月三ヶ夜の御鈴[34]」・「正月三夜の御鈴[35]」と記載される修正会は、妙見尊の前にて一年間の悪念を鈴の音と笑いによって払い[36]、一門と国中の繁盛を祈念する[37]千葉氏一族にとって重要な儀式であったと思われる。

妙見座主が鈴をまず鳴らし、次いで千葉氏当主が鈴を鳴らし、引き続いて「御一家中面々」が鈴を鳴らした。その後、妙見座主が妙見尊の前で祈願し、その際千葉妙見神主である「左衛門太夫」が「万歳楽」と三度唱えた。千葉一門と国中の繁盛を祈念した後、宴会に移り千葉氏当主と妙見座主が両座となり、三献、三々九度御式代となった[38]。「供分」には「御酒御式代」があり、妙見座主と同様の儀式をおこなった[39]。儀式後には「宿坊」に使者が「一種一本」を届けた[40]という。史料には、修正会がこのように実施されていた具体的な時期の記載はないが、供僧と社人が一緒に儀式に参加していることが注目される。

この儀式は、当初堀内と呼ばれる千葉氏の館の敷地の「西東」に「タウヘン屋」と称する陣屋を造りおこなっていたが、千葉胤直が千葉から落去してからは、「千葉堀内妙見御仮屋」で実施していた[41]。この後の時期には、「仮屋」でおこなっていた宴を「内」にておこなうようになった[42]。

一方、修正会と異なり、供僧と社人が別々におこなっていた儀式がある。「千学集抜粋」では、妙見尊が千葉氏の館に安置されていた時代に、住持の客殿に「六供」が参って御祈願をしていたが、妙見座主覚実の屋敷の客殿に妙見が移るとそこで供僧と社人が祈願するようになったとされる[43]。「千葉妙見大縁起絵巻」では、妙見尊が「屋形様御堀内」にあった頃、「金剛授寺殿庭御客殿」において、「供分六人」が集まって御祈念をおこない、「惣代之宮」では社人八人八乙女四人が集まって国中御祈願をしていたが、千葉胤直が退散し妙見尊が移動した後、「供分」と「社人」が「一所」にて御祈願した[44]という。

「惣代之宮」とは「惣代七社大明神」であり、妙見尊と連なる由緒を持つ平良文・平将門・上野忠頼・平忠常・粟飯原文二郎常時とその娘二人が祀られる[45]。本殿が三間、前殿が五間の規模を呈し[46]、「妙見大菩薩（惣）政所[47]」とされており、千葉氏の妙見信仰には重要な神社であったと思われる。

「惣代七社大明神」の御祈念には、八人の太夫と四人の八乙女による神楽も実施されていた[48]。一方、妙見尊が安置されていたと思われる「妙見御内陣」にて、「琴及び琵琶其他十二楽」による演奏があり、千葉時胤時代にはこの演奏が常に最高であったという[49]。当初妙見尊は千葉氏の館にあり、「惣代七社大明神」になかったことから、「惣代七社大明神」の儀式と妙見尊は、やや距離のある位置付をされていた可能性が高いであろう。

妙見尊が覚実屋敷の客殿に移されると、供僧と社人は、「惣代七社大明神」ではなく、この移転先の客殿にて一緒に御祈念するようになった。旧来は「六院」「六坊」等の供僧と「惣代七社大明神」の社人が各自でおこなっていた御祈念が、妙見尊の移転によって合同で実施されるようになった訳であり、儀式の体系も新たなものになったであろう。詳細な祈願の内容は不明であるが、供僧と社人が別々に妙見尊の前でおこなっていた儀式が、妙見尊の移動によって、供僧と社人共同の儀式に変化したことがわかる。

伊藤一男氏は、康正元年（一四五五）以降、妙見尊が金剛授寺の客殿に移されると、惣代七社は供分本坊（六院・六坊）へと変化して、七星の形に僧坊が配置されたという伝承を紹介している[50]が、神事関係の惣代七社が仏事関係の供分本坊へ変化したと考えるよりも、神事の中心が惣代七社から妙見社へ移り、供僧の御祈念がそれに融合するという体制に次第に変化していったのではないか。

「惣代七社大明神」は、近世にはその姿を消している[51]ようである。その消失時期は不明であるが、妙見尊の移転によって、「惣代七社大明神」の位置付けが変化したことは確かであろう。初めは別々に儀式をおこなっていた「供僧」と「社人」が、妙見尊を安置する客殿において一緒に「御祈念」をおこなうようになったという変化が、近世の妙見寺につながる体制の起源となる可能性は高いように思われる。

千葉妙見社の所領

千葉妙見社の所領の全貌もわからない。史料で確認できるのは、神領辺田[52]（千葉市）・神領仁戸名さくの内[53]（千葉市）・御田討貝から塚[54]（千葉市？）・貝塚物見はたけ[55]（市川市）・谷中[56]（市川市）・神領の西[57]（市川市？）・大野[58]（市川市）・岩瀬松戸[59]（松戸市）・神領久方（匝瑳市）・大林（匝瑳市？）・平木潟[60]（匝瑳市）である。宝憧院領として小作の内院内方[61]があり、海上郡三崎庄圓福寺[62]は末寺[63]であった可能性が高い。

祭礼費用を負担していた地域も所領の可能性があるだろう。「惣代七社大明神」の御祈願に伴う正月朔日（元旦）の御供物費用は、加曽利（千葉市）と寺山（千葉市）からもたらされた[64]。

七月におこなわれる祭礼は、千葉妙見社を代表する行事であり、大治二年七月十六日に始まったとされる。そのうち、「御幸仮屋」の費用は「神主八人社家八人乙女四人」が負担し、「御祭の御舟」は老者の負担であり、供物費用は「千葉中野」（千葉市）からの十三貫に拠った。さらに関銭が諸侍衆から拠出され、その一部は神主と老者の負担を支えたとされる[65]。この七月祭礼では天福元年（一二三三）から「結城御舟」が祭礼に加えられたとされるが、その費用は「結城町人之役」とされ、その導入に「結城の村督」であった完倉出雲寺が尽力したと記される[66]。この千葉妙見社の祭礼記事は、中世前期のものである。実際に中世前期の様子を記しているかどうか確認できない不安もあるが、祭礼費用が千葉妙見社周辺の所領と思われる土地や神主・社家・八乙女といった千葉妙見社の主要メンバーが負担している点は肯けるものであろうか。ただ、「結城町人」がこの時期に多額と思われる「結城御舟」の費用を負担していることなど、今後検討されるべき事柄も少なくない。

応仁元年（一四六七）の火災からの復興は、千葉輔胤を大旦那として千葉白井印東三庄の棟別銭と国中からの供物によってなされている[67]。ただし、この棟別銭などに関する記事は「千学集抜粋」に記載がなく、「千学集」とは別系統の資料を参照して書かれた記事である可能性があり、注意を要するものである。

また、「妙見宮賽銭」に関する記事[68]があるが、いずれの時期に関するものか不明である。しかし、千葉氏当主に次ぐ者として、原・木内両氏が挙げられており、原氏が千葉氏宗家を討つ十五世紀中頃から木内胤治が討たれる十六世紀初頭[69]に至る間に関する記述であろうか。これによれば、千葉氏とその一門・被官から多くの賽銭があり、それ以外にもいろいろな額＝いろいろな階層から賽銭がもたらされたことが推定される。

天文十六年妙見宮建立[70]と天文十九年妙見宮御遷宮[71]では、千葉氏等から、弓太刀、特に大量の馬が寄進されていることが注目される。千葉妙見社の家風と思われる人物たちは「御神馬を納るもの[72]」と称されており、妙見社の祭礼における野馬追は記録に残っている[73]。千葉妙見社と馬の関係は密接なものであり、経済面においても繋がりがあったことであろう。

さらに、千葉妙見社の祭礼にあたって、御土産を所望された時、「しりがい一口」を鳥目七百文に替えて差し出したことがあり、その翌年にも同様に所望を受けた際には、しりがいの代わりとして銭一貫を差し出したことが佳例となって、神事銭として町から神主を通して一貫が差し出されるようになった「しりがいせん」があったという。

範覚が妙見座主であった時代に、一度に三年分の「しりがいせん」が要求され、当時当主が幼少であった神主家は、その母親が自分の屋敷を出て、その費用をまかなったという。

しかし、その後座主常覚の時代には、深山氏と金親氏と組んだ神主が神事銭二貫の支払いを無造作にできるようになり、その後大禰宜が二人になると、その額が倍額の四貫文となったという[74]。

深山氏と金親氏は「老成者」となる人物を出した家でもある[75]。十六世紀中頃には、町やその有力者がかなり財力を増し、千葉妙見社の祭礼費用を負担する額が増加していったようである。

千葉妙見社の所領全体がわかる史料はなく、ここに挙げた例は千葉妙見社の祭礼や臨時課役のものが多く、千葉妙見社の収支の全貌はわからない。しかし、断片的なものながら、千葉妙見社の収入は、所領の年貢や公事等だけではなく、賽銭・供物といった妙見社に対する寄付金が相当な割合にのぼったことは確かであろう。特にその傾向は、中世後期になるほど顕著であったのではないか。

二、千葉氏と原氏

妙見座主範覚

妙見座主には、千葉氏当主二男がなるとされ、千葉氏当主の家督相続の関係で座主になる時期が遅くなった場合、供僧家風として寺家を持って、千葉氏宗家の家督相続を待って相続したという。二男でない場合は、供分家風として寺家を持つことができた。その後、ある特定の御一家衆も座主になることができるようになった[76]とされている。

妙見座主は、千葉妙見社の不入権を守ることを強く意識しており、その事を物語る妙見座主の言葉が残されている。(77)座主が亡くなった場合、その後継者は、座主の臨終・葬儀に出席せず、寺院関係者も葬儀に出ず妙見宮御番や千葉氏当主・諸旦那の御祈念を勤めた。また、彼らは神に仕える身分でもあるので、剃髪することもなかった。ただ、身近に仕えた少数の者だけ髪を剃り、「御神馬を納るもの」たちも妙見座主の葬儀に出なかった。(78)

事実と乖離している部分もあるが、妙見座主には、千葉氏宗家と縁のある特定な者しかなれず、座主には妙見社を守る厳しい義務があり、その地位に伴う生活の制限があったことがわかる。

妙見座主は千葉氏当主の子息が代々就任してきたが、その中で、範覚は通説の歴代妙見座主で、唯一原氏出身者であった。原胤隆三男である。範覚は幼名千代童と称し、十三歳で妙見座主に就任し、天文十二年（一五四三）正月二十五日に四十三歳で佐倉にて遷化している。その際、那須源蔵と半沢藤右衛門が出家している。(79)

同世代の千葉氏当主は昌胤となる。千葉昌胤は明応五年（一四九六）生まれであり、範覚とはほぼ五歳違いとなる。昌胤の兄弟は男九人と女が三人いる。範覚の後任として妙見座主になった勝胤六男常覚は、大永七年（一五二七）生まれであり、昌胤が生まれてから三十一年を経ている。その間に勝胤の子供として四人の男性（二男椎崎勝住・三男神島胤重・四男公津勝門・五男岩崎公弁）が生まれている。(80)彼らの生年は不明であり、範覚との年齢差はわからない。範覚とともに妙見座主候補となることが出来る者がいた可能性はあるが定かではない。

これまで範覚に言及したものは、猪鼻に拠って合戦に従軍した範覚を評価し、猪鼻城を原氏の城であったと考えた簗瀬裕一氏の論考がある。(81)また、千野原靖方氏は範覚が妙見座主となることによって、原氏が各地に点在する妙見神領の支配及び神官補任など妙見支配権を握り千葉氏権力の重要な部分を担ったとする。(82)

まず、範覚の出自を再確認したい。前述したように、範覚は原隆胤の三男である。範覚の座主後継者である常覚は千葉勝胤六男であるが、範覚の甥でもある。(83)つまり、範覚の姉もしくは妹が千葉勝胤に嫁いでいることがわかる。彼女は隆祥寺の過去帳によると天桂院殿芳室祥恩大禅尼であり、天文十九年五月に死去したという。(84)彼女が千葉勝胤室となった時期は不明であるが、範覚が妙見座主となる永正十年（一五一三）以前の可能性が高いと思われる。範覚が妙見座主となるには、千葉氏当主と親族となる必要があったであろう。

そこで注目されるのは、常巌山勝胤寺にある千葉家供養塔十七基である。勝胤寺は、佐倉市大佐倉字浜宿にある曹洞宗寺院である。当時千葉氏当主であった千葉勝胤の法号を山号とし、実名を寺号としている。

勝胤寺にある千葉家供養塔十七基は、銚子砂岩を石材として主に用いている。佐倉市指定文化財となっており、本来の姿を究明するために、平成二十二年とその翌年に発掘調査が実施された。その結果、七基の石塔に銘文が認められた。五基は千葉胤富・邦胤・邦胤室貞室隆祥大禅定尼・重胤といった千葉宗家関連のものであるが、二基は原氏一族のものである。

石塔No.5とされる宝篋印塔の基礎には、「松室妙椿大姉　于時天正十三乙酉四月廿二日」という銘が見られる。松室妙椿は千葉氏の有力被官であった佐倉原氏の原胤長の母であり、その子原胤安の妻であることが知られる。

石塔No.3の宝篋印塔の基礎には「□志旨趣者、快應妙慶　禅定、尼佛果菩提也、依乃至法界平等一如而已、天正二庚戌年今月（ママ）日、敬白」とある。この妙慶は『本土寺過去帳』に「原弥二郎老母」と記載がある。ただし、原弥二郎の実名はわからない。(85)

彼女たちと範覚の正確な血筋関係はわからないが、同じ原一族であり、これら原氏関連の石塔が勝胤寺に所在するのは、原氏が千葉氏姻族であったことが関係するのではないか。特に、原氏から室を迎えた千葉勝胤由緒の勝胤寺に、これらの石塔が所在することは、原氏と千葉氏の姻族関係が重視された可能性をより高くみることが出来るだろう。範覚は原一族の系譜が注目されるが、千葉氏との関係も視野に入れる必要がある。

妙見座主となった範覚は、さまざまな変革を千葉妙見社にもたらしたことが知られている。

従来は法東院（宝幢院）において、「夏中経」「二記（季）の彼岸経」を六人の住職が集まって読経し、さらに盆棚を結び位牌を立てて各院坊の住持供分代々の弔いも法東院に集まって一緒にしていたところ[86]、妙見座主範覚の時代に法東院が退転し、真如坊にて「夏中経」「二記（季）の彼岸経」読経し、位牌を立てるようになったという。

このことに対して、蓮乗坊定実を中心とした供分衆たちが反発し、「妙見宮の番屋」にて「夏中経」「二記（季）の彼岸経」を読経するようになったという[87]。さらに、常覚の時代には各院坊の住持供分代々の弔いを各住持居所、つまり各院坊にておこなうようになったとされ、仏事のあり方は変化していった。ただ、法東院は再興されて[88]、妙見座主が隠居する塔中として、近世から現代にも引き継がれていく。

「夜番」は、従来供分六人、殿原六人の二人番とされていたが、範覚の時代によって、この制度が破られ、もとは「老成者六人の役」であったとされる[89]。

「妙見宮御番」も弐人番であったが、範覚によって破られたとされる[90]。また、範覚は軍役を定め粟飯原氏や御近習衆が妙見御守護する「侍番」を廃止し、「供分の御番」だけにしたともいう[91]。

「夜番」・「妙見宮御番」・「侍番」・「供分の御番」は、それぞれ似た内容であり、同じ役務に関する記述かもしれない。少なくとも、千葉妙見社において、供僧と殿原・侍たちの複数体制でおこなわれてきた勤務が、殿原・侍が務めるこ

表３　千葉妙見社在地事件一覧

No.	座主	場所	被害	加害者	事件内容	座主対応	不入権	千葉介入	原介入	「千学」出典
1	覚実	神領辺田	牛尾氏被官百姓三郎五郎	仁戸名牛尾三郎左衛門	打擲	御輿御門	○		△	96頁下
2	覚実	八幡宿	妙見太夫兵衛二郎	木内胤治家風平野	打擲	御輿大庭			○	96頁上
3	覚実	千葉御不入御田討貝から塚	院家家風	草か部右京亮	打擲	一				96頁下
4	範覚	神領　仁戸名さくの内	所領	仁戸名三郎左衛門の子牛尾兵部少輔	押領	御鉾			○	96頁下
5	範覚	貝塚物見はたけ	所領	宮窪　十一騎	相論	御鉾				97頁上
6	範覚	岩瀬・松戸の田一段	所領	松戸　小谷常陸殿	相論	御鉾				97頁上
7	範覚	谷中神領の内屋敷一軒	所領	八幡　河上但馬殿	相論	御鉾				97頁上
8	範覚	神領の西	西の百姓島田四郎兵衛地主	大野原豊前殿被官石手弟	喧嘩	御輿				97頁上
9	常覚	小金	大野百姓三郎二郎	小金悪徒七人	召捕	—	○		△	97頁下
10	—	神領久方大林平木潟	所領	椎名伊勢殿	押領	調伏				98頁上
11	常覚	院家	慶陽坊	牛尾弥五郎殿被官那須兵庫・新五郎	捕	復讐	○	△	△	98頁上
12	覚胤	小嶋七郎左衛門の家	小嶋七郎左衛門	牛尾弥五郎殿	家壊	竹叩	○	○	○	98頁上

注　原介入には牛尾氏・髙城氏といった原一族・原氏被官を含み、△とする。

とがなくなり、供僧だけで勤務されるようになったことがわかる。

　その原因に範覚による軍役賦課が理由として挙げられている。その軍役の詳細は不明であるが、範覚は大永七年（一五二七）十一月二十五日に佐倉へ赴いた時、「妙見の前立ある御供」を千葉勝胤へ進上した[92]という。これは範覚が軍役を賦課して率いていた千葉妙見社関連の殿原・侍たちを千葉勝胤に提供したのではないか。

　「千学集抜粋」には千葉妙見社の在地における事件が十二例記載されている（表3）。覚実時代に三件、範覚時代に五件、常覚時代に二件、覚胤時代に一件の事件が起こっている。事件の内容は、基本的に人の死傷・召捕事件と土地の相論に分けられる。土地の相論は五件であり、そのうち四件は範覚時代におこっている。

　人の死傷・召捕事件に関しては、千葉妙見社は御輿の出御を主とした対抗策をとっているが、土地相論においては、すべて「御鉾」を立てていることが注目される。明らかに千葉妙見社は事件によって対抗策を使い分けているのだ。「御鉾」を立てるという行為は、神鉾を立てる宗教的威嚇行為とされている(93)。御輿の出御に較べると神鉾を立てる行為は、かなり武力的な威圧を感じさせるものと思われる。「御鉾」を立てている妙見座主が軍役を賦課していた範覚であることを考慮すれば、実際の鉾による武力威嚇に及ぶものであったことも考えられよう。

さらに前述した通り、範覚は三ヵ年分の「しりがいせん」をまとめて神主に要求しているが(94)、妙見座主としてはかなり強引な行動が多かったのではないか。範覚の行動は、千葉妙見社の神主や家風である殿原たちにかなり変化を与えている。

範覚が妙見座主であった当時、千葉氏は古河公方足利高基に服属していたことが通説になっている(95)。しかし黒田基樹氏は、大永七年（一五二七）に原氏が支配する小金領に所在した名都狩要害を足利高基が攻撃していることと大永五〜七年までの間に、小弓公方足利義明が小金領を通って関宿城攻めを企図していることから、原氏と千葉氏が、この時期には足利高基ではなく足利義明に帰属していたと考え、範覚が大永七年十一月二十五日に千葉から佐倉へ移っていることもそれに関連している可能性があると指摘した(96)。

「千学集抜粋」をみると、小弓公方が健在であり、とけ《土気》・（市西郡）あま《海》がその勢力下であった時に、範覚が小弓へ御神を移している。その後、国府台にて小弓公方が戦死すると小弓には原胤清が入り、翌年天文十六年に範覚の後継者常覚が「御神」を供分六人御供にして千葉へ「御帰」なされた(97)という。簡潔な記事であるが、妙見尊が一時的に範覚によって小弓へ移動されたことは、当時の千葉氏と原氏の動向を考慮すればあり得る。

このような行動によって、範覚が目指したものは何であったのであろうか。

〔史料三〕[98]

一、当寺より屋形様へまゐられしとき、御門送り御縁までにて、三度の御礼也、御一家は御門送り庭まて、又三度の御礼也、覚実の時、椎崎道甫長嶺におハしける時、御門送り縁までにて帰らせ給ハんとしけるを、覚実、道甫の御袖を取て、庭へ引下し給ふ也、常歳（蘐）様ハ常覚の御門送り御縁までにて三度の御礼也、坂戸上野介御父子の御間にておハせハと申されける、常歳（蘐）新介殿御らん候まま、前の如くにと仰出さるよし、いつれも存られ候事

〔史料三〕によれば、享徳の乱で自害した千葉胤直の甥であった妙見座主覚実は、新しく千葉氏当主となった千葉輔胤の三男椎崎道甫胤次に対して、千葉氏当主が妙見座主におこなうような薄礼の「御縁」までの見送りではなく、御一家が妙見座主におこなう厚礼の「庭」までの見送りを強引にさせている。

これは覚実が尊大であったということであろうが、それを実現させるだけの力が覚実にあったのだろう。常蘐こと千葉勝胤は、被官である坂戸上野介父子から妙見座主常覚の見送りは「御間」にて良いのではないかと意見されたが、以前の決まり通り御門送りに御縁まで行き三度の礼をしたという。これは、千葉勝胤が妙見座主を以前より見下すことが出来たにもかかわらず、その地位に敬意を払ったという逸話であろう。

つまりこれらの話は、妙見座主が、覚実から範覚を経て常覚に代わる間に、妙見座主の力が低下したことを示すと思われる。

範覚の改革によって、妙見座主を支える勢力に影響があったことは間違いないであろう。当初は範覚に千葉妙見社

を改革させ、これまでの千葉妙見社の体制を再編させせることが目的であった可能性が高いと思われる。しかし、その目論見は、千葉妙見社の供僧らの反発等によって、必ずしも範覚の思惑通りに進まなかった。

しかし、最終的には範覚に従っていた千葉妙見社の武士たちが千葉勝胤に提供されるなど、千葉妙見社を支える勢力は結果的にかなり失われたと思われる。そのために、千葉妙見社自体の実力も低下したのではないか。範覚の背後には、千葉勝胤と原氏がいた。彼らにとって、もとの千葉宗家との縁が深い千葉妙見社は邪魔な存在であったと思われる。

不入権

先学においては、千葉庄諸郷に、千葉氏発給文書が出されるのは天文前期までであり、それ以降はまったく見られないため、この地域は原氏による独自の領域支配が展開されたとされる(99)。さらに、千葉妙見社に関する原氏の影響力の強さも指摘されている(100)。

ただ、後述する「千学集抜粋」の記述や天文十九年（一五五〇）に牛尾兵部少輔が千葉寺愛染堂に奉納した釣燈籠(101)や天文二十一年に尊光院へ牛尾和泉守平胤智が寄進した釣燈籠(102)によって、天文期に千葉妙見社周辺の在地を実際に支配していたのは原一族である牛尾氏であったことがわかる(103)。

「千学集抜粋」には、千葉妙見社と千葉氏・原氏・牛尾氏との在地をめぐる動向がわかる記述がある。

〔史料四(104)〕

一、常覚の御時、那須兵庫といへる人と新五郎両人して、夜中に慶陽坊をとられし事のあらハれけるを、金親兵部丞・市原新左衛門・成田与五右衛門に仰せ付られ、九月廿九日うたせにける、是、牛尾弥五郎殿の御時にて、院家不入を破るへしとて、御使には伊藤新右衛門・西治郎・石井雅楽介・小沼玄蕃丞、御庭へまゐりて、那須が首と雑物を御渡し候へと種々申されける、新五郎をも斬せらるへかりしを、供分中来迎寺、道路にてとりてたすけにける、先世より不入なれハとて、首ハ御わたしなきゆゑ、佐倉様、小弓へ御申入られけれとも、先々のことくたるへきとて、首ハ御わたしなく、むかしのことくおち付ぬ

〔史料五〕(105)

一、覚胤の御時、家風小嶋七郎左衛門といへるもの、高名ありしに、よくも相はつれけるを、牛尾殿、在所の沙汰によりて、牛尾平右衛門・同大膳亮・同兵部少輔に仰せて、多勢を引つれ打よせて、七郎左衛門の家へ人をのほせてこはさせられけるに、覚胤の出給ひて、竹もて家の上なるものをたたきおとし給ふ、供分の面々社人とも三人の奉行を当所の丞の所へさし置ける、原胤清へ此よし申入られけれハ、急き帯刀殿を御馬にて、在所の沙汰さし置かるへしと、胤清仰せ出さるゝ也、いつれも結城へ帰らるへしと也、されとも牛尾弥五郎殿ハ胤清の御子にておハしけれハ、牛尾の苗字三人差添給ひて、今度院家の不入を破るへし瑣細申されけれとも、胤清ちゝに及はれけれハ、臼井に胤貞のおハせは、此よし申入られ、また屋形様へも申上られけるに、圓城寺右衛門・原大蔵、臼井よりハ胤貞御こしありて、胤清種々申されけるハ、昨今勢国寺・宗徳寺なとさへも、御信仰なれハ御不法もなされけるにや、まして当家はしめの守護神、ことに屋形様千葉におはせし時ならむにハ、いかてかようの事申さるへきや、と胤清を申宥めけれハ、すくに落付ね、その御礼として、覚胤座主等ハ勝胤より、御かたミの鎌倉九郎二郎にて大きりはの脇差を胤貞へまゐらせける、臼井よりすくに佐倉へ御出あり、

此時の屋形様ハ親胤民部丸にておハします、屋形様御悦喜遊ハされ、院家にあしきもの有ゆゑに、妙見御院内に疵付申也、今度本庄内匠奇特に寺家の沙汰を奔走しけれハと、則内匠に命せらるへきよし、小弓にて胤貞も御意のことく申さるへしと右衛門大蔵申さるゝまゝ、彼両人をもて寺家へ仰せこさるゝ也、覚胤当所の沙汰を仰付られ御判を下しおかる、此おそれに内匠の佐倉へまゐられけるを、右衛門大蔵の取なしをもて、屋形様より御一礼下しおかる、実に天文廿一年壬子六月五日也、此沙汰ありし後ハ、当寺の沙汰もむつかしからす随意也、寺家へ不入の御判、始中終本城の邦胤とも四世の御判ありける、後ハ妙見菩薩の御沙汰いみしかりける

〔史料六〕[106]

一、当寺住持退転おハしますも、ゑ《ど》け僧時宗など申立る事叶ふまし、その宗の心にて御一代御通しなさるへく也、覚胤座主の事を本庄伊豆申立てけるハ、御一代堂客殿じけ様におハせし、又屋形様御子にても、おふくろ方かひなくハ無用になさるゝへく、その方の御親類出入家風にきたふもたられ候、仮令ハ千葉御苗字の御親類におハすとも、十人廿人もたせられし方ならハ御用たるべく、院家の御意趣失せし家風御神領も、世にある人にこめられて、前々不入もいらぬ様におほえて、屋形様の御子とてもほんの御はらならんにはしかるへきにや、さては原殿の子しかるへし、それもつきの御はらならむには無用たるへし、末の世の人々のためをハ申也、よき御威勢屋形様か原殿の御子座主にならせられんとき、当寺の御法度定めらるへく不入の御判を御申うけられ、末代の御法度遊ハさるへく、開基の後、常胤不入の御判は当寺建立三世忠常の不入の御判其後胤将新介の御判、今度胤富の御判、国胤の御判、御父子とも御連判にて妙見宮へ納めらる、以上三度なり、忠常開基の後、常胤の御判は御縁記引つけ御文書不入の状、一條院の薄墨の御証文は、三上の乱に猪鼻にて失にける、胤将の不入

の御判ハいまもあり、当屋形様の御判もおハします、守護原殿の御判なきゆゑに、牛尾殿より六ヶ敷事ともいく度おほせつれとも、つひにまかりならすへし、此ためにて候まゝ屋形様の御判の上にもなほ又小弓の殿さまの御判をも申うけへくこの分よく〳〵心得しかるへき也

〔史料四〕では、千葉妙見社の慶陽坊に対して那須兵庫と新五郎という牛尾氏被官と思われる人物が拿捕をした。その報復として、千葉妙見社が金親兵部丞・市原新左衛門・成田与五右衛門に命じて那須兵庫を討ち取った。新五郎は道路にて、千葉妙見社の供僧と来迎寺の僧に捕まって命は助けられた。この行為に反発した牛尾弥五郎胤直は、御使として伊藤新右衛門・西治郎・石井雅楽介・小沼玄蕃丞を千葉妙見社の御庭に遣わして、那須兵庫の頸と雑物の引渡要求をおこなった。しかし往時からの不入を理由に、千葉妙見社はこの要求を拒否したため、牛尾氏は千葉氏と小弓原氏にも訴えたが、千葉妙見社の以前からの不入権が認められ、那須兵庫の頸などは牛尾氏方に返還されることはなかった。

この事件は、常覚が妙見座主に在位した天文四年（一五三五）から天文二十一年頃のものである。この時期であっても、小弓原氏だけではなく、千葉氏も事件解決に関わっている。

〔史料五〕は千葉妙見社の家風小嶋七郎左衛門の高名に驕った態度に対して、牛尾弥五郎胤直が在地の沙汰を、牛尾平右衛門・同大膳亮・同兵部少輔に命じて、被官を率いさせて、小嶋七郎左衛門の家を破壊したところ、妙見座主覚胤が介入したものである。千葉妙見社の供僧と社人らは代官と思われる「当所の丞」に三人の奉行を差し置いて、小弓の原胤清に事態の解決を申し入れた。そのため、胤清は被官帯刀を現場に遣わして、牛尾氏の主張する「在所の沙汰」を放棄させて一旦その場を納めた。しかし、牛尾胤直が原胤清の子息であったことから、千葉妙見社に対する

その不満を解消することができず、牛尾氏は千葉妙見社の不入権を破ろうとした。

そこに佐倉の千葉親胤が円城寺右衛門忠當・原大蔵胤安を使いとして差し遣わし、原胤貞も臼井からやって来た。原胤貞は、原胤清が原氏の信仰する勢国寺・宗徳寺に対して不法をしていないことを指摘し、千葉氏の信仰する妙見社に対しては、なおさら不入を破るような不法はしてならないと諌めて事件を解決した。

そのお礼として妙見座主覚胤は、千葉勝胤形見の太刀を原胤貞に送った。胤貞は臼井から佐倉へ赴き、親胤にこのことを報告すると、親胤はこの結果を喜び、妙見社方として事態解決に奔走した本庄内匠に千葉妙見社の沙汰を命じ、覚胤もその命を印判にして差し出した(107)。本庄内匠はそのお礼に佐倉へ参り、千葉親胤から礼状を受け取っている。

この件は、天文二十一年（一五五二）のこととされており、常覚の時代からあまり時を経ていない時期のものである。ここでも千葉氏は千葉妙見社を守るために動いていることがわかる。原胤貞・胤清の行動に較べると見劣りするが、天文期まで千葉氏が千葉妙見社に影響力があったことは間違いないだろう。

ただ、最終的には千葉妙見社の諸沙汰を本庄内匠に任せるようになったことは興味深い。千葉親胤も容認し、覚胤からも印判状が出されているが、この処置は、妙見座主の権限が制限されることになった可能性が高い。このような判断が、この地域に千葉氏の発給文書が見られなくなる時期になされているのは、偶然ではないであろう。

〔史料六〕では、本庄伊豆守胤村が、妙見座主が千葉氏子息であっても、母親が有力な家の者でなければ、無用の存在であると指摘している。母親が千葉一族の者であっても、その家を支持する者がわずかしかいない場合も妙見座主として役に立たず、千葉妙見社の不入権も守れないとする。妙見座主になるのは、原氏の子息が良いとするが、原氏の子息であっても、家督を継ぐであろう系譜でなければ無用としている。

また、威勢のある千葉氏もしくは原氏の子息が妙見座主になった場合に、千葉妙見社の御法度を定められるように不入の印判状をもらい今後の御法度とするように意見している。さらに千葉常胤の不入安堵状は三上の乱の際に失っているが、胤将と胤富・邦胤の不入安堵状があるとしている。ただ、原氏の不入権安堵状がないために、牛尾氏と争いが絶えないとし、千葉氏の安堵状だけでなく、原氏の安堵状が必要であることを指摘している。千葉胤将・胤富・邦胤の千葉妙見社不入安堵状は、これまで存在を確認されていない。そのため検討の余地を残すが、本庄胤村の発言内容は、当時の状況と照らし併せて、あまり無理のあるものではないだろう(108)。

これらの内容を信用すれば、先学の指摘よりも下る時期まで、千葉氏の千葉妙見社とその所領である周辺地域に対する関与があったといえよう。ただ、実際には千葉氏が自らの実力によって、その意向を全うできる体制を、中世末まで維持できていた可能性は低いと思われる。

一方、千葉妙見社の神主職を世襲していた粟飯原氏に天文前期以降妙見禰宜職と大夫司の補任状がないことが、これまで注目されてきた(109)。これは千葉妙見社大禰宜職が、戦国時代後期には武力行使も伴う激しい内部争いによって獲得されており(110)、実際の効力ある保護を期待できない千葉氏による神主補任は、神主職を望む人々の必要とするものではなかったことが原因ではないか。妙見座主と異なり、粟飯原一族の世襲とされる妙見神主は、その由緒を示す千葉氏当主の形式的な補任を、あまり必要としていなかったのではないか。

〔史料六〕によれば、戦国時代後期に原氏は「守護原殿」とも呼ばれる存在であった。不入権絡みで出てくる言葉であり、単なる保護者的な意味合いではないように思われるが、守護職にあった千葉氏と違って、原氏が守護職に補任されたことはなく、今日ではやや違和感のある表現である。しかしこれは、享徳の乱から千葉氏に対する北条氏の影響力が圧倒的になるまで、原氏が千葉氏の一系を擁立して、新しい千葉宗家に仕立て上げ維持し続けた構図が変化しなかったことを示していると思われる。戦国時代に新千葉宗家である佐倉千葉氏と原氏はほぼ途切れることなく一体であったのだ。そのため、原氏は実力では千葉氏に優りながら、その被官であり続けたのであろう。

最後に

千葉妙見社は、中世にもいくつかの変遷を経て、近世の妙見寺へ変化していった。その中で、千葉氏は中世末まで千葉妙見社と関わりを保っていた可能性があるように思われる。ただ、実際に千葉妙見社の勢力維持に有効に働いていたのは、千葉氏の由緒ではなく、原氏の実力であったと思われる。この関係は、房総における千葉氏と原氏の関係を示す一種のモデルであったと考えられる。

本稿の執筆にあたり、平成二十六年十二月二十日の千葉歴史学会中世史部会例会において口頭発表をした際に多くのご教授をいただきました。厚く御礼を申し上げます。

註

（１）現在の千葉神社の中世の名称は、先学の研究では必ずしも統一されていない。これは当時の史料が少ないうえに、中世の千葉神社は、本稿でも述べるようにかなりその組織・体制が変化していることが影響していると思われる。本来ならば深く追究すべき問題ではあるが、便宜的に本稿では現在の千葉神社の中世期の名称は、千葉妙見社とする。千葉妙見社の内部に北斗山金剛授寺などさまざまな宗教組織施設があったものとする。
（2）和田茂右衛門『社寺からみた千葉の歴史』（千葉市教育委員会、一九八四年）。
（3）伊藤一男『妙見信仰と千葉氏』（崙書房、一九八〇年）、同「中世の妙見信仰と祭祀組織―千葉氏の守護神と金剛授寺について―」（『房総の郷土史』九、一九八一年）。
（4）その成果は、『妙見信仰調査報告書（一）～（三）』（千葉市立郷土博物館、一九九二～四年）としてまとめられた。その調査研究を主として、丸井敬司氏は、『上総下総千葉一族』（新人物往来社、二〇〇〇年）、『千葉氏と妙見信仰』（岩田書院、二〇一三年）を刊行している。
（5）「旧妙見寺文書」の概要は、市史編纂担当「旧妙見寺（現千葉神社）文書目録」（『千葉いまむかし』一四、二〇〇一年）、段木一行「旧妙見寺文書について」（『千葉いまむかし』一七、二〇〇四年）参照。
（6）簗瀬裕一「中世の千葉―千葉堀内の景観について―」（『千葉いまむかし』一三、二〇〇〇年）。
（7）黒田基樹「戦国期千葉氏権力の政治構造」（『千葉県史研究』一三、二〇〇五年）。
（8）外山信司「戦国期千葉氏の元服」（佐藤博信編『中世東国の政治構造』岩田書院、二〇〇七年）。
（9）柴田聡司「原氏私稿～千葉宗家宿老原氏の歴史を辿る～」『四街道の歴史』九（四街道市教育委員会、二〇一四年）。
（10）「千学集抜粋」（『妙見信仰調査報告書（二）』千葉市立郷土博物館、一九九三年）【以下「千学」と略、該当頁・段を記す】七九頁下。
（11）宮原さつき「千葉妙見をめぐる神仏」（『妙見信仰調査報告書（三）』千葉市立郷土博物館、一九九四年）。
（12）段木一行「千葉妙見の祭礼―その原初的風景―」（『房総の郷土史』三三、二〇〇五年）、後藤有「近世妙見寺と両総の村落―旧妙見寺文書の考察から―」（『研究紀要』四　千葉市立郷土博物館、一九九八年）。
（13）前掲註2では千葉妙見社の始まりを仁和元年（八八五）に勧請された香取神社の別当寺伽藍山歓喜院とする説も挙げている。また、前掲註9は鎌倉中期の原常泰の子如円を史料上の妙見座主の初見とし、如円の子も妙見座主であったとする。
（14）前掲註6及び註8。なお、千葉氏の館に安置される以前の妙見尊は、上野国息災寺にあったものとされ、息災寺から持ち出されて、各地を転々とした後、千葉氏の館に安置されたものとされる。その過程は、史料によって異同があり検討を要する。
(15) 中世の千葉妙見社に関する史料は少ない。その中で戦国期における著述が考えられている「千葉妙見大縁起絵巻」(『妙見信仰調査報告書（二）』千葉市立郷土博物館、一九九二年)【以下「妙絵」と略し、該当頁・段を記す】、「千学」を主な千葉妙見社の史料として本稿では活用していく。さらに、必要に応じて「下総国千葉郷妙見寺大縁起」(『妙見信仰調査報告書（二）』千葉市立郷土博物館、一九九二年)【以下「妙縁」と略、該当頁・段を記す】、「妙見実録千集記」(『妙見信仰調査報告書（三）』千葉市立郷土博物館、一九九四年)【以下「妙実」と略、該当頁・段を記す】など、他の史料を挙げる。
(16) 「千学」七九頁下・八四頁下。
(17) 「千学」九二頁上。
(18) 「千学」八六頁上二か所・九二頁上・九三頁上・九三頁下。
(19) 「千学」八四頁下。
(20) 「千学」七九頁下・八四頁下。
(21) 「千学」九三頁下に老成者は座主の葬儀には出席しないという記述があり、逆に言えば本来一般的には座主の葬儀に出席すべき人物であったということであろう。
(22) 「千学」八四頁下。なお、「供分」は主に各院、各坊の主を指す場合がほとんどであり、本稿ではその意味で用いる。
(23) 「千学」七九頁下・八四頁下・八六頁上・九三頁上。
(24) 「千学」八六頁上。
(25) 「千学」七九頁下。
(26) 「千学」八四頁上下。
(27) 「千学」八四頁上。
(28) 「千学」八九頁下。なお、「供分本坊」と「供分出坊」と「供分坊」の違いははっきりしない。あえて各々の記述のされ方や語感から推定すると、「供分本坊」が旧来の「六坊」、「供分出坊」が新規の「六坊」となるだろうか。「供分坊」も新しい「六坊」を示すと思われるが、「供分出坊」より意味が広いかもしれない。本稿ではとりあえず戦国期の千葉妙見社の寺院体制に「供分坊」を用いる。また、「六供」も使用されているが、時期ごとに代表する院家とその主を示すようである。
(29)「千学」八九頁下。
(30)「千学」九〇頁上。
(31)例えば、註3論考では、「好寂坊」と「相番守殿」を覚実座主時代の坊名と造営者とし、「成就院」と「深山図書之助」を覚胤座主時代の坊名と造営者に解釈している。
(32)「千学」七六頁上。
(33)「妙絵」五九頁上。
(34)「千学」八一頁下。
(35)「千学」八五頁上。
(36)「千学」八五頁上、「妙実」一〇五頁下。
(37)「千学」七六頁上下、「妙絵」五九頁上。
(38)「千学」八五頁上。
(39)「千学」八五頁上。
(40)「千学」八五頁上。
(41)「千学」八一頁下。
(42)「千学」八六頁上。
(43)「千学」八七頁上。
(44)「妙絵」六五頁下・六六頁上。
(45)「千学」九三頁下、「妙絵」六〇頁下。
(46)「千学」一〇五頁下。

(47)「千学」九三頁下、「妙絵」六〇頁下・六一頁上。

(48)「千学」八六頁下。

(49)「千学」七五頁上、「妙絵」六四頁下。

(50)前掲註３。

(51)前掲註12。

(52)「千学」九六頁下。

(53)「千学」九六頁下。

(54)「千学」九六頁下。

(55)「千学」九七頁上。

(56)「千学」九七頁上。

(57)「千学」九七頁上下。

(58)「千学」九七頁上下。

(59)「千学」九七頁上。

(60)「千学」九八頁上。このうち久方は天文十五年には千葉利胤から三谷蔵人に宛行われている。（天正十七年九月十三日付北条氏政朱印状写『戦国遺文北条編第四編』三四九七）

(61)「千学」八七頁下。

(62)永享八年九月九日付千葉胤直判物・文安三年四月十三日付千葉胤将安堵状（円福寺文書『海上町史史料編Ⅰ（原始・古代・中世・近世（１）』一九八五年）。

(63)「千学」八六頁上・八八頁下に「増《（末）》寺」の記載があり、千葉妙見社の組織において、末寺は下部ながら、しっかりと位置付けられていた。ただし、円福寺がこの「増寺」に該当するかどうかは、検討の余地があるだろう。

(64)「千学」一〇六頁上。なお、加曽利・寺山からもたらされる箸は九膳ずつ十八膳である。

(65) 「千学」七八頁上下、「妙絵」五九頁下。
(66) 「千学」七八頁下、「妙絵」五九頁下。
(67) 「妙絵」六五頁下、「妙縁」八一頁上。
(68) 「千学」八八頁下。
(69) 「千学」九九頁下。
(70) 「千学」一〇〇頁下。
(71) 「千学」一〇一頁下。
(72) 「千学」九四頁上。
(73) 「東路のつと」(『千葉県の歴史』資料編中世5、九二九頁)。
(74) 「千学」一〇八頁上下。
(75) 「千学」九〇頁上、表2参照。
(76) 「千学」九〇頁下・九二頁上。
(77) 「千学」七六頁上・八八頁上。
(78) 「千学」八七頁上・九三頁下・九四頁上。
(79) 「千学」九四頁上。
(80) 「千学」八〇頁上。
(81) 前掲註6。
(82) 千野原靖方『戦国房総人名事典』(崙書房出版、二〇〇九年)。
(83) 「千学」九四頁上。
(84) 『佐倉市史』巻一、第二編第二章第二節―五(佐倉市、一九七一年)。
(85) 廣瀬千絵『平成21・22年度佐倉市埋蔵文化財発掘調査報告書　勝胤寺遺跡(第1・2次)』(佐倉市教育委員会、二〇一三年)。

(86)「千学」八七頁下・九〇頁上。
(87)「千学」八七頁下。
(88)「千学」九〇頁上。
(89)「千学」八六頁上。
(90)「千学」九〇頁上。
(91)「千学」九三頁上。
(92)「千学」八四頁下。
(93)前掲註3及び黒田基樹『百姓から見た戦国大名』（筑摩書房、二〇〇六年）参照。
(94)前掲註74。
(95)佐藤博信「小弓公方足利氏の成立と展開」（『歴史学研究』六三五、一九九二年）。
(96)黒田基樹「古河・小弓両公方家と千葉氏」（『佐倉市史研究』二四、二〇一一年）。
(97)「千学」一〇八頁下・一〇九頁上。
(98)「千学」九〇頁下。
(99)黒田基樹「戦国期千葉氏権力の政治構造」（『千葉県史研究』一三、二〇〇五年）
(100)外山信司「戦国の房総を訪れた連歌師宗長─「東路のつと」を読む─」（『城西国際大学日本研究センター紀要』六、二〇一一年）。
(101)天文十九年七月二十八日付千葉寺旧蔵釣灯籠銘（東京国立博物館蔵八三三、『戦国遺文房総編』巻二）。
(102)天文廿一年二月七日付尊光院旧蔵釣灯籠銘（『房総金石文の研究』所収八五四、『戦国遺文房総編』巻二）。
(103)永禄七年（一五六四）には酒井氏による尊光院の所領を安堵する制札が出ている。（五月七日付酒井胤治・同政茂連署制札（千葉神社文書一一四三、『戦国遺文房総編』巻二）しかし、酒井氏の軍事作戦に伴う一時的なものと思われる。
(104)「千学」九八頁上。
(105)「千学」九八頁上。

(106)「千学」九四頁下。

(107)「千学」百頁上に天文二十一年五月廿八日付覚胤書状が写されているが、文言等に検討の余地があるように思われる。また、この書状の宛先が本庄内匠ではなく本庄伊豆守になっている。本庄内匠は、「千学」一〇七頁上の本庄氏系譜には確認できない。

(108)ただし、本庄伊豆守胤村は「千学」の著者の一人である。その子孫である胤里・胤保や孫子に見せるために、仮名を付けて細かに書き記したことを明記し、他見しないように注意を書いている。(「千学」一〇七頁上)このことからすれば、胤村は「千学」の記事に作為をなすこともできた人物である。

(109)市村高男「『下総崎房秋葉孫兵衛旧蔵模写文書集』紹介(一)」(『中央学院大学教養論叢』四―一、一九九二年)。ただし、市村氏は千葉妙見社が一貫して千葉氏の守護神としての位置を保持し続けたことも指摘している。

(110)「千学」九六頁上・一〇八頁下によれば、武力抗争も含む大禰宜職をめぐる争いがあり、同職に二人就任するようになった。

【付記】再録にあたり、補註を追加した。

〔補註1〕「妙実」一〇九頁の「今の六四《（子院）》之事」では、①成就院(昔：好寂坊、深山図書介建)、②増福院(昔：面蔵坊、中比：成福院、那須源右エ門建)、③福寿院(昔：福寿坊、中比：利生院、金親兵部少輔建)、④正覚院(昔：宗持坊、中比：龍珠院、原式部太夫建)、⑤威徳院(昔：宝光坊、中頃：延命院、高知尾もしくは高千代建)、⑥浄仙院(昔：蓮葉坊、中頃：明珠院、金親三郎右エ門建)とする。

第2部

交通と流通

Ⅰ 金沢氏と成田周辺の荘園——その存在意義の再検討

阪田雄一

はじめに

香取の海と呼ばれた一大湖沼地帯の研究は、小笠原長和氏・網野善彦氏を先駆として、最近富に進んできている分野といえよう。その中で、鎌倉幕府執権北条氏の一族である金沢氏の果たした役割は、遠く中国までの交易にも関与するという日本の水運・交易史に極めて大きな足跡を残すなど、重要なものであったといえる。

筆者は先頃上梓された『図説成田の歴史』の編集に参加させていただいた一人であるが、多くの史料・論文に当たる中で、一つの疑問がついて離れなかった。それは先述の金沢氏が何故成田周辺の埴生庄・埴生西条・印西条及び平塚郷といった荘園を掌握しようとしたのか、ということであった。

その答えについては、関東の水運史を研究されている諸先学の論稿をみれば概ね理解できるように思うが、それは関東という大きな視野の中に表現されているもので、一つの地域や荘園を中心にしたところに視点を据えてとらえようとしたものは意外に少なかったように思われる。

そこで本稿では、金沢氏が何故この辺り一帯の支配を指向したのかを、諸先学の説をふまえながらまとめつつ、埴生庄や印西条などの荘園を例に筆者なりの考察を加え、埴生庄などの成田周辺の荘園の存在意識の再構築を試みてみたい。

〈図I〉　成田周辺の様相略概図（推定）

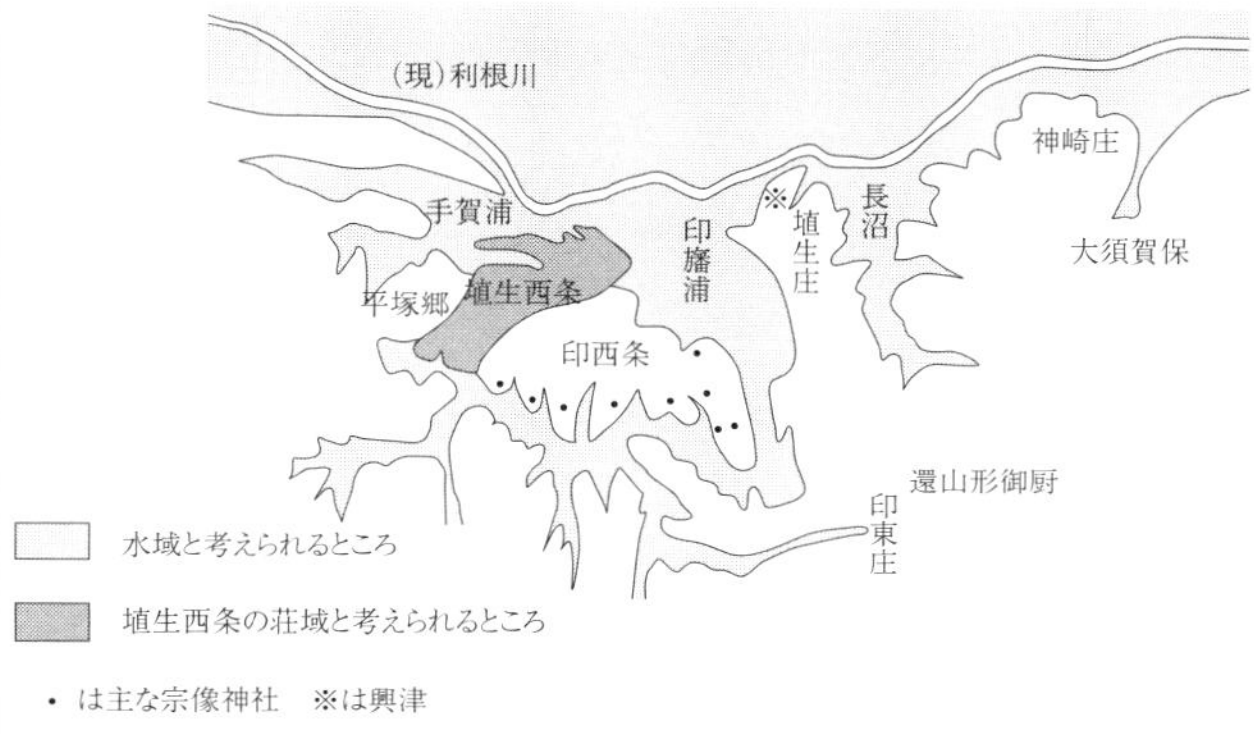

一、成田周辺の荘園の概略

金沢氏は、この成田周辺では埴生庄・埴生西条・印西条・平塚郷と以上四つの荘郷に支配を及ぼしている。そこでまずこれらの荘郷について若干触れておきたい。

（ア）埴生庄

埴生庄が辿ってきた歴史については『図説　成田の歴史』や『成田市史　中世・近世編』にも記されているが、この荘園は重要な荘園と考えられるので一応触れておきたい。

とりあえず荘域を確認することとしよう。埴生庄は〈図I〉をみていただければ解るように、当時海進の進んでいた状況下では、古くは印旛浦といわれた印旛沼と長沼に挟まれた地域であろうことが推測できよう。従って東・西・北方向では境は水域によって分けられていることが解る。ただ南は少し曖昧となってしまうが、応長元年（一三一一）

の薬師寺鐘銘には「印東庄八代郷船形薬師寺」と刻まれており、八代・船形付近は鎌倉時代には印東庄に属していたことが明記されている。[1]恐らく大竹と八代の間に埴生庄と印東庄の境が存在したのであろう。さらに鎌倉時代から南北朝時代にかけて埴生庄山口郷を巡る訴訟が展開されていることから、[2]現在の成田市山口付近は埴生庄の荘域であることが確認できる。

この荘園が開発されたのは平安末期頃であろうが、この開発領主と考えられる埴生常門の息子に大竹や麻生といった姓をもつ人々が存在しているが、これらの古い郷にたいして山口など新しい郷が登場しているのは、かなり深くまで入り込んでいた水域が時と共に次第に海退したり、川によって運ばれる土砂などによって、現在の根木名川・取香川流域の泥湿地帯が干上がることにより成立したと思われる。応永十六年（一四〇九）に成田郷という名称が登場してくるが、[3]これも先の状況のようにして生まれたものと推測できよう。

（イ）埴生西条

この埴生西条についてはについては解らない部分が多い。その成立についてもよく解らない。しかし建久八年（一一九七）の「香取神宮遷宮用途注進状」には「埴生西」と表れており、鎌倉時代初期には既に成立している。[4]伊藤一男氏は、この埴生西条は先に上げた埴生庄が東西の条に分離していた結果とされている。[5]埴生西条内で確認できる郷をみてみると富谷郷[6]と大森郷[7]であり、これを手がかりに荘域を推測すると〈図Ⅰ〉のようになる。これではほぼ印旛郡下ということになってしまう。もしそうならば伊藤氏のような解釈は無理ではなかろうか。野口実氏は、埴生という名称が使用されたのは、埴生氏の所領であったことが関連しているのではないかと推測されている。[8]

ただ『日本地名大辞典一二・千葉県』（角川書店刊、以後『日本地名大辞典』とあるは千葉県編を指すものとする）の印西町の項には、印西町西部の浦幡新田の大塚前遺跡から出土した瓦に「埴」の文字が記されていることから、下総国埴生郡に属していた可能性が示唆されており、古代から中世のある時期に印旛郡から埴生郡へと移管されたことがあったのではないかと推測されている。もしそうならば埴生西条という名称は頷ける。しかしそれが東西に分離していた例証にはならないであろう。「武蔵国称名寺寺領年貢米注文」には埴生庄と埴生西条が記されているが、(9)もし伊藤氏のような解釈をするならば、「埴生東」という名称が使われなければならないのではないか。この埴生西条は、埴生庄をあくまでも主としての西に位置するという意味でつけられた名称と解釈すべきであろう。岡田清一氏は、埴生庄が金沢氏の所領となる建長三年（一二五一）以前に既に埴生西条は金沢氏の所領となっていることから、全く別の荘園とされている。(10)筆者もこれに賛同を覚える。

大森郷の長者森内家吉の寄進による長楽寺の梵鐘には、「下総国埴生西大森郷（中略）応安二年十一月六日」とあり、(11)応安二年（一三六九）までは存在したことが確認できる。しかしこれ以降は管見に触れず残念ながら不明である。

（ウ）印西条

ここは恐らく印旛郡が東西に分離し、印西条と印東庄に分かれ成立した郡郷であろうことは推測できるが、この印西条についても解らない部分が多い。先の香取神宮の建久八年の「遷宮用途注進状」などには「印西条」とみえ、金沢文庫所蔵の「摩訶止観聞書」の弘安三年（一二八〇）四月廿六日条には「下州印西郷」とみえ、(12)さらには香取神宮の康永四年（一三四五）の「造宮所役注文」や、正平七年（一三五二）に足利尊氏が南宗継に与えた恩賞地のひとつに「印西庄」(13)とあり、その名称自体に差異が生じていることもその例といえよう。広い印旛郡西部が、その成立形態の相違により各々別個に存在したのか、それとも表現のみの相違なのか、全く手がかりがないといってよい。

ただ、先に触れた建久八年の「香取神宮遷宮用途注進状」などには、明らかに別個のものとして記されている平塚郷が、元亀二年（一五七一）八月朔日付けの東光院の地蔵菩薩立像墨書銘には「下総印西庄平塚郷名打村」と記されており、戦国時代には平塚郷が印西庄に吸収されていたことを示す。『日本地名大辞典』（印西条の項）には、印西庄という名称が南北朝期頃から使われだしていることから、この頃印西条と平塚郷が一つになることにより、印西庄が成立したとも考えられるとする。しかし両者の間には埴生西条が存在している。先述の通り埴生西条は応安二年までは存在しており、先の解釈の可能性は低いのではないか。埴生西という地名だけが残り、印西庄として成立した可能性も否定できないわけではないが、平塚郷が吸収されるのは室町時代以降と考えるべきではなかろうか。恐らくその際に埴生西条も吸収されたと思われる。

（エ）その支配について

この埴生庄・埴生西条・印西条の三つの荘園を比較するに、さらに平塚郷も加えてみるとその中心的荘園はどこになるであろうか。

「武蔵称名寺寺領年貢米注文」には、埴生庄からは三七石余りが納入されているのに対し、埴生西からは二一石余りの納入しかない[14]。さらに「武蔵瀬戸橋造営棟別銭注文案」には、印西分として十貫七百文余りとあるのに対して、埴生庄分として十九貫八百文余りの配分がある[15]。これらをみての単純比較は安易であり問題も多いが、埴生庄が最も開発された荘園ではないかと思われる。まして埴生庄は、足利泰氏の出家の舞台でもあり、金沢顕時の流刑地でもあることは、それだけ重要な場所であったことを示しており、この辺りの中心的荘園と考えて差し支えなかろう。既に印西条・平塚郷・埴生西条を掌握していた金沢氏が触手をのばしたのもこの付近の中心的荘園であったとの認識があったに違いない。

これらの荘園がいつ金沢氏と関係を持つに至ったか。まず埴生庄については、弟時常より埴生庄を押領していた上総権介秀胤が、宝治合戦において滅亡した後、埴生庄を手に入れていた足利氏から、建長三年（一二五一）の五代将軍藤原頼嗣追放の噂の中、足利泰氏が埴生庄において突然の出家を遂げたことに関連する事件に絡んで、金沢氏の所領になったことは明らかである。

埴生西条・印西条・平塚郷については、寛元元年（一二四三）の日付のある香取神宮の「造宮所役注文写」には、既に掃部助即ち金沢実時の所役となっていることが見え、(16)これ以前から金沢氏の所領であったことが窺える。

岡田清一氏は、埴生西条・印西条などを上総権介秀胤の所領であったことを前提に、寛元四年の秀胤評定衆罷免と関連づけられ金沢氏へと配されたとされているが、(17)既にその三年前に金沢氏の所領であったとすれば、これは当たらないであろう。このことは次項で後述するが、三浦氏が宗像社領の預所職を得ていること、(18)印西条には九州の海民と関係の深い宗像神社が点在していることなどを考え合わせると、むしろ延応元年（一二三九）の三浦義村死去後の、衰退する三浦氏という流れの中でとらえた方が良いかも知れない。いずれにしろこのことは今後再検討しなければならない問題と思われる。

しかしともかくこれらの荘園に、鎌倉中期寛元から建長年間に金沢氏の支配が及ぶようになったことは確実である。これらの荘園の共通点は、通称香取の海と呼ばれる一大湖沼地帯に面する位置に存在していることであろう。ここに金沢氏がこれらの荘園を制圧する理由が見えてくる。

二、金沢氏と埴生庄付近の海民

金沢氏については、菩提寺である称名寺に金沢文庫を設置するなど、学問・好学の一族であるという理解が広くされていた。もちろんこの面は重要なことであるが、このイメージを一変させたのが網野善彦氏であった。網野氏は金沢氏の守護任国が長門・伊勢など海に関係の深いところが多く、九州の鎮西探題に任ぜられてもいるが、海及び水運という観点から見るとこれはさらに重要な意味をもつとされた[19]。これに関連し注目しなければならない点は、石井進氏をはじめとする諸先学の研究にも明らかなように、鎌倉時代の幕府の中心的港湾であった六浦を、金沢氏が支配することに成功しているところであろう[20]。いうまでもなく六浦は、古代では上総に向かう東海道のルート上に存在しており、房総への玄関口でもあったし、そればかりでなく広く日本全国へ東アジアへと開かれた港湾であったのである。つまりこの頃の水運権というべきものを金沢氏が掌握していることを示している。

この六浦は建保元年（一二一三）の和田合戦以降に、父北条義時から北条（金沢）実泰が譲り受けたらしい[21]。しかし和田義盛と同族であった三浦氏が黙って見過ごすであろうか。三浦氏は東国の水軍の中心と考えられるが、網野氏は、承久の乱以後の三浦氏について、相模・紀伊・土佐・河内・讃岐の守護であり、さらに九州の宗像神社や肥前の神崎庄を押さえることによって、「北九州にいたる海上交通に強力な影響力を及ぼし得る立場に立った」とされており、「北条氏との競合の一つの要因」とも考えられている[22]。このような三浦氏ならば、当然六浦にも三浦氏の息のかかった武士や商人などが存在したに違いない。金沢氏が六浦を支配するには不十分な体制であったと考えられる。実際三浦氏が滅亡していく宝治合戦では、六浦で金沢氏と三浦氏との激しい戦闘が『吾妻鏡』に記載されている。この三浦氏が滅亡することによって、金沢氏は六浦を完全制圧することが出来たに違いない。

この六浦を支配することは重要である。現在の東京湾（以後江戸湾とする）に出入りするには、必ず通過しなければならない浦賀水道を制圧したことにほかならない。これによって先の網野氏の金沢氏評の如き発展をみせるようになるのである。もちろんこの発展が一朝一夕にできあがったものではない。この六浦支配には、この発展の基礎ともいうべきもう一つの大きな意義があると考えられるのである。

小笠原長和氏は、江戸湾から江戸川（以後、旧利根川）を上り、関宿付近の沼沢地帯を抜け、利根川から霞ヶ浦などを含む香取の海へとつながる、いわゆる内陸水路の存在を指摘された(23)。香取神宮にある「海夫注文」には、香取の海には数多くの津や関が存在していることを教えてくれる。また旧利根川の河口付近には行徳などの関の存在も確認できる。これらの津や関は香取神宮の支配が及んでいるところである(24)。

さらに網野氏は「海夫」という名称に注目され、霞ヶ浦など香取の海以外にも「海夫」と呼ばれていたのは九州肥前にいた「海夫」であり、海に携わる人々が全国に点在している中で、「海夫」とよばれる共通の名称を持っていることは、両者が全く無関係とは考えられないとされた(25)。

その観点から現在印旛沼周辺を見てみると、九州と関わりの深い宗像神社が数多く点在していることに気づく。中には江戸時代に移されてきたものもあるが、古伝によると現在の印西市山田・平賀・吉高・瀬戸や白井市清戸などの宗像神社は、古くから存在したものと考えられている。これらのほとんどが標高二十メートル付近にある。当時の水域の広がりを考えれば、〈図Ⅰ〉を参照していただいても解るように、極めて水域に近いところに存在していたと推測できる。周知の通り宗像神社は海との関わりの深い神社である。特に九州の海民には重要な神社であったことは容易に理解できよう。その神社が何故この付近に多く存在するのか。

まずは、九州肥前辺りから宗像の祭神を信奉する人々が、印西付近へと移住してきた可能性が考えられよう。そして「海夫」たちが香取神宮の支配下の津や関のみに存在したわけではないことを示す。考えてみれば、「海夫注文」で確認できる最西の神崎から旧利根川河口の行徳との間に津や関がないということが不自然であって、この空白地域にも無数の津や関が存在したことは間違いない。現に網野氏は、相馬御厨の布瀬郷に津の形跡を示唆されている。(27)さらに印旛浦周辺には「船津」または「舟戸」という地名も点在している。現成田市域には「公津」と呼ばれるところがある。ここは近くの麻賀多神社の津、即ち神津であったと考えられているようである。称名寺領であった下総国東庄上代郷の年貢は水路を経由して運ばれたらしく、(28)当然印西条や埴生庄の年貢も同様にして運ばれたのであろう。その経路として香取の海から江戸湾へと通ずる内陸水路が使用されたものと思われる。そしてそれぞれの荘園には、その積み出しに関わる津が存在したであろうが、残念ながら筆者には史料が不足していてそれを特定することは難しい。

ただ埴生庄については筆者は「興津」という地名に注目したい。この辺りは古代の遺跡の豊富なところである。鎌倉時代頃には水域が今より遙かに広がっていたと思われ、その頃の形状では半島状になっており、津が置かれるにふさわしい形状を備えている。『日本地名大辞典』（興津の項）には古くは「奥津」などと呼ばれたと記されているが、文禄三年（一五九四）八月六日の「香取郡埴生庄興津之村御縄打水帳」には「興津」と記されており、(29)安政四年（一八五七）に作られた『利根川図志』には「奥津」と記されており、『日本地名大辞典』の解釈はもう少し考えてみる必要があろう。それよりも筆者が気になるところは、何を根拠に記しているかは不明であるが、『千葉県印旛郡誌』に、「土俗云北辺田興津（今豊住村）は一郷にてありしが後分れて二郷となり（中略）又云川津村とは其の一郷の時の称なり」とあり、古伝では興津＝川津、若しくは一部であったとの解釈がなされていたと理解できる。つまり古くは「おきつ」ではなく、「かわつ」「かわづ」もしくは「こうつ」「こうづ」と呼ばれていた可能性を示唆しているのである。後者ならば、先の「公津」が「神津」ならば、ここも「神津」ではなかったか。近くには下総一宮神社が鎮座しており、この一宮神社の津という可能性は高いと考える。つまり「神津」＝「川津」＝「興津」ではなかったかと思われる。「興津」についてはこれ以上踏み込むことは出来ず参考にとどめておくが、少なくとも「海夫注文」に記されている以外の香取の海の空白部分にも、多くの津や関が存在するであろうことは推測できると思う。

関東の交通を考えてみるに、この内陸水路の存在は極めて大きい。江戸時代でも「黒瀬川に流されると帰れぬ」といわれているように、黒潮が房総沖で最も海岸に接近するため、香取の海から銚子を出て太平洋を行く航海はかなりの危険を伴う。常陸国には信太庄（現稲敷市町・阿見町付近）や南野庄（現かすみがうら市）など北条氏の所領と考えられるところが多く存在するが、下総の東庄や埴生庄などと同様に、年貢は船を用いて運ばれたであろうから、香取の海から江戸湾へと抜ける内陸水路が発達するのは自然であろうし、海夫たちの活躍が必要不可欠であろう。したがってこの内陸水路と海夫と呼ばれる海民たちの掌握に心を砕く必要があるに相違ない。

鎌倉時代初期に、六浦を支配していたと思われる東国水軍の中心であった三浦一族に対し、寛元元年頃には既に埴生西条・印西条・平塚郷を掌握していた金沢氏は、そこに居住する海民との関係を深めていたに違いない。この海民が九州の海民との関係があるとすれば、宗像社領の預所職になることによって九州肥前の海民との関わりを持っていた三浦氏と、印西付近の海民を掌握し始めた金沢氏が、彼らを巡り対立関係にはいるのは当然であろう。宝治合戦での六浦における両軍の激突は必至だったのである。三浦氏滅亡後六浦を完全掌握することに成功した金沢氏が、成田周辺の中心的荘園であった埴生庄を手に入れようとするのも、この付近の制圧という点から言って必要なことであったろう。

つまり金沢氏は、六浦を制圧することによって江戸湾の交易を掌握し、諸先学が〝常陸川〟と呼ぶ流域の喉元に当たる埴生西条や印西条などを制圧することで、内陸水路を掌握したことになろう。その後埴生庄を掌握することで制圧を完全なものにすることに成功した金沢氏は、そこに住む海民たちとのつながりをもつことによって、彼らのもつ交易網を利用することが可能になり、次第に日本全国へアジアへと勢力を広げていく基礎が出来上がったと考えるべきであろう。即ち金沢氏の発展に埴生庄・印西条などの果たした役割は、計り知れないほど大きなものであったといわねばならない。

諸先学は埴生庄などの成田周辺の荘園の存在意義を、幕府による千葉氏の勢力削減の一例示としてとらえられている[30]。この把握は埴生西条や印西条が上総権介秀胤の所領であったという前提ならば一面では正しいのかも知れないが、それよりも金沢氏が内陸水路を掌握し、そこを拠点として交易に多大なる影響力をもつためには、六浦制圧と同時にこの成田周辺の荘園を保持しなければならないという、金沢氏の意図を積極的に評価しなければならないであろう。

先に揭げた「海夫注文」には神崎以西の津が記されていないが、諸先学はこの注文は鎌倉時代の香取神宮の権利を再確認したものであるという。これは神崎以西は香取神宮の支配が及んでいないことを示す。このことは裏を返せば、鎌倉時代における北条・金沢氏の埴生庄以西の津に対する支配力の強さを物語る結果なのではないかと思われるのである。

三、内陸水路と東下総陸上交通

先の項で、金沢氏が埴生庄・埴生西条・印西条など成田周辺の荘園を掌握する理由を、六浦掌握との関連・一大湖沼地帯を背景とした海民との関係から見ることが出来ることを指摘した。これにより金沢氏は、浦賀水道から香取の海に至る内陸水路を拠点とし、日本全国へアジアへとその勢力を拡大することに成功したのである。

　しかし金沢氏が成田周辺の荘園を掌握しようとした理由はこれだけであろうか。金沢氏といえば、忘れてならない存在がその菩提寺である称名寺であろう。東下総には、埴生庄の竜角寺・大須賀の雲富慈恩寺・千田庄の東禅寺など、この称名寺の末寺が点在している。これについては小笠原長和氏によって研究が進められており、この寺々の間にかなりの交流があることも既に確認されている(31)。筆者はこの末寺の存在するところを結び付けることによって、そこに東下総の陸上交通路が描き出せるのではないかと考えている。それが〈図Ⅱ〉ということになるが、称名寺の末寺らしきものは、さらに

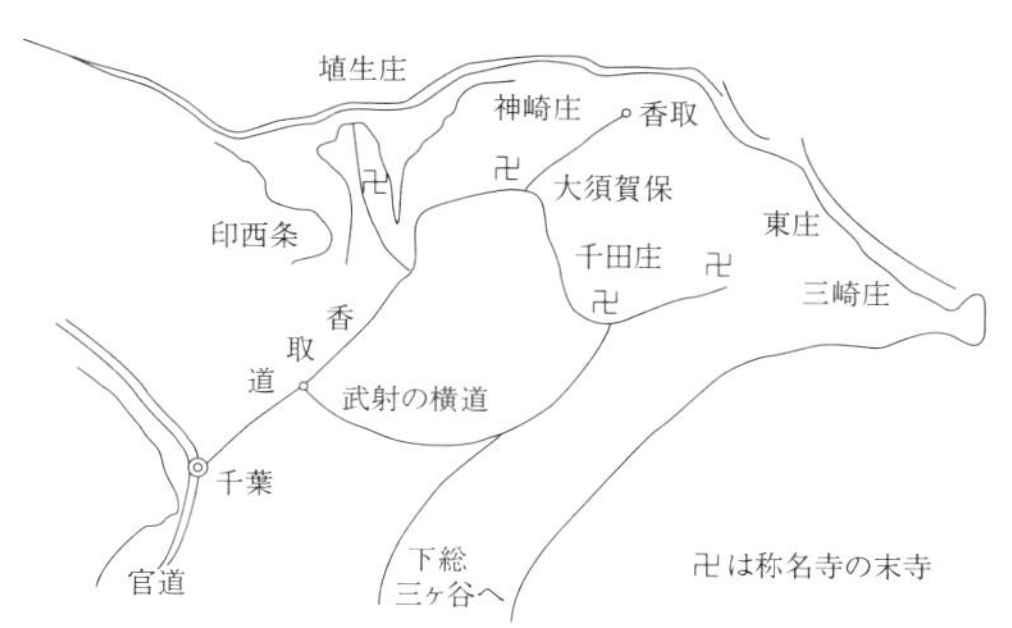

〈図Ⅱ〉　東下総陸上交通路　(推定)

埴生庄を従断する道は、古代の駅路らしい。この道によって水路と陸上交通路が連動しているとすると「興津」の存在がクローズ・アップされる。

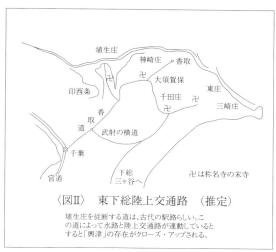

南の三ヶ谷郷（現茂原市）永興寺や上総一宮辺りまでも広がりをみせていく。そしてその永興寺と下総の末寺との交流が行われ[32]、さらには一宮の人々が慈恩寺や東禅寺を頼みに、鎌倉にある極楽寺での受戒の仲介を願っていることもみられ、一宮など東上総方面から北上し、東下総の陸上交通と交わるルートの存在が指摘できよう。これは途中から「武射の横道」と呼ばれる道と重なるであろうから[33]、東下総の陸上交通路とは千田庄辺りで交差するものと思われる。本来一宮から「武射の横道」なるところを千葉へ向い、そこから船を利用した方が遙に早いはずである。にもかかわらず称名寺の末寺に仲介を頼むは、内陸水路沿いにある称名寺の末寺を利用しての移動、つまり東下総の交通路の起点となるべき、称名寺の末寺が多く利用する津から、内陸水路を利用して鎌倉まで移動することを期待したに違いない。このルートはかなり恒常的に使用されていたのであろうと思われる。その事は次の史料でも確認できよう。

□□□□□□□□□無心本存候、さハ候へとも、船ニつみて候程に、今者便風を待候之由申候、別子細あるましきよし、船頭申候也、只今承候ハ、千田太郎殿隅田ニ付て候なんときこへ候、無尽□《少》申候之間、信不信相半候也、

恐惶謹言、

十一月廿四日　　恵剣（花押）

東禅寺御報

（ウハ書）
「　　（切封墨引）

東禅寺御報　　　元空」

（金沢文庫所蔵華厳五教章纂釈中三裏文書）

これは称名寺に関係の深い恵剣という僧侶が、当時東禅寺にいた湛睿という、のちに称名寺三世長老となる人物に

宛てた書状である。この文書には船で荷を運搬する人々の姿が描かれており、また恵剣が言い訳をしているところをみると、湛睿からの催促があったものと思われ、恐らくこの荷は東禅寺に運ばれるものと考えられる。ここには先の項で触れた海民の活躍の一端を垣間見ることが出来るし、また明らかに内陸水路を利用して運搬するものと推測できよう。では香取の海沿いにはない千田庄東禅寺まで、船で運んだあとどのようにして運ぶのであろうか。

またこの文書には、千田太郎なる人物が隅田に現れ無尽が少ないと言っていることも記されている。この千田太郎は鎌倉幕府滅亡後、千葉氏の惣領家貞胤との間に〝建武下総の乱〟ともいうべき激戦を展開した、千田大隅守こと胤貞であることは疑いの余地がない。胤貞が大隅守を称するのは建武二年以降であろうから[34]、この文書はそれ以前恐らく鎌倉末期頃のものであろうと思われる。さてこの無尽とは無尽銭のことであろう。無尽銭とは『建武式目』には「可被興行無尽銭土倉事」とあり、土倉の貸付金であることがわかろう。これから胤貞は江戸湾の商人たちとかなりの取引を行ったであろうことが考えられる。幕府滅亡後、急速に衰退し始めた称名寺に代わり、六浦においては下総中山法華経寺（この寺は最初法華経寺と本妙寺に分かれていたが、ここでは便宜上中山法華経寺とする。）の末寺上行寺を中心として、豪商六浦妙法の支援により日蓮宗が発展をみせていく[35]。実は千田胤貞は正和三年（一三一四）には中山法華経寺の俗別当として実権を掌握しており、日蓮宗の六浦進出も胤貞と商人たちとの関係が密接であったことを物語ることになろう。胤貞の支配する千田庄の荷も内陸水路を経由して彼ら商人の元へと運ばれたのではなかろうか。もしそうだとすれば、その運び出しはどこなのであろうか。

このあたりをふまえて考えてみれば、恐らく六浦と思われる港から東禅寺へと運ばれる荷は、内陸水路を利用し東下総のどこかの上陸点つまり津から、陸路で東禅寺まで運ばれる。内陸の東禅寺まで道なき道を行くはずはなく、恒常的に利用される道を使用していくのであろう。そのルートを考えてみると、やはり称名寺の末寺を結び付けることによって、東下総の陸路を浮かび上がらせることが出来るように思う。では東下総の上陸点とはどこか。筆者は称名寺の末寺ルートの起点というべき埴生庄竜角寺付近の「興津」というところが気にかかるが、残念ながら現時点では特定は出来ない。しかし何れにしろ内陸水路と東下総の陸上交通は、かなり密接なつながりをもっていたことは間違いがない。千田胤貞が日蓮宗に傾倒していきながらも、東禅寺の存在を認めていたのも、内陸水路利用の意図があったからではなかろうか。故に内陸水路を掌握することは、少なからず東下総の交通に影響を与えることになる。称名寺の末寺が東下総の陸路沿いに点在することは、その檀越である金沢氏の影響力が下総に浸透するようになるのは当然であろう。つまり埴生庄など成田周辺の荘園の掌握は、東下総の陸上交通をも影響下に置くことが出来たのではないかと推測できる。しかしこのことはそれだけでは済まない。さらにその影響力は下総に浸透するようになるのである。次項ではその実例を見ることにしたい。

四、金沢氏と千田庄

金沢氏の勢力が、六浦と成田周辺の荘園の制圧によって確保された内陸水路と、そこにつながる東下総の陸上交通路に、称名寺勢力とともに浸透し始めたことに対し、下総の中心的一族であった千葉氏はどのような対応をしていたのであろうか。

鎌倉後期における千葉頼胤以後の内紛については周知の通りであるが、惣領家をついだ胤宗及び貞胤は系図を参照していただいても解るように、金沢氏との血縁関係を強めているのである。後醍醐天皇の起こした元弘の乱によって多くの公家が犠牲となるが、その一人花山院師賢が千葉貞胤に預けられたのも、千葉氏惣領家が完全に金沢氏・北条氏側の立場であることを証明している(36)。したがって様々な影響を金沢氏から受けているに違いない。例えば千葉貞胤が親金沢氏的立場を取ることは、宗教的に見ても理解できよう。先の項にも登場した称名寺僧恵剣が、元亨二年（一三二二）に千葉堀内禅室において、碧海から両部秘契を授けられていることからも(37)、また南北朝初期には堀内禅室から光明院と改称したところに恵剣が居住するようになることを見ても明らかであろう。つまり貞胤は金沢氏の影響を受け、称名寺系の僧侶を受け入れるようになったのである。

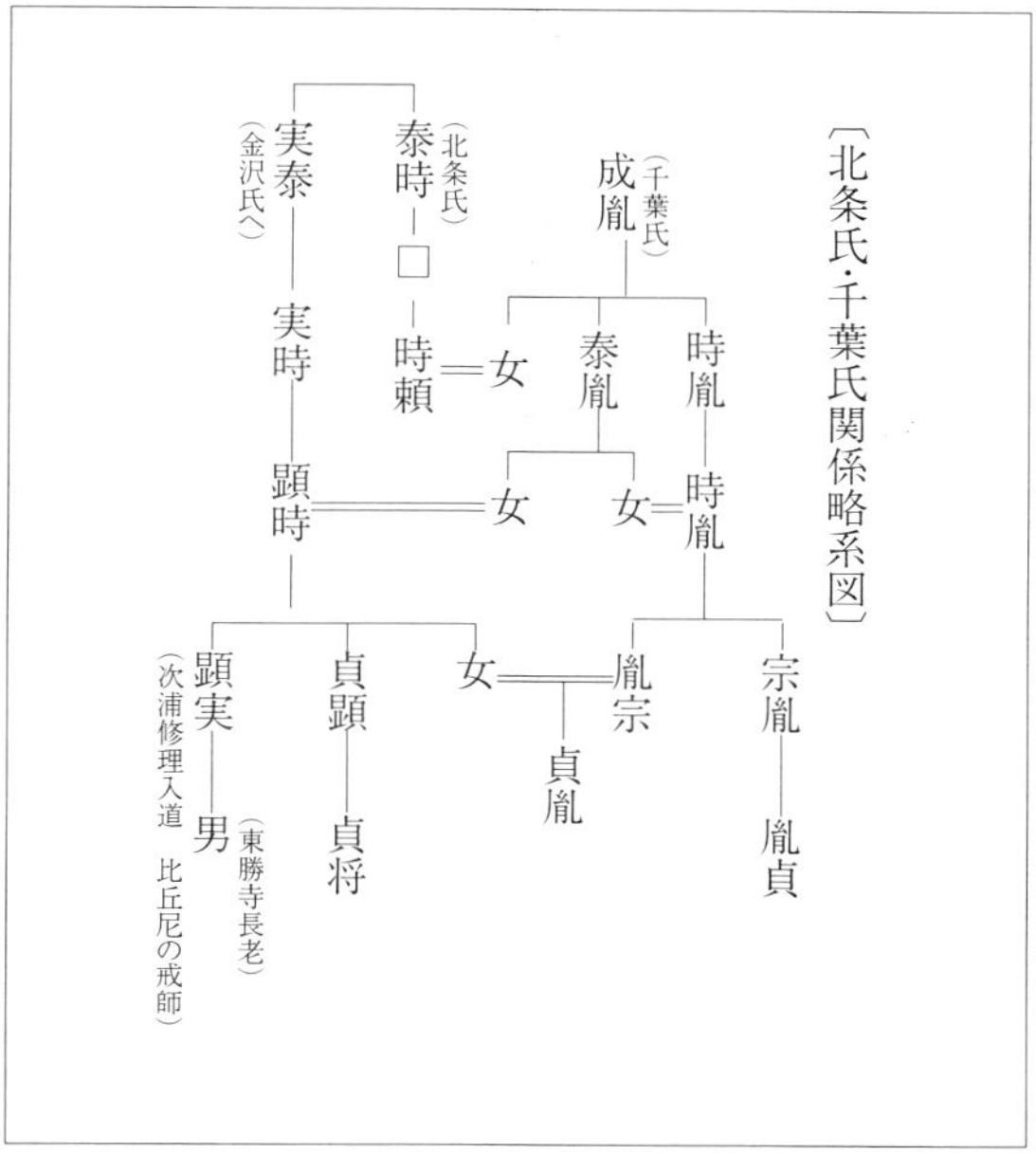

これに対し、庶流に甘んじていたものの対抗馬として千田庄に本拠を置いていた千田太郎胤貞が、先述の通り宗教的背景を求め中山法華経寺との提携を強めていくは、自然の流れであろう。中尾堯氏によれば、胤貞は中山法華経寺の二代目貫主日高の時には、既に俗別当として寺の経営に深く携わっていたとされる(38)。また胤貞は多くの所領を中山法華経寺に寄進している。これは得分権のみ

を渡したものであろうが、中尾氏はこれを在地の支配体制の維持と発展を期待したものであるとされた。[39] しかし逆に考えれば、胤貞がそれを深く望んだ背景には、それを脅かすものの存在があったのではなかろうか。

鎌倉幕府の滅亡に際して、千田胤貞はいち早く討幕勢力の中に身を投じ、建武三年に亡くなるまで一貫して足利方であった。[40] この状況下で「聖教（題未詳）奥書」には「元弘三年八月二十日、土一（橋）、為次浦殿百日」とあり、[41] 正しく幕府滅亡期に千田庄の在地勢力であった次浦氏は討死しているのである。一見すると胤貞方としての行動ともみえるが、その菩提は称名寺系の僧侶によって弔われているという事実がある。この千田庄には称名寺の末寺である東禅寺が存在している。先にも触れたように、ここにいた湛睿は称名寺の長老になる如くの重要人物であり、この東禅寺がそれに見合うだけの威容を誇っていたであろうし、その称名寺系の僧侶によって菩提が弔われているということは、次浦氏が東禅寺の檀越であったことの証であろう。本来胤貞の配下ならば日蓮宗系の僧侶が行うべきものであるにもかかわらず、称名寺系の僧侶が行っているということは、次浦氏が称名寺を通じて金沢氏との関わりをもっていたのではないか、ということを推測させるに十分である。したがってこの討死も金沢氏に味方しての行動であったことが理解できるのである。東禅寺にいた湛睿とって、金沢氏ばかりでなく次浦氏などの在地の檀越を失うことは大きな打撃であったに違いない。建武二年におこった中先代の乱で北条時行が足利直義を追い落とし鎌倉を制圧したときに、湛睿は間髪を入れず奥書の年号を正慶四年としているのである。[42] それだけ北条氏・幕府の復活を期待しているのであり、逆にいえば称名寺系の僧侶が如何に辛酸を嘗めてきたかが理解できよう。即ち称名寺と金沢氏はいわば一心同体であり、金沢氏は称名寺という宗教的背景を利用しながら、千田庄の在地勢力である次浦氏や井土山氏を取り込みながら、東下総の陸上交通路沿いの荘園にかなり深く勢力を植え付けようとしていることが判明する。つまりこの千田庄は中尾氏の指摘の通り、中山法華経寺との関わりをもつことにより在地支配を進めようとする胤貞及び、その配下で原御堂（現妙光寺）と呼ばれる日蓮宗系のお堂を建立した円城寺氏などの被官と、称名寺系と深い関わりをもつ次浦氏や井土山氏などの在地勢力との対立の場であったのである[43]。当然次浦氏などの背後には金沢氏の後ろ楯が存在したのであろう。胤貞が中山法華経寺に在地体制の維持と発展を望んだ背景には、金沢氏の存在が色濃く影を落としていたからに違いない。

福島金治氏によれば、金沢氏の被官でありまた金沢貞顕の養育を始めとして、深く金沢氏と関わっていた富谷左衛門入道は、埴生西条の富谷郷の出身であるという[44]。このような支配地と関わる被官関係は、在地支配を押し進める上で必要なことであろうし、富谷氏は金沢氏本家に勤仕する被官となれば、金沢氏との信頼関係も深かったであろう。ましてや次浦氏や井土山氏が金沢氏とその運命をともにするほどの関係ならば、金沢氏による千田庄介入がかなりの部分で進んでいたことを示すものと考えられる。先の千葉氏惣領家との姻戚関係も、この千田庄介入の暗黙の了解になったのであろうし、胤貞の勢力削減は惣領家にとっての好ましいことであったはずである。

中尾氏は、次浦氏や井土山氏などの支配していた地域は、以後千葉貞胤の支配が及び、千田庄でのこの部分だけは千田氏の自由にならなかったとする[45]。それは鎌倉末期の称名寺系の僧侶を利用しながらの金沢氏の支配が進行していたことを示すことにもなるし、貞胤がこの地を掌握しようとした根拠には、金沢氏との血縁関係を全面に押し出しての行動と考えられる。

千田胤貞が、鎌倉幕府滅亡期にいち早く足利氏に呼応していくのは、このような千田庄の状況が前提にあったと考えられる。また胤貞が千葉貞胤と〝建武下総の乱〟というべき激しい戦いを展開しているのも、この千田庄の状況に起因していよう。

結びにかえて

以上、金沢氏と成田周辺の荘園について、諸先学の論考を参考にしながら筆者なりの考えを記してきた。まだ考察しなければならないところもあるかとおもうが、ここで一応の区切りとしてまとめたい。

金沢氏が、埴生庄をはじめとする成田周辺の荘園を掌握しようとする理由について、筆者は概ね次の三点を指摘できると考えている。

まず第一点として、金沢氏自体のもつ特性からみていく必要があろう。即ち交易という観点からである。いうまでもなく、江戸湾と香取の海をつなぐ内陸水路が存在していたのであり、「海夫注文」を見るまでもなく、多くの津や関が存在していたことも事実である。この中で埴生西条や印西条そして埴生庄などの荘園の地理的位置は、諸先学が「常陸川」と呼ぶ流路から、香取の海へと向かう河口というべきところに存在している。さらに印西条には宗像神社が多く点在している。このことは九州の海民との関係を抜きにしては考えられない。また隣接する印東庄の領家は、貿易による莫大な利潤を手にしているといわれた西園寺氏であったということを考え合わせても、この付近には交易などに深い関わりをもつ人々が存在していたことは確かであろう。埴生西条・印西条・平塚郷などを支配していた金沢氏及びその前任者―筆者は三浦氏と考えたいが―にしても、また有力者が次々とその支配を担っていた埴生庄にしても、その支配する側が、この辺りが海民の居住するところであり、交易に関しても重要な地域であることの知識・認識はもっていたに違いない。

金沢氏は、宝治合戦による三浦氏の滅亡という事態によって、関東の中心的港湾である六浦を掌握することに成功する。これによって江戸湾に出入りする浦賀水道の掌握が可能になっていくが、これ以前から制圧していた埴生西条・印西条・平塚郷との関連から見ることによって、江戸湾から香取の海までの内陸水路の完全掌握を完成させることが出来た、という意義が見い出せるのである。この水運・海民の掌握こそが、金沢氏を中国との交易にまでも手を広げられるほどの勢力をもつことのできた原動力と考える必要があるのではないか。故にこれらの荘園に対して、金沢氏の積極的働きかけがあったであろうことを、指摘しなければならない。

第二点を考えてみよう。ところで我々は重要なタイムラグに気がつかなければならない。筆者は本稿でも細かいところではこれに注意して記してきたつもりであるが、それは六浦を金沢氏が完全制圧したときに、成田周辺の荘園で金沢氏の勢力下にはいっていたのは、埴生西条・印西条・平塚郷であって、その後に埴生庄は支配されたということである。このことを見落としてはならない。つまり内陸水路の掌握という点からみれば、六浦と印西・埴生西などを制圧することによってでも、十分な成果を上げられたものと考えられる。しかし何故埴生庄にまで手をのばす必要があったのか。一つの理由として、先の三つの荘園を掌握していた金沢氏が、この辺りで最も開発された荘園である埴生庄を掌握することで、更なる支配の充実を狙ったものと理解できよう。しかしこれだけではなかろう。注目しなければならないのは、称名寺の末寺をつなげることによって、東下総の陸上交通路を浮かび上がらせることが可能と考えるならば、その出発点は竜角寺のある埴生庄ということになるのではないかということである。即ち内陸水路と東下総の陸上交通路の接点が、この埴生庄ということになるのではなかろうか。小笠原長和氏の研究によれば、称名寺系の朗海・心慶などの僧侶が来着するなど頻繁な往来が認られており、竜角寺は広く栄えていたと考えられる。この埴生庄を金沢氏が掌握したということは、そこを拠点として内陸へとつながる東下総の陸上交通にも、多大な影響を及ばすことが可能になったといわねばならない。でなければ金沢氏と関係の深い称名寺の末寺がこのルート沿いに存在するはずはない。即ち第二の狙いとして、この成田周辺の荘園の掌握は、東下総の陸上交通への金沢氏介入の第一歩ということを指摘したい。このことは次の第三点とも関連が深い。

第三の理由を考えるには、具体的に千田庄の様相をみれば理解できよう。

千田庄は千田胤貞の本拠地であった。この胤貞が何故中山法華経寺という新しい勢力と接近しなければならなかったか。つまり胤貞が中山法華経寺に在地支配の維持と発展を期待した背景には、それを脅かすものの存在があったと解釈できよう。ここ千田庄には東禅寺という寺が存在していた。この背後には金沢氏の存在があろうが、この東禅寺を通じて金沢氏と接近を図ろうとする、次浦氏や井土山氏などの在地勢力があった。即ち一円支配を目指す胤貞の前に、金沢氏・称名寺そしてそれと接近した在地の反対勢力が存在したのである。これは逆に金沢氏による千田庄介入行動と考えられる。つまりこの千田庄は、胤貞と円城寺氏などの被官・在地勢力と、金沢氏・称名寺を頼りとする次浦氏ら在地勢力との抗争の場であったのである。金沢氏は、東下総の陸上交通路に対し単に影響を及ぼそうとしただけでなく、称名寺系の末寺を利用しながら、その支配地・所領の拡張を目指していたことも指摘できるであろう。もちろんこのような状況は何も千田庄に限ったことではない。例えば中先代の乱に際して、北条時行方に味方して挙兵したものの、結局足利氏に降ったものの中に「大須賀四郎左衛門尉」とみえる(46)。この中先代の乱は、諏訪氏など北条氏の被官が中心となって挙兵したものであった。果たして「大須賀四郎左衛門尉」が北条氏の被官であったか否かは別にして、少なくとも幕府復活・北条氏復活を願う立場の一人であったことは間違いない。ではこの状況はどのようにして生まれてきたか。これもやはり東下総陸上交通路上にある大須賀保に対する介入が進んでいたことを示すものであろう。

金沢氏は、埴生西条・印西条・平塚郷の掌握と相前後するように、鎌倉時代の中心的港湾六浦を、三浦氏との抗争の末獲得することによって、江戸湾から香取の海までの内陸水路を掌握することに成功した。さらに埴生庄を足利氏より獲得することによって、内陸水路掌握をより強固にするとともに、そこからのびる東下総陸上交通路の掌握を可能にし、称名寺系の末寺をそこに点在させることによって、より強い影響力を与えるようになっていく。その結果、千田庄・大須賀保などへの介入・奪取を狙う如き行動を開始していく。東下総における所領の拡大を目指していくのである。

即ち、金沢氏による成田周辺の荘園の掌握は、内陸水路制圧に大きな役割を果たしたばかりでなく、東下総制圧に向けての第一歩となることが指摘できるのである。

【付記】　この小稿は、『図説成田の歴史』を担当させていただいた縁によってまとまったもので、同じ中世を担当した木村修・遠山成一両氏には、色々と教えられることが多かった。ここに感謝したい。皆様方のご批判・ご指導を賜りたい。ここにお願いする次第である。

註

（1）『成田市史』中世・近世編、二七一頁
（2）「金沢文庫文書」（『神奈川県史』資料編中世三、三三五七号及び三三八〇号文書、猶以下『神県』中三とする）
（3）成田市寺台永興寺蔵「木造聖観音坐像墨書銘」（『成田市史』中世・近世編、一二六八頁）
（4）「旧大禰宜文書」（『千葉県史料』中世香取文書所収、六一頁、以下『千県』香取とする）
（5）伊藤一男氏「下総国埴生荘の武士と村落」（『成田市史研究』第五号、一九七八年）
（6）「香取神宮造宮所役注文」（「香取神宮文書」『千県』香取、三頁）
（7）「武蔵称名寺用配分置文」（「金沢文庫文書」『神県』中二、一三七九号文書）
（8）野口実氏「上総千葉氏について」（『千葉史学』第五号、一九八四年）
（9）「金沢文庫文書」（『神県』中二　一三八〇号文書）
（10）岡田清一氏「鎌倉政権下の両総」（『国学院雑誌』七四―七、一九七三年）
（11）『千県』（金石文篇二、二二九頁）
（12）「香取神宮文書」（『千県』香取、二八頁）
（13）「清源寺文書」（『栃木県史』中世一、三一五頁）
（14）註（9）に同じ
（15）「金沢文庫文書」（『神県』中二、一四三六号文書）
（16）「香取神宮文書」（『千県』香取、五頁）
（17）岡田清一氏前掲註（10）に同じ
（18）川添昭二氏「古代・中世宗像の対外関係」（『中世の海人と東アジア』所収、のち『九州の中世世界』にも再録、いずれも海鳥社、一九九四年）
（19）網野善彦氏「金沢氏・称名寺と海上交通」（『三浦古文化』第四四号、一九八八年。のち「海上交通の拠点、金沢氏称名寺の場

合」として『海と列島の中世』日本エディタースクール、一九九二年所収）
（20）（21）石井進氏「中世六浦の歴史」（『三浦古文化』第四〇号、一九八六年）
（22）『中世の海人と東アジア』所収、網野氏基調講演
（23）小笠原長和氏「中世の東京湾」（『史観』第四七冊、一九五六年、のち『中世房総の政治と文化』に所収、吉川弘文館、一九八五年）
（24）「旧大禰宜文書」（『千県』香取、一一〇頁～一一一頁）
（25）網野善彦氏註（19）前掲書に同じ
（26）『千葉県神社名鑑』（印旛郡の項、千葉県神社庁、一九八七年）
（27）網野善彦氏「中世前期の水上交通について」（『茨城県史研究』第四二号、一九八三年）
（28）「金沢文庫文書」（『神県』中二、二四二六号文書）
（29）『千葉県成田市史資料目録』（古文書―Ⅶ 栄町興津区有文書）成田市史編さん委員会、一九七三年
（30）段木一行氏「各地の千葉氏」（『中世村落構造の研究』所収、吉川弘文館、一九八六年）等
（31）小笠原長和氏「武州金沢称名寺と房総の諸寺」（『千葉大学文理学部文化科学紀要』第一輯、一九五九年、のち註（23）前掲書所収）
（32）「金沢文庫文書」（『神県』中三、三三六七二号及び三九三七号文書）
（33）丸井敬司氏「房総での源頼朝の動向に関する一考察」（『妙見信仰調査報告書』三所収、一九九四年）
（34）千田胤貞は、建武三年一二月一三日の「沙門一乗書状」（「金沢文庫文書」）には、「大隅殿」とみえているが、中先代の乱に際して、京より尊氏に従って下向するとき、即ち建武二年七月の段階では「千田太郎」（註（46）に同じ）となっている。この合戦の最中に、尊氏から恩賞を与えられている。この時点で大隅守を称するかは判然としないが、少なくとも胤貞が大隅守を名乗るのは建武二年以降であろう。
（35）中尾堯氏「中山法華経寺の教線の拡大」（『日蓮宗の成立と展開』所収、吉川弘文館、一九七三年）

(36)『太平記』巻第四「笠置囚人死罪流刑事付藤房卿事」
(37)「金沢文庫文書」(『神県』中二、一六五四号文書)
(38)中尾堯氏「法華経寺・妙本寺の成立」(註(35)前掲書所収)
(39)中尾堯氏「千葉氏と日祐」(註(35)前掲書所収)
(40)「金沢文庫文書」(『神県』中三、三三一二号文書)
(41)「金沢文庫文書」(『神県』中二、三一一六号文書)
(42)「金沢文庫文書」(『神県』中三、三三二〇号文書)
(43)中尾堯氏「千田庄における宗教関係の展開」(註(35)前掲書所収)
(44)福島金治氏「金沢氏の被官について」(『金沢文庫研究』二七七号、一九八六号)
(45)中尾堯氏、註(43)に同じ
(46)「足利尊氏関東下向宿次合戦注文」(『国立国会図書館所蔵文書』)

Ⅱ

戦国後期下総における陸上交通について

――「下総道」をめぐって

遠山成一

はじめに

近世初頭、東下総の岡飯田郷（現香取郡東庄町）から、下総を東西に横切って江戸まで、家康へ献上される柑子蜜柑が運ばれていた(1)。この経路は小笠原長和氏によって、中世に遡るものとされている(2)。

戦国後期、森山城主であったとされる胤富が千葉介を継ぐことによって、東下総は彼の権力基盤を支える重要な地となった。江戸から千葉介の居所佐倉(3)を経て、東下総までを結ぶ陸路は、まさに小笠原氏の指摘された柑子輸送ルートに他ならない、と考える。私は、戦国後期の重要なこの軍事・経済ルートを、小稿において「下総道」と呼称することにしたい。

以下、諸先学の成果(4)に導かれながら、胤富期における下総の陸上交通の一端について言及しようとするものである。具体的方法として、まず小笠原氏の指摘される柑子輸送ルートの、中世への可遡及性を検証する。つぎに菱田地名に注目して、文書の検討を通じ、交通体系の中に菱田の位置づけを行う。そして最後に、「下総道」の具体的経路について検討を加えたい。

一、献上柑子輸送経路について

小笠原氏が昭和三十五年（一九六〇）に発表された「徳川家への献上柑子」では、近世初頭の下総における家康の殖産興業というテーマが論じられているが、交通論から見て、きわめて今日的な興味深い問題も含まれている。同論文で取り上げられた「谷本文書」の検討から、氏は以下のように結論づけられる。柑子蜜柑の輸送経路、すなわち近世初頭慶長期頃に、下総をほぼ東西方向に横断する陸上交通路は、戦国期の東下総より江戸に至るルートにほぼ同じである、と。

経路にあたる宿次を、具体的に同文書よりあげてみると以下の通りである。なお（　）内は比定地名である。

森山おかい丶田（香取郡小見川町岡飯田）
府馬（香取郡山田町府馬）
鏑木（香取郡干潟町鏑木）
大寺（八日市場市大寺）
たこ（香取郡多古町多古）
さくら（酒々井町本佐倉）
うす井（佐倉市臼井）
大わた（八千代市大和田）

ふなはし（船橋市）
やわた（市川市本八幡）
市川（市川市）
かさい（東京都）
あさくさ（東京都台東区）[5]

さて、ここで想起されるのは、始点の岡飯田は下総千葉氏の重要拠点の一つであった森山城[6]の城下集落であり、以下、府馬・鏑木・大寺・多古・佐倉（本佐倉）・臼井まで、すべて中世城館跡の存在が認められ、本佐倉・臼井にいたっては、戦国後期には下総千葉氏[7]および原氏の本拠であった、ということである。そして海上氏の本拠地である東下総と、本佐倉、臼井、船橋を経て、後北条氏の重要支城の一つである江戸方面を結ぶのである。

以上簡単に述べただけでも、すでに小笠原氏が指摘したごとく、この街道は、下総における戦国後期の重要な軍事路線であったことは明白である。さらにこの街道は、森山城の手前上代[8]から中島城のある銚子方面へも延びる道であったことは疑いないところである。[9]

二、菱田の地理的歴史的環境

菱田という地名は、現在では千葉県民にもなじみの薄い地名であろう。山武郡芝山町菱田は、同町の、そして旧上総国の最北端に位置する、北総周辺ではよく見られる谷津奥の静かな集落である。柑子輸送ルートでいうと「たこ」

と「佐倉」の間に位置するが、宿次には登場していない。しかしながら、「原文書」[10]中に二度ほど登場し、戦国後期の下総千葉氏にとっては、少なからず重要な場所であった、と思われるのである。

とすると、下総道における菱田の位置づけを試みることは、価値のある作業と思われる。「たこ」と「佐倉」間の区間は、他の区間に比してきわめて長く[11]〔図１〕、しかも近世には牧となっていた台地上を通る[12]ので、路線復元がきわめて難しい。

まず菱田の地理的環境について、後述の「原文書」の史料解釈に関わる範囲で触れ、次章以降において、文書の解釈から菱田の位置づけと中世の道の復元に迫りたい。

九十九里浜に注ぐ栗山川の支流の一つ高谷川は、香取郡多古町の西端、一鍬田付近の上流部において、下総台地を樹枝状に開析している。それぞれの谷の最奥部の水源地は、わずか数百メートルの距離で利根川水系の大須賀川や、同じく根木名川の支流尾羽根川・取香川の水源地に接している。つまり、新東京国際空港のある台地一帯は、北東から南西にかけて、利根川水系と太平洋との分水界となっているわけである〔図２〕[13]。

一鍬田より南に約二㎞ほど下った高谷川上流部に、菱田の集落はある。現在、集落は高谷川の右岸と左岸に、それぞれ辺田・宿そして中郷・東の四つの地区からなっている。このうち宿地区の標高四〇メートルほどの狭小な台地上には、街道に沿って集落が展開し、小規模ながら一本街村形態を残している。他地区の集落は、宿地区の台地麓を含めて、台地を背にした水田面より一段高い微高地上に、並列状に展開する。この点で、菱田集落内において、宿地区の街村部の特異性を指摘できよう。

また、菱田の交通の要衝としての特質について触れておく必要があろう。それは、東西南北四方向いずれにも道が

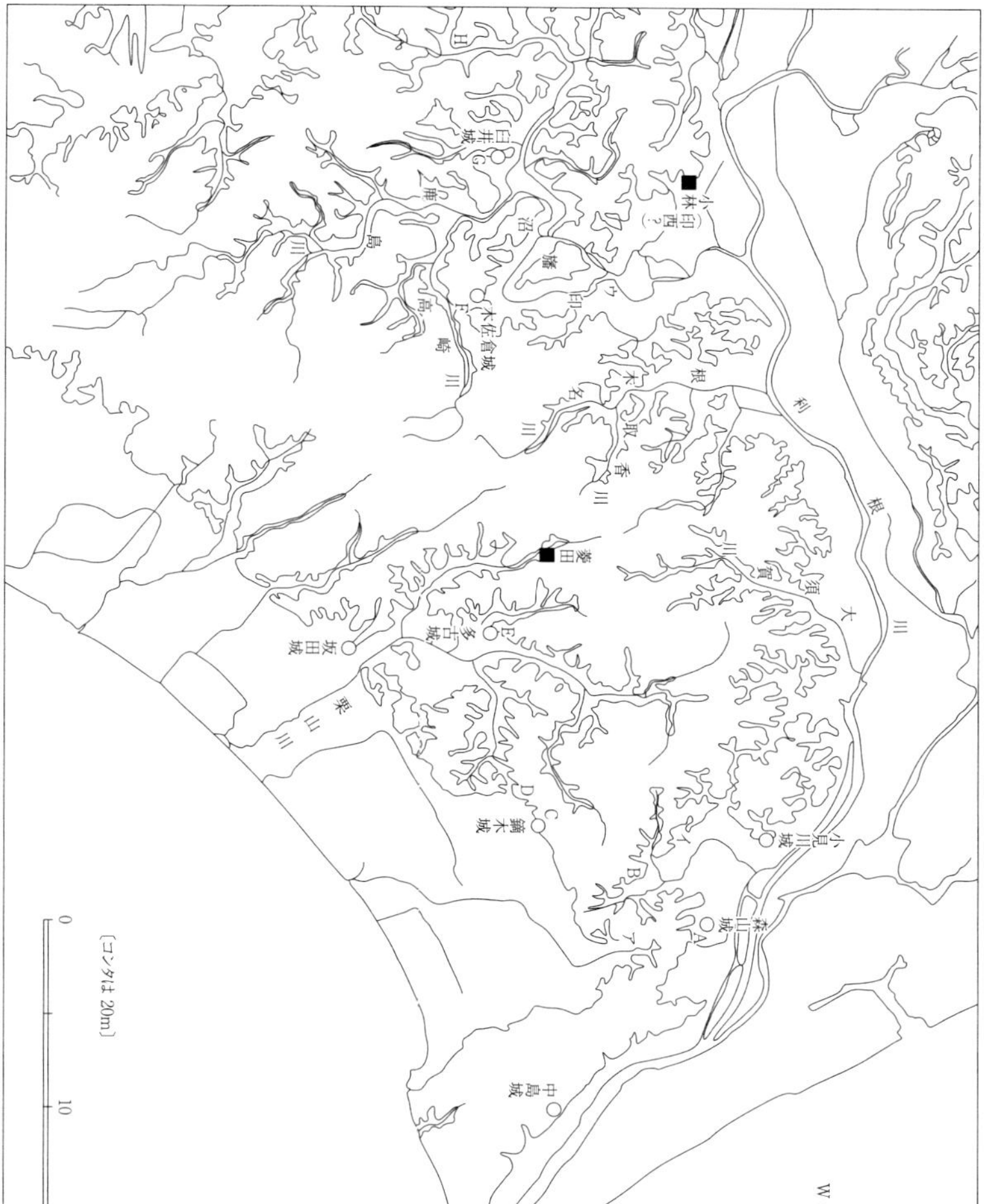

図1　下総国東半部要図
A 岡飯田　B 府馬　C 鏑木　D 大寺
E 多古　F 本佐倉　G 臼井　H 大和田
ア 東徳寺　イ 薬師堂　ウ 北須賀

図２　分水界図
（林田利之編「駒井野荒追遺跡」1992, 印旛都市文化財センターの図を一部加筆して使用した）

図 3　菱田・多古周辺図（国土地理院 1：50,000「成田」を縮尺して使用）
1　菱田城跡　2　白枡城跡　3　岩山城跡　4　飯櫃城跡　5　大台城跡
6　田向城跡　7　山中城跡　8　小堤城跡　9　牛尾城跡　10　多古城跡
11並木城跡　12　間倉城跡
●印は宿のつく地名

通じている、ということである。高谷川を下ると九十九里方面へ、同じく上ると大須賀保へ、さらに前述のごとく成田方面へと、南北方向にも道が延びているのである〔図3〕。

次に歴史的環境であるが、既に先学の指摘がなされている。菱田は、古代には上総国武射郡加毛郷に含まれていたとされ、同郷は、この他大里・朝倉・飯櫃などの一帯、高谷川の中流から上流にかけての範囲であった。

中世には武射北郡賀茂郷が成立し、古代の加毛郷とほぼ同様の範囲であったと考えられている。(14) そして戦国後期には、菱田を含めた同郷北部を、飯櫃城の山室氏(15)が支配下に置いていたことがわかる。高谷川右岸の大台城の井田氏と山中城の和田氏は、山室氏と姻戚関係を結んでいて、中小領主の地縁的共同体をもって、同川流域を支配していた様子が見て取れる。(16)

これらの中小領主、すなわち源姓の山室氏をはじめ、藤姓の和田氏(17)、出自不詳の井田氏は、千葉氏系の一族ではないと思われる。(18) しかし、木村修氏の指摘通り、彼らは千葉胤冨と密接な関係を有し(19)、この高谷川一帯を抑えていたのである。

三、菱田地名の載る文書について（一）

菱田の地名が載る文書は「原文書」に二点あるのみで、管見の限りでは他に見当たらない。そのうちの一点が、これから紹介する書状断簡である。煩瑣を厭わず全文を掲げる。なお、『千葉県史料　中世篇　諸家文書補遺』より引用し、文書番号はすべて同史料の通算番号を指すものとする。また、以下の文書を、便宜上小稿では文書Aと呼ぶ。

〔文書A〕

追而鏑木へ書状遣之候、それより即指越被申候、少も遅々しかるへからず候、夜中たるへく候間、与六丞と助五郎両人、にさしこし申されへく候、返々、六日ニハ大かた之雨ニ候共、必々可罷立候、

氏政今月三日小田原を被打出、六日ニ金まて可為着陣之由、夜前書状候、然間、其地之衆、六日ニ罷立、ひし田辺ニ陣取、七日ニ者、印西へとりこし候之様ニ尤候、内々六日ニ当地まてと、可被仰付候へ共、去年各たてさせ

られ候時分、伝馬をおひゆつし、当地ニ捨置候由候間、伝馬之ためニ候之条、六日ニ者（後欠）[20]

文書Aは、後欠の書状断簡のため全容の理解が困難で、月日、受給者、発給者ともに欠けている。しかし、第五号・一九号文書と同一筆跡であることと、他文書との内容の比較から、胤冨が森山城宛（石毛・海上氏か）に出したものであることがわかる。[21]

氏政よりの書状が胤冨のもとへ届いたのが、四日か五日の夜前であり、それを受けて胤冨は夜半直ちに森山城の石毛・海上氏に書状を遣わした。それが本文書である。

氏政よりの書状によると、既に氏政の軍は三日に小田原から出撃し、六日には松戸の小金に着陣するということである。その地の面々は、六日にはそちらを発って菱田に陣をとり、七日には印西（小林か）まで取ってよこすように…、という概容である。追而書のなかで、六日は大方雨だろうが、必ずそちらを発つように、と念を押している。また、昨年も同様な出陣命令が出て、「当地」まで伝馬を利用し、来ていることがわかる。

さらに、一刻も遅れることなく、この書状を鏑木へ遣わし申し伝えるよう、指示している。このことから、森山城の石毛・海上氏とともに、鏑木城の鏑木氏にも連絡がなされた、[22]とわかる。

まず、地名の整理から始めたい。文中には、鏑木、小田原、金《こがね》、ひし田（菱田）、印西が登場する。また「当地」とはどこか、という問題が、内容の理解に絡んで重要な点となってくる。

鏑木とは、鏑木氏の居城鏑木城[23]を指すものと考えられる。同様に金は、高城氏の居城小金城[24]を指す。では印西をどの地に比定するかであるが、距離的な関係から印西小林城[25]をさすものと考えたい。

「内々六日ニ当地まてと可被仰付候へ共」とあるのは、内々六日中に「当地」まで到着するべく、（胤冨より）指示しようと考えていたけれども、という具合に解釈されよう。「当地」とは、胤冨の居所本佐倉城と考えたい。また、伝馬を「おひゆつし」とは、伝馬を「負い融通し」であり、意味は「借りてやりくりする」とできようか。すると次のように解釈されるのである。

本当は、森山衆をはじめとする面々に本佐倉まで六日に着くよう、指示するつもりであったが、昨年、各々（伝馬を）たてさせた時に、伝馬を借りてやりくりし、本佐倉城（下）に捨て置いたということなので、伝馬のためによって六日には……[26]」となろう。後欠の部分を文脈から推定すると、「菱田に各々（森山衆以下）が陣を取り、本佐倉へは向かわず、直接菱田より印西（小林城）へ七日には取ってよこすように……」と続くのであろう。

以上のように文書Aを理解すると、菱田から本佐倉へは向かわず、直接印西小林へ向かうルートがあったことになる。菱田から分水界を越えて取香川流域に入り、現在の成田市街を経由して、北須賀で印旛沼を渡り、陸路（あるいは北須賀から直接に水路）で小林に向かうルートを想定したい[27]。

次に菱田の地名は直接登場しないが、関連するかと思われる文書を掲げて考察したい。同じく「原文書」中の「千葉胤冨黒印状」（以下文書Bと呼ぶ）である。これもまた全文を掲げる。

〔文書B〕

初番衆

原《こはた》大炊助代

八十《こはた》内藤六郎　府馬右衛門尉　ミや弥次郎（三谷）

石《こはた》毛新五郎
あハの四郎兵衛
かふら木(鏑木)はやと(隼人)
野《こはた》平掃部允
同甚五郎
藤代ぬい(縫殿)の太郎
かい(海保)ほうけん三郎
上《こはた》代与七郎代
いほり清九郎
したら(設楽)太郎五郎
押《こはた》田権四郎代
山なし孫八郎
宮内右京亮
久方二郎ゑもん
同ひやうこ(兵庫)助
み《こはた》の房代
いほり小七郎
おか(岡野)の□郎

右此七騎、きたる廿五日に、いつものことく半途まで罷立、十六日ニ当地へうちつき申しへく候、をの〱の代くわんの事、能々申付へく候、もし見くるしき代くわんニ候者、これにて御手もとより、仰付られへく候、さようニ候者、いよ〱造作いたすへく候、みの房代官にハ、ゆハせ十郎さへもんをたて申すへく候、かならす〱、かのものをあひたて申へく候、こん四郎代官之事ハ、もとより御存なされ候、与七郎代官之事、よく〱しらへさせられへき分ニ候間、たしかに申付へく候、仍如件、

大和守に□(さ)しそひ候て、
円城寺又二郎しらへ申へく候

(黒印)二月十六日

奉之

石毛大和入道殿

〔傍線は引用者〕(28)

ここにあがった人員は、本佐倉城の城番衆として登城すべき者たちであり、すべて東下総の中小領主層と考えられる(29)。筆頭に載る原大炊助は、香取郡東庄町に本領を有していたとされる(30)。また、名字から所領所在地の推定できるものに、府馬右衛門の府馬（香取郡山田町府馬か）、かぶら木（鏑木）はやとの鏑木、上代与七郎の上代（同郡干潟町か）(31)、押田権四郎の八日市場市周辺(32)、久方二郎ゑもんの久方（八日市場市久方か）などがあり、残りの三谷、海保、宮内、石毛、岡野なども、地域の特定はできないものの、特に海匝地区に多い名字(33)である。

旗指物（小旗）を持つべき騎馬武者級の武士の代官は、石毛大和守から申しつけて初番衆にたてさせるよう胤冨は命じている。さらに「見くるし」くないよう、大和守らからチェックをさせている。前述の原大炊助は初番衆のリーダーであり、その代官は、胤冨と大和守の間では周知の人物で、文中では省略されているのであろう。他の三名の代官をたてさせる人物は、それぞれ森山衆中でも有力武将であり、本人はそれぞれの支城に常駐するか、また、森山城に在番する関係で代官をたてるのではないだろうか。

「右此七騎」は二月廿五日には「いつものことく半途まて罷立(34)」ち、翌廿六日とは「当地へ」うちつくよう命ぜられている。七騎とは旗指物持ちの武士（代官も含め）を指す、と考えられる。彼らはいずれも森山城将と考えられ、文中下段に載る土豪級の武士(35)とは、「半途」で合流したのではないか。また、この場合の「当地」も、胤冨のいる本佐倉城とみてよいであろう。

では、「いつものことく半途まて罷立」つとは、いかなる意味であろうか。私は、この文言こそ菱田まで出てくることを指すものと考える。つまり、森山より本佐倉まで、二日行程であり、森山城より旗指物持ちの武士（代官）が菱田まで上り、そこで東下総各地から参集した下段に書かれた武士と合流して、各々編成を組んだのである。「いつものことく」とあるからには、こうした本佐倉城への番衆の登城の際には、菱田が常設の集結地となっていたことが考えられる。[36]

四、菱田地名の載る文書について（二）

菱田は前途のごとく、胤富の家臣化した山室氏をはじめ井田・和田氏らによる「高谷川ネットワーク」[37]によって、南からの脅威（里見・正木氏の東上策）を抑えたうえに、前章までにみたような中継地点としての重責を果していたのである。それゆえ、一旦、同所に対する脅威があった時は、全力でその排除にむかったはずである。

以下に掲げる文書は、そういう背景の下に出された文書である、と考える。

〔文書C〕

追而、そなたより、伝馬之儀、無用之由、（以下行間書）嶋田図書助にことハられへく候、さて又、東徳寺と薬師堂之伝馬をハさいそくいたし、図書助めしつれ参へく候、かの二疋之伝馬者こしらへ候、兵粮をのほせ申へき分、兵庫助にことハられへく候、

氏政今日江戸へ被打着之由、只今以書状被申越候間、不移時日、明々之間、可被出御馬候、其地之衆、一円ふしうのもの計、小見川と其地にさしをき、払而明後ついたち、ひし田まて、必々可被相立候、此度ハ其地・小見川之用心もいらさる儀に候間、をの〳〵其心得をいたし、可罷立候、敵をねきりにさせられへく候間、（後略）

八月廿八日　　　胤冨（花押）[38]

これを文書Ｃとする。『補遺』によると、もともと折紙であったものを折り目より切断し、二枚に接着したようで、第一紙と第二紙の長さが異なることから、宛所部分裁断の可能性が高いとされる。しかし同じく推定するように、本文の内容からみて、森山城将の石毛・海上宛とみて間違いなかろう。

内容は、胤冨が森山城将に宛てて北条氏政の江戸への出陣を伝え、森山城の将兵の早々の出馬を催促するものである。「此度ハ其地小見川之用心もいらざる儀に候間」つまり、今回は森山や小見川は敵の心配がないので、そのつもりで出てきて、敵を根切りにするようにと言っている。「此度ハ」ということからみて、以前森山城や小見川城が「敵」に攻められたことが想定される[39]。

ここで少々煩雑にはなるが、本文書の背景をさぐってみたい。まず、年代については、胤冨の花押型からの年代推定は『補遺』によると、元亀二〜三年とされる。この頃の氏政による江戸への出馬の存否を調べてみると、元亀二年の九月二日に浜村（現千葉市中央区浜野）宛てに江戸城将遠山氏の奉じた北条家禁制が出されている[40]、という事実にあたる。日付も本文書と近く、文書Ｃを元亀二年に比定して何ら矛盾はないように思われる〔補注１〕。

勿論禁制が出されているからといって、氏政が浜村まで出馬していると断定できないが、小弓の地理的条件[41]を考えると、氏政が実際に小弓近辺まで出撃した可能性は高いと考えられよう。

永禄末から元亀年間にかけて、里見氏勢力は盛んに両総奥深くへ侵攻をこころみている。とくに、永禄十二年頃に比定される「ひら川こう室あて胤冨書状[42]」〔補注２〕には「てきおゆみとりたて候に付て……うち政このたひふと馬を出され候ニ付て…」とあり、小弓城が里見方の手に落ちたこともあって、それに対して氏政が救援の兵をおくったことがわかる。さらに、これに関係があるかと思われる史料が、永禄十二年に比定される「十二月二十八日付千葉介宛北条氏康書状写」[43]〔補注3〕である。これには「本納外曲輪敵乗取由注進候」とあり、それに対して氏政が出馬しようとしたところ、敵は退散したので出馬を延期した、とある。さらに胤冨が後詰に出陣したことを、氏康は感謝している。そして北条氏規と遠山氏が、船橋まで打ち出たことを伝えている。[44]

また史料的な問題点はあるものの、『千学集抄』によると元亀二年に里見義弘は小弓城を攻めている、とされる。

このように考えると、「敵」とは里見勢をさすものとして間違いないであろう。

永禄末から元亀にかけて、山辺・武射郡・二宮庄の東上総地域と、小弓近辺の上総・下総国境地域の二方面にわたって、房州勢と下総千葉氏・後北条氏とによる戦闘が度々おき、一進一退が見られたと思う。

ところで、近年黒田基樹氏によって、北条氏の他国衆に対する取次ぎ役（指南）は厳密に分担が決まっていること、さらに下総千葉氏の「指南」を勤めたのは遠山氏であったことが指摘されている。[45]浜村宛禁制の奉者が同氏であることは、意味をもっている。というのは、浜村は原氏の本拠地の一つである小弓城の、いわば城下ともいうべき地であるにもかかわらず、遠山氏が奉じている（本来は原氏の指南松田憲秀が奉じるはず）。それは、今回の出馬は下総千葉氏の要請によるものだからである。

また、文書Cの本文冒頭部からも、胤冨と氏政間に、指南役遠山氏を介しての密接な連絡のあったことが窺われる。文書Cでは森山城の将兵に対して、「ひし田」まで「明後ついたち」（九月一日）には必ず出てくるように催促している。ここでの使われ方は単なる通過点ではなく、一応の目的地としてあげられているように思われる。

ところで、繰り返すが、菱田は胤冨の権力基盤の一つである東下総と、本佐倉城とを結ぶ極めて重要な中断地点であった。しかも、北上すれば大須賀保へも抜けることができる。それゆえ、敵の攻撃対策となったものと思われる。ここを敵に抑えられてしまうと、勢力を分断され、胤冨は片手をもがれたにも等しいのである。

菱田が攻められたという直接証拠は無いが、隣接する多古には正木氏による元亀三年十二月廿三日付の禁制が残る寺院(46)がある。元亀二年八月から九月にかけ、上総北部において、里見氏（あるいは正木氏）の脅威があり、それに対抗するために森山・小見川衆に出動がかかったのであろう。

五、「下総道」について

次に、前章までの原文書の検討から得られた知見と柑子輸送ルートを重ね合わせることによって、戦国後期における森山城から本佐倉までの、下総道の東半部の具体的経路を検証したい(47)。検証にあたって宿地名(48)に注目する地理学的手法や城郭の分布論の観点から行う。

まずは文書Ｃの「東徳寺と薬師堂之伝馬」という記述についてである。この伝馬については、すでに小笠原氏が注目されており、東徳寺とは東庄町大久保に所在の寺であることを指摘されている(49)。しかし、「薬師堂」に関しては、小笠原氏以降も不詳とされてきたようである。私は、これを現存する山田町竹之内小字下辺田所在の薬師堂と見做したい（〔図１〕のイ）。

その理由であるが、東徳寺は森山城から鏑木にいたる道の、そして薬師堂は小見川城から府馬への、それぞれ途中に位置しているからである。東徳寺のある大久保は、森山城より台地上を南下してきた道が、当時椿海のあった沖積低地部へ下りた所にある集落で、上代郷に含まれよう。さらに道は、大久保から台地麓に沿って、椿海を左に見ながら進み、鏑木城の周辺を経て、鏑木の宿に到着する。

一方、文書Cでは「小見川・其地（森山）」の両者に出動命令が下っているのである。小見川の衆はいかなるルートを通ったのであろうか。薬師堂のある山田町竹之内小字辺田は、下総台地の麓に沿って展開し、小見川より府馬に至るルートの中途にある。府馬には文書Bに登場した府馬右衛門尉の一族である府馬氏の拠る府馬城があり、また遠宿の小字名が残る。府馬からは鏑木へと進める。鏑木において、森山と小見川の衆は合流するのであろう。

鏑木の宿（字宿）は、鏑木城跡の北西約五百メートルの台地上に街道に沿って展開している。柑子輸送ルートに登場する「鏑木」とは、この宿を指すと思われ、外宿に該当するものであろう。それに対して、家臣団のいたと思われる字内宿は城の北部直近にある(50)。ここに戦国期城下町の二元性を見ることができよう(51)。

鏑木から大寺へは台地上を行く。大寺は匝瑳北条の郷の一つであり、地名初見は正応三年（一二九〇）に遡れる(52)。字要害には中世城郭大寺城跡があり、上宿と横宿の字が残る。柑子輸送の宿次として、近世初頭には宿が確認されるが、中世、少なくとも戦国期までその成立を遡らせてもよいであろう。

大寺からは西に進んで、内山（字宿）、安久山、金原、北中、南中（字宿）を経て、栗山川を渡り、多古へと至る。安久山は阿久山堂（後の円静寺）からついた地名とされるが、千田庄金原郷の阿久山堂として、延文六年（一三六一）には既に文書に見られる(53)。

以上、森山より多古までは、宿地名と下総道の対応があり、伝馬の宿次が想定されてよいであろう。

さて、問題は多古より本佐倉へ道がどのように走っていたか、である。既に文書A・B・Cの検討から明らかなように、菱田は胤冨配下の東下総の衆が陣を構える場所として、重要な地点であった。ゆえに、戦国期の下総道は多古から菱田を結んでいた、と言ってよい。

ではその経路はいかがであろうか。現在、多古の市街地より多古橋川沿いに北上し、飯笹―間倉―菱田と結ぶ小道を確認できる。飯笹は中世城郭跡が字四角山に残るといわれ(54)、北宿・中宿・南宿の字名も、飯笹と間倉を結ぶ道の近辺に残る。さらに間倉の集落には、字宮台に千葉氏との関連を伝承に残す中世城郭跡があり、星宮神社（妙見であろう）が今も存在する(55)。以上のことを勘案すると、多古―飯笹―間倉―菱田を結ぶ中世の道の存在を首肯できよう。

菱田以西の本佐倉へのルートについては、残念ながら推測に終始せざるをえない。可能性をふたつ提示するに止めよう(56)。一つは、菱田より、今は新東京国際空港の敷地となってしまった分水界を越えて、取香川最上流部に入り、取香川沿いに西へ進み、成田の寺台へと出て、あとは現国道五一号線に相当する台地上の道を下り、本佐倉へとたどる方法である。もう一つは菱田より、同様に分水界を越えて、根木名川上流部の大和・根木名を経て、高崎川の開析した台地縁辺部を通り、本佐倉の南まで行く方法である。

前者は、成田市内の寺台より公津へ抜け、印旛沼湖畔を北上し北須賀へ出て、沼を渡って印西方面へ陸路を行くルートも想定できる。文書Aで想定された東下総～菱田～印西という道のりは、かような最短ルートを通ることで可能となってこよう。

後者は菱田から本佐倉への最短ルートである。文書Bで見られたように、森山～菱田～本佐倉と二日行程で出てくる場合は、こちらを使ったと思われる。

六、戦国末期の政治動向と下総道――菱田から多古へ

九三年の後半になって、香取郡多古町の多古台遺跡から下総では二例目となる「畝堀」[57]が検出された。「畝堀」は後北条氏との関連がとりざたされている、[58]下総ではまだ珍しいとされる城郭遺構である。

多古台遺跡は、多古城跡の外郭部とみてよい区域[59]であり、台地のネック部分を「畝堀」で厳重に切って、外郭部分を完全に独立させている。この広い面積を有する多古台遺跡には、掘立柱の柱穴をともなうような中世の遺構は台地縁辺部にわずかに見られるだけである。[60]広大な平坦面をもつ外郭部にほとんど遺物・遺構のでない点では、坂田城跡[61]と共通する。簡単な小屋がけ程度の、臨時の駐屯地として使用された可能性が高い。

多古城跡に今も残る、台地を切る堀切の規模からみると、多古城跡は戦国最末期に手を入れているとみてよい。また、「畝堀」自体も同じ頃下総に導入された、と考えてよい遺構である。とすると、多古台遺跡の部分もほぼ同時期と、見なすことが可能であろう。

この多古台遺跡こそ、戦国末期に菱田に代わって、下総道の中継点となった重要な地点であろう。それではなぜ菱田は、多古に取って代わられたのであろうか。

理由は、房総における政治状況の変化をあげることができる。天正五年末に里見氏は後北条氏の前に和睦を余儀なくされ、[62]一時的に両総進出は諦めざるをえなくなってしまったのである。ここに千葉氏にとっての里見氏の脅威は、当面は消えた。

かような政治情勢の変化は、谷奥の菱田から平野に面した多古への、陸上交通上の要地の交替を促したのである。つまり、谷奥に位置する菱田は、軍事的に防御のしやすさはある。しかし、千葉氏領域における経済的幹線としての下総道を見ると、菱田の宿地区の狭小性と、平野部の少なさは発展性に乏しく映る。しかも、経路としては回り道となるのである。それゆえ、菱田とは逆の条件の多古へと、東下総と本佐倉を結ぶ下総道東半部における、重要な中継ぎ地点が移ったのであろう(63)。

以上の理由により、近世初期には既に菱田は宿としての戦略的重要性は下がってしまった(64)、と思われる。柑子輸送の宿次に、その名を見せないのが傍証となろう。

むすびにかえて

近年、房総に関する中世史研究の深化は、目を見張るものがある。既に市村高男氏が的確な分析をされておられるが、「中世東国における房総の位置」という視点を忘れぬ優れた論文が輩出している。

小稿は、氏の言われる「中世房総の全体像や中世東国における歴史的位置および特質については、必ずしも十分に描き出されるまでには至っていない(66)」という批判が、まさに当てはまると言わざるをえない。さらに、史料の読み間違いや、浅学ゆえの思わぬ誤りも多々あろうかと思う。大方の忌憚のないご批判を仰ぎたいと考える。

とはいえ、小笠原氏をはじめとする諸先学の優れた成果に学びつつ、胤冨を支えた東下総の中小領主層と、両者の媒介を果たした、優れて政治的経済的(67)ルートである「下総道」について、少しでも明らかにできたのではないかと思う。また、従来注目されることのほとんどなかった、菱田の位置づけにも触れることができたか、と思う。これにより、下総千葉氏の基礎研究に少しでも寄与できれば、望外の幸せである。

今後残された課題は多い。この期の下総千葉氏にとって関りの深い後北条氏の、伝馬制度の研究の成果を全く生かせなかった。また、下総道の西半分の検証、および下総道のもつ経済的側面についてはほとんど触れらなかった。また、きわめて重要な内容を持つと思われる文書Ａについても、なんら背景を明らかにできなかった。これらは、今後明らかにしていきたいと思う。

終わりにあたって、数々の貴重な指摘をいただいた畏友滝川・外山両氏をはじめとする千葉歴史学会・千葉城郭研究会会員の各位には、末筆ではあるが誌上をお借りして感謝の念を申し上げたい。

註

（1）「谷本文書」（『千葉県史料』中世篇諸家文書、以下『諸家』と略す）。

（2）同「徳川家への献上柑子」（『千葉大学文理学部文化科学紀要』第二輯、一九六〇年、のちに『中世房総の政治と文化』吉川弘文館、一九八五年所収）。

（3）小稿では以後論中において、中世の「佐倉」を現代の呼び名である本佐倉ですべて表す。

（4）専論に関しては、随時掲げる。全体を通して参考にさせて戴いた研究は、以下の通りである。小笠原長和「戦国末期における下総千葉氏」をはじめとする前掲『中世房総の政治と文化』所収の各論文。外山信司「『原文書』にみる森山城」―以下単に「森山城」と略す―（『千葉城郭研究』二号、一九九二年）、市村高男「中世東国における房総の位置―地域構造論的視点からの概観」（『千葉史学』第二二号、一九九三年）。

(5)「伊奈忠次等連署手形」(「谷本文書」『諸家』)。

(6)前掲外山「森山城」を参照のこと。

(7)これまでの研究では、千葉氏あるいは下総千葉氏という呼称がもっぱらであった。最近では、佐藤博信氏が、本佐倉城に本拠を移した後の千葉氏に対して「佐倉千葉氏」という呼び方をされた(「小弓公方足和氏の成立と展開」『歴史学研究』六三五号、一九九二年)。また外山信司氏は、胤冨—邦胤の系統を「海上系千葉氏」という概念を用いている(前掲「森山城」)。両者とも傾聴に値する指摘である。本佐倉城に本拠移転後の千葉氏については、少なくとも二系統(輔胤〜親胤と胤冨・邦胤)を考えるべきではなかろうか。輔胤に始まる系統は、「海上系千葉氏」に対し「馬場系千葉氏」とでも言うべき存在である。このことについては、拙稿「戦国期成田地域に関するノート」(『成田市史研究』一九号、一九九四年)を参照されたい。今後、千葉介の代ごとの基礎的研究を積み重ねることによって、千葉氏に関する事蹟が、呼称も含めて確定されていくことと思われる。とりあえず、小稿では一般的な下総千葉氏の名称を用いた。

(8)天正二十年(一五九二)、上代に松平家忠が入部したが、多古の保科正直、銚子(飯沼)の松平伊昌と合わせて、小稿でとりあげた道沿いの交通の要衝地に置かれていることがわかる。入部間もない家康にとって、東下総地方の支配上、多古・上代は重要であり、銚子は水運を抑える上で必須の要所であったと考えられる。

(9)その根拠は、次の通りである。銚子方面に陸路を通って行く場合は、三つの経路しか考えられない。ひとつは九十九里平野の砂丘列上の道を、浜に沿っていく経路である。もう一つは、利根川の自然堤防上に展開したであろうはずの、集落を結ぶ道を行くものである。そして残りが、中世の椿海と桁沼に挟まれた上代郷周辺の地峡部を通るか、その直下を迂回して行く経路である。柑子輸送ルートは、この地峡部に沿って南北に延びるので、枝分かれして地峡部を抜けて、銚子方面に向かった道があったにちがいない。この推定ルート上には、東氏一族の崇拝を受けていた東大社のある宮本や、近世には成立している集落が存在するし、前註のごとく上代の家忠と飯沼の伊昌の間には往来が認められる(『家忠日記』)。

(10)「原文書」自体については、『千葉市史』史料編三(千葉市、一九八〇年)の解説を参照のこと。なお、『千葉県史料』中世篇諸家文書補遺(千葉県、一九九一年、以下『補遺』と略す)では、胤冨の花押形の編年が試みられ、従来と異なった画期的な年代比定がなされた。小稿はこの成果に全面的に負っている。例えば、前掲小笠原論文では、拙稿で取り上げる文書を既に詳細に検討されているが、これらを「年代不詳」としながらも、いずれも「天正初年」のものと考えておられる。『補遺』によれば、花押形は元亀年間を下らないものとされ、状況が変わってくる。なお、原文書を使用した研究には、管見の限りでは、註（1）小笠原論文を嚆矢として、盛本昌広「中世東国における塩の生産と流通」（『三浦古文化』四五、一九八九年）、横田光雄「戦国期北総の流通」（『鎌ヶ谷市史研究』第三号、一九九〇年）、黒田基樹「後北条氏における支城領の形成過程―下総佐倉領の場合―」（『佐倉市史研究』第八号、一九八八年）、同「北条氏の佐倉領支配」（中世房総史研究会編『中世房総の権力と社会』高科書店、一九九一年）、外山「戦国末期の下総原氏」（『千葉史学』一七号、一九九〇年）、同「森山城」などがある。原文書を使用して流通史、政治史、城郭史など、多様な読み込みができることがわかる。

(11)　他の区間は、直線距離にして二～八㎞の中に収まるが、「佐倉」と多古の間は同じく二〇㎞もある。

(12)　多古より本佐倉へ至るには、菱田から近世の取香牧、内野牧を経由しなければならない。『酒々井町史』史料集（三）（佐倉牧関係二、一九八九年）の付図を参照。

(13)　林田利之『駒井野荒追遺跡』（印旛郡市文化財センター、一九九二年）の第二章第二節「成田市の地形」を参照のこと。また図2は同書六頁の図版に一部加筆をした。

(14)　池田寿「下総・上総国境における板碑の一考察―高谷川流域を例として―」（『成田市史研究』一五号、一九九一年）。

(15)　菱田字中郷にある、鹿島神社の置かれた台地先端の小独立丘には、未周知の小城郭遺構が存在する。東麓の山室家の墓地には、近世の所産かと推定される一石宝篋印塔が数基ある。この城郭は、伝承によると飯櫃城をおとされた山室氏が菱田に逃れ、ここに築いたとのことである。以上、椎名幸一氏のご教示をいただき、現地の案内をいただいた。感謝申し上げたい。なお、菱田の字宿は、この城郭遺構とは関係のない宿として考えねばならない。なお註（48）を参照のこと。

(16)　木村修「中世末期の造仏とその背景―上総国武射郡を例として―」（『千葉県立中央博物館研究報告―人文科学―』第二巻第二号（通巻五号）、一九九三年）を参照のこと。戦国後期の高谷川流域の様相が、これにより少なからず明らかになったといえる。また「山室譜伝記」の信憑性についてポジティブな面での一石を投じた、といえよう。菱田の位置づけを考えるにあたって、小稿は氏の成果に負うところが大きい。

(17)『千葉県史料』金石文篇一（一九七五年）山武郡三一号。永禄九年銘をもつ阿弥陀如来像の墨書銘（芝山町新井田称名寺）には「大檀那藤原和田弥五郎」とある。

(18)千葉氏一族であれば、当然平姓を名のるはずである。「山室譜伝記」によると、和田氏は千葉七郎師時から分派する千葉一族とされ、木村氏もそれを浄慶造像の根拠の一つにあげられるが、私は以下の様に考える。和田氏は藤原を本姓として墨書するように、元来非千葉氏系一族であり、胤冨によって「胤」の字をもらい、千葉氏に擬制された「名字の家臣」と考える。これは、胤冨ら千葉氏にとって、高谷川から栗山川を結ぶラインを山室・井田・和田氏らによって維持することが、いかに重要だったかを物語るものである。なお、註（37）を参照のこと。

(19)木村氏によると、仏師浄慶による造仏活動は、「一貫して千葉氏（胤冨─引用者）の勢力圏内で展開しているように思われる」とされる。和田弥五郎胤茂の妻が「千葉氏公津城主息女」（「山室譜伝記」）であったのも、〝名仏師〟浄慶を高谷川流域で活動させたのも、うがった見方をすれば、胤冨による「名字の家臣」の懐柔策だったのではないか。にもかかわらず、元亀年間から天正初期頃と思われる原胤栄から大須賀孫二郎に宛てた書状（大須賀文書）から、「先日上総口ニ手切之郷御座候」について、「不時ニ人数被相遣」し「於彼村敵（親？）衆廿余人討取」る、という事件があったことがわかる。「上総口」が具体的に菱田を指すかどうかは不明だが、いずれにしても両総境は不安定な要素があった、と思われる。なお、この書状については、前掲横田論文を参照されたい。

(20)「千葉胤冨書状断簡」（『補遺』一一三号文書）。なお、これまでの読みと異なる部分があるが、こちらに従う。

(21)前註文書の説明註を参照のこと。日付と氏政の小金着陣という条件から、永禄七年の第二次国府台合戦に関する書状、という可能性も捨てされないが、今は即断を避けておきたい。

(22)ここで、鏑木城の位置づけが問題となる。森山城と同格で、森山衆に対して「鏑木衆」とでもいうべき集団を組織できていたのか否かである。結論だけ言うと、森山城の一ランク下の支城であり、今回は緊急事態により、鏑木周辺の森山衆の招集のため連絡された、とみたい。

(23)　柴田龍司『千葉県中近世城跡調査研究報告書　第七集　鏑木城・飯櫃城』（一九八七年）を参照のこと。

(24)　『平成二年度松戸市内遺跡発掘調査概報』（松戸市教育委員会、一九九一年）。小金城跡の最北端にあたる「番場」地先の発掘により、畝堀遺構・虎口状遺構などが検出された。畝堀については後北条氏との絡みで注目される。なお、同じく本論第六章もご覧戴きたい。

(25)　印旛沼から常陸川への出入り部を扼する、絶好の位置にある。同域は、胤冨の直臣である佐倉原氏と「密接な関係」があるとされる（外山前掲「戦国末期の下総原氏」参照）。そう考えると、森山衆はここで佐倉原氏等の一団と合流して、さらに氏政の着陣する小金方面に出撃（水運でか？）する、という可能性が高いのではなかろうか。森山城と菱田は直線距離にして約二三㎞程あり、菱田と小林城もちょうど同じく約二三㎞程である。同城跡は数次にわたる発掘調査（「印西小林城」一九八四年他）をうけ、最近では千葉県文化財センターが発掘調査した。その成果は、現在整理中で近々刊行される予定。

(26)　本佐倉へ伝馬を捨て置いたのは、本佐倉城の北方にある浜宿河岸から、移動を印旛沼・常陸川水運に代えたためと考えられる。

(27)　註（7）の拙稿「戦国期成田地域に関するノート」を参照されたい。勿論、この他にも根木名・大和（大輪）から根木名川を下って、現成田市街へ至るルートも考えられよう。

(28)　「千葉氏黒印状」（『原文書』『補遺』一一号文書）。

(29)　「こはた（小旗）」と肩書された騎馬武者と、その下に書かれた者との集団を、ここでは以下のように理解したい。すなわち、戦闘のためではなく、城番のための集団であるので、通常の着到状などに見られるような鉄砲・弓・鐐衆や騎馬衆、馬廻り衆などを引き連れて大編成とは考えにくい。上段に書かれた騎馬武者は支城主かそれに準ずる者、下段に書かれた者は土豪級であろう。両者で一組となり、若干の馬廻り衆などを引き連れた小編成をとったのではないだろうか。なお、小旗と編成に関しては、藤本正行「戦国期武装要語解」（『中世東国史の研究』東京大学出版会、一九八八年）を参照のこと。

(30)　前掲外山「戦国末期の下総原氏」参照。天正一五年頃より、後北条氏と結びついて実質的な森山城主格となる人物であるが、当時は森山城の「頭立衆四五人」のうちの一人であった。また、本領は「千葉胤冨判物」（『原文書』『補遺』一二号文書）に、「東本領一ヶ所幷山田之村」と出てくる。「山田之村」について、外山氏は「未詳」とされるが、黒田基樹氏は東庄町内に比定されている

（「新発見の小弓・臼井原氏の関係文書について」『千葉いまむかし』№4、一九九一年）。ただし掲載誌の関係か、その根拠は明らかにされていない。
(31) ここにあがる府馬、鏑木、上代は、森山城および小見川城より本佐倉へ通ずる下総道の街道沿いにある。
(32) 川村優「旗本押田氏に関する研究序説」（『論集千葉氏研究の諸問題』一九七七年）。氏の取り上げられた史料は、検討の余地が存するが、概ね押田氏と八日市場地域との関わりは、認めてよいと思われる。
(33) 「千葉胤冨書状」（「原文書」『補遺』一九号文書）には、林・三谷・あひる（畔蒜）・向後・神保の諸氏が見える。これらもまた海匝地区に多い名字である。なお「西山本門寺文書」の「原大炊助書状」には、原大炊助の使者として三谷左衛門尉がみえる。前掲黒田「新発見の小弓・臼井原氏関係文書について」を参照のこと。
(34) 『補遺』で「半途まて」と解読されるまでは、いずれの史料集も「半途にて」と読まれていた。「まて」と「にて」ではニュアンスが異なり、菱田に関連したものとみなすには「まて」と読まれねばならない。
(35) 土豪とは言ったものの、文書Bに載る府馬や鏑木に関しては、城持ちの武士の一族である可能性も否定できない。
(36) ところで文書Aでは「ひし田辺ニ」とあり、菱田の周辺を指していて、菱田そのものを指さない可能性が高い。一方文書Bでは「半途まて」とあり、半途（菱田）まで出てくる意味で、菱田を直接指している。この違いは意味がある、と思う。それは、文書Aでは戦闘に際しての大人数の兵力移動があり、駐屯地としてそれなりに広大な面積のとれる地でなければならない。菱田の宿地区は、あまり広いとは言えず不適当である。それゆえ「ひし田辺」という表現がとられたのであろう。具体的な位置は未考である。一方、文書Bはさほど多人数ではない城番衆の移動であり、菱田の宿地区で十分であるし、馬の替えや食料・水の補給もあてにできよう。
(37) 「千葉氏黒印状」（『海上八幡宮文書』）によると、天正二年九月日付で海上八幡宮へ御神事銭を納めた胤冨の部下たちの名前がわかる。馬場大膳亮の奉ずるこの鶴丸黒印状には、筆頭で一貫文の山室兵部丞の他、文書Bにも載る八十内氏（藤六郎）、二百五十文の一鍬田豊後守などの名前がみえる。山室氏は飯櫃城主の一族であり、一鍬田氏といえば、高谷川最上流の一鍬田を名字とする土豪級の人物であろうか。なお、外山氏のご教示を。

(38)「千葉胤冨書状」(「原文書」『補遺』五号文書)。
(39)永禄三年に小見川方面へ正木時茂が、また永禄八年には小見川から香取神宮にかけて正木時忠が攻め込んだことが、以下の文書から明らかにされる。①永禄五年六月廿九日付正木信茂書状写(彰考館本正木文書)、②年欠十月廿四日付大須賀薩摩丸宛千葉胤冨書状(秋山文書)、⑧年欠十二月六日付正木時茂書状(香取旧大禰宜文書)。
(40)千葉市史編纂委員会編『千葉市南部の歴史』(一九八六年)、『戦国遺文　後北条氏編　第二巻』。
(41)前掲『千葉市南部の歴史』第一章第二節「本行寺と戦国時代」を参照のこと。第三節「浜御蔵と河岸」で取り上げられている近世の生実藩蔵屋敷(浜御蔵)は、発掘の結果中世の遺構面・遺物が発見され(未刊)、中世に遡る施設であった可能性が高いという。なお、前掲佐藤「小弓公方足利氏の成立と展開」でも、小弓の戦略的位置について言及されている。
(42)「たね冨書状写」(「豊前氏古文書抄」『旭市史』第三巻「戦国期千葉氏関係文書」一八七号文書)。
(43)前掲『戦国遺文』一三六八号文書。
(44)氏規と遠山が船橋まで打ち出しているのに対して、胤冨は本佐倉を出て敵の背後を窺っている(後詰)。小弓を奪った房州勢が、千葉市西部方面まで出張っている様子が想定されよう。
(45)黒田基樹「江戸城将遠山氏に関する考察―北条氏の領域支配体制への位置付けを中心に―」(『文化財研究紀要』第五集、東京都北区教育委員会、一九九一年)を参照のこと。
(46)「正木氏制札」(「妙興寺文書」『諸家』二四九号文書)。さてここで、多古城跡のある多古の宿を攻める方が、高谷川上流部の菱田を攻めるよりも容易である、と思われるかもしれない。しかし、多古の宿は東西及び南方が、現在でこそ水田化されているが、当時沼沢地で囲まれていたため、要害性に優れ、南方からの攻めは困難であった、と考えられる。高谷川右岸に城跡が偏在するのも、以上の理由から考えられる。なお、妙興寺は多古町南中にある日蓮宗寺院である。南中地区は、多古の宿とは栗山川を挟んだ対岸の台地上にある。
(47)本章で検証する下総道の具体的経路は、中世に遡るであろう城館跡、宿、寺社などを、柑子輸送宿次に対応させて幹線道として考えたものであるから、これしか道は考えられないというものではない。他のルートの存在を否定するものではないことを、お断りしておきたい。

(48) 市村高男「宿・内宿・外宿」(『角川日本地名大辞典』別巻Ⅰ日本地名資料集成「第五章　大名領国の形成と地域の変容」)を参照のこと。市村氏によると、宿とは「(近世城下町の)町人町の前提となるものであり、東国各地の拠点的城郭の周辺に頻出する。(中略)もちろん宿は、城郭と関係なしに存在することもあるが」と述べられている。下総道に沿う形で存在する宿地名は同様に、城郭にともなうものと、そうでないものに分かれる。

(49) 前掲小笠原「戦国末期における下総千葉氏」参照。しかも東徳寺の建つ地の小字は「入宿」である。

(50) 前掲柴田報告参照。註(48)の宿の説明に「城郭と対をなす宿の場合、その内容によって内宿と外宿との二つに分けられる。内宿は堀・土塁によって囲郭され、城の外郭に準ずる扱いを受けるところであり、根小屋の発展した形態と見なすことができる。内宿の地名は城に密接した形で存在するのが普通で……」とある。

(51) 小島道裕「戦国期城下町の構造」(『日本史研究』二五七号、一九八四年)。

(52) 『千葉県史料』金石文篇二、香取郡五九二号。正応三年三月十五日の日付をもつ「銅造阿弥陀如来立像」の背部陰刻銘には「下総国匝瑳北条大寺郷」とある。『角川日本地名大辞典』12千葉県による。

(53) 「日祐譲状」(「中山法華経寺文書」『市川市史』第五巻)。前掲『角川日本地名大辞典』による。

(54) (55) 前掲『角川日本地名大辞典』による。

(56) 近年、千葉県でも中世の宿や道の発掘の実例があり、今後、考古学的手法により調査がなされんことを期待したい。

(57) 城館の空堀内部に仕切りをいくつか連続して設け、堀底の通行を妨げるための施設をいう。

(58) 池田光雄「堀内部障壁の一形態について―後北条氏領国下のいわゆる障子堀・畝堀を中心に―」(『中世城郭研究』二号、一九八八年)、同「堀内部障壁の一形態について―全国の類例を考える―」(『同』三号、一九八九年)。氏によると、「大規模な障壁が後北条氏に多く見られるという事実はある」が、「後北条氏特有の築城技術とは言えなくなってきた」とされる。しかし、千葉県内における現時点までの発掘例二例は、註(23)の小金城跡と多古城跡であり、いずれも後北条氏の影響が想定される。

(59) 小高春雄「城郭史におけるひとつの画期―史料にみる地域の例から―」(前掲『千葉城郭研究』二号)を参照のこと。

(60) 多古台遺跡の中央部分も、一九九三年度に発掘されたが、実見のかぎり中世遺構はあまりないと思われる。
(61) 加藤正信他『千葉県中近世城跡研究調査報告書　第三集　大友城・坂田城』(一九八三年)。柴田龍司氏のご教示による。
(62) 滝川恒昭「後北条氏東上総進出の新史料―『上総藻原寺文書』について―」(『千葉史学』第一八号、一九九一年)を参照のこと。
(63) 井田氏の本拠が(発達した縄張りからそう考えるのだが)おそらく天正後期に、高谷川流域の大台城から、九十九里平野を臨む栗山川流域の坂田城(山武郡横芝町)に移ったのは、多古に対しての南方からの侵入に対処するという理由も考えられよう。
(64) もう傍証となろうが、註(15)の伝承は、中世末期において菱田が、逃れ行くにふさわしい場所と化していたことを意味するのではないか。
(65)(66) 前掲市村論文。
(67) こと経済的側面については、小稿において何ら触れることすらできなかった。後日に期したい。

【付記】一九九四年二月十二日の千葉城郭研究会第六回実地研修会にて、実見させて戴いた。所蔵者であられる谷本嘉規氏のご高配に感謝申しあげる。


〔補註1〕黒田基樹編『北条氏年表』(高志書院、二〇一三年)でも、文書Cを元亀二年に比定している。

〔補註2〕その後、同書状を元亀二年に比定した。このことも含め、元亀年間の生実城をめぐる里見氏と千葉氏との攻防を検討した「元亀年間における千葉氏と里見氏の抗争に関する一考察」(『千葉史学』第七三号、二〇一八年十一月)を発表した。

〔補註3〕前掲『北条氏年表』では、これを永禄十年に比定している。

Ⅲ 戦国時代佐倉の鹿島宿——伝承の検討を中心として

高橋健一

はじめに

戦国時代の佐倉（印旛郡酒々井町本佐倉を中心とする一帯）については、下総千葉氏の本城本佐倉城（以下、当時の呼称に従い「佐倉城」という）の研究、また、その城下に居住した人々の考察といった面からの解明が進められており、その様相はかなり明確になりつつあるといえよう(1)。そして、この佐倉であるが、佐倉城が千葉氏の本城に定められて以後についてみると、戦国時代の歴史は、千葉邦胤が家臣に殺害された天正十三年（一五八五）を境界として、前後二期に区分することができる。すなわち、

（Ⅰ）千葉孝胤が佐倉城主となって以後、勝胤・昌胤・利胤・親胤・胤富・邦胤と当主を継承していった千葉氏が、佐倉をその領国支配の拠点とした時期

（Ⅱ）千葉邦胤が死去して以後、相模国小田原の後北条氏が、佐倉を「佐倉領」支配の拠点とした時期

の二期である。これは、佐倉の戦国史の明確な画期であることは、間違いのないところと考える。そして、そこには当然のこととして、支配構造に変容がみられたはずである。しかし、この点に関しては、必ずしも明確にされている

わけではない。今後、（Ⅱ）の時期については、後北条氏との関係において、「御隠居様」と称された北条氏政と、「佐倉之物主」として後北条氏の一武将という立場におかれた亀王丸（千葉重胤）、天正十七年以降に千葉氏の名跡を継承したとみられる北条直重（北条氏政の子で氏直の弟）の確実な動向の把握、また「佐倉御旗本」として後北条氏に掌握された人々の実態の解明と分析、さらには、後北条氏家臣の佐倉居住と、その近世への土着過程の究明が重要な課題として残されている。そしてまた、多角的な観点からの佐倉地域の史的構造の研究、また、酒々井町、佐倉市の歴史といったような従来の地域史研究の段階から一歩進み、東国の戦国史の中において、佐倉という地域の特質を探ることも必要であろう。

本稿は、その前段階における一視点として、伝承を通して知られる「鹿島宿」について、これを検討しようと試みるものである。

一、鹿島宿の伝承

まず資料をあげることにしたい。

〔資料1〕

佐倉の本町ハ元鹿島宿と云千葉家本佐倉に治城のをりふりたしの宿なり今猶継場ハ此宿にてつとむと云（傍点筆者）

〔資料2〕

初而之御入国ニ御本陣御取被遊候、町為長繁栄とて鹿島宿と申所を本町と御付かい、宿泊り宿御伝馬駄賃馬継無相違相勤候様ニ、両支配様ゟ町役人本陣年寄被召出御申被渡候、役人共者不及申上町中難有奉承知御礼申上候也、

（傍点筆者）

資料1は、中路定俊・定路父子が編纂し、安政五年（一八五八）に成立した『成田参詣記』（『成田名所図会』）の巻四に「佐倉城之図其二」として附載された景図にみえる記事[2]、資料2は、「佐倉御城代々記」にみえる記事[3]である。成立の順は、資料2→資料1であるが、端的にみるならば、いずれもその根拠は不明で、良質な資料とはいえないものである。しかし、これらの性格は、系譜・由緒書とは違って、作為を何ら必要とするものではないことは認識してもよいものと考える。そして、連続性をもって現在に伝わる口頭伝承と比較しても、共に江戸時代に記録されたということでは、その記録の時点で連続性を断っている伝承と見なせよう。また、次にあげる資料3は、明治三十九年（一九〇六）から昭和二年（一九二七）まで、酒々井高等小学校、酒々井尋常高等小学校の校長にあって地域に密着していた椎名忠治氏が、千葉県印旛郡役所の委嘱により単独で編纂された、前・後篇二冊からなる『千葉県印旛郡誌』[4]（大正二年）のうち、後篇（「酒々井町誌」項）にみえる記事である。

〔資料3〕

天正十九年千葉氏の遺臣置鹿島宿今の佐倉本町に在る者莇隼人、莇善左衛門、嶋田新右衛門、小高三右右（衛）門、深山勘解由、深山長左衛門、中台治左衛門、鶴岡新右衛門、大谷源左（右）衛門、渡利権左衛門、莇六左衛門の十一人酒々井町に来住し人戸増殖民業従て繁盛せり宝暦年中偶々祝融の災あり為に町勢頓挫此時古書多く散失す

（傍点筆者）

ここでこれら各氏の明治時代の居住状況をみると、酒々井町（酒々井の町方）には、莇六家、島田三家、深山一家、

中台二家、鶴岡六家、大谷六家、小高一家が、酒々井村（酒々井の村方）には、島田一家、中台二家、大谷二家が居住しており、現在は、酒々井町酒々井と下台、酒々井町上本佐倉に、莇・島田・深山・中台・鶴岡・大谷氏の分布がみられる。

　そして、近世の状況であるが、天和三年（一六八三）十二月二十一日に「佐倉御城之記」(5)と表題して、酒々井の由緒を書上げた人物に、莇隼人常俊がおり、元禄二年（一六八九）には、莇隼人と莇善兵衛が、酒々井の町方名主をつとめている。彼らは、移住伝承にみえる莇隼人・莇善左衛門・莇六左衛門との関係が窺える。さらに、佐倉牧士青柳四郎右衛門の子に生まれた与七は、島田家の聟養子となったが、以後は島田長右衛門を名乗り、青柳氏に替わって佐倉牧士となっている。さらに、寛永十二年（一六三五）には、渡利次右衛門が佐倉牧士に加えられている(6)。島田氏も渡利氏も、やはり移住伝承にみえる嶋田新右衛門・渡利権左衛門との関係が考えられよう。

　また、天正二十年（一五九二、十二月八日に文禄と改元）二月に、武蔵国忍城から下総国上代郷（香取郡東庄町、同郡干潟町）へと領知替された大名松平家忠の私日記は、「家忠日記」「秘本深溝《ふこうず》日記」「三州日記」と称され、信憑性の高いものとして著名であるが、この中にみえる、

（天正二十年三月）廿日庚辰、江戸普請ニ佐倉迄越候、鶴岡宗左衛門尉所ニ留候、落付振舞候、樽代百疋、女房永楽弐十疋出候、

（同年七月）十一日己巳、江戸普請ニ佐倉いつもの宿迄こし候、帋二束、永楽三十疋出候、

（同年十月）四日庚寅、江戸へさくらいつものやと迄こし候、

（文禄二年正月）廿六日壬午、江戸普請ニ佐倉迄出候、去春筑紫へ遣候鉄炮衆上下四人、御返し候、そとくちにてあ

い候、さくら前の宿、鶴岡ハ上方よりめんほくにて、賀藤申者所ニ留候、

（同年四月）十日甲午、香取町あかりより、馬四ツうりに越候、佐倉前宿鶴岡宗左衛門尉越候、

（同年閏九月）九日己丑、上代迄帰候、かハらけの馬少煩にて作倉宿ニをき候、

といった記事をみると[7]、少なくとも、天正二十年（一五九二）には、「佐倉宿」が機能していたことは判明する。この佐倉宿の地は、現在の上本佐倉の中宿・外宿付近に推定される。この西隣が、天正二十年三月に佐倉に領主として封じられた、時に十歳の武田万千代（徳川家康の五男、成人して信吉）の屋敷「万千代殿ヤシキ」として伝承される一画である[8]。佐倉宿は、佐倉城が機能していた時期に存在したのではなく、おそらく、武田氏の佐倉入封に伴って整備されたものと考えられる。そして、佐倉宿の町割名の一つとみられる「前宿」に居住が知られる鶴岡宗左衛門尉は、移住伝承にみえる鶴岡新右衛門と関係する人物であろう。

　このように、彼らの近世初期の動向は、僅かではあるが知ることができる。酒々井は、三様・四殿という七軒の開発にかかる村と伝えられ、三様とは名主と青柳氏、四殿とは郷町組頭四人であるともいわれるが（前掲『千葉県印旛郡誌・後篇』「酒々井町誌」項）、家名が不明であること、そしてこの中に、莇、嶋田、小高、深山、中台、鶴岡、大谷、渡利氏が含まれていないのは、移住伝承が事実であることの傍証といえるかも知れない。では、鹿島宿の故地といわれる佐倉本町《もとまち》（佐倉市本町）には、鹿島宿の名残りを確認することができるのであろうか。以下、この点について検討したい。

二、佐倉本町の歴史的景観

近世初期に大蛇村（佐倉市大蛇町）の地を割いて、東西に帯状に形成された町が、すなわち、佐倉本町である。そして、中央には国道二九六号線（旧成田街道）が東西に往還していて、この道路の北側が「本町北側」、南側が「本町南側」という小字地名である。一方、西側から東側へと「上宿」「中宿」「下宿」と町割されているので、結果としてこれら町制のすべてが、本町北側と本町南側の小字地名を含んでいる。ここで注目したいのは、本町北側に地を接してその北側に「大蛇町字蛭田宿」、本町南側に地を接してその南側に「大蛇町字高岡宿」という小字地名があり、蛭田宿と高岡宿を貫く古道は、北上すると印旛沼縁の浜宿河岸（佐倉市大佐倉字浜宿）、南下すると上総国東金への道、換言すれば、浜宿河岸—浜宿道—蛭田宿—佐倉本町—高岡宿—五良道—勝田道、この延長が東金となっている点である(9)。浜宿河岸は、十五世紀後半から十六世紀の機能が考えられる佐倉城との関係において、この当時には「浜宿湊」として、水運の基地であった場所である。蛭田宿へと向かう浜宿道の途中に流れていた小川の架橋は石橋であったが、これは経済成長の中で住宅地開発されるまで残されていた。この場所の小字地名は「石橋台」であり、地名との関係からみても、石橋は古くから（少なくとも近世初期には）あったものと推測される。

ところで、蛭田宿、高岡宿の地は、近世に成田街道が整備されて以後、成田参詣者の休憩地であった時点での佐倉本町の景観においては、「町畑」として宿場そのものとは無縁となっていた一画である。そのため、本町の筆割が南北に細長い短冊型であるのに対して、蛭田宿、高岡宿は一筆の規模が大きいという特徴をもつ。ところが、嘉永四年

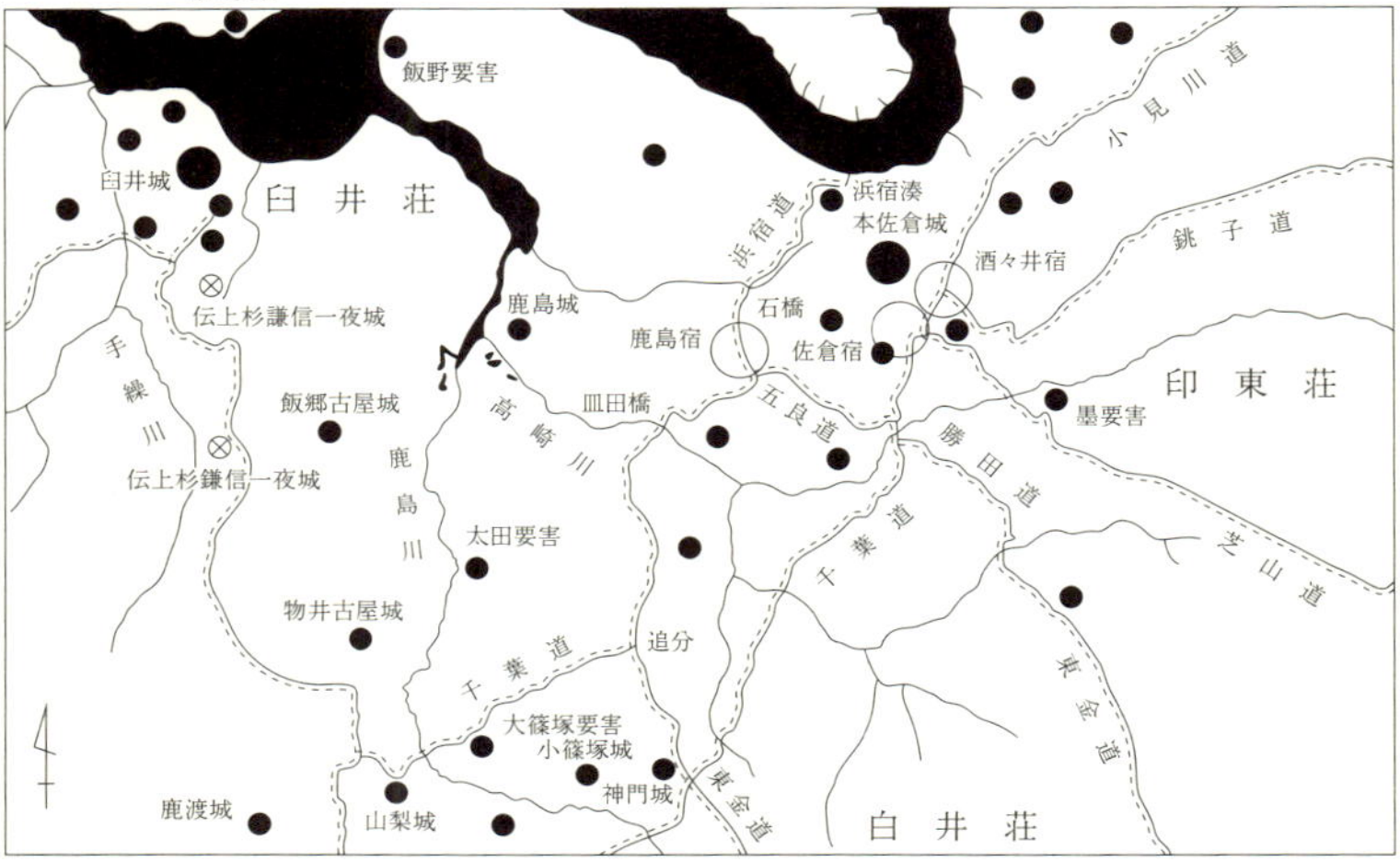

戦国時代を中心とする佐倉周辺要図

（一八五一）の「佐倉城下之図」[10]をみると、蛭田宿、高岡宿の地には共通して、「元町家跡」と記載されており、ある時期には町家のあったことが知られる。この町家がどのようなものであったのか、その実態は不明であるが、町家があったとすれば、周辺の状況からみて、それはかなり古い時期のことであろう。蛭田宿という小字地名は、北側の隣接地大蛇町字石橋台六二七番地に所在していた「蛭子大神」[11]（祭神大国主命・須勢理毘売命）[12]に因んだ地名とみられる。また、高岡宿という小字地名は、この地が古くは高岡と呼ばれていたことを物語るものと考えられ、南方に高岡村（佐倉市高岡）の集落が展開する。

さらに、佐倉本町の北方に近接して「鹿島台」の小字地名がある。現在の佐倉市立佐倉東小学校付近一帯の地名である。この地名から、かつてこの周辺には、鹿島信仰に基づいて勧請された鹿島社が存在していたことが知られる。ゆえに、このような点から判断すると、蛭田宿、高岡宿は、戦国時代として時期は限定し得ないが、中世の宿場の名残りとみることはできそうである。すなわち、佐倉本町が鹿島宿であった可能性は極めて高いものと考える。

三、戦国時代の陸上交通路

本節では、佐倉城を中心とする、戦国時代の陸上交通路についてみることにしたい。

佐倉城に関連する戦国時代の伝馬経路については、下総森山から江戸への御用柑子輸送の人足と伝馬に関する、年未詳（文禄四年カ）六月四日付の「徳川家奉行衆連署状[13]」（谷本文書）に、

森山おかい、田（香取郡小見川町岡飯田）
府馬（香取郡山田町府馬）
鏑木（香取郡干潟町鏑木）
大寺（八日市場市大寺）
たこ（香取郡多古町多古）
さくら（印旛郡酒々井町上本佐倉）
うす井（佐倉市臼井）
大わた（八千代市大和田）
ふなはし（船橋市）
やはた（市川市八幡）

市川（市川市市川）
かさい（東京都江戸川区葛西）
あさくさ（東京都台東区浅草）

とみえるので、この経路は、戦国時代のそれを受け継いだものと推測されている。(14)

ここで、佐倉城主稲葉氏の家臣磯辺昌言が編纂し、享保七年（一七二二）に成立した『佐倉風土記』(15)（「道路」項）をみると、

〔小見川路〕
佐倉—酒々井—寺台（成田市）—吉岡（香取郡大栄町）—佐原—津宮（香取市）—小見川

〔調《銚》子路〕
佐倉—酒々井—根古名（印旛郡富里町）—多古—中村（香取郡多古町）—八日市場—調《銚》子

という二本の経路と宿駅が、佐倉から東への経路として記載されている。この時期の「佐倉」とは、慶長十五年（一六一〇）四月に、佐倉の領主として土井利勝が封じられ、以後築かれた佐倉城と、そして整備された城下町をさし、ここにみる佐倉は、具体的には佐倉新町にあたるものとみられるが、それまでの佐倉は、ここでは「酒々井」としてみえる。これを前出経路と比較してみよう。結果としては、八日市場までは調子路（銚子路）にほぼ対応していることが知られる。そして、八日市場からは小見川への道と銚子への道が分岐していたものと推測される。また、時代は下って、佐倉城主堀田氏の旧家臣続箇が編纂し、明治十六年（一八八三）に成立した『新撰佐倉風土記』(16)には、次の経路と宿駅が記載されている。

〔成田路・香取路〕

佐倉―酒々井―成田―寺台―吉岡―伊能（香取郡大栄町）―桜田（香取郡大栄町）―佐原―篠原（香取市）―香取（香取市）

〔銚子路〕

佐倉―成田―滑川（香取郡下総町）―佐原―津宮（香取市）―小見川―須賀山（香取郡小見川町）―石出（香取郡東庄町）―東笹本（銚子市）―野尻（銚子市）―高田（銚子市）―松岸（銚子市）―飯沼（銚子市）

〔銚子別路〕

酒々井―根古名―多古―中村―松山（八日市場市）―八日市場―太田（旭市）―成田（旭市）―松岸―飯沼

である。調子路（銚子路）は銚子別路に対応していて大きな変化はみられないが、小見川路はかなり整備されていったようである。これらを参考として、前出、下総森山から江戸への御用柑子輸送の経路を具体的にみるならば、戦国時代の佐倉から東へのそれは、佐倉（＝酒々井）―（根古名）―（多古）―（中村）―大寺―鏑木―府馬―森山岡飯田となろう。常陸の佐竹氏に対する、千葉氏側の最前線の拠点ともいえる森山城（小見川町岡飯田）と佐倉城とが、一本の経路で結ばれていることは、極めて重要であろう。また、森山城から東へも、銚子の中島城や飯沼城へと向かう道がかなり整備されていたものとみられる。その一方、佐倉城と臼井城（佐倉市臼井）は、現在は国道二九六号線（旧成田街道）で結ばれてはいるが、戦国時代にはこの状況にはなく、この当時は佐倉と上総国東金とを結ぶ経路の途中に、臼井へと向かう分岐があったのである。

佐倉城と鹿島宿の故地と考えられる佐倉本町は、近接した位置関係にあるが、前述した、浜宿道、五良道、勝田道の延長が東金に至る道である他に、もう一本、東金への道がある。佐倉本町の西部から坂を下りると「皿田橋（桶之口橋）」がある。高崎川の架橋であり、この橋について佐倉城主稲葉氏の家臣渡辺守由は、「長四十五間にしてらんかん有、本板橋也。佐倉に板橋は鹿島橋[17]と此橋斗也」と描写している[18]（『古今佐倉真佐子』[19]）。そして、この橋を渡り、神門（佐倉市）、岩富（佐倉市）、砂（印旛郡八街町）を経て東金へと至る経路があり、その途中、石川（佐倉市）字追分には「南無地蔵菩薩　右ちば《千葉》　左とうか禰」と刻まれた、宝暦十年（一七六〇）の道標[20]がある。刻銘が示すとおり、ここは東金へ向かう道と、大篠塚（佐倉市）を経て山梨（四街道市）、千葉へと向かう道との追分＝分岐点であり、山梨から北上すると臼井に至るのである。この経路上には、臼井城[21]—飯郷古屋城[22]—物井古屋城[23]—鹿渡城[24]—山梨城[25]（東向井城）—大篠塚要害[26]—小篠塚城[27]—神門城[28]—岩富城[29]（弥富城）—根古谷城などがあり[30]、東金城に至る。したがって極めて重要な道であったことが推測される。

おわりに

僅かではあるが、鹿島宿について検討した。実証性には欠けるものの、結論として述べると、鹿島宿は、佐倉城外郭部の、さらにその外側に形成された宿駅であったと考えたい。そして、浜宿湊へと荷揚げされた物資を一端鹿島宿へあげ、ここで再編成して継ぎ立てるといった機能を中心としたのではあるまいか。これは、当時の状況としては、浜宿湊から台地への主要道は、現在の佐倉本町への道（浜宿道）が唯一であることからの推測である。すなわち、関宿（東葛飾郡関宿町）方面、また銚子方面から常陸川筋に印旛浦へと入った物資（軍需物資、商品）は、一つには浜宿湊から佐倉へ直接入り、一つには、佐倉で生み出された物資を含めて、これらは鹿島宿から東金方面、さらには小弓（千葉市）・市原方面へ、そして遠くは江戸湾を渡って相模・伊豆国へと逓送されたものと考えられる。

しかし、この鹿島宿（佐倉市大蛇町・本町）も、天正十九年中には廃されて、谷津田を越えた東方に新たに佐倉宿（酒々井町上本佐倉）が整備されたのであろう。また、近世を通して機能した酒々井宿（酒々井町酒々井）は、佐倉宿が発達したものとみられるが、中心が北方へと移動したことにより、初期の佐倉宿は姿を消していったものと推測される。なお、浜宿（佐倉市大佐倉）河岸に加えて、新たに新堀（酒々井町酒々井）河岸が造られたのは慶長年間のことと伝えられるが、これは酒々井宿の整備に関連してのことと考えられる。[31]

以上、ここに、鹿島宿をめぐる問題の一端を、現段階の推論としてまとめてみた。鹿島宿については、今後より具体的な実証例をもって検討することが必要であるが、大方の御教示・御叱正を戴ければ幸である。

註

（1）後北条氏の佐倉領支配に関する問題を含め、柴田龍司「戦国末期の城郭から見た権力構造―下総原氏を中心として―」（『千葉県文化財センター研究紀要』一〇号、一九八六年）、同「中世城郭の外郭部について」（『中世城郭研究』創刊号、中世城郭研究会、一九八七年）、黒田基樹「後北条氏における支城領の形成過程―下総佐倉領の場合―」（『佐倉市史研究』八号、一九八八年）、外山信司「戦国期佐倉の人々」（『千葉県の歴史』三六号、一九八八年）、同「戦国期佐倉についての覚え書き―本佐倉城とその城下をめぐって―」（『佐倉市史研究』九号、一九九〇年）、黒田「北条氏の佐倉領支配―「御隠居様」氏政の動向を中心として―」（中世房総史研究会編『中世房総の権力と社会』高科書店、一九九一年）、外山「戦国時代の佐倉―城下集落の人々と後北条氏―」（同上）などが近年の成果である。

（2）大野政治翻印『成田名所図会』（有峰書店、一九七三年）。
（3）成田山仏教図書館所蔵。『成田市史』近世編史料集一領主（一九八二年）。
（4）崙書房、臨川書店、千秋社から復刻されている。
（5）熊谷宗次郎『佐倉史談』（良書刊行会、一九一七年）の附図に付載記事として翻刻されている。その底本は、「宝暦二壬申年二月成田山新勝寺ヨリ借写之」と奥書のある写本の「佐倉御城之記」である。この「佐倉御城之記」は、近世に広く流布したようで、「鹿島山草分并城主代々之事」「佐倉御城代々記」（A）などと表題を替え、また内容の一部を替えた写本が多く残されている。本稿で資料とした「佐倉御城代々記」（B）は、これらとは記載形態の相違する写本であるが、内容を検討すると、これは莇隼人常俊の「佐倉御城之記」を参考としているようである。しかし、鹿島宿の記事は「佐倉御城代々記」（B）にしかみえず、成立の背景には鹿島宿に深くかかわった人物の存在が推測される。なお、『千葉県印旛郡誌』後篇にも『佐倉史談』と同じ底本の「佐倉御城之記」が翻刻されているが、こちらは原稿化・印刷化に際しての誤りが多く利用できない。
（6）佐倉牧士の系譜関係を含めた動向については、『酒々井町史』通史編上巻（一九八五年）を参照。
（7）『家忠日記』（竹内理三編『増補続史料大成』第一九巻、臨川書店、一九八一年）による。
（8）なお、『家忠日記』には、武田万千代に関する記事は一ケ所としてみることはできない。
（9）享保七年（一七二二）に成立した『佐倉風土記』（「道路」項）にも、「佐倉過二長隅勝田大関新田一、東南行四十里、亦通二東金二」とみえる。
（10）成田山仏教図書館所蔵。
（11）明治四十二年四月に、大蛇町字麻賀多脇の麻賀多神社に合祀された。
（12）須勢理毘売命（媛神）は、『古事記』では須佐之男名の娘と書かれており、大国主命の嫡妻とされる。そして、奥津島比売命（多紀理毘売命・田心比売命）、市寸島比売命（狭依毘売命）、多紀津比売命という宗像三神（海の神、航海安全の神、運輸通信の神）は、須勢理毘売命の兄弟神とされている。
（13）『千葉県史料』中世篇諸家文書（一九六二年）、四〇九号文書。

（14）小笠原長和「徳川家への献上柑子」（『中世房総の政治と文化』吉川弘文館、一九八五年）、同「戦国末期における下総千葉氏」（同上）。
（15）『房総叢書』第二輯（一九一四年）所載本による。
（16）『新撰佐倉風土記』（『佐倉文庫』第三集、佐倉市教育委員会、一九七七年）による。
（17）鹿島川の河口にある鹿島橋は、土井利勝によって佐倉城が築かれて以後の架橋である。鹿島橋を渡る道は土井氏時代には「江戸海道」と称されていた。
（18）稲葉氏が佐倉の領主であった期間は、元禄十四年（一七〇一）から享保八年（一七二三）までである。
（19）『古今佐倉真佐子』（『佐倉市史料』第二集、一九八三年）による。
（20）追分周辺の景観については、天野良介「吉岡から佐倉まで」（千葉県生涯学習部文化課編『千葉県歴史の道調査報告書十七　佐倉道』千葉県教育委員会、一九九一年）を参照。
（21）臼井城については、専修大学城郭研究会「臼井城」（『桝形山』五号、専修大学城郭研究会、一九八二年）、柴田龍司「佐倉市臼井城跡」（『千葉県中近世城跡研究調査報告書第四集―稲村城跡・臼井城跡発掘調査報告―』千葉県教育委員会、一九八二年）を参照。
（22）筆者は『千葉県佐倉市埋蔵文化財分布地図―佐倉市遺跡詳細分布調査報告書―』（佐倉市教育委員会、一九八四年）において、「吉見城跡」と記載したが、吉見村は飯郷村と野田村とが明治七年に合併して誕生した村であり、合併前にみるとこの城跡は飯郷村に所在した。また、小字地名は、大作・中堀古・古屋下である。そこで、古屋の地名が城の何らかの性格を秘めているものと考え、以後「飯郷古屋城」と称することにしたい。
（23）井上哲朗「四街道市鹿渡城跡」（『千葉県中近世城跡研究調査報告書第一一集―中島城跡・鹿渡城跡発掘調査報告―』千葉県教育委員会、一九九一年）を参照。この城跡の所在地は、四街道市物井字北ノ作ほかであるが、「古屋城」と呼称されているという。
（24）註（23）同書を参照。
（25）同前。

(26) 註(22)同書においては通称に従い「大篠塚砦跡」と記載したが、所在地の小字地名は大篠塚字竜替であることから、以後「大篠塚要害」と称することにしたい。なお、本稿の「戦国時代を中心とする佐倉周辺要図」に要害の呼称で示したのは、小字地名、ないしは通称地名で要害（用害、龍替、用替、領替、龍崖、夕谷、龍下などに表記される例が多い）といわれる城跡である。

(27) 遠山成一「小篠塚城跡」（『千葉県佐倉市中近世城跡測量調査報告書』佐倉市教育委員会、一九八八年）を参照。

(28) 遺構は未確認であるが、城ノ内・宿・宿向・道乗谷津・腰巻・後口・表小路といった小字地名が残ることから、城跡の存在は確実とみられる。

(29) 外山信司「岩富城跡」（前掲『千葉県佐倉市中近世城跡測量調査報告書』）を参照。

(30) 遠山成一「東金酒井氏の居城―東金城について―中世城郭の史料化にあたっての一前提」（『中世城郭研究』二号、中世城郭研究会、一九八八年）、西山太郎「東金市東金城跡」（『千葉県中近世城跡研究調査報告書第九集―東金城跡・城山城発掘調査報告―』千葉県教育委員会、一九八九年）を参照。

(31) 佐倉市と酒々井町との境界となっている幅広の谷津田で、小字地名は、北西から東南方へ「戸崎谷津」「山谷津」「藤沢谷津」「葉山谷津」である。かつては急な谷崖で、近世にあっては「藤坂」と呼ばれる急坂を下って、川に架けられた板橋を渡り、そして「猿楽場《さかくば》」地先の坂を上って酒々井へと至った。

Ⅳ 常総の流通と布川新井氏——新井家旧蔵文書の紹介

滝川恒昭

はじめに

近年の中世東国史で最も熱いまなざしが注がれている水上交通・流通論は、伊勢・熊野などと東国における隔地間取り引きの問題、東京湾を媒介とする相武と房総との密接な関わり、常陸川[1]（下総川）・古利根川水系などで活発に行われていた内陸水運にかかわる問題、またそれらと東京湾を結んだ大動脈論、さらには、水上交通・流通を背景に成長を遂げた富有人・有徳人の問題など、さまざまな論点を生んでいる[2]が、その反面、それらを直接裏付けるべき根本資料は必ずしも豊富ではなく、しかもそれは中世だけでなく、近世初頭の東国水運史を語る場合も同様の普遍的現象である[3]。

ここに紹介する史料は、中世から近世・近代にいたるまで常陸川水系の内陸水運の要地であった布川[4]（現茨城県利根町）で、広く流通活動に従事していた豪商新井氏の家伝文書一八点（原本）である。これらの文書のうち、その一部については、近世末期に成立した地誌類にも収録されていたため[5]、存在自体は知られていたものもあるが、そのほとんどが新出の史料といってよく、また知られていたものも、原本の出現によって新たな情報を入手することが可能になったものばかりである[6]。さらに中世以降、常陸川水系で流通活動に従事していた商人は多数存在していたと思われるが、その実態を知りうる史料はほとんど残っておらず[7]、その点においても、これらの文書は極めて注目すべきものと思われる。

この新井家に所蔵されていた文書（以下、新井文書とする）は、筆者自身長年追跡調査を試みていたものであったが、このたび多くの方のご協力により、幸いにも新井家の遠縁でその遺跡を継承されている[8]千葉県印西町在住の桜井酉次郎家において確認することができたものである[9]。しかし、これらの文書は、筆者の所属する中世史部会の事業との関係から考えれば、かならずしもそのすべてが検討すべき対象になるものとはいえない。が、ひとたび常総の流通活動という視点でこれらの文書をみつめれば、その史料性は極めて高いところから、「その存在をあきらかにし、広く利用に供する」ということを第一義と考え、あえて不備な形ながら全点紹介したことをお断りしたい。したがって、本来そのすべてについて翻刻し、詳細な検討を加えるべきであろうが、その点紙幅にも制限があるため、とりあえずここでは中世文書四点のみについて紹介することで[10]、眠っていた史料を掘り起こしたという責務を塞ぐこととしたい。

一、常総の流通活動における布川の位置付け

周知のごとく、利根川の流れが現在のような姿になったのは、近世初期のつけ替え工事の結果によるもので、それ以前の、現在の利根川流域は、常総の湖沼群や手賀沼・印旛沼周辺まで広く含めて内海の概念で捉えるべき水脈が存在していたという[11]。

そのなかで、布川の地は、近世・近代にかけては、対岸の木下とともに利根川沿いの河岸として殷振を極め、中世においてもこの水域の水上交通の拠点の地として繁栄した。

それは布川の地が、常総を分つ水脈に属するだけでなく、下野を源とする鬼怒川・小貝川水系の川尻（河口部）にあたり、東京湾に注ぐ太日川に近接する手賀沼水系と直接つながり、さらに印旛沼水系と接することで、中世房総における政治・軍事上重要な拠点である佐倉・臼井などの地とも結ばれるなど、地理的にみても、文字通り、政治・経済・軍事上の要地だったからである。したがって、当然この地を掌握することで成長を遂げた氏族も存在したに違いない。現在、戦国期には、在地領主として豊島氏の存在が知られるが、豊島氏はその実態のほとんどが不明で、わずかに残る史料からは、この水域の通過権を掌握していたことを伺わせる氏族である(12)。そして、戦国末期には後北条氏の指揮下におかれ、小田原落城の際その命運をともにしているが、ここで取り上げる新井氏は、同じく水運と密接にかかわりながらも、中世から近世・近代にいたるまで終始一貫、特定な存在として布川の地で生き続けているのである。そこに新井氏と豊島氏の性格の本質的相違をみてとれるが、ではその新井氏とはどのような氏族なのであろうか、次にみてみよう。

二、新井氏について

現在、布川には、新井氏の痕跡はほとんど存在しない。新井氏の直系が昭和の初期に絶えた後は、その存在すらも忘れ去られているようで、菩提寺という来見寺にも、一見した限りにおいてはそれに該当する墓石も見当たらない。

今、布川の地で、わずかに新井氏の痕跡を知りうるものとしては、その屋敷神であったといわれる姥女神宮が、新井氏旧宅跡と伝えられる浜宿の地で、周囲から忘れられたように建っているだけである(13)。

一方、近世後期に成立した『利根川図志』は、利根川を中心に据えたユニークな地誌として名高いが、その著者赤松宗旦は、利根川中流域の河岸であった布川で一生を過ごした人物である。そのため『利根川図志』の布川一帯の記述は特に詳しく、そのなかに本稿で紹介する新井氏についての記述とその家伝文書の写しが収録されている。管見の限り、新井氏について詳しく記述したものとしては、この記事がもっともまとまっており、以後、現在にいたるまで、新井氏について記されたものは、おおむねこの記事に拠っているようである。しかし、おそらく赤松宗旦が『利根川図志』で新井氏の事跡を記述した際、その典拠としたものは、そこでも引用する『常総軍記』と、今回桜井家で確認した「新井氏家系図」とおもわれるところから、とりあえずはこの系図をもとに、新井氏の事跡について追ってみよう。

それによれば、そもそも新井氏は、常州新治郡小野崎を出自の地とし、戦国期牛久地域を地盤として勢力を振るった岡見氏とその先祖を一にするという。その後、小田天庵の旗下に属したが、小田氏滅亡の後には布川豊島氏の客分となり、豊島氏が後北条氏に与して天正一八（一五九〇）年滅亡したのちは、慶長期の人物である宗継の代に民間に下り、以後代々布川町の庄屋などを歴任したという。つまり、その系図を見るかぎり、戦国期においては在地領主的性格を有し、近世においてもその伝統的な権威と実力をもって布川の地で栄えた氏族であったということになる。しかしその反面、後述するような性格、すなわち流通の事業に従事していたという事はほとんど伺うことができない。そこに、当時、このような商人の置かれていた社会的地位をも伺うことができるが、新井氏が中世末から近世初頭にかけて、在地領主にも匹敵する大きな力を持っていたことは事実であろう。
が、一方新井氏は、その文書のありかたなどからみれば、古河の福田家、関宿の会田家、野尻の宮内家などと並ぶ、常陸川・古利根川水系沿岸に発達した水陸交通をつかさどる巨大な流通業者であった姿が浮かんでくるのである。周知のごとく、これらの業者はその卓抜した運輸・通信能力から、その地の支配者層から手厚い保護を受け、またそれを背景に広く営業活動を繰り広げている。そしてそれらに共通していえることは、いずれも水陸交通の拠点の地を基盤にしていることで[14]、その点においても、新井氏がこれらの流通業者と同様な性格を有していたことはほぼ間違いないところであろう。

とすれば、すぐさま南北朝・室町期の武蔵国六浦で活躍したことが知られる荒井（新居）氏との関連が想起される。周知のごとく荒井氏は、六浦を拠点に問丸などの運送業を東国一帯で手広く扱い、その巨利を背景に、中山法華経寺・六浦上行寺などの外護者として存在した富有（有徳）人である[15]。この荒井氏と布川の新井氏の直接の結びつきは、現在のところ単に姓が同音であること以外なにもないが、ともに流通活動にかかわっており、しかもその行動範囲が広域に渡っていたことから考えれば、両者の間に、何か系譜的なつながりが予想されてもいいのではないだろうか。

それはともかく、布川の新井氏は、中世から近世・近代にいたるまで、常総の内陸水運の拠点であった布川を基盤に、流通業を中核に成長した巨大な商人であり、しかも中世以来の系譜とその経済力を背景に、在地の有力者として長く布川の地に君臨し、近代の流通体系の変化によって、布川がその拠点としての役割を終えるとともに、歴史のおもて舞台から消え去った氏族といえるのではないだろうか。

表１　桜井家所蔵「新井文書」目録

	文書名	年月日	宛所	群
1	里見義頼朱印状	（天正９）６・３	新井兵衛三郎かたへ	A
2	北条氏照書状	年未詳８・７	荒井但馬守殿	A
3	狩野宗圓副状	年未詳８・８	荒井但馬守殿参	A
4	北条家伝馬手形	（天正15）９・７	自小田原府川迠宿中	A
5	某一字書き出し	慶長４・７・18	荒井治部少輔殿	B
6	仙台藩伝馬手形	寛永５・４・26	仙臺ゟ駒ケミね迄	B
7	仙台藩伝馬手形	寛永９・４・４	仙臺ゟ十五濱迠所々検断	B
8	仙台藩伝馬手形	寛永９・４・８	横川より仙臺迠所々検断中	B
9	仙台藩伝馬手形	寛永13・11・３	仙臺ゟ藤岡迠	B
10	牛田作右衛門書状	年未詳１・17	新井治部様参	B
11	皆川山城守書状	年未詳３・１	新井治部殿参	B
12	皆川将監書状	年未詳３・６	新井治部殿参	B
13	皆川将監書状	年未詳３・12	荒井治部殿人々	B
14	山下治兵衛書状	年未詳４・２	ふ川治部様人々御中	B
15	鹿野孫七書状	年未詳４・４	皆川将監・佐瀬七兵へ様	B
16	津田近江書状	年未詳４・５	布川□治部殿御宿所	B
17	青山大蔵書状	年未詳（寛永３カ）４・８	荒井治部殿御宿所	B
18	増田某書状	年未詳９・18	布川町新井治部様	B

◇本目録は桜井家所蔵「新井文書」を編年順（年未詳の場合は月日順）に目録化したものである。
◇本紹介で便宜的にA・B群に分類したものを、表右端に「群」項目でしめした。

三、新井文書の紹介

では小稿の本題である文書の紹介に移ろう。

まず全体（表1参照）を通覧してすぐ理解できることは、現存する新井文書には、新井家の経営に直接関わるものや、布川の町場に関するものはほとんど含まれていないということである。そして、おそらく膨大にあったであろうそれらについては、新井家が断絶している今、すでに消滅しているものと考えざるを得ない。

一方、僅かに残されたこれらの文書の大部分（一〇点）については、『利根川図志』にその存在の指摘があるところから⑯、近世末期の新井家において、すでに一般の文書とは区別され保管されていたとみなすことができるのである。つまりこれらの文書の大半は、新井家においても格別な意味を有するものとして、早くから意識されていた可能性が高いのである。それゆえ、新井家が断絶したのちも、その遺跡を継承された桜井酉次郎氏のもとに、家系図とともに伝えられたことは至極当然であり、決して偶然の産物ではなかったと評価できるのである。

次にこれらの文書の大きな特徴は、その発給時期が中世末期から近世初頭の短期間のものに限定されていることである。無年号の書状類も、筆者のみるところ一七世紀後半まで下るものはなく、ほぼ一六世紀末から一七世紀初頭のものとみなせるのである。

このようなことから考えれば、ちょうどこの中世から近世への移行期が、新井氏の歴史過程におけるひとつの画期であり、そしてその時代を物質的に裏付けるこれらの文書こそが、近世全般にわたって繁栄を続けた新井家のステータスシンボルとして位置付けられていたもの、という推測が可能ではないだろうか。

それはともかく、ではそろそろ小稿の本題である個々の文書の紹介に移ろう。

紹介にあたっては、その保管のされ方に特に法則が見いだせなかったため、便宜的にこれらの文書をA＝中世末期（天正十八年以前）にかかわる文書群（四点）、B＝それ以降の文書群（一四点）に大別し、そのなかで年代の判明するものはその順、年代未詳の場合は発給月順に並び変え、さらにその文書番号はA・Bの順で〇号文書というように通し番号とすることとした。そして冒頭にもお断りしたように、ここではA群の文書のみの紹介に留め、他は文末に全点の写真を掲載することとした。これらの作業には異論もあろうが諸般の事情によるゆえと、御寛容いただきたい。

一号文書（タテ三一・二㎝　ヨコ四一・八㎝）

当口商賣付而、船壱艘并拾疋十駄之一札、致佗言候、其段心得候、為其判形成之者也、

（天正九年）辛巳（「義頼」龍朱印）

六月三日

新井兵衛三郎かたへ

二号文書（タテ一八・〇㎝　ヨコ五〇・五㎝）

鵜子二到来祝着候、東表使度々指越之處、毎度懇切ニ差廻之由感悦候、猶一庵可申越候、謹言、

八月七日　氏照（花押）

荒井但馬守殿

三号文書（タテ三一・七㎝　ヨコ三二・〇㎝）

預一翰祝着之至候、仍鵜子二ッ披露申候、御直書被遣候、東口脚力使以下、御指南被相頼之由候、此口就于御用者、何分ニも馳走可申、雖去御隙共有之、昨日彼飛脚相留申欤、無沙汰候、恐々謹言、

八月八日　一庵

宗圓（花押）

荒井但馬守殿参

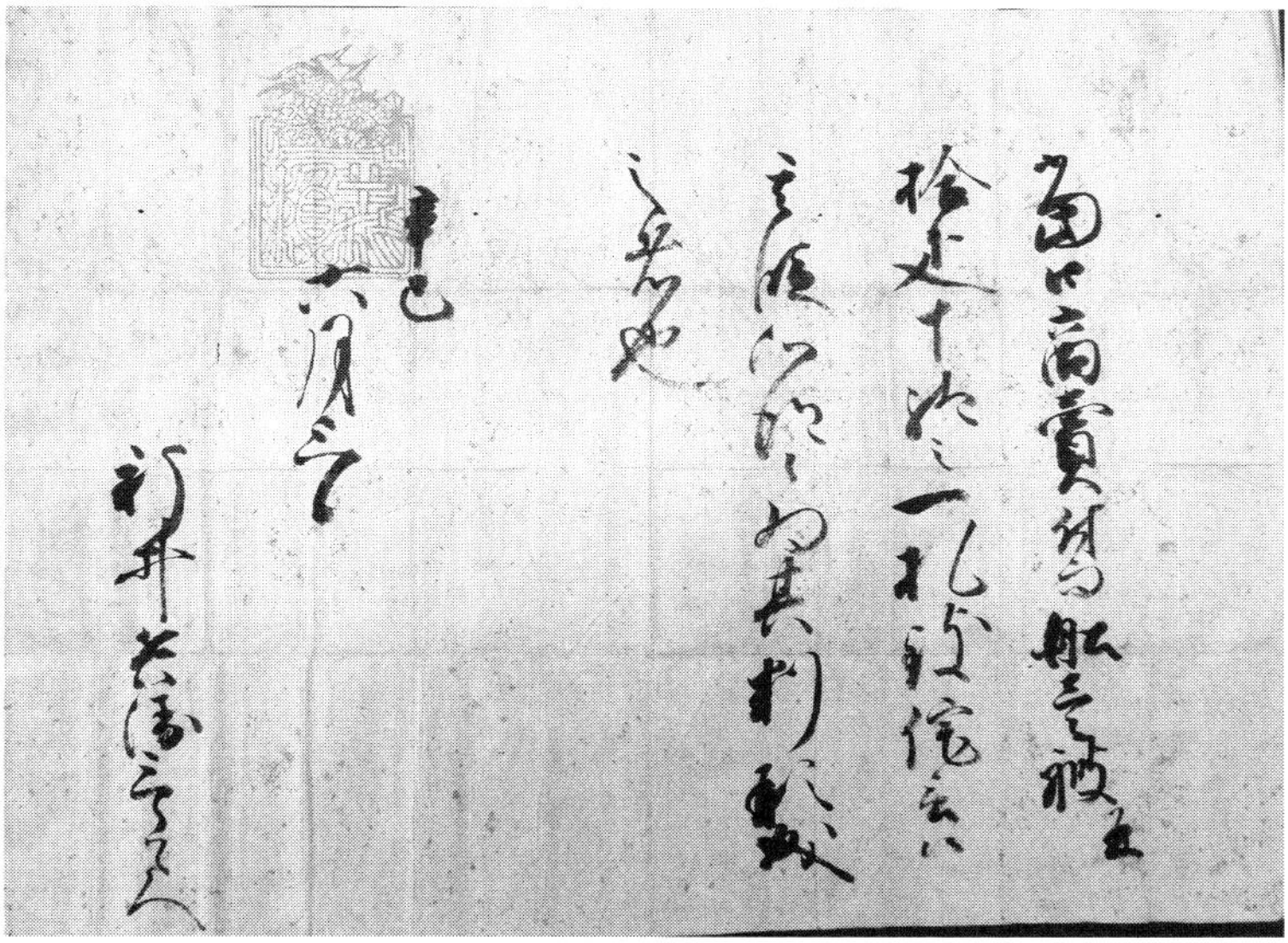

1 号文書

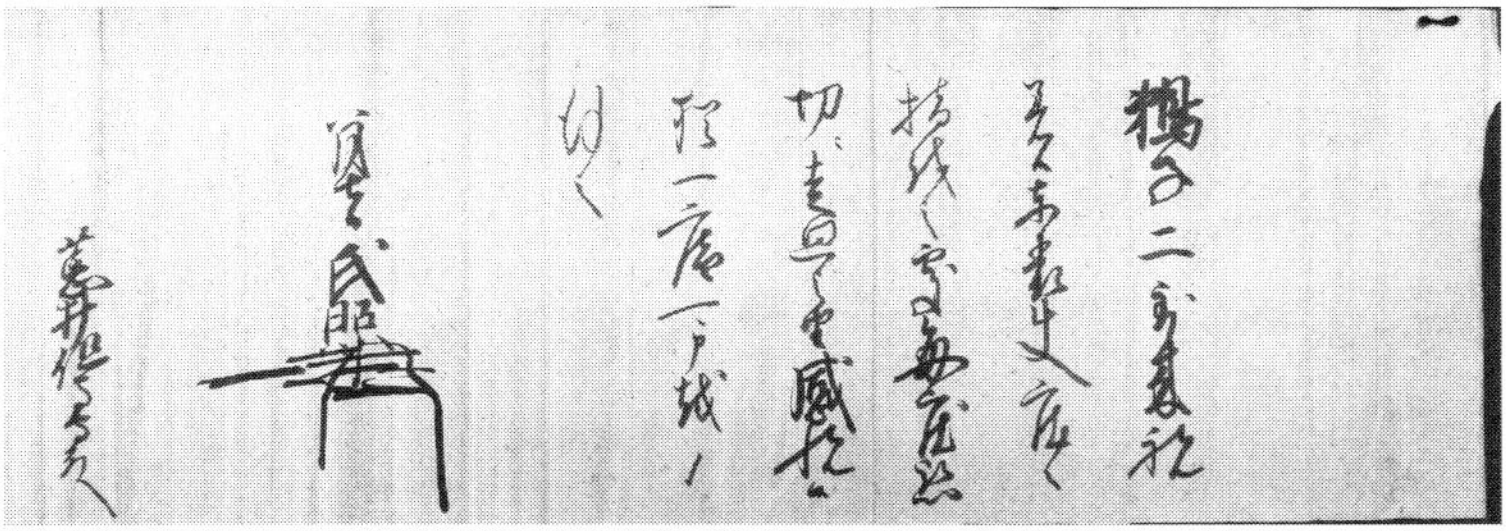

2 号文書

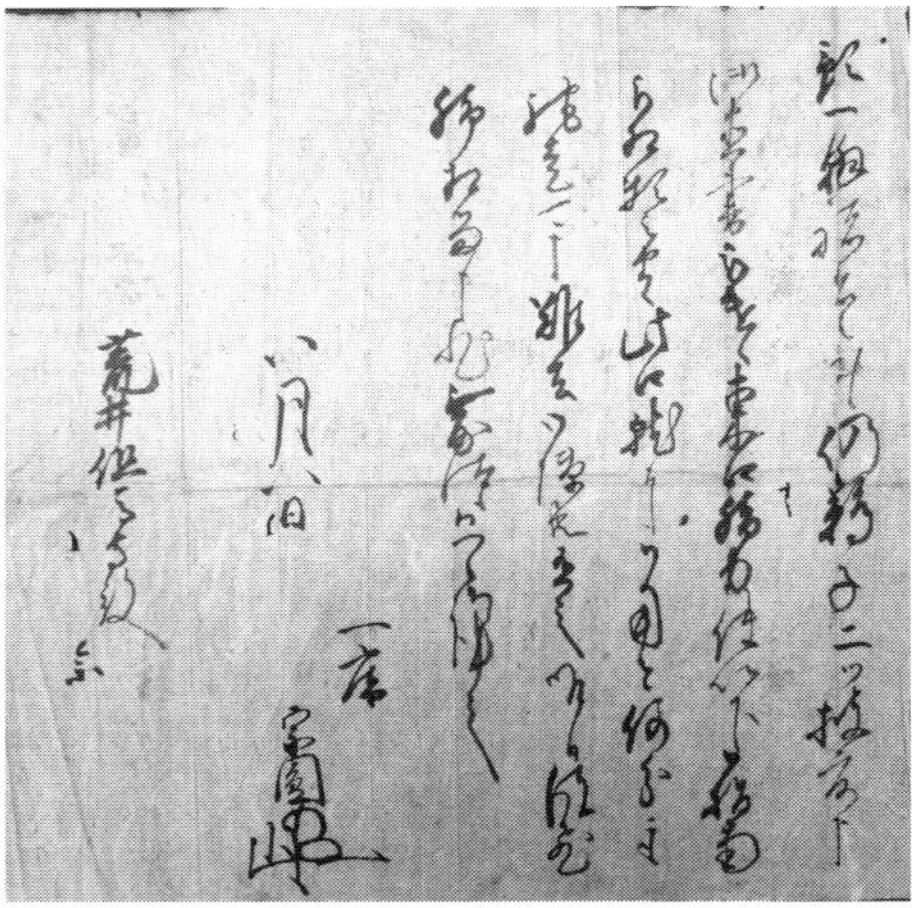

3号文書

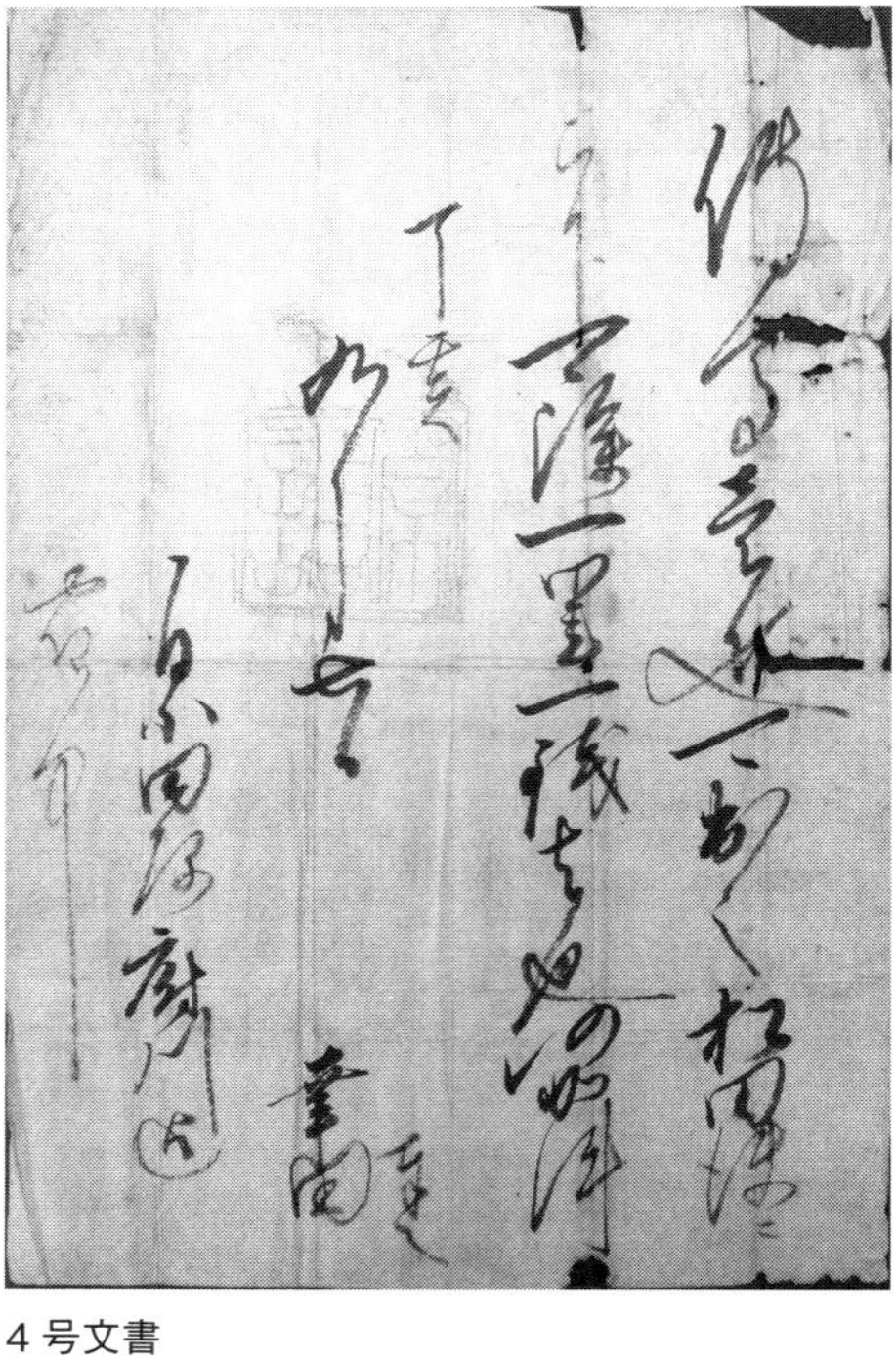

4号文書

四号文書（タテ三一・五㎝　ヨコ二一・七㎝）

傳馬壱疋可出之、松田使ニ被下、可除一里一銭者也、仍如件、

（「常調」印、朱印）

（天正十五年）
丁亥
九月七日　　　　幸田
　　　　　　　　　奉之

自小田原府川迠
宿中

四、解説

一号文書は、その捺された朱印から、里見義頼の印判状であると知られる。この文書の存在に最初に注目した市村高男氏は、(17)これから、新井氏はこの営業特権の許可書を入手するため、水運を利用して関宿を経由し里見義頼の本拠地安房岡本まで赴いたとされる。この関宿を経由したかどうかという点は議論の余地を残そうが、地理的に見ても、安房と遠く隔たったところにある下総布川の流通業者が、里見氏の本拠岡本まで直接赴き、その許可書を入手していたという事実は、あらためて流通にかかわる業者の広域な経済活動を認識させるとともに、里見氏の権力構造を考察する上からも極めて注目されるところであろう。

里見氏は安房を本拠に、東国の経済動脈である江戸湾（内海）が外海に広がる咽喉部の海域の通過権を掌握していた。そしてその事態こそ、里見氏が北条氏をはじめ東国の諸氏のなかで一定の存在たらしめていた条件なのである[18]。したがって、東国の水上交通にかかわる業者にとり、里見氏の分国内での営業活動の許可書の入手は、房総における営業活動以上に、江戸湾航海の安全上、不可欠なものだったに違いない。

一方、本文書の宛所にみえる新井兵衛三郎は、「新井氏家系図」によれば荒井但馬守の弟にあたる信親で、その記載事項によれば氏照の軍用諸荷物等の運送にあたったとされる人物である。

二号文書は、荒井但馬守よりの進物と、たびたびの忠節に対する北条氏照の礼状である。本文書についてはすでにふれたように『利根川図志』等に収録されていたため、新井文書のなかでも、形状をも含めその存在が最も知られていたものである。ただし、現在では、それらの地誌類にみえる封紙は失われている。

氏照は永禄一一（一五六八）年、北条氏の北関東進出の責任者として下総栗橋城主となり、以後天正期前半まで一貫して常陸川・利根川水系の水上交通を掌握していた人物である。それゆえ荒井（新井）氏が氏照とこのような関係を有していたことは極めて自然である。一方、この文書の発給年代は内容からは判断できないが、氏照の花押形から類推すれば、ほぼ天正一〇年前後と思われ、基本的には氏照が八王子城主化している時のものである。

この文書の内容で注目されることは、新井氏が氏照の意向をうけて東関東の反北条勢力（この場合は佐竹氏を指すであろう[19]）とのパイプ役として、しばしば活躍していた事実が判明することである。このようなことは、後掲写真にみえる仙台藩の関係文書などからも伺えるが、支配者層にとって新井氏のような運輸・通信能力に長けた流通業者の果たした役割が、単にその経済力だけでないことを端的にあらわしている好例ともいえよう。

三号文書はその存在は予想されていたものの、今回初めてその内容を確認することができた新出文書である。まず本状の性格であるが、二号文書に「猶一庵可申越候」とあることからも明らかなように、氏照の発した二号文書の副状にあたるものである。したがって、その内容は二号文書の補足説明的な意味を持つ。

また文書の発給者一庵は狩野一庵宗圓のことで、氏照の奉行人として著名な人物である。この狩野宗圓は、佐藤博信氏によれば[20]北条氏の本城主付属の奉行人及び評定衆を勤めた狩野大膳亮泰光その人で、氏照が栗橋城主化した永禄一〇年代以降より、氏照の奉行人として登場するという。

四号文書は北条氏の本拠地小田原より布川までの宿中に対して、北条氏の重臣松田憲秀の使者に伝馬一疋を供出するように命じた北条氏の伝馬手形である。本文書もすでにその内容については知られていたものの、既述のとおり、この原本の発見によって発給された年代（天正一五年）を確定することができた。

黒田基樹氏によれば[21]、この文書により、松田憲秀の使者が豊島氏のもとに遣わされていた事実が確認でき、そのことは、憲秀が豊島氏に対する「指南」を勤めていたことを示すものであるという。憲秀は北条氏に服属して家臣団に編入されたいわゆる他国衆に対する「指南」を勤めていたが、特に房総諸氏との関係が深く、その関係史料も多数残されている。

一方、伝馬手形が発給されている事実は、それが記された区間における役負担の意味を持つところから、北条氏のその時点における勢力圏を示すものとしても考えられよう。したがって、すでに多くの研究蓄積があるように[22]、天正後半期の房総の政治状況が、北条氏を中心に展開されていることを、この文書からも明確に伺うことができるのである。なお、試みに、現在知られている房総に関する北条氏の伝馬手形を挙げれば次のようになる[23]（表2）。

表２

	年月日	区間	出典	刊本
1	永禄元・六・一八	小田原～下総	大須賀文書	戦591
2	未（元亀二ヵ）一〇	小田原～東金	本漸寺文書	戦1561
3	丁亥（天正一五）八・一一	小田原～佐倉	香取郡小誌	
4	丁亥（天正一五）九・七	小田原～布川	新井文書（下総旧事）	戦3173
5	（年未詳）巳　一一・一〇	鎌倉～江城・金《小金》	渡辺文書	戦3765
6	（年未詳）亥　一〇・一〇	小田原～金沢	田代文書	戦3775
7	年未詳　六	佐野～関宿	諸国文書	戦3805

＊表中『戦』〇は『戦國遺文・後北条氏編』の収録番号を示す。

補記

Ａ群の文書四点については以上で紹介を終わるが、参考までにＢ群の文書についても簡単に触れておきたい。五号文書はその発給主体が確認できないが、その内容から、『利根川図志』に収載される新井家文書目録にみえる「豊島頼継一字ノ書附」にあたるものと思われる。

しかし、このことについては文書自体の真偽も含めてなお検討の余地を残すものかと思われる。まずその豊島頼継であるが、現在のところ、この人物は確実な発給文書はおろか、その存在さえ確認できていない人物である。また、一般的に豊島頼継は戦国中期の人物とされており、この文書とは年代的にも一致しない。さらにこの文書の書式自体も一般的には見えないもので、一字書き出しとしても異例の領域に入るものであろう。

なおこの文書の宛所にみえる新井治部は、「新井氏家系図」によれば初名が信重で、慶長四年のこの一字書の拝受により継治と称し、寛永一八（一六四一）年に没したことになっている人物である。今回紹介する新井文書の大半が、この新井治部宛のものであることをみても、五号文書の真偽はさておき、布川新井氏の歴史過程において、この人物の果たした役割の大きさと、その時代の輝きが十分に伺える。

六号～九号文書は、新井氏と仙台藩との深いつながりを示す資料である。それぞれが、新井氏が仙台藩の公用を勤めた際の資料で、仙台藩が自藩の領内において伝馬を供出するように命じた伝馬手形である。新井氏が仙台藩の公用をつとめたのは、その卓抜した運輸・通信能力からと思われるが、特に注目されるのは、この時期が幕府が関東全域に目を向けて、利根川をはじめ渡良瀬川・鬼怒川・小貝川・荒川といった関東主要河川の一大改流工事に着手した時期にあたり[24]、一方、仙台藩や東北諸藩が江戸への廻米ルートの策定にあたった時期にも該当するということである。つまりこの時期は、関東全域において近世の流通体系の枠組みが策定されている時期にあたり、これらがその関係資料とみなすことが可能ということであろう。

また房総に問題の関心の的を絞れば、これらはいずれも寛永期、つまり利根川のつけ替え工事以前の資料であるということが大きな意味を持つだろう。現在、この時期の内陸水運をめぐってはいくつかの争点が存在するが[25]、これらの文書はその件に関して貴重な情報をもたらす資料といえよう。

一〇・一二・一三・一四号文書は、いずれも新井氏の性格の一端を物語る資料である。特に一二・一三号文書は、鹿狩りというイベントをめぐっての資料であるが、発給者の皆川将監についてはその人物を特定できない。

また十五号文書は、一二・一三号文書にみえる皆川将監が登場するので、その関係文書とも思われるが、文意をつかみかね、その性格を明らかにすることができない。なお本文書は宛所をみてもわかるように、新井家の伝来文書となるべきものではないが、なんらかの理由でこのようなかたちになったのであろう。

一一号文書は、新井治部の進物に対する皆川隆庸の礼状である[26]。内容からはその発給年代を特定できないが、皆川隆庸が山城守に任官するのが寛永一〇（一六三三）年で、没年が正保二（一六四五）年であるところからみれば（『寛政重修諸家譜』）、おおむね寛永一〇年代のものであろうか。隆庸は、父皆川広照の遺領とあわせて寛永二年に常陸府中を襲封するが、府中は周知のとおり水陸交通の結節地で、霞ケ浦・常陸川水系を通じて布川とも密接につながっていた。したがって、新井氏と皆川氏がこのような関係にあったことは当然であろう。

一六・一八号文書は、発給者がいずれも仙台藩の家臣と思われるところから、新井氏と仙台藩との関係を示す文書である。

一七号文書の発給者は、その花押形から摂津尼崎城主となった青山大蔵少輔幸成であると知られる[27]。幸成は慶長年間佐原周辺に所領を有していたため、その縁で新井氏との交流が生じたと考えられよう。

おわりに

以上、極めて雑駁な記述に終始したが、ここでは、このほど新たにその存在を確認できた布川新井氏の家伝文書の紹介をおこなった。これらの個々の文書の持つ意義については、今後の研究に委ねるが、本紹介が常総地域の中世末

〜近世初頭の歴史像を解明することに多少なりとも寄与できれば幸いである。

註

（1）この常総の間によこたわる水脈の呼称については、岡田清一氏（「大河戸御厨をめぐる二・三の問題」『埼玉県史研究』二六号、一九九一年）や、市村高男氏（「中世東国における房総の位置―地域構造論的視点からの概観―」『千葉史学』二一号、一九九二年）によって、再考すべきであるとの指摘があり、筆者も同様に考えるものであるが、小稿では便宜上、慣用的に使用されているこの呼称を使用した。

（2）これらの研究については枚挙にいとまがないほどの成果が蓄積されているが、房総に限定すれば市村高男前掲註1論文が、現在の研究状況・今後の指針等を包括的に述べており、極めて有益である。

（3）一般的に房総の自治体史等ではその構成上、近世初頭、特に慶長〜寛永期の史料が収録対象外になるケースが多く、ためにその掘り起こし作業が遅れている。このことも原因の一つではあろうが、それにしても現状では当該期の史料の残存率は非常に悪い。特に、常総の内陸水運に関する史料は、ほとんど存在しないといっても過言ではない。

（4）『利根川図志』によれば、布川の名称は古くは「府川」の字をあてていたというが、小稿では便宜上、現在常用されている「布川」の文字を使用することで統一した。

（5）赤松宗旦『利根川図志』では小稿でいうところの二号文書が、清宮秀堅『下総旧事』（東京大学史料編纂所架蔵）には一・二・四号文書が収録されている。また、『栃木県庁採集文書』（東京大学史料編纂所架蔵）にも二号文書のみが収録されている。そのため、二号・四号文書は『神奈川県史資料編3古代中世3下』（一九七七年）をはじめ多くの資料集に収録され、それなりに周知の史料となっている。また一号文書は前掲市村論文および、二・四号文書とともに収録された最新刊の『竜ケ崎市史中世史料編』（一九九三年）で、市村高男氏による詳細な解説が加えられ、一般的に知られるものとなった。

（6）例えば四号文書の北条家伝馬手形は、『下総旧事』等ではその写され方が部分的に不鮮明であったため、従来、発給された年代を示す干支の理解がかならずしも統一されていなかった。しかし、今回原本の出現によってそれが丁亥（天正一五年に相当しよう）年であることが明確となった。

（7）管見の限り、関宿の会田家・野尻の宮内家に関係する史料の存在が知られるが、それらはいずれも写本として伝わっており、原本文書として残されているものはほとんど存在しない。

（8）桜井家は、酉次郎氏のもとに嫁したはつ子女が新井氏の出身であるところから、その遺跡を継承する唯一の家系になったとのことである。

（9）ここで、この新井文書が千葉県印西町桜井家で確認された経緯について記しておこう。筆者はここ数年来、『下総旧事』に収録されていたこれらの文書について追跡調査を試みていたが、これが確認に至った直接のきっかけは、茨城県利根町町史編さん室芦原修二氏より、布川在住の横山作次郎氏をご紹介いただいたことである。

横山家は新井家の縁戚で、しかも隣家であったため、氏は少年時代新井家によく出入りしており、そのため、今では布川における新井家の存在を記憶に留める、ほとんど唯一の方であった。その横山氏より、新井家の断絶に至った経緯を聞き、さらにその遺跡の継承者である桜井酉次郎氏の存在をご教示いただいたのである。ただし、この時点においては桜井家に新井家の文書等が所蔵されていることは確認できなかった。

ところが、おりしも桜井家の所在する印西町では町史編さん事業が行われており、早速、その件について町史編さん室に照会したところ、そこでは把握していないとのことであったが、応対してくれた大河憲治氏（当時編さん室職員）は、すぐさま桜井家を訪問し、そこに新井氏の系図と、文書らしきもの数点が存在することを筆者に通報してくれたのであった。それを受け、一九九二年六月二日、筆者は印西町史編さん室岩崎良信氏・前出大河氏と久保賢司氏（当時中世史部会嘱託）とともに桜井家を訪問し、そこに長年追跡していた新井文書の存在を確認したのである。

このように、この文書が確認されたのは、幸運と、多くの方のご協力があってはじめて成し得たことであったのである。ここにあらためてご協力いただいた方々に感謝申しあげたい。なお、新井文書はその後、桜井家より印西町に寄託され、現在同町役場内にて大切に保管されている。

(10)　近世文書については文末に写真を付したのでそれを参照していただくことで、御寛容を願いたい。なお山田邦明氏には文書の解読にあたって多大なご教示をいただき、千葉県史料研究財団近世史部会の酒井右二・保立栄子・高部淑子・神山知徳氏にも、解読・関係文献の所在についてご教示をいただいたが、余儀なき事情によってそれがほとんど反映できなかった。その点ここにおわびしたい。
(11)　市村前掲註1論文による。
(12)　天正六年霜月廿一日付、豊島貞継過所。なおこの文書を含んだ豊島氏の概要については、佐藤博信「福田家文書の再検討」（『中世東国の支配構造』思文閣出版、一九八九年）を参照。
(13)　これらの現地調査に際しては、芦原修二氏のご高配をいただいた。
(14)　佐藤博信前掲註12論文、同「東国における享徳の大乱の諸前提について」（『歴史評論』四九七号、一九九一年）、永原慶二「熊野・伊勢商人と中世の東国」（『日本中世政治社会の研究』続群書類従完成会、一九九一年）等を参照。
(15)　六浦の荒井氏については、山田邦明「南北朝・室町期の六浦」（『六浦文化研究』三号、一九九一年）を参照。
(16)　『利根川図志』では、二号文書を影印（白抜き）で載せ、さらに小稿でいうところの、一・三・四・五・六・一〇・一一・一二・一三・一七号文書については、その存在のみをあげているが、内容については『下総旧事』に収録された一・四号文書をのぞいて不明であった。なお、それ以外の文書は、今までその存在すらも知られていなかったまったくの新出文書である。
(17)　市村前掲註1論文。
(18)　この点については拙稿「房総里見氏と江戸湾の水上交通」（『千葉史学』二四号、一九九四年）を参照されたい。
(19)　荒川善夫「戦国期東国政治史考察の一視点」（『千葉史学』二二号、一九九二年）参照。
(20)　佐藤博信「狩野一庵宗円のこと」（『戦国史研究』十五号、一九八八年）。
(21)　黒田基樹「松田憲秀に関する一考察―『指南』の具体例として―」（『中世房総』六号、一九九二年）。
(22)　市村高男「後北条氏の武蔵支配の終焉」（『新編埼玉県史通史編2中世』、一九八八年）、黒田基樹「後北条氏における支城領形成過程―下総佐倉領の場合―」（『佐倉市史研究』八、一九八八年）、同「北条氏の佐倉領支配」（『中世房総の権力と社会』、高科書店、一九九一年）、外山信司「戦国末期の佐倉」（『中世房総の権力と社会』、高科書店、一九九一年）など。

(23) 表中3の文書は写本ゆえ、史料自体に弱干の疑問も存在するが未刊の史料なので参考までに次に掲げよう。

傳馬弐疋可出之、栗原誰人成毛・寺嶋ニ被下、可除一里一銭者也、仍如件、

（「常調」印）

丁亥
八月十一日　　奉之
　　　山角紀伊守時之（ママ）

自小田原佐倉迄

宿中

(24) 川名登『河岸に生きる人びと―利根川水運の社会史―』（平凡社、一九八二年）参照。

(25) 渡辺英夫「慶長一四年銚子築港問題」（『日本歴史』五〇三号、一九九〇年）、同「東廻海運の初期段階―常陸国潮来を中心に―」（『北日本中世史の研究』吉川弘文館、一九九〇年）など。

(26) 皆川氏に関する理解については荒川善夫「戦国期地域権力の動向と存在形態―下野皆川氏を通して―」（『国史学』一四九号、一九九三年）及び、同氏からのご教示によるところが大きい。

(27) この点酒井右二氏のご教示による。

【付記】本稿をなすにあたって千葉県史中世史部会の方々より多くのご教示・ご助言をいただいた。ここにお礼申し上げたい。なお、「新井文書」の所蔵者であった桜井西次郎氏は、一九九三年八月急逝された。本紹介は西次郎氏の深いご理解があってはじめてなしえたことであり、ここにあらためて生前のご厚情にお礼感謝申し上げるとともに、慎しんでご冥福をお祈りしたい。

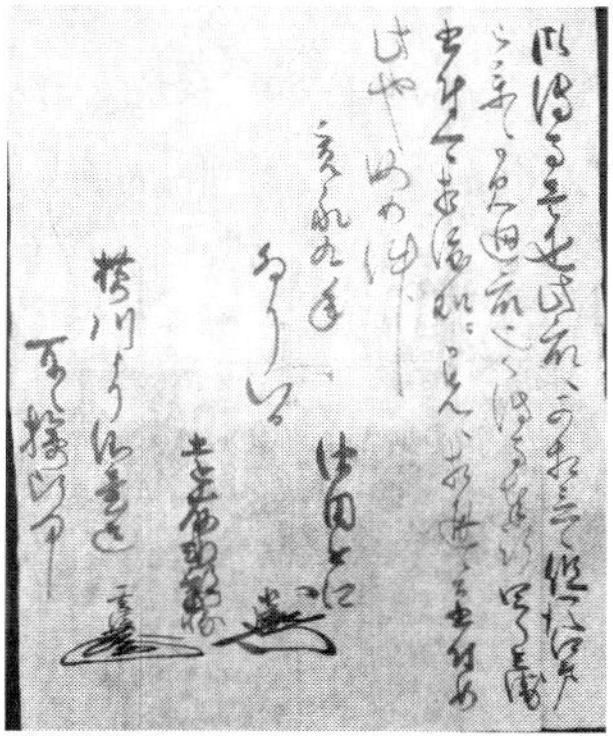

8号文書

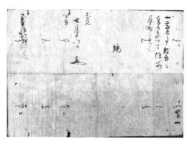

5号文書

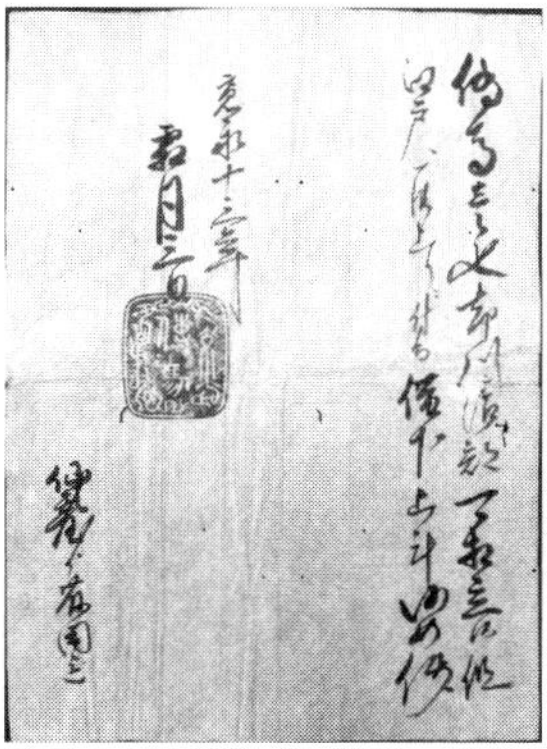

9号文書

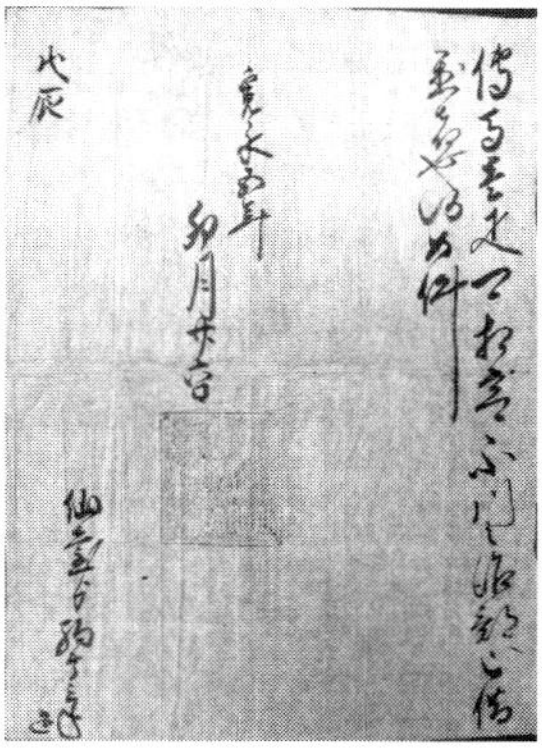

6号文書

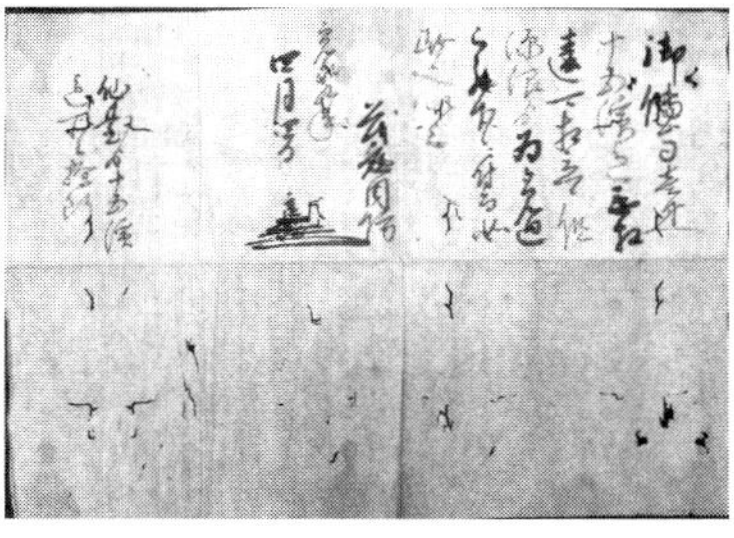

7号文書

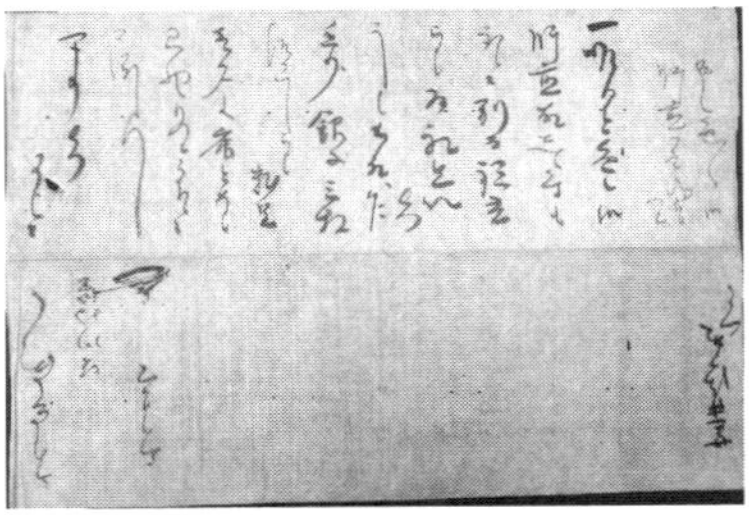
13 号文書

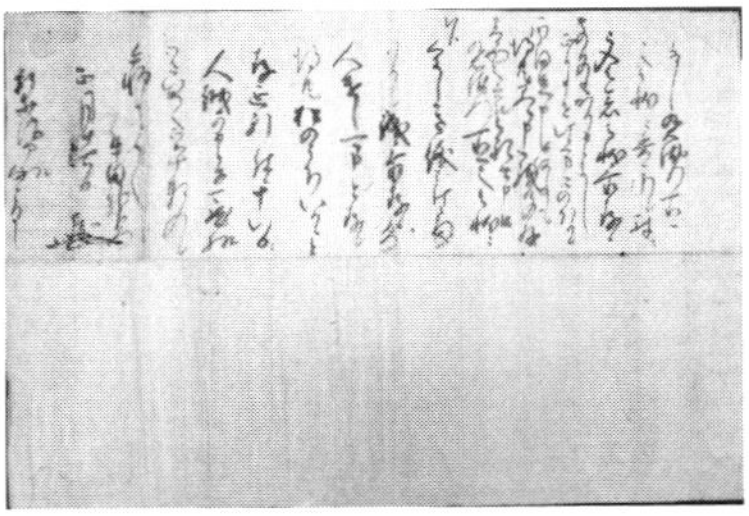
10 号文書

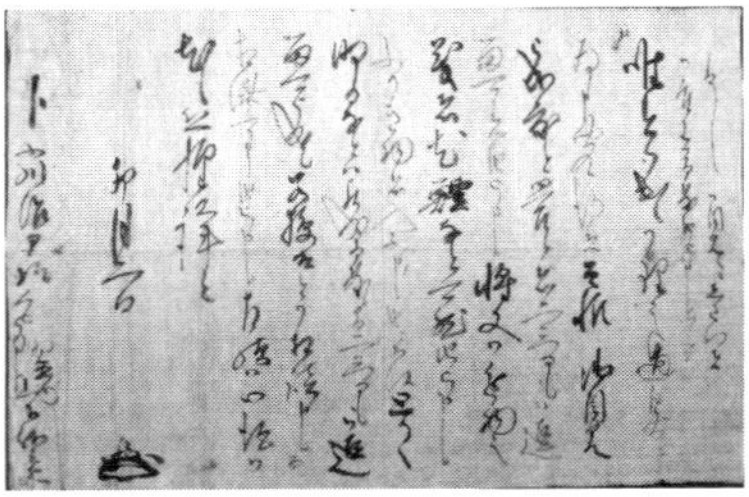
14 号文書

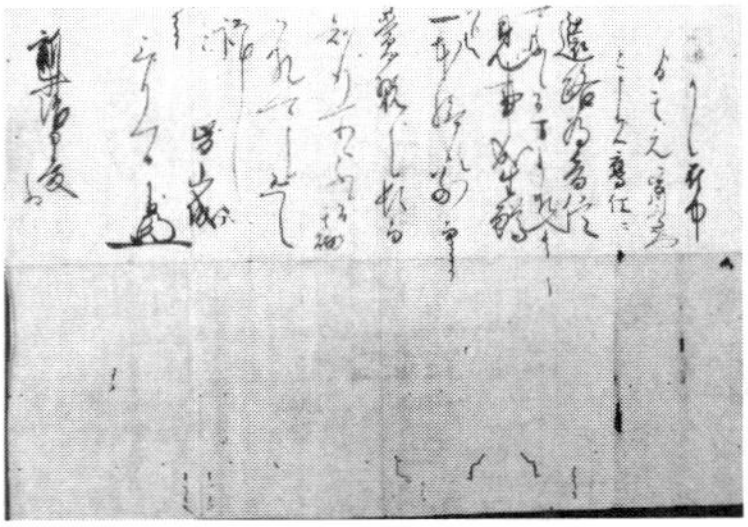
11 号文書

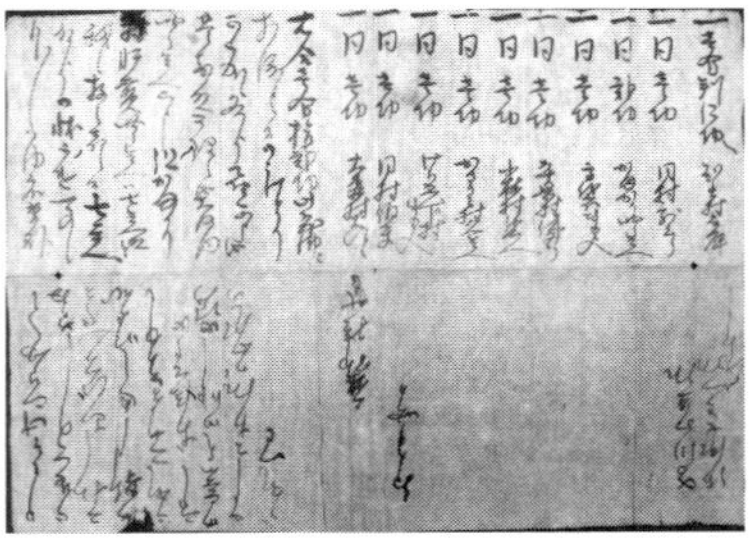
15 号文書

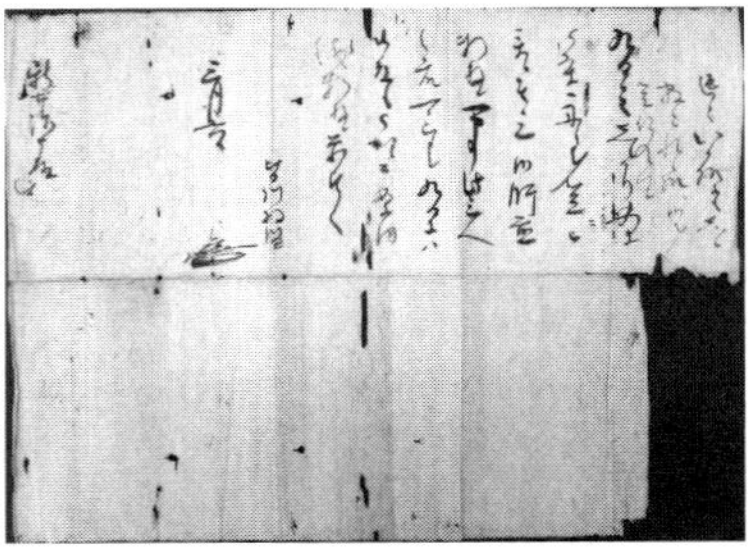
12 号文書

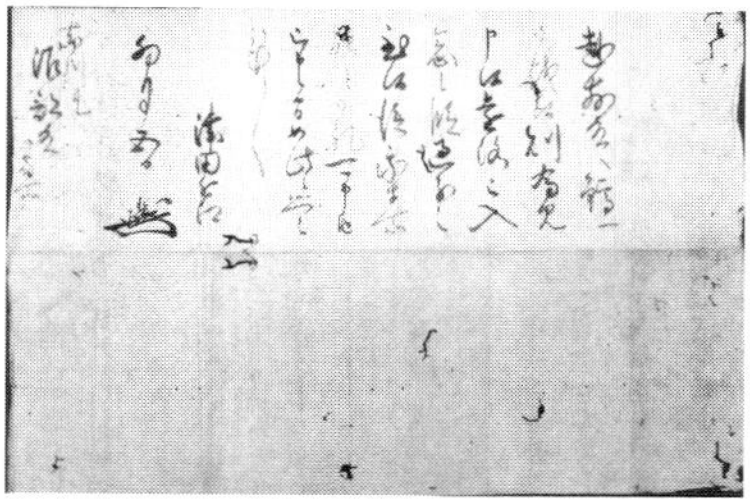

16 号文書

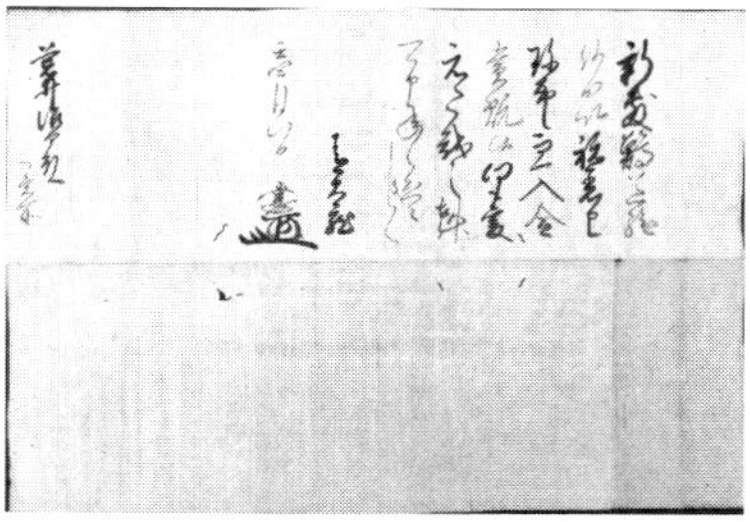

17 号文書

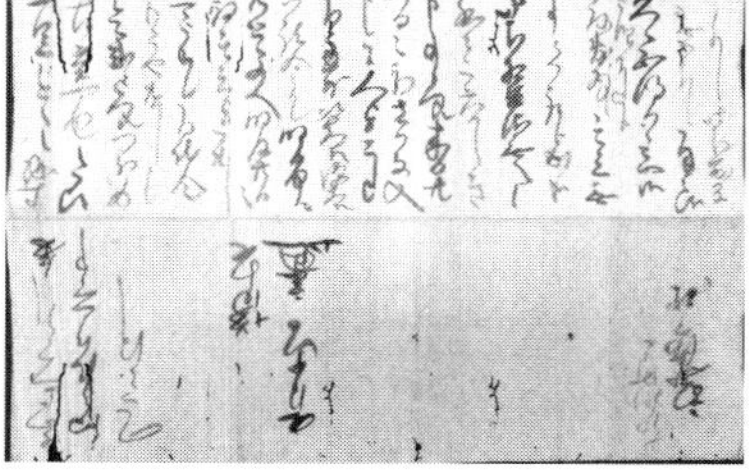

18 号文書

V

戦国期簗田氏城下水海の歴史的位置
——関東の二大河川流通路の結節点を考える

内山俊身

はじめに

本稿は、古河公方重臣で、東国戦国史に重要な政治的位置を占めた簗田氏一族の城下（ここでは城郭も含めて使用する）の一つである水海（古河市水海）について、歴史地理的側面から考察を加え、併せて、そこから窺い知れる地域の歴史的特性—中世関東の二大河川流通路（古利根川・渡良瀬川水系と常陸川水系）の結節点としての位置—を考察してみようとするものである。(1)

現在まで簗田氏城下水海について正面から歴史的考察を加えた研究は皆無といってよい。近世末の地誌『下総国旧事考』や旧香取村編纂の『猿島郡香取村郷土誌』（明治四十四年編纂・大正十二年増補）・黒澤常葉編『猿島郡郷土大観』（昭和二年）で、伝承等を基に若干の記述がなされているにすぎない。古河公方支配領域の中でも、すでに古河・元栗橋・関宿の城下が市町村史編纂等の過程において一定程度の考察が為されているのに対し、(2) 水海城下の研究は全く等閑視されてきたといってよい。その原因は、簗田氏関係文書のなかに水海関係の文書が極めて少ないこと、近世城下町へと継続しなかったため研究の基礎史料となる近世の城絵図・城下絵図が存在しないこと、また、近世初頭の赤堀川開削や、それに伴う河川氾濫頻発地域への変容により中世の歴史的景観をほとんど喪失したなど、幾つかの客観的条件も挙げられるが、それとともに、従来の簗田氏に関する研究の興味関心が、古河公方研究の政治史的次元と相まって嫡流家の関宿系簗田氏に集中し、水海は庶流家の城下（関宿城の支城）という想定から軽視され、その考察の対象から欠落していたという側面も指摘できよう。

しかし水海は、必ずしも簗田氏庶流家の城下として副次的に位置付けられる地域ではなく、後述するように、古代においては猿島郡家所在地の可能性が高い地域であり、中世後期に限って見ても、鎌倉府奉公衆簗田氏の南北朝末期最初のの移住地と伝えられ[3]、十五世紀半ばに嫡流家が移封された関宿とは異なり、近世初頭の滅亡に至るまで一貫して簗田氏の根本私領であったことは注目しなければならない事実である。すなわち、南北朝末期の簗田氏の水海移住には、占地すべき古代以来の何らかの社会的条件が存在したことを想定すべきであり、古河・元栗橋・関宿地域一帯における一定の独自な地域特性を想定すべきであろうと思われる。

とくに近年の中世東国流通史研究の活性化の中で、峰岸純夫氏によって、これら三地域を関東の二大河川交通路（常陸川水系＝関東の東西交通、渡良瀬・古利根川水系＝同南北交通）の結節点とみる指摘[4]、さらに市村高男氏によって、それは東海沖の太平洋海運から江戸内海を通り鹿島・香取内海から東北への太平洋海運へと結ぶ「水の大動脈」に位置するという指摘[5]、さらに同氏によって、古河公方権力がこれら河川流通支配や、そこに成立した都市支配の上に重要な立脚点を有していたであろうとの指摘[6]を考え併せると、二大河川結節地域内の流通路の実態や、そこに簇生した都市の内実、さらに権力との関係をより具体的に明らかにすることが求められている。

またその場合、近年の、港湾都市品川湊の都市形成を寺院研究と絡めて論じた柘植信行氏[7]による新しい都市景観研究の方向性を視野に入れるならば、寺院と都市・流通の視点からの考察も不可欠の作業となると思われる。いずれにせよ水海地域の中世の景観とその歴史的性格を解明することは、今後の中世関東の流通史研究・都市研究、さらに古河公方研究にも一定程度の基礎的資料を提供することになるものと考える。

水海城下研究については、近年、『猿島町史資料編原始・古代・中世』（平成五年）の刊行で、簗田氏関係文書が従来に増して集大成され、また『山中文書』『水海実相寺文書』など水海側の在地文書（ほとんどは近世文書であるが）も総和町史編纂の過程で調査・刊行され、さらに平成二～四年にかけて水海城所在確認発掘調査も実施され、その研究の基礎条件が整ったといえる。本稿ではこれらの文献・考古資料の他、明治初期の地籍図や聞取り等フィールドワークをもとに考察を進めるが、最初に城下水海について成立時期や社会的機能の側面からおおよそ三地域に区分した上で、それぞれについて歴史地理的に中世景観や特質を考察し、次いで、二大河川流通路の結節点の在り方と、その中に占める水海の位置を検討してみたい。

一、戦国期城下水海の実態

戦国期の水海の城下は、成立時期と社会的機能から見ておおよそ三地域に区分できる。それは、現水海小学校付近を境に、その東側一帯の「内水海」地域、西側一帯の「町水海」地域、そしてそれら二者の南側で、「勘平堀」付近を北の境にして赤堀川（利根川）の堤防まで緩やかに傾斜する沖積低地の地域（以下「南部」地域と表現）である（地図Ⅰ）。

地域伝承では、内水海地域は簗田家滅亡後の帰農家臣の集落であり、また町水海は城下の宿町、そして「南部」地域は、小字「内城」に存在した簗田氏の城郭所在地と伝えられてきた。しかし簗田氏城郭の伝承地については、「内城」の他に、「内水海」側の小字「神明耕地」一帯に残る俗称「城の内」も存在し、平成二～四年の水海城確認発掘調査で「城の内」から後北条様式の城郭跡が見い出された。

その結果、「城の内」城郭こそが簗田氏の水海城であり、「南部」地域側の城郭は、戦国末期拡張の、関宿城・山王山砦への中継基地か、あるいは水海城の出城、もしくは戦闘用の「詰城」であろうと副次的な軍事施設の評価がなされた。[8] 以下論考ではその当否も含め、分類した三地域についてそれぞれ検討するが、まず最初に、簗田氏水海城の所在地の検討を基本において、「南部」地域の考察から始めてみることにする。

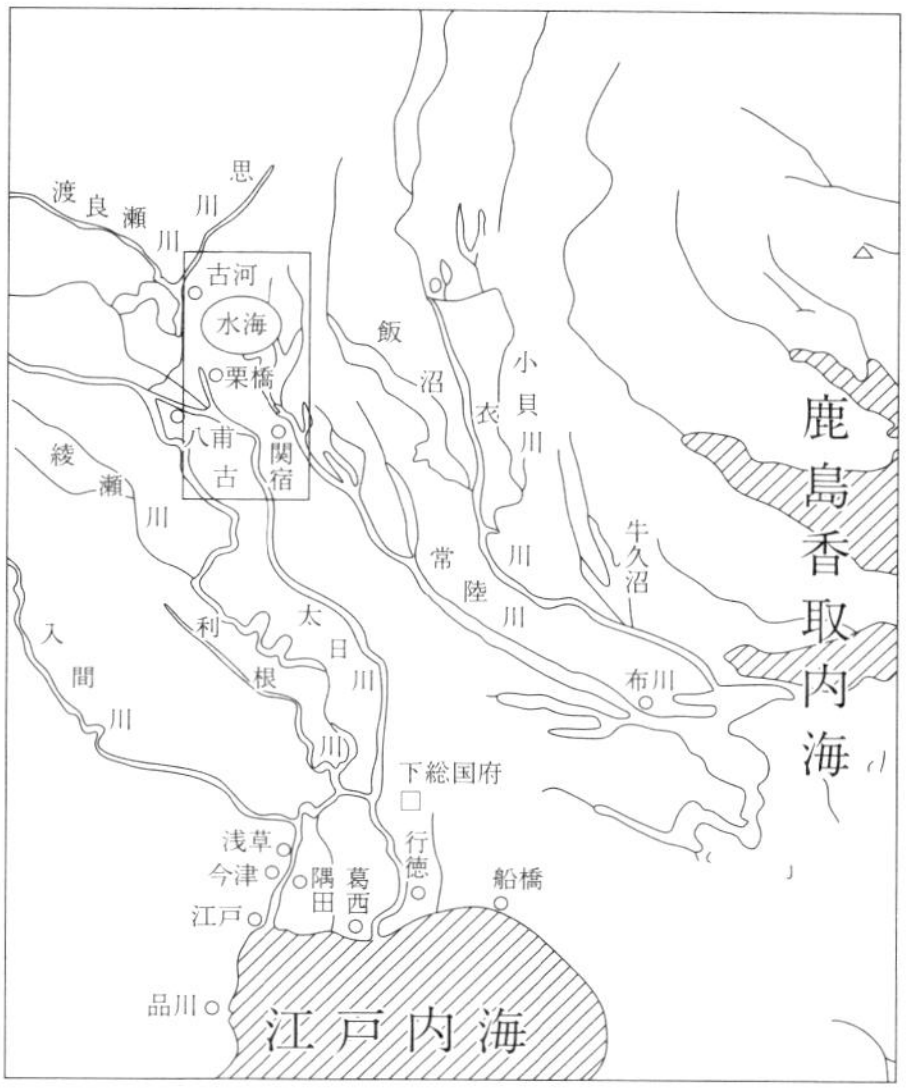

地図Ⅰ　水海周辺と主要河川流路

（1）「南部」地域

「南部」地域は、近世初頭の赤堀川開削や、以後の頻繁な洪水・築堤工事、また釈迦沼の水を直接赤堀川に落とす昭和五十四年の釈水沼排水機場の設置で元景観が最も変化した場所である。明治初期の地籍図（地図Ⅱ、以下「地籍図」と略）によれば、この場の小字は・東側より「内城」

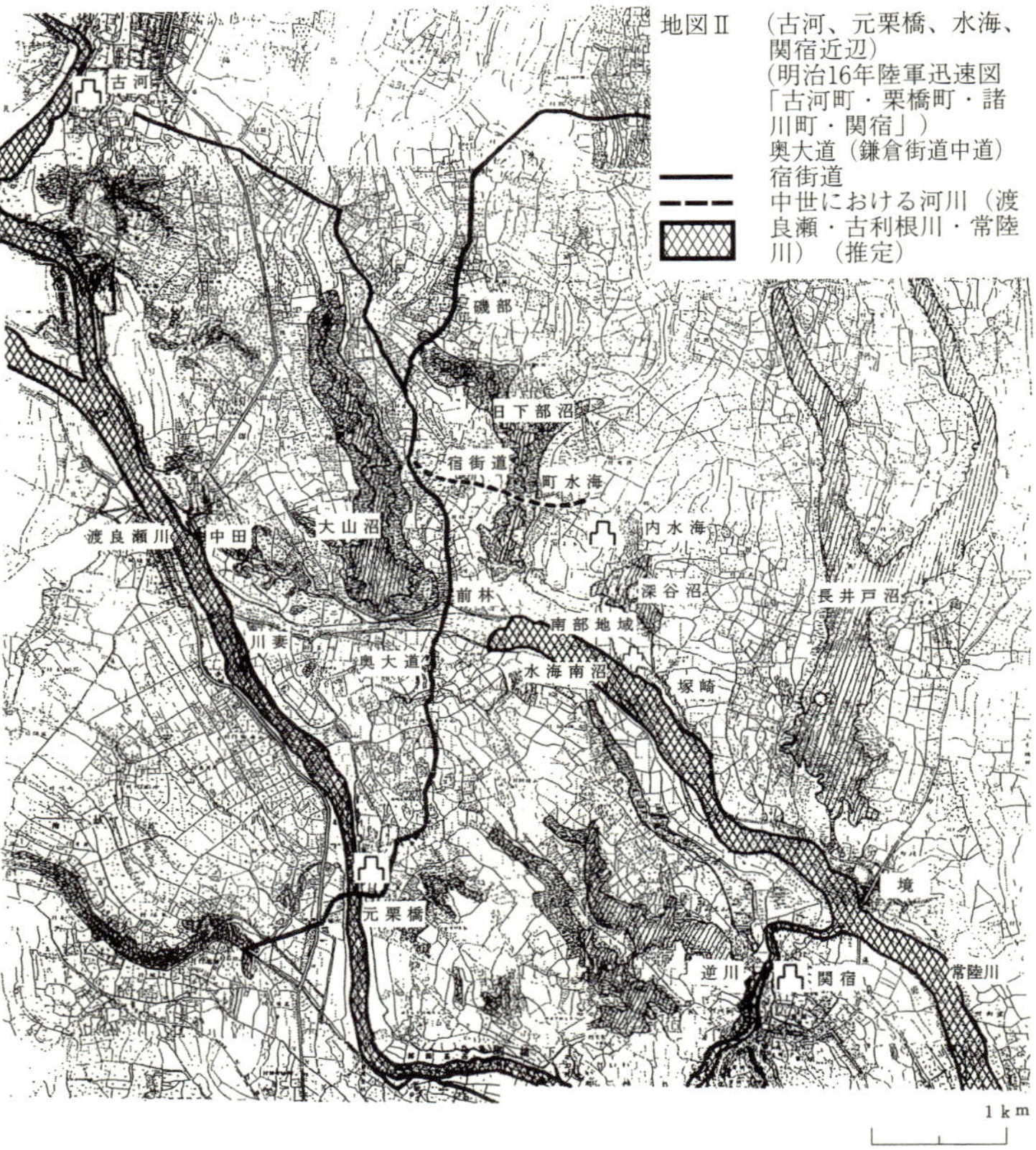

地図Ⅱ　（古河、元栗橋、水海、関宿近辺）（明治16年陸軍迅速図「古河町・栗橋町・諸川町・関宿」）

「蔵屋敷」「船頭西」「八幡道東」「八幡前」と称している。城郭に関しては、「安元年に関宿の城主簗田河内守平持助、関宿・古河の助として柳原（「南部」地域内の一俗名）の南に小城を築かれる」（「水海正蔵寺縁起」天和二年（一六八二））、「城（水海城）の本丸は赤堀川沿岸に近く、目下内城と称す」「城趾は今の柳原より内城の地にあり」（以上『猿島郡香取村郷土誌』、以下『郷土誌』と略）「水海城趾址　香取村大字水海字内城にあり」（『猿島郡郷土大観』）と、近世以降の地域伝承で最も水海城の比定地とされた場所である。ここでは、文書・絵図・明治初期の地籍図等から出来得る限り中世の歴史

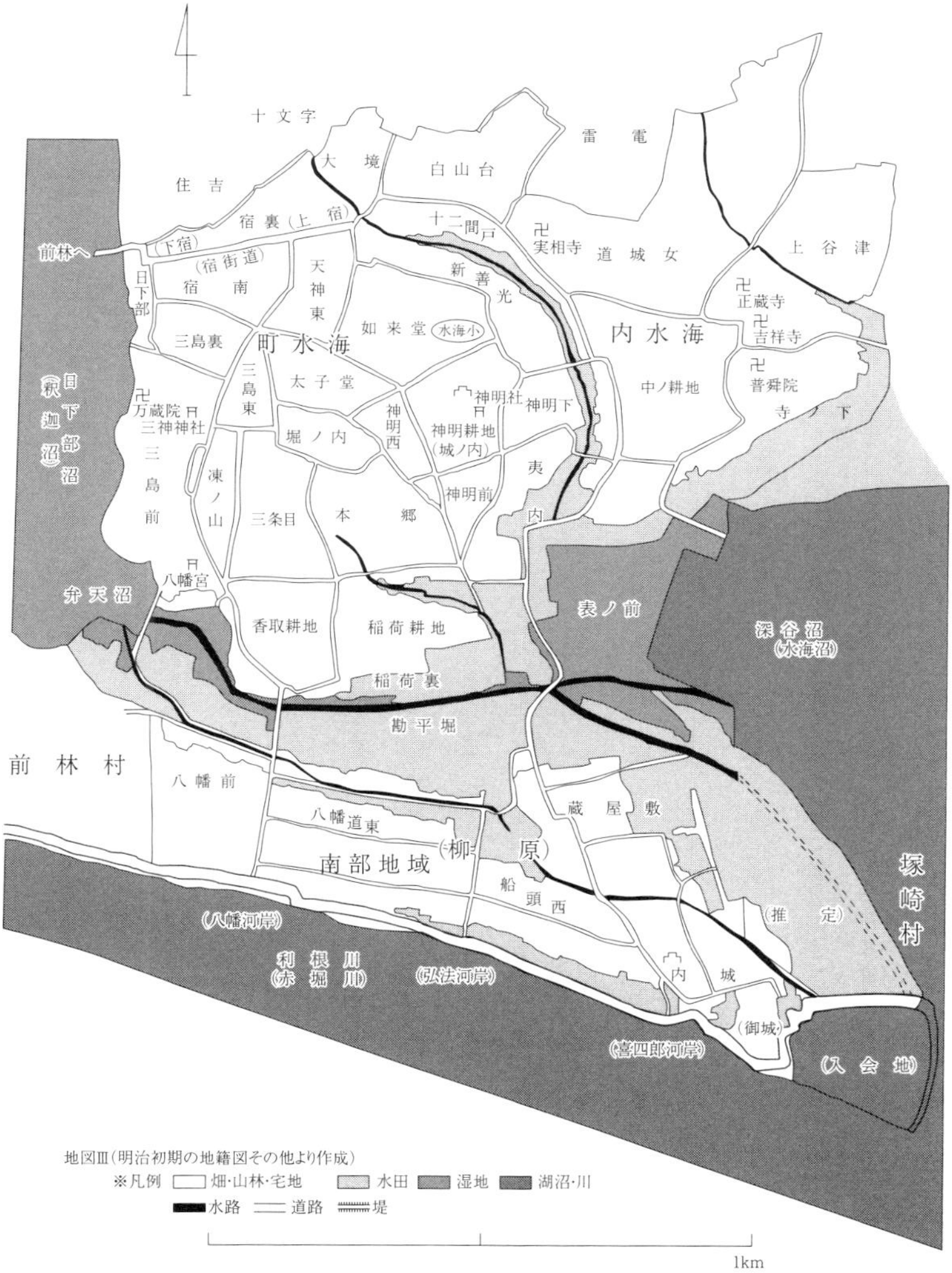

地図Ⅲ(明治初期の地籍図その他より作成)

景観を復元し、その上でこの場の地域的特性を明らかにしてみたい。

まず、「地籍図」から明治初期の景観を読むと、日下部沼（釈迦沼）の一部の弁天沼と称する一角が西より入り込み、そこから勘平堀が日下部沼の水を集め東側の深谷沼（水海沼）へ落とし、その水は深谷沼から水海・塚崎村の境界を通り赤堀川へ流れ込む状態になっていた。勘平堀は、湖沼一帯の新田開発のため、元文五年（一七四〇）頃に関宿藩によって、日下部沼の水を主水としながらも、西側の大山沼の悪水を深谷沼へ落とすため開削されたものである。問題は中世においても日下部沼からの水が深谷沼に流下していたかであるが、勘平堀周辺に沼地や水田が広く見られて、元よりの低湿地であったと思われること、そして前林からの微高地が勘平堀の南側の「内城」まで連続している事実をみると、自然地形として中世以来の流路であったと想定できる。

「地籍図」に記される地目は、勘平堀など北側の流路周辺部分と赤堀川に面する南側の堤外の部分が水田であり、両者に挟まれた「内城」「船頭西」と「蔵屋敷」「八幡道東」「八幡前」の南側の部分が畑地となっている。この乾湿状況から見ると、比高は僅少ながら、中世においては、微高地の畑地部が居住空間であり、水田部分はそれを取巻く低湿地であったと思われる。とくに最南端の深谷沼から赤堀川への流下路一帯は、近世の「水海村地先利根川絵図」[10]に「水海村・高野村・塚崎村三ヶ村入会地」と注記された上、堤もそれを除外するように屈曲して描かれており、この場所がとくに耕作不能な低湿地であったことが窺える。

以上の全体的地形から「南部」地域の中世景観を想定すれば、西の前林方面から赤堀川に平行して東に突き出した微高地と、それを北と東の二方向から、弁天沼・勘平堀の低湿地、深谷沼、深谷沼の流下路が囲む景観を有していたことが分かる。

中世の景観を想定する上で、残る問題は現赤堀川の一帯、つまりこの微高地の南側の景観がどうなっていたかである。次にこの問題を検討してみよう。明治十六年の陸軍作成の迅速図はほぼ近世の景観を想像することができるものであるが、この図によれば、赤堀川は水海上流の大山沼南部で狭窄しているのに比較し、この水海に至って川幅は広くなっている（地図Ⅱ）。この事実から、中世においては水海の南側地域が沼沢の多い低湿地であった可能性を想定することができるが、文献史料の点でも川妻村古文書の中に次のような史料が存在する。(11)

一、七十八年以前（元和七年＝一六二一）川妻村ハ伊奈備前守様御代官所ノ節古河領中田町ト川妻村境目川口ニテ水海村沼迄新川被仰付候、其節ヨリ赤堀川ト申候

壱番堀　七十八年以前、元和七酉年

伊奈備前守様御内　富田吉左衛門様　御奉行所ニテ横七間ニ御堀被成候（後略）

これは、元禄十一年（一六九八）九月、川妻村の名主・組頭以下が奉行所に提出した赤堀川開削由緒書上で、従来より利根川東遷事業における赤堀川開削の時期問題でしばしば引用される史料である。右引用した元和七年の一番堀の開削の記録に続いて、文面では以下、二番堀（寛永十二年・一六三五）・三番堀（承応三年・一六五四）の開削事業が記され、三番堀で川妻・中田間から掘り始めた赤堀川が境・関宿間の常陸川に繋がり、安定した通水を見たことが記されている。右史料からは、開削前の中世の景観、とくに中世水海の南部についても幾つかの情報を得ることが出来る。それは、まず元和七年の一番堀の段階では、開削水路が、最終的な境・関宿までではなく「水海村沼迄」であった事実である。この記述は、まず何よりも現赤堀川の流域下に「水海村沼」なるものが存在したことを示すものであり、先の迅速図読図の予想を裏付けるものである。また、二番堀の開削が十四年後であったことから、この一番堀の

開削で、川妻・中田を川口とする利根・渡良瀬川と境・関宿までの常陸川が一定の通水を見たであろうことが想定できるが、とすれば、その歴史的前提として、すでに中世には境・関宿から水海までは一定の流路で結ばれていたこと、そしてその流路は、基本的には「水海村沼」を最奥部するものであったであろうということが理解できるのである。

また、戦国後期の永禄十一年（一五六八）、第二次関宿合戦時において、簗田持助から家臣鮎川図書助に宛てた八月二十八日付「簗田持助感状」[12]によれば、敵方である後北条方の兵船が水海の隣の塚崎に移動していたのに対し、「今度敵以兵船、塚崎之郷へ相動候処、従城内より以船懸合、正面之奥数刻相戦」と、城内（関宿もしくは水海城）から船をもって敵船と塚崎郷の南部「正面」で交戦している事実が窺える。このことからも水海から関宿への流路の存在が想定されるところであり、かつこの水路が兵船の航行可能な水路であったことも窺えるのである。

以上の考察をまとめてみれば、この「南部」地域は、西の前林側から東側へ突き出すような微高地が、常陸川流路の西最奥部たる「水海村沼」（仮に「水海南沼」と呼ぶ）と日下部沼～深谷沼が形成する流路低湿地に南北東の三方を囲まれる景観を有して存在し、とくにその中でも「水海南沼」は中世には常陸川流路の西最奥部として存在し、かつ舟運も想定できる、水海の湖沼中でも最も社会的機能を有していた沼であることが想定できるのである。

続いて城郭部について検討してみよう。地籍図の小字からすれば「内城」とその北に接する「蔵屋敷」がその比定地となる。この細部に目を向けてみれば次のような事実が分かる。まず全体の立地条件であるが、ここは先の「水海南沼」と深谷沼流下路の接点部に位置し、三方を沼沢地に囲まれた微高地の先端部にあたる。これは、沼地を堀とし微高地を城郭とする占地で、沼という自然障害を防御に利用しているとともに、交通路としての「水海南沼」を掌握する構えでもある。近世初頭の万治元年（一六五八）頃書かれた「城主記」[13]に「内城分ニ橋数八拾六ヶ所有之」と記されている点は、水路によって区画された水城の如き実態を想像させるものであり、この地形条件に相応しいといえる。

次に地籍図の地目からの想定であるが、「内城」地域はほぼ畑地より形成され、「蔵屋敷」地域は西側のみが畑地で、東部・北部は水田で、その先で深谷沼に面する状態にある。さらに詳細に見れば、「内城」地域は、その南部は屈曲する堤によって三方が囲まれている。また、その場所が一筆面積の極めて大きい畑地であるのに対し、堤の東外側が先述の如く近世には入会地の低湿地であり、かつそれに続く北側も細長い水田が認められる。さらに対面の畑地西側にも同様に水田が認められ、ちょうど中央の畑地部分を囲むように三方に低湿地が存在しているのである。

これよりすれば、南側中央畑地部分が城郭跡と推定できるが、もう少し確証を得るために近世文書に見られる字名を検討してみよう。幕末の安政三年（一八五六）に水海村赤堀川筋堤改修の人足等を書上げた「国役御普請仕様帳」（『山中源治家文書』）には堤の改修箇所の字名が注記されている「内城」地域内の城郭字名としてそこには「御城」「御城横手」が記されているが、堤の箇所の字名である点からして、赤堀川に面する「内城」の南側部分の字名であることは間違いなく、この城郭と思われる部分が正確には中世には「御城」（中世には一般にミジョウと発音）と称されていたことが分かる。また「御城横手」は「御城」に隣接する字名であるが、御城の正面（大手）に対する側面（横手）から来た字名であろうことは容易に推測できる。

さて問題は明治の地籍図に見られる「内城」という小字をどう見るかである。これを「内城」＝「御城」の別称と考えることも可能であるが、「御城」と「蔵屋敷」の間に当たる「内城」地域北部には畑地帯が広がっており、そこにもう一つの曲輪の存在が予想される。さらに地籍図の小字は、明治六年の地租改正時に幾つかの地名（小分け地名）を統合して作られた行政地名である点を考慮すれば、「内城」内に存在した「内城」「御城」「御城横手」以下幾つかの小分け地名を統合した結果と見ることが可能で、「内城」と「御城」は一つの城郭内に併存した二つの曲輪そのもの名残ではないかとも考えられるのである。そして字名「内城」を北部地域に比定すれば、それと接して「蔵屋敷」が立地することになり、ここに南側から「御城」「内城」「蔵屋敷」の三つの曲輪から構成される連郭式城郭の存在を想定することが可能となる。もとより地籍図と字名のみからの推測に過ぎないが、ただかかる曲輪構成は、水海簗田氏の主君古河公方義氏段階の古河城の構成を示す次のような史料があり、その類似性は注目してよい。

　一間若役所之儀、如御兼約蔵廻輪〔頼政口〕相定、如下地本役所衆相加申候、於敵動者、御本城・中城迄之仕置、
　　間若請合可申候、爰元之様子委細彼仁間若可被申候、

この史料は天正十一年（一五八三）四月に比定されるもので、足利家奉行人が北条氏照に送った書状の条書きの一文である[14]。前年閏十二月の最後の公方義氏の死去後、古河城在番に赴いていた氏照の重臣間宮若狭守綱信が、頼政口のある「蔵曲輪」を役所に定め、敵の軍事行動に対しては「御本城」「中城」の仕置も担当するという内容である。

この文面からは、当該期の古河城は少なくとも相対的に独立した「御本城」「中城」「蔵廻輪」という三つの曲輪によって構成されていたことが分かる。古河城はこの他、同年比定の四月一日付足利家奉行人連署書状[15]に「新曲輪」なる存在が記される。それは「新曲輪」の名が示す如く天正十一年に極く近い時期、おそらく義氏死去後の氏照による新築曲輪と思われ、とすると右の三曲輪は基本的には氏照の古河城改修以前の、古河公方義氏段階の古河城の基本的構成単位であったと推定することが出来る。この三曲輪は、城郭の構造だけでなくその曲輪名にしても、御本城＝御城、中城（ウチシロヵ）＝内城、蔵廻輪＝蔵屋敷と水海城のそれに類似しており、単なる史料の残存性から来る偶然

の一致といっては済まされない共通性が認められるのである。[16]

なお、水海城の大手口は、南北東の三方が沼に囲まれていた点から見て、西側に開かれていたのではないかと想像される。近世の「古帳写・御朱印捨地」（年未詳）、「御朱印田畑取調帳」[17]（安政二年・一八五五）に、曲輪「内城」部分から西に向かう道が「馬通筋」と記されており、この名称から見ても、曲輪「内城」の虎口が大手口として存在していたと思われる。また水海城内には、非常時には家臣が詰める仮設施設である「小屋」が設営されていた。年未詳であるが第三次関宿合戦の起った天正二年二（一五七四）の可能性のある正月六日付「簗田晴助書状写」[18]に次のような記載がある。

　夜前、水海際小屋火事、無是非次第候、（中略）小屋之者共心やすく存、ちり〳〵にかりしりそらす、可致在城之由、堅申付候、

これは、合戦の迫る緊張状態の中で、関宿城主簗田晴助が水海の家臣斉藤但馬守に宛てたもので、水海城の「小屋」の火事は是非なく、小屋の者（家臣団）に安心するよう申し伝えるべきことを書き送ったものである。ここには「小屋」（非常時の仮設家臣居住施設[19]）が城内の「水海際」に存在したことを読み取ることができる。「際」とは何よりも水辺の際を想像させる表現であり、その点この城は、後述する洪積台地頂部の「内水海」側の城郭ではなく、まさに「南部」地域内城側のこの城郭を指していることは間違いない。城内における「小屋」の位置比定は困難であるが、「際」より見て沼沢地の周辺である南北東側のいずれかであったであろう。

なお城郭付近に一般に所在する家臣集落であるが、これについては徴証がない。戦闘時の「小屋」が城郭内に設けられている点からすれば、天正二年段階でも、なおこの城郭部では家臣団の集落形成が為されていなかった可能性も

あろう。なお、水海城の規模は、「御城」から「蔵屋敷」までおよそ南北三七〇ｍ、東西一〇〇ｍ程度を測る。これは、古河城（内城・中城）の推定規模、約二〇〇ｍ×三五〇ｍ[20]に比較しやや小規模ながら、当該期の国人クラスの城郭規模としては妥当な数値を示している。

次に「南部」地域の歴史景観のもう一つの特色を示す古寺院の存在について見ておこう。現在「内水海」側には、簗田氏の水海移住以前からの創建を伝える寺院が幾つか存在している。それは、浄土真宗正蔵寺（建保元年・一二一三創建）・時宗吉祥寺（嘉元二年・一三〇四創建）・日蓮宗実相寺（文永二年・一二六五創建）であり、また簗田氏移住後では、簗田晴助を開基とする父高助の菩提寺普舜院（天正三年・一五七五創建）も存在している。

ところで、これら寺院は、すべてこの「南部」地域の俗称「柳原」と呼ばれる一帯にかつて所在し、天正十八年（一五九〇）豊臣方の関東制覇での水海城落城とともに焼亡して、その後近世初頭に「内水海」の現在地に移転したという伝承を有している。[21]「柳原」とは、ほぼ小字「蔵屋敷」から「八幡道東」にかけての数百メートル四方一帯を指しての俗称である（地図Ⅱ）。ここは内城・蔵屋敷の城郭部分からみれば西側に隣接する地域である。なお、この移転伝承はあくまでも「由緒」に過ぎず、疑義の入り込む余地があるが、寺院朱印地を記した先の「古帳写・御朱印捨地」「御朱印田畑取調帳」に、「柳原」と思われる場所に「吉祥寺元地中」「普舜院元地中」と両寺の隣接立地する様が図示され、正蔵寺の朱印地も「柳原元地中」にその存在が記されている。この記載よりほぼ伝承の史実性が確認できよう。なお、水海の古寺院の中で、近世初頭の元和二年（一六一六）に関宿に引寺した真言宗昌福寺（天長五年・八二九創建）の旧地については不明であるが、「弘法河岸」（後述）なる字名が「柳原」の近くに確認できること、また、近世初頭の元和二年の関宿への引寺[22]にもかかわらず、水海には旧地の伝承が皆無であることなど、近世に最も改変を受けたこの「南部」地域、それも他の寺院同様「柳原」一帯であったが故ではないかと思われる。

以上の様に、「南部」地域の城郭西側一帯には、かつて水海の古寺院が、比較的隣接して立地していたことが窺われる。ここで注目したいことの第一は、浄土真宗・時宗・日蓮宗という新仏教系の寺院が立地していた事実である。これは、城主簗田氏の保護下にある檀那寺ではなく、当地の住人層によって維持・運営されていた寺院であり、宗派からしておそらく、常陸川筋の流通や漁撈を生業とする人々であった可能性は高いと思われることである。第二には、その起源が、各寺の伝える創建年代から見て簗田移住以前からの鎌倉期に遡るものであることである。もとよりこの時期の寺院は、各寺院由緒が粉飾する如くの伽藍等諸施設を有するものではなく、草堂の如き原初的な宗教施設か、地縁的信仰集団である一結衆（講）的な存在に過ぎなかったかと思われる。しかし、それにしても簗田氏移住以前から流通・魚撈等に関わる人々の信仰の跡が確認できることは、簗田氏城郭占地に関わって注目したい事実である。また、第三にはそれと関連して、真言宗昌福寺・曹洞宗普舜院という簗田氏関係の寺院を含め、計五つの諸宗派の寺院が僅か数百メートルの地域に密集して共存していた事実である。近世城下町などでは城下整備のため諸寺院が「寺町」として統合されてはいるが、これはもとよりそのようなものではないことは明白である。この事実から見た「南部」地域の社会的特質・機能をどのように想像したらよいであろうか。

まず考えられることの一つは、諸宗派の寺院の存在は、多種多様な人々（おそらく常陸川の流通に関わる）の往来・混住を社会的な背景とするものであること、したがってこの場（広く水海全体を含め）が単なる城下地域ということに止まらず、元来、鎌倉期からの流通等に関わる交通・交易集落に起源を持ち、城下形成以前から一定の都市的発展を見ていたであろうこと。二つ目には、とくに「柳原」の地域一帯が、港湾部の背後に形成された一種の「霊地」を起源とする場ではなかったかということである。中世の鎌倉の外港であった武蔵六浦では、港を前面にして僅か二百メートル程の地域に、日蓮宗・真言宗・天台宗・時宗・律宗以下の諸寺院が港湾部を取巻くように存在し[23]、その景観の特性を論じた千々和到氏によれば、中世墓地である上行寺東遺跡を含め、その場所を、港（＝無縁の場）を前面にした「霊地」ではなかろうかとる[24]。

また同じく江戸内海に面した中世品川湊でも、品川の都市形成を論じた柘植信行氏によって、港湾部（推定）背後の御殿山の霊地性と、その周囲に中世成立の諸宗派寺院が密集して立地する景観が示されている[25]。「柳原」地域の景観は、「南部」地域にこそ中世墓地（霊地）は見い出されないが[26]、形態的に中世六浦や品川の寺院地帯の景観に極めて類似することが確認できる。「南部」地域が常陸川最奥部に位置し、舟運も予想できる「水海南沼」を前面に有していたことを想起するならば、「柳原」とは、元来常陸川最奥部に存在した港湾部を前面にした「霊地」に起源を発する地帯ではなかったであろうか。そして「南部」地域とは全体として鎌倉期よりの河川津であったと考えられるのではあるまいか。近世に入ると水海には赤堀川の河岸として西より「八幡河岸」「喜四郎河岸」の二河岸の存在が知られ[27]、その他に旧跡として「弘法河岸」なる河岸の存在が知られる[28]（地図Ⅲ）。「弘法河岸」は近世にはその機能が殆ど知られないが、立地がこの「柳原」に最も近接する場所であり[29]、また弘法大師行脚の途次寄錫した場であるとの中世宗教伝承＝無縁性を有する点[30]からして、この「弘法河岸」周辺に中世「水海南沼」の港湾部を想定することも可能ではないかと思われるのである。

以上、古寺院の所在から「南部」地域の河川津としての機能を想定した。ここより「南部」地域のこの城郭は、右の諸寺院の古さから見て南北朝末期の簗田氏移住当初からの城郭と見てまず間違いないであろう。とくに簗田嫡流家の持助が長禄元年（一四五七）関宿へ移封されたとき、水海側の吉祥寺・三実相寺・昌福寺もそれに従い関宿に別建されたという伝承があり、これは、簗田氏の水海移住当初の城郭がまさしく「南部」地域に存在してこそ理解し得るものである。その点でこの「南部」地域こそが簗田氏の故地そのものであったと考えられるのである。またさらに簗田氏の水海移住は、かかる「南部」地域の歴史的特性＝交通・流通の要所たる常陸川水系西最奥部の河川津としての性格を前提とし、城郭占地がこの機能を直接に掌握するためであったことはまず間違いないと思われる。佐藤博信氏や市村高男氏などの先行研究で、簗田氏が「一貫して河川流域に生きた領主」で、かつ関宿移封後は「船持ち家臣団を統制する〝関宿水軍の棟梁〟」と評価されるその前提と出発点がこの場にあったと考えてよいと思われる。[31][32]

なお、水海「南部」地域の西側に隣接する前林の南部には、「静御前」往来の伝承や、鎌倉後期の金沢氏一族の創建と推定される律宗寺院戒光寺跡（現小字「開耕地」）、また前林対岸の五霞村両新田には西大寺系石工の造立と推定される地蔵像が存在している（地図Ⅱ）。ここは「水海南沼」の西側約三百ｍに当たり、また奥大道が通過している地点でもある。とくに忍性ら西大寺流律宗と水上交通の要衝との深い関わりを想起するならば、この場も、鎌倉期から「水海南沼」の常陸川河川流通と密接な関係を有し、水海「南部」地域と一体的な性格を有する場（都市的場）であったとも考えられる。[33][34]

（2）「内水海」地域

「内水海」は、近世には「内城分」「内分」と称され、戦国期の水海城内に関わる地域名に由来するものである。「内水海」地域は、「町水海」地域とともに水海地域の中でも最も比高が高く、南部地域との比高差は約一〇ｍを測る。

小字は、西の町水海側から「如来堂」「新善光」「十二窓」「白山台」「神明耕地」「神明前」「神明下」「夷内（えびすうち）」「神明堀東」「道場目」「中ノ耕地」「寺ノ下」「鹿島」「行人塚」等があり、東側で高野と接している（地図Ⅲ）。この地域の特色は、先述の如く簗田家滅亡後の家臣帰農集落と伝えられていることで有り、また俗称「城の内」（小字「神明耕地」付近）から後北条様式の城郭跡が発掘され、水海城の所在地として確認されたことである。

まずこの城郭であるが、「水海城址確認発掘調査現地説明会資料（1次・2次）」によれば、発掘によって城跡が確認された小字「神明耕地」あたりが一曲輪に相当し、その西側の「堀ノ内」に向け二曲輪・三曲輪があったと想定されている。一曲輪の規模は五〇～七〇ｍ四方で、空堀の実効堀幅は一〇～一一ｍを測る。堀幅から見て後北条氏が改修した猿島の逆井城、五霞村の栗橋城に共通し、永禄から天正期の構築と推定される。ただ水海は天正二年（一五七四）の第三次関宿合戦以後後北条氏（氏照）の配下に編入されるので、おそらくそれ以後の構築と考えられよう。また空堀の北側にそれと平行して規模の小さい毛抜堀形式の空堀も発見され、戦国期以前の可能性とともに、南側の堀と二重構造になっていた可能性もあると指摘された。またこの場所からは、奈良・平安・鎌倉期と見られる約三千点にも及ぶ薄手の須恵器片や、平安期を主体とする住居跡四棟が発見され、簗田氏に先立つ古代からの何らかの歴史遺構の存在が想定されている。

次に「拾人衆」と称される帰農家臣の集落について見てみよう。「拾人衆」とは、それぞれ中嶋・木村・小沢・青木・巻嶋・和田・金沢・平田・吉岡・松沼・橋本・桜井・渡邊の各家を指す(35)が、現在その本家は全てこの「内水海」に所在し、それも小字「道城目」と「中ノ耕地」の境界部分の一角にまとまりを見せて立地している（地図Ⅳａ～ｌ）。また簗田氏家老と伝える山中家・斎藤家はそれらとやや離れ、城郭の南東部（小字「中ノ耕地」と「表ノ前」の境

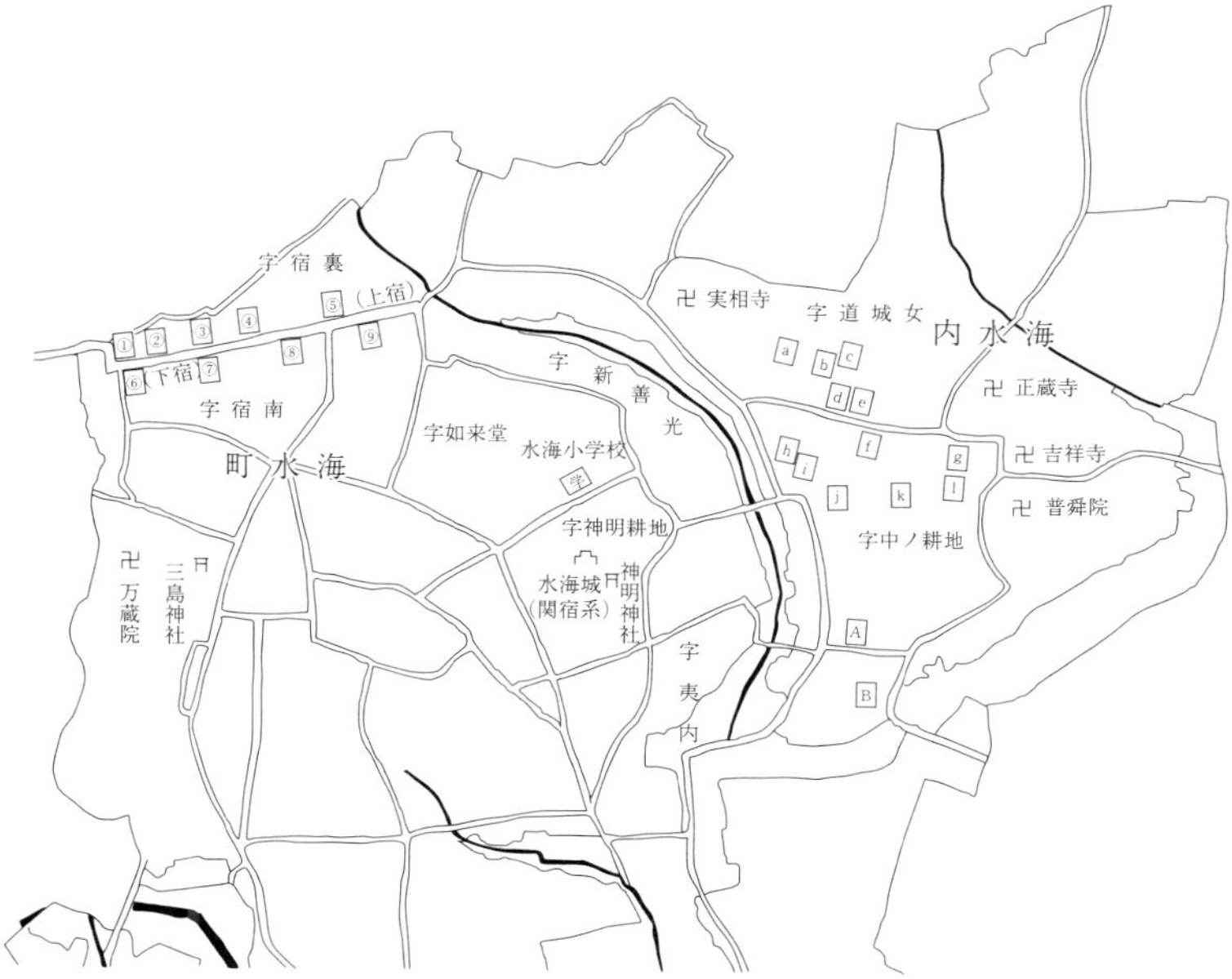

地図Ⅳ　（町水海・内水海旧家地図）

町水海旧家
①小野家
②羽部家（大隅守）
③斎藤家
④山中家
⑤新井家
⑥松沼家
⑦落合家
⑧小池家（肥前守）
⑨大関家
（※①⑥⑦家は旧所存地、現在は移転）

内水海旧家
A 山中家（伊賀守）
B 斎藤家（兵庫守）
（A・B）伝簗田家家老
a 松沼家
b 金沢家
c 木村家
d 吉岡家
e 桜井家
f 渡辺家（尾張守）
g 牧島家（出雲守）
h 中島家
i 平田家
j 小沢家
k 和田家
l 橋本家
（※a～l拾人衆）

界）に位置している（地図Ⅳ A・B）。この集落は、全体的に見て城郭部の東側一帯に隣接するように位置しており、城郭部と有機的な関連を有していたことは明らかである。簗田氏滅亡後の帰農家臣の集落と伝えるが、戦国期からの家臣集落そのものであったと考えるのが自然であろう。おそらく他の戦国期城下町に見られる家臣集落＝「内宿」の如き存在であったと思われ、近世以降に称される「内城」「内分」なる表現もそれと同意の意味合を認めることができよう。また、家老の山中家・斎藤家の一角は、その場所から見て、あるいは城郭内に位置し、屋敷を宛行われた重臣居住区であった可能性もある。

さて、これら発掘結果・地域伝承から見て、遅くとも天正二年以降の城郭と家臣集落の存在は確実となり、少なくとも当該期における「内水海」地域は、水海城下における政治的軍事的中枢地域であったことは明確となった。問題は、かかる特質を有するこの城郭地域が歴史的にいつの時点まで遡れるものであるか、またそれは先に見た「南部」地域の城郭とどのような関係を有していたのか、という点である。

では、まず「内水海」側城郭の形成時期の問題から検討してみよう。現存小字の面からは何よりも次のようなことが想定できる。それは城郭築城が、城下宿町である「町水海」の領域の一部を占拠する形で為されたと思われることで、その時期も戦国後期以降ではないかということである。それは城郭を挟むように、南側に小字「夷内（えびすうち）」、北側に小字「如来堂」「新善光」が存在する点である。「夷内」はそこに元来「えびす堂」が所在したことから来た小字であり、「如来堂」「新善光」はそこに善光寺式阿弥陀如来（三尊）を安置する新善光寺（もしくは草堂的なもの）が所在していたことから来た小字である。「えびす堂」は多く市立てのときの市神として祀られたものであることは周知の事実であり、また紀年銘を有する善光寺式阿弥陀三尊は鎌倉期に集中して認められ、かつ民衆の浄土信仰として主に東国に広まっていたことが指摘されている(36)。

これらの事態を勘案するならば、「えびす堂」「如来堂」は、水海城郭に付属する領主寺院などではなく、元来鎌倉末期には認められる（後述）「町水海」側宿町住人の商業行為や浄土信仰に深い関わりを有した堂・寺院ではないかと考えられるのである。したがって、この城郭の築城そのものは古くよりの宿町領域を侵す形で為されたと考えるのが適当となるが、市村高男・小島道裕氏らによる近年の戦国期城下町研究で、城郭と宿町の二元性・多元性、城下空間の都市構成要素の分散性が指摘され[37]、領主権力が宿町を掌握し始めるのは十五世紀末から十六世紀初頭頃ではないか等との市村氏の指摘[38]を踏まえるならば、かかる宿町地域への城郭の建設という事態はさほど古いものとは考えられず、おそらく戦国後期以降の段階と考えるのが妥当となる。

次に「南部」地域の城郭との関係を考察してみよう。まず前提として次のことを確認しておきたい。それは（1）で見たように、「南部」地域の城郭が、鎌倉期からの常陸川の河川津であった場所に築城された（少なくとも）三曲輪構造からなる基本城郭で、その存在が、先の「簗田晴助書状写」（天正二年比定）から見て、少なくとも天正二年段階までは確認されることであり、また「南部」地域の諸寺院が天正十八年の豊臣方の攻撃で全山焼亡したと伝える点から見て、おそらく天正十八年の水海落城で同時に焼亡したであろうことである。そして「内水海」側の城郭は、右に指摘したように天正二年以降の早い時期に後北条様式で築城（もしくは改修）されたものであり、したがって両城郭は、一定時期、とくに少なくとも天正二年頃から十八年までは併存状況にあったと考えることが適当であろうことである。また二つの城郭の規模・形態から見て、両者に城主―城代、もしくは城主―城番などという機能分有関係を想定するよりも、極めて特異であるが、それぞれに独立した城主を想定する方が適当と思われることである。では右のことを前提として、当該期の簗田氏の歴史的展開の中にその問題を考えてみることにしよう。

佐藤博信氏の研究によれば、簗田氏は南北朝末期頃から室町初期、鎌倉公方の奉公衆であった良助の代に御料所下河辺荘に関わりを持ち、その子満助の代にこの地域を預け置かれて定住化したことに始まると想定される[39]。康正元年（一四五五）の古河公方成立に伴い、長禄元年（一四五七）満助の子持助は軍事的要衝の関宿に移封されるが、水海に

〔簗田氏略系図〕

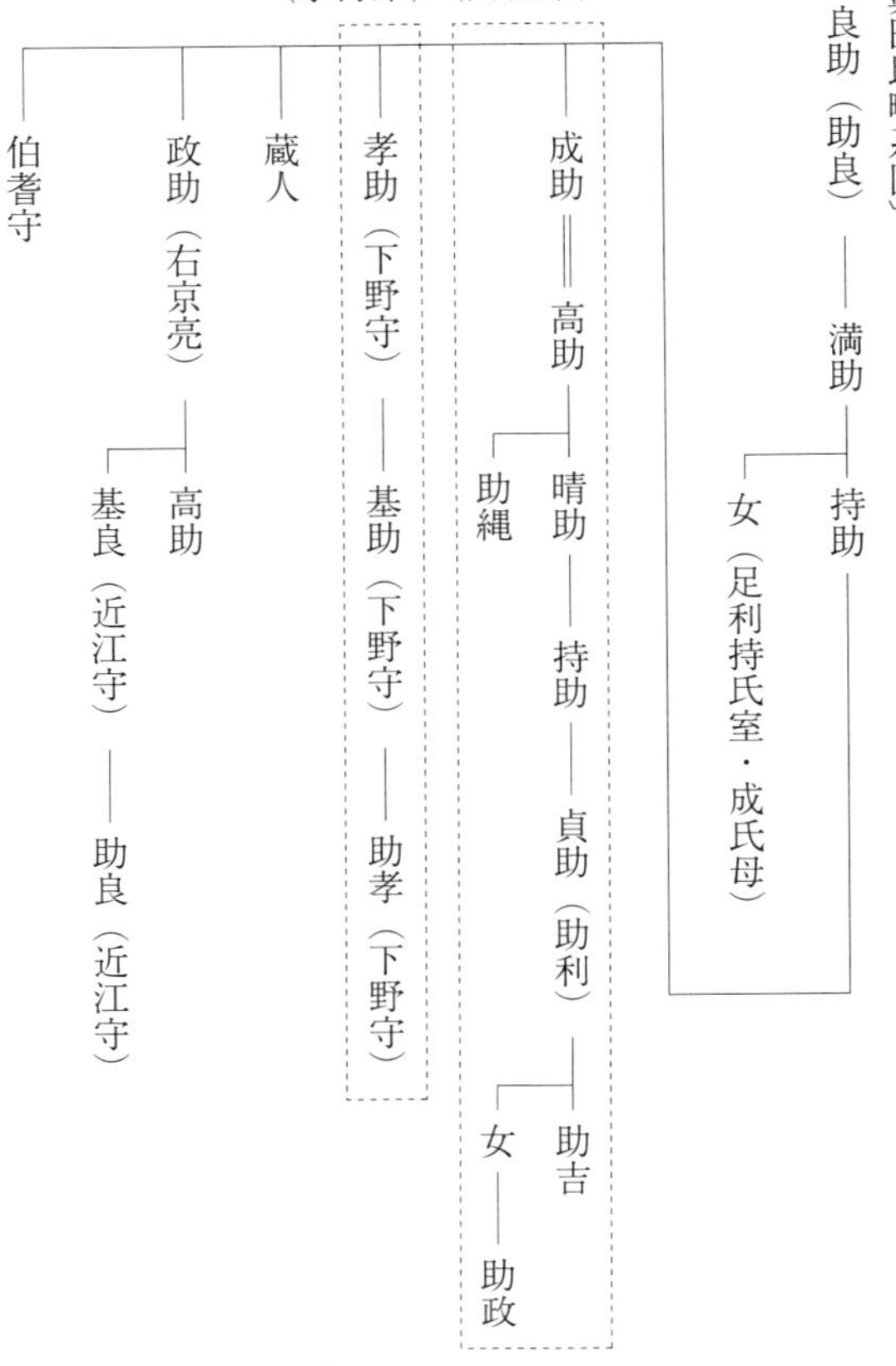

（与五将軍系図、他から作成
＝は養子関係）

関しては、通説では持助の庶子の一人下野守孝助とその子孫が住したといわれ[40]、天正二年の第三次関宿合戦以後は再び当主家の関宿系簗田氏（晴助・持助）が水海に復し、少なくとも天正十八年の水海城落城までは簗田氏による城下町として存続したといわれる。ここで検討すべきは、天正二年以降の城郭の併存状況を基本として、当主家の関宿系簗田氏と庶流家の水海系簗田氏（下野守）の関係の具体相とその特質を明らかにすることである。まず水海の城主を下野守系統とする通説の当否から両者の関係の検討に入ってみよう。

水海系簗田氏の当主が誰であったかそれを直接明示する史料は現在のところ確認されていない。簗田氏の系図である「与五将軍系図」（以後「系図」と略[41]）には、十五世紀半ば頃の当主持助には、嫡子の中務大輔成助（関宿城主）の

年次	文書名	内容	出典
①（永正３）	上杉顕貞書状写	関東管領上杉顕定が簗田政助に宛てた書状。そこに「息八郎（高助）方并下野守方断而被申越候」と、八郎・下野守の政治的動向が記される。	『松平義行所蔵文書』『猿島』１８６号
②弘治元	簗田晴助判物写	水海の小沢長門守に籠城の用意として永十貫文を与える。	『下総旧事三』『猿島』２８４号
③弘治４	簗田晴助宛行状写	水海の山中藤七に山中田地一間以下計十貫百五十文の田地を宛行なう。	『山中文書』『猿島』３００号
④（永禄４）	関東幕注文	上杉謙信方の関東諸将の書上げ。そこに関宿簗田（晴助）に次いで「下野守」と記載。家紋は関宿系の「水あおい三本たち」に対し他庶と共に「水あおい二本たち」。	『上杉文書』『猿島』３７０号
⑤天正２	簗田晴助感状	水海の羽部大隅守に籠城の忠信に対して名国司を与える。	『羽部文書』『猿島』５２５号
⑥（天正２）	簗田経助証状写	水海の小沢長門守宛。籠城用意として馬草・栗の用意を賞する。経助は水海簗田氏の一人。	『下総旧事三』『猿島』５２４号
⑦（天正２）	簗田晴助書状写	水海の斎藤但馬守宛。水海際の小屋火事につき安心する旨を伝える。	『下総旧事三』『猿島』５１８号
⑧（天正４）	足利義氏書状写	簗田持助宛。公方義氏に対し、梅千代王丸の誕生の祝儀を持助使者として下野守が言上する。その返礼御書。	『喜連川文書案三』『古河』１２１３号
⑨（天正４）	梅千代王丸誕生祝儀次第	簗田下野守、持助使者のとき同時に、公方義氏に梅千代王丸誕生の祝儀として酒肴五種二荷進上。	『喜連川文書案三』『新編埼玉県史８』19号
⑩天正６	天正六年御年頭申上衆書立写	北条氏政の使者松田秀信の付き添いとして義氏への年頭挨拶を行なう。	『喜連川文書案三』『猿島』５９９号
⑪（天正６）	足利義氏書状写	簗田持助宛。下野守が持助の使者として義氏へ言上する。	『集古文書七四』『猿島』６０７号
⑫天正８	天正八年御年頭申上衆書立写	簗田持助の代官として下野守が義氏のもとに参上。持助は太刀と酒肴一荷五種を献上。	『喜連川文書案三』『古河』１２４９号

⑬	（天正8）	簗田持助書状写	多賀谷勢の侵攻を伝えた下野守の連絡に対し持助が下野守に水海周辺の状況を伝える。	『下総旧事三』『猿島』659号
⑭	天正9	天正九年御年頭申上衆書立写	簗田持助の代官として下野守が義氏のもとに参上。持助は酒肴一荷五種献上、下野守自身も酒肴一荷三種献上。	『喜連川文書案三』『古河』1258号
⑮	天正10	天正十年御年頭申上衆書立写	簗田持助、代官近江守をもって太刀・酒肴一荷五種献上。近江守自身も一荷三種献上。下野守は独自に使いをもって一荷五種献上。	『喜連川文書案三』『猿島』674号
⑯	天正16	簗田助縄官途状写	水海の山中伊賀守の申請により、名国司を与える。助縄は晴助の弟。持助の死去後（天正15年）簗田家当主となる。	『下総旧事三』『猿島』766号
⑰	（天正18ヵ）	簗田助利書状写	下野守宛。下野守の労苦をねぎらい、下野守の「実城」帰還以後の心細さを述べる。	『下総旧事三』『猿島』807号
⑱	（天正18ヵ）	簗田助利書状写	下野守宛。下野守の労苦をねぎらい、下野守の「実城」在城を問う。	『下総旧事三』『猿島』808号
⑲	慶長14	簗田助利官途状写	水海の渡辺尾張守の申請により、名国司を与える。助利は持助の子。助縄の後の簗田家当主。	『下総旧事三』『猿島』805号
⑳	慶長14	簗田助利官途状写	水海の槙嶋出雲守の申請により、名国司を与える。	『下総旧事三』『猿島』806号
㉑	慶長15	簗田家官途状写	水海の渡辺刑部の申請により、官途名を与える。	『下総旧事三』『猿島』810号
㉒	（年未詳）	富円書状写	簗田下野守宛。閑居（晴助）知行長洲と富円知行若林の罪人につき閑居と持助に申達らるべく下野守に依頼する。	『下総旧事三』『猿島』809号

（年次中（　）は比定）

他、庶流となる下野守孝助、蔵人、右京亮政助、伯耆守が記されており、持助の関宿移封時に、その庶流の内のいずれかが水海城主として残ったことはまず間違いないところである[42]。文亀三年（一五〇三）、町水海の三島神社に簗田政助が「大檀那」として鰐口を奉納していることから、この時期の水海城主を右京亮政助と見る向きもあるが[43]、政助が関宿系簗田氏の高助（成助の養子）の実父であり、公方家内部の抗争（政氏・高基父子の争い）である永正の乱で政氏側につき簗田氏内部でも強力な実権を有した(44)ことを考え併せるなら、必ずしも水海城主に比定する必要はない。その政助の右京亮（近江守）系よりも、「系図」中嫡流家の関宿系簗田氏（成助）に次いで記される下野守孝助の系統―孝助・基助・助孝―を、通説通り水海城主に比定することが適当と思われるが、その点を文書史料の面から検討を加えてみよう。

関宿系簗田氏に対する下野守簗田氏の関係、さらに水海の家臣との関係に関する史料を一覧としたのが三二三・三二四頁の表である。

以上の文書史料の分析から窺い知れることは次の諸点である。

まず下野守系簗田氏は、（1）「関東幕注文」に関宿系簗田氏に次いで庶流中最初に記されるように、少なくとも永禄四年以降においては、当主の関宿系簗田氏に次ぐ家格を誇る家柄であることであり（④⑧⑨⑭⑮）、（2）天正四年以降は関宿系簗田氏の使者・代官として行動することもあるが（⑧⑪⑫⑭）、（3）当主関宿系簗田氏との嫡庶の身分差を有しつつも、天正四年の梅千代王丸誕生の際に関宿系簗田氏同様祝儀進上を行ない（⑧⑨）、同十年の公方義氏への年頭申上には関宿系簗田氏（持助）とは別個に独自の年頭申上を行なう（⑮）など、簗田氏一族の中では唯一、関宿系簗田氏と同等に公方家に対し礼的関係を有する存在であることである。また、（4）古く永正の乱の公方家抗争時の在り方や、天正六年の年頭申上で後北条氏使者松田秀信の付添いを行なうなど、独自の政治的立場を有する存在であり（①⑩）、また天正八年の下妻多賀谷氏軍勢の侵攻に対しも独自の指揮権力を有するなど、軍事的にも関宿系簗田氏に対して独自の行動をとる存在であることである（⑬⑰⑱⑳）。ただ、水海の家臣（土豪クラス）に対する主従制的支配権は、所領給与権・官途受領補任権とも水海復帰前から関宿系簗田氏が掌握しており（②③⑤⑲⑳㉑）、わずかに水海系簗田氏の一人と思われる経助が家臣の忠節に対し証状を発するのみである（⑥）。

以上の分析で、下野守系の簗田氏の性格は、関宿系簗田氏の権力内に抱摂されつつも、古くより嫡流家に次ぐ家格を持ち、関宿系簗田氏が水海に復した天正二年以降も、政治的・軍事的にも相対的独立性を有した存在であったと捉えることが出来ると思われる。このような事実を踏まえるならば、簗田領内で本城関宿城に次ぐ城郭である支城水海城が、通説通り古くより下野守系簗田氏の居城であったろうことは想定してよく、先の「系図」に見られる庶子順次からの同推測を十分に裏付けるものであろうと思われる。

さてでは、併存した二つの城郭とこの両系統の問題はどのように考えられるであろうか。結論的にいえば、一貫して認められる下野守系簗田氏の相対的独立性から見て、関宿系簗田氏が水海に復帰する事態に至って、それぞれ二つの居城が併存するという状況が出現したのではないかと考えたい。とくにその併存時期は、右に述べたように天正二年（一五七四）第三次関宿合戦敗北以降の水海復帰の時期、あるいはそれより遡り永禄元年（一五五八）六月の関宿・古河城の交換で関宿系簗田氏（晴助・持助）が古河城へ移った段階以降が想定できるが、[45]その場合、先述の如く「南部」地域が南北朝末期の簗田氏移住の故地であったという推定や、「内水海」側の城郭が戦国後期以降に町水海の領域を一部占拠して構築されたと思われる点から推し測れば、「南部」地域の城郭こそが水海系簗田氏の居城であり、「内水海」の城郭の方は関宿系簗田氏のそれであったと想定したい。その点、右表中の⑰⑱の史料は注目に値すると思われる。考察に供するため史料⑰を挙げる。

史料⑰（簗田助利書状写）

急度早脚を以申達候、実城御帰以後者、是非御左右不承届候、無御心元候、御手前両年之御苦労御辛労御忘可被成由存候、何当府之義者近日火急ニ申込候、方々へ御手向ら殊大小人籠城之支度専候、為御心久申候、重覧上而可申達候条、令省略候、恐々謹言、

正月廿五日　　　　平七

助利（花押影）

下野守殿

御宿所

この書状は、秀吉の小田原攻略が迫る天正十八年（一五九〇）の可能性のある文書で、関宿系簗田氏の助利（持助の子）が下野守に宛てたものである。文書内容から見てこのとき助利は水海には不在であったようであるが、注目すべきは、助利が下野守に対し「実城御帰以後者」と、下野守の「実城」帰還を記している点である。また史料⑱の書状でも、下野守に対し「殊実城には貴殿御座候哉」と、「実城」における下野守の所在を問うており、同様の状況を認めることが出来る。この両書面から見れば、下野守の居在する場所が「実城」と呼ばれる場所であり、それは文意から見て、おそらく助利の居城の一部を指すのではなく、下野守自身の持城を指していると考えられるのである。

この点からしても、水海の二つの城郭の一つが下野守の城郭ではないかという先の想定が補強されるのであるが、さらにその城が「実城」と呼ばれている点はとくに注目されよう。「実城」とは文意からすれば、個別の曲輪名ではなく城本体の総称としての用例であろうが、それは何よりも先に見た「南部」地域の三曲輪の一つ「御城」（ミジョウ）そのものから来た呼称ではなかったであろうか。「内水海」側城郭の呼称が不明であるため断定は出来ないが、

曲輪「御城」から城郭全体を「実城」と呼ぶ観念があったと見ることは自然であり、また今までの検討を勘案すれば、この「実城」こそ「南部」地域の城郭であった蓋然性は高いと考えられる。

さてでは以上の想定が許されるならば、関宿系簗田氏は何故「町水海」地域の一部を占拠する形でこの内水海に城郭を築いたのであろうか。それは、水海地域では「内水海」の地が最も高所で防御性に優れ、天正二年以降の後北条様式築城（あるいは改修）は、北の小山氏対策の意図もあって水海では最も北側であるこの場所を選んだという軍事的側面もあろうが、それのみではなく、「町水海」側との関係で、その宿町を城郭に強力に従属させ、城郭と一体的に支配しようとする関宿系簗田氏の権力意志の表れでもあったのではなかろうか。

戦国後期には領主権力によって城下の二元的構成（城郭・宿町）を克服する方向性が志向されるが、それは「内宿」とよばれる郭内の家臣集落の形成や、城郭の拡大、あるいは堀・土塁によって宿町を囲繞する「惣構え」の形成に向かうという。[46] 天正二年以降の関宿系簗田氏の城郭と想定したこの内水海の城郭は、「町水海」地域の一部占拠（結果として町水海に接して城郭が立地）という点からして、かかる城郭内部への宿町の抱摂化を意図した築城であったことは十分に考えられるところである。宝暦十一年の村絵図[47]には、町水海を通る古道（宿街道）が町水海出口のところでクランク状に屈曲している様が描かれている。これは城郭の一部として簗田氏によって改修された木戸・門の如き防御施設の跡と思われ、おそらくこの城郭内包摂化の一環として見てよいと思われる。

さらに宿町の抱摂はまた、内水海側の家臣「拾人衆」の家臣団編成、ひいては家臣集落（内城）形成とおそらく表裏一体の関係にあったものと思われる。弘治四年（永禄元年、一五五八）三月、簗田氏では初めて家臣山中藤七宛（家老）て計十貫百文の田地の所領宛行状が見られ[48]、この時期から簗田氏権力内部では、検地に基づく貫高表示の所領宛行、家臣団の知行制的編成の開始が指摘されている。[49]ところで、右の宛行状は「山中田地一間、松沼田地壱間、岩上田地壱間、合三間之田地拾貫百五十文」を恩賞として下すという一見奇妙な文面を有している。このそれぞれの「田地一間」とは、とうてい田畑一間の意には解釈できず、土地所有者と見られる「山中」「松沼」家が現在も町水海の古街道（宿街道）沿いに所在する（後述）ところから、おそらくそれは、町水海側の住人（山中・松沼・岩上）の屋敷地（町屋＋背後の園地）一間＝一間口を意味するのではないかと思われる。[50]とすると簗田氏は、水海の土豪山中藤七を家臣団に編成するとき、町水海側の屋敷地を宛行ったものと考えられるのである。

つまり、この段階で簗田氏は、町水海（宿町）に対しても検地に基づく領域支配を貫徹し、併せて家臣団の編成に着手したことが想像されるのである。また、近世に入って間もない寛永二年（一六二五）関宿藩による検地で作成された「水海村屋敷帳」には、屋敷地を町水海・内水海両方に有するという百姓が内水海には四十七名中十一名も記載されている。[51]戦国期における家臣集住策は、近隣在地家臣の城下町移住策とともに宿町在住武士の兵商分離化政策によっても推進されるが、これは、兵商分離化政策による家臣集落形成の過渡的形態の名残と思われ、右の、宿町支配の貫徹と関連した家臣集落形成の一端を示すものではないかと思われる。

（3）「町水海」地域

「町水海」地域ぱ、「内水海」地域の西側に位置し、「宿街道」と称する前林からの古道沿いに立地する地域である。近世には内水海側の「内」分に対して「町」分と称された一角であるが、中世にかつて「町屋」が存在したことから来た地名である。ここは宿街道に沿って、西より小字「宿裏」「宿南」や、俗称「下宿」（宿街道西半）・「上宿」（同東半）の遺称が認められ、戦国期段階では水海城下の「宿町」（職商人居住区）地域であったことが想像される（地図Ⅲ）。また、町水海旧家の本家筋が全てこの宿街道に面して立地しており（地図Ⅲ）、多くの戦国期城下同様、主要交通路に沿って町屋の密集する両側町的な景観が想定できる。

なお近世の村絵図では、この街道は町水海を起点として描かれ、前林で奥州への基幹陸路である奥大道（鎌倉街道中道）に接続している。宿街道の南側地域には、町水海の鎮守である三島神社が存在し（西隣に明治初期まで別当寺の満蔵院が所在）、その一帯の小字に「日下部」「三島前」「三島裏」「三島東」「凍ノ山」「三条目」、さらにその東側には「天神東」「太子堂」「堀ノ内」「本郷」等の小字が存在している。これから、戦国期の宿街道より南側一帯の景観としては「三島神社」や「満蔵院」「天神社」「太子堂」なる寺社の存在した地域であることが窺われる。

さてでは「町水海」地域の中世の成立時期や歴史的特性を詳しく検討してみよう。まず成立時期であるが、残存史料では「南部」地域と同様、鎌倉期まで遡ることができる。それは、先の水海古寺の浄土真宗正蔵寺が元々建保元年（一二一三）小字「凍ノ山」に創建されたという伝承[52]もさることながら、昭和五十二年に「太子堂」墓地から出土した二十三基の武蔵型板碑のうち最古の板碑が鎌倉末期の元亨四年（一三二四）の紀年銘を有することから窺うことが出来る[53]。また、紀年銘を有する十七基中十基（59％）が十四世紀代に集中しており、さらに板碑数は、以前より太子堂墓地に存在する四十三基を加えると計六十六基の数に上り、一ヵ所に所在する板碑としては当地域では異例の数に上る[54]。これらの板碑の存在から見て、戦国期城下宿町形成以前において、すでに「町水海」地域はおそらく何がしかの町場＝都市的場であったであろうことは推測できるところである。

では戦国期城下宿町以前のこの地域の歴史的特性は如何なるものであったであろうか。その点、町水海の鎮守である三島神社（祭神大山祇命）の社伝からは多くの類推を引き出すことができる。三島神社は、文明十八年（一四八六）本山派修験の本所たる聖護院門跡の准后道興が、東北・関東を旅しこの町水海に逗留したとき、その歌日記である『廻国雑記』[55]に「下総國こほりの山といへる所に伊豆の三嶋を勧請し奉りて大社ましまし〳〵けり、かの別當の坊にしばらく逗留し侍けるうちに歌など度々いひすてども、少々しるしおき侍ける」と記し、すでに文明十八年段階には伊豆の三嶋大社を勧請したものとして、道興から見ても「大社」の偉容を誇って存在していたものである。しかしこの三島神社の創建年次は不明で、勧請主体・契機・性格等についても確実な史料が残されていない。ただ近世に入って享保二十年（一七三五）満蔵院の中興第六世別当沙門義空によって書かれた由緒書『三島明神古老傳記』[56]が、それらについて一定の推測を促してくれる。右の由緒書には次のような内容が記されている。

すなわち、古老の言い伝えとして「昔日、光る石が銀杏の大木の樹上に留り、それを村人が下ろし、竹器（ふご）に入れて礼拝したところ、「我は三島の神なり、伊豆の海・空を飛び来たりてこの銀杏に留まった」という神託があり、村人はこの場所に社を造成し、竹器に入れたままその石を三島大明神（御神体）として祀った」と伝え、また社地中の末社として朝日宮・夕日宮や本地堂・神楽堂が存在したと伝えるのである。寺社の由緒・縁起類は事実を伝えるものではないにせよ、一定程度歴史的事実の投影されたものであることは疑いなく、この由緒からは次のような点が推測されよう。

まず『廻國雑記』にも記される如く、伊豆の三島大明神の飛来＝三嶋大社を勧請したという由緒からであるが、菊池康明氏によれば、伊豆の三嶋大社は、瀬戸内の伊予大三島の大山祇神社同様、港湾・海峡を領知する海上交通の守護神として性格を有し、先に「南部」地域「柳原」の寺院景観と類似性を指摘した港湾都市武蔵六浦の瀬戸神社も、大山祇命を祀る点で同様の性格を認めることができるという。また大山祇命の別名「和多志神」は「渡」に通じ、河川と陸路の渡し場としての津にも「三島神社」が勧請されるという。(57)すなわち菊池氏の指摘に従えば、町水海の三島神社は、太平洋海運や江戸内海海運の水運業者の信仰にも繋がる性格を有し、とくに「渡」「津」などにおける内陸河川流通に関わる人々によって勧請された可能性が高いことが指摘できる。竹器（ふご＝釣った魚を入れるビク）に入れ礼拝し、社殿にそのまま祀ったという伝えも、河川流通に従事する人々の生業の一つたる内水面漁業を想像させるものである。いずれにせよ簗田氏移住前の「南部」地域の特性―河川津―を想像したと同様に、この場もまた内陸河川交通・流通の要衝たる場の痕跡を認め得るのである。

また、ここで注目したいことは享保期以前までに境内末社として「朝日宮」「夕日宮」が祀られていたという事実である。この両宮も三島神社同様中世段階まで遡るものと思われるが、これは長者伝説にしばしば見られる「朝日さす、夕日輝く・・」の歌謡、またそれより生じた「朝日長者」「夕日長者」の伝説に繋がるものではないかということである。(58)すなわちこれは、戦国城下町以前に遡る「都市的場」という町水海の特性を考えるならば、中世前期より水海における内陸河川交通・流通で富を蓄積した中世有徳人（長者）＝町水海住人の信仰の反映そのものではなかったであろうか。そして三島神社そのものも、江戸内海（あるいは太平洋海運）からの内陸河川流通に関与する町水海の有徳人によって勧請され、文明年間において道興が「大社ましくけり」と感嘆したのは、まさにその富を前提に壮大に社殿が造成・維持された結果ではないかと思われる。

さて以上の様に、簗田氏城下町形成以前の「町水海」の特性について想定したが、次に戦国期城下町段階の「町水海」の特性について検討してみよう。簗田氏が「町水海」に関与したことが理解できる初見史料は、先にも見た文亀三年（一五〇三）八月銘の簗田政助によって三島神社に奉納された鰐口である。そこには「大檀那平右京亮政助」と記され、町水海の鎮守三島神社に「大檀那」として関与していたことが窺われる。中世の三島神社は、町水海住人層の精神的紐帯として、元来その神事祭礼の執行は宿町住人層から成る町共同体によって独自に為されていたと思われるが、そこに簗田氏が「大檀那」として関与したことは町水海の性格にとって一大転換を意味したと思われる。先に戦国期城下における城郭部と宿町の二元性を指摘したが、右の事実はその有りように一定の質的変化が生じたと考えられる。おそらくそこには、「南部」地域の城郭部＝簗田氏権力とは別個に存在していた宿町[59]が、その権力に初めて抱摂され、領主権力に奉仕する存在として城下領域に組み込まれた事態を想像することができる。

そして続く十六世紀半ばは、（2）で述べたように、城下町形成の第二の画期となったと思われる。すなわちそれは、永禄年間以降の内水海側城郭形成に伴う町水海の郭内抱摂化の進展であり、また城郭を拠点として家臣集落・宿町を一体的に支配する簗田氏の地域権力化の完成を意味すると思われる。ただ戦国期の町水海の実態は、詳細に見れば簗田氏権力に完全に抱摂されたものとは考えられず、なおそこには宿町の自立性・独自性が認められるのである。次にその点を「宿街道」沿いの住人の検討を通して見てみよう。

「町水海」には現在、本家として九軒の旧家が存在するが、それらは既に述べたように例外なく全てこの宿街道に面して立地していた（地図Ⅳ）。おそらく戦国期の町屋が居住地を変化させることなく現在にまで至っている状況を示していると思われる。このうち当該期の町水海を象徴する家が羽部清家と小池友蔵家である。両家はともに中世文書を所蔵し、他の関連文書も含めて町水海の特性をよく示唆する家柄である。

まず羽部家（地図Ⅳ②）であるが、当家には現在、天正二年六月十一日付の羽部大隅守宛ての簗田持助感状が残されている。[60]第三次関宿合戦時のものであり、簗田氏家臣たる性格を如実に示すが、現羽部家が町水海街道沿いに立地する点からして、史料的根拠こそ示せないが、関宿会田氏の如く本来は城下の御用商人的武士であって、この時期までに簗田氏と主従制的関係に抱摂された存在ではないかと考えられる。永禄年間以降の町水海抱摂化の中で主従制的編成が町水海側住人にも及んだことは当然の結果であった。しかし一方ではかかる関係には抱摂されない住人―小池家（地図Ⅳ⑧）―が存在したことも注目すべきであり、次にその点を見てみよう。

小池家には現在、天正十年十月廿八日付の小池肥前守宛「足利義氏感状」[61]とそれとは別文書の「小池五郎右衛門とのへ」[62]とウワ書きされた封紙が存在する。前者は、小池肥前守（晴実）の戦功を賞し受領名＝肥前守を与えたもので、後者は肥前守晴実の仮名のウワ書である。共に宛所の殿付けが「とのへ」ど平仮名で記されている点に特色がある。この二点の文書が伝来するところからして小池晴実が小池家の祖と考えられるが、晴実には、他に幾つかの受給文書の存在が知られる。それは永禄四年（一五六一）の小池五郎右衛門（晴実）宛「足利義氏感状写」[63]を初見として、元亀四年（一五七三）公方義氏配下の古河宿代官から小池五郎左衛門（晴実ヵ）へ古河本郷内の「田畑十九反拾貫百卅文」の給地を打渡したことを記す「古河代官連署書出写」[64]、同じく永禄五年比定「三貫卅文」の給地打渡しの「石川某書出写」である。これらはすべて『下総旧事三』に採録されており、清宮秀堅が本来この水海の小池家に伝来したものを近世末に書写したものである。

また、その他には「鑁阿寺文書」中に芳春院周興の意を受けた年未詳の十二通の発給文書と二通の関連文書の存在が知られる。[66]これらの文書の内容から、小池晴実とは、公方義氏の奉行人筆頭の芳春院周興の侍臣で、古河に給地を有し、公方義氏側近中の人物として存在していたと指摘されている。そして『猿島町史』資料編での解説では右の小池家文書の所在から、小池氏はその後「水海に帰農した」と推測されている。[67]しかし今までの研究では、小池家が「町水海」に居住していたという事実は欠落しており、また社会的には土豪的存在という認識に止まっていた。[68]その点この町水海居住という事実は何より興味深いものであり、その背後に広がる事態を様々に想像させてくれるものである。

すなわち、図Ⅳに見られる如く現小池家が「宿街道」に面する立地で、水海城下宿町のもとよりの住人ではなかったかと推測されること、すなわちそれは、後の「帰農」とするより、宿町住人から何らかの事情で芳春院周興に取立てられ、義氏死去後水海に復したと見た方が自然ではないかと考えられることである。ではその事情とは如何るものと考えられるであろうか。結論的にいえば、それは何よりもこの「町水海」の宿町住人の性格＝商人的武士としての職能、とくに陸路や広域な流通に関わる商人的武士であったことによるのではなかろうかと想定している。その根拠の一つには次のような史料の存在が挙げられる。

袖之御判

御厩舎人

小池弥右衛門

天正四年十月十三日

右、下司ハあるへからす候、殊御厩衆受領不被下候

これは、公方義氏が、小池晴実の同族と思われる小池弥右衛門を天正四年梅千代王丸誕生の際、公方「御厩舎人」に補任した官途状である。[69]佐藤博信氏によれば、この「御厩舎人」とは、公方家の家産管理を担った役職の一つで、

公方馬の飼育と管理に当たる「御厩衆」の頭目のような存在であろうと推定されている。[70] また、院・摂関家の「御厩寄人」を考察した網野善彦氏によれば、「御厩舎人」は「馬借」などの職能集団と実態的には重なり合い、天皇・摂関家に奉仕するときの称号であるという。[71] したがってこの公方「御厩衆」も馬借の如き陸上交通運輸業者と不可分の関係にもあった可能性を想定できるが、[72] とすると、小池弥右衛門自身もかかる交通業者＝馬借の頭目的存在から公方権力に「御厩舎人」として編成された可能性も否定できないと思われるのである。またその推定に関連して、第二点目としては芳春院松嶺が鑁阿寺の金剛乗院に宛てた次の書状[73]も注目すべきものである。

如蒙仰候、改年之佳兆漸雖申旧候（中略）依之御礼物被相届度候由候而、被指越候、雖遠慮候、蒙仰間、尤以小池肥前鉢形相届可申候、可御安心候、（後略）

正月廿九日　　　　松嶺（花押）

謹上　金剛乗院尊報

小池晴実はしばしば鑁阿寺からの公方義氏への礼物やその返礼御書の送達役を勤めているが、[74] さらにこの書状からは「以小池肥前鉢形相届可申」と見られる如く、鑁阿寺の礼物を北条氏邦の鉢形城（埼玉県大里郡寄居町）まで届ける役割を担っている事実が窺い知られる。これは、小池晴実の公方権力内部での職能の一面が、物資輸送にあったことを暗示するものではないかと思われるのである。

したがって以上の二点の史料から、「御厩舎人」たる小池弥右衛門、さらに晴実自身までが、元来、陸上交通・流通に関わる運輸業者・商人であったのではないかと推察される。さらに書札礼から見ても、晴実宛ての公方発給文書の全て（小池文書二点と永禄四年「足利義氏感状写」）の殿付けが「との」「とのへ」と、薄札の平仮名表記されていることも注目してよい。これは小池晴実が「殿」付けの一般武士とは明らかに区別された存在であることを示すものであり、右想定の根拠の一つとなるものであろう。[75] また晴実は陸上流通に留まらず、公方の家臣として内陸河川流通、あるいは江戸内海流通にも関与していた可能性もある。年未詳であるが天正五～七年頃の鑁阿寺に宛てた極月廿四日付「小池晴実書状」[76] に、晴実自身「未品川在宿之間」と記され、東太平洋海上交通の重要な拠点であり、江戸内海・河川流通との結節点でもある武蔵品川湊と小池氏の繋がりが認められる。

佐藤博信氏によれば、品川は「葛西様（義氏）御領」の一つとして確認され、それは、天文八年（一五三九）母芳春院の婚姻のときの化粧料的なものとして後北条氏から給付されたもので、その実質的な支配は永禄十二年（一五六九）の義氏の鎌倉から古河への還住時点まではなかったかと推察されている。[77] またそこは芳春院周興が代官として知行し、先の書状も、周興の侍臣である小池晴実が所領経営のために品川に在宿したときのものと見なされている。しかしこの書状は、公方による品川の所領支配が終焉した段階と思われる天正年間中期のものであり、[78] 公方家臣としての所領経営というよりも、やはり商人的家臣として、品川湊における何がしかの広域的流通に関与する職務に従事していたと考える方が適当ではないかと思われるのである。[79]

なお晴実の品川滞在の背景には、想像以上に当該期の品川・古河間の商人・交通業者の頻繁な往来、地域間商取引の展開があったのではないかと思われる。というのは、天文十九年（一五五〇）四月、当時公方領であった品川の「南北百姓中」に対して、公方晴氏への役銭負担の替えとして「毎月古河へ参夫馬可調立」が後北条氏より命じられている。[80] これは「毎月」にも及ぶ品川南北の百姓（実態は商人兼交通業者ヵ）の古河への往来が前提となった「夫馬可調立」であったと思われ、江戸内海の品川と利根・渡良瀬水系の古河との物資流通の活性化、地域間商取引の展開を示すものと思われる。[81]

以上、小池氏に関わる文書から、小池氏の性格を、公方義氏に臣従する家臣の一人としながらも、その社会的本質は、馬を用いた陸上交通や流通、さらに品川湊まで繋がる広域流通に関与する商人的武士と類推した。これは、従来指摘されてきた公方義氏の商人的家臣福田氏や、関宿簗田氏家臣の会田氏等と基本的には同質な存在であるといえる。ただ公方権力の中枢に近仕していた点や、また晴実の「晴」はおそらく義氏の父晴氏からの一字拝領と思われる点、さらに本貫町水海の地を離れ古河本郷に給地を与えられている点などからは、小池氏の、商人的武士とはいいながらも、公方権力内部における独特の地位と性格を看取しなければならない。小池氏が公方権力と結び付く内的要因や権力内部での位置と評価は、史料不足もあり現在のところ不明とするよりほかないが、ただ、公方家臣化の時期が晴氏在世中であったとすると、未だ簗田氏が公方権力から自立化を遂げる以前であり、公方権力による簗田氏制肘というよりも、小池氏独自の職能＝馬を用いた商業・流通業者という側面に負うべき所が大であったと見るべきであろう。

その点、晴氏・義氏段階の公方権力構造の特質が改めて問われなければならないが、義氏が弘治四年（一五五八）六月の古河・関宿城交換のとき、簗田晴助に与えた条書[82]に、簗田氏の古河・関宿の舟役賦課権を認めながらも「非分之傳馬押立、雑色・厩者・餌指以下慮外之事」と付記されていることは注目される。すなわち、公方権力による「伝馬」制度整備の状況と、さらに簗田氏による公方「伝馬」や「厩者」への関与を「慮外」（厳禁）としている事実が窺えるのである。古河公方権力と陸上交通・流通との関係、さらにそこに族生した宿町との関わりは史料不足もあり未だ検討されていないが、僅かに残るこの史料からは、陸上交通に対する公方権力の積極的関連性が窺われ、その特質の中で、小池氏の性格が今後検討されねばならないと思われる。

二、水海の歴史的性格と二大河川流通路における位置

以上、古河公方重臣簗田氏の城下水海を成立時期と社会的機能から三地域に分け、その変遷過程も視野に入れながら検討してきた。現在まで城下水海の研究が皆無であったので、とくに事実確認の意味も含めてその具体相を描くことに力点を置いてきた。次に、今までの要約とともに、三地域を総合して見た場合、水海の全体的な性格はどのように評価できるか、また常陸川、古利根・渡良瀬川両水系の結節点として古河・関宿・元栗橋地域全体の中に位置付けた場合、如何なる特質を有する場であるのか、という点について素描を試みてみたい。

水海は、前城下町段階として、遅くとも鎌倉末期頃には都市的場としての成長を見ていた。それは、直接には常陸川水系における河川交通・流通を基本とする場として成立したものであったと思われる。「南部」地域は、河川津港湾部が所在するとともに、諸宗派古寺院の密集的所在からして一種の「霊地」性を有した場と思われ、また町水海は、伊豆三島大社を勧請した三島神社を精神的紐帯とすることから見て、遅くとも鎌倉末期には、江戸内海水運と結ぶ内陸河川流通（古利根・渡良瀬川水系）に深く関係した有徳人ら町水海住人によって構成された交通・交易集落であったと思われる。そして、「南部」地域と「町水海」地域は、その成立時期や内陸河川交通・流通の痕跡より見て機能的には一体的なものとして存在したものと考えられる。水海が常陸川水系の西最奥部に位置するという地理的関係より見て、おそらく常陸川舟運の物資陸揚点である「南部」河川津に対し、「町水海」側宿町はその物資集積や古利根・渡良瀬川水系へ陸送基地的な性格を有していたものではないかと思われる。

南北朝末期に下河辺荘に移住してきた簗田氏が水海を占地した理由は、まず何よりもかかる水陸交通の要衝たる場の掌握にあったのであり、とくに「南部」地域（河川津）の流通機能掌握を意図し、ここにその最初の拠点である「南部」地域城郭を構築したものと思われる。十五世紀半ばの古河公方成立に伴い嫡流家（持助）は関宿に移封されるが、水海には下野守系簗田氏が「南部」地域の城郭に本城関宿城の支城主として存続し、関宿系簗田氏に対し相対的独自性を有しつつ領域支配の重要な一端を担ったものと思われる。

ただ簗田氏が、鎌倉期から交通・流通機能を基盤とした「町」水海宿町住人をその権力内部に抱摂するのは容易ではなく、それは十五世紀末～十六世紀初頭の時期を待たなければならなかった。文亀二年（一五〇二）、それまで住人結集の精神的紐帯であった三島神社に簗田政助が「大檀那」として臨んだのはかかる事態を象徴するものであった。この時期を簗田氏による水海城下形成の第一段階とすると、その後の十六世紀半ば～後半頃はその第二の画期になったものと思われる。その直接の契機は永禄元年（一五五八）もしくは天正二年（一五七四）、嫡流である関宿系簗田氏の水海復帰であったと思われる。

関宿系簗田氏（晴助・持助）は、「南部」地域に旧来の下野守の居城を併存させながらも、それまでの町水海の領域の一部を占拠して小字「神明耕地」一帯に城郭を築城し（天正二年以降は後北条様式）、併せて町水海（宿町）の城下郭内への抱摂化を図るとともに、宿町住人の兵商分離、また近隣在郷家臣の城下町集住を図り、内水海の家臣集落（内城＝内宿）の形成も図ったのではないかと思われる。関宿系簗田氏は、内城に居住する家臣団を主従制的に支配するとともに、町水海側の宿町住人へも主従制的編成を及ぼし、ここに簗田氏権力は城下町全体を広域的・公的に支配する一個の地域権力（戦国大名）へと自らを転化せしめていったのではないかと考えられる。佐藤博信氏によって、永禄三年（一五六〇）の上杉謙信南下が簗田氏の戦国大名化への政治的契機となったと指摘されているが[83]、水海城下の内部構造の在り方においても同様の性格を認めることができるのである。

さてかかる水海城下町形成の中においても町水海＝宿町の自立性・独立性は完全に喪失したものではなかったと思われる。それは十五世紀後半に活動が認められる小池晴実の如き古河公方権力内部で商業・流通に関与した商人的武士の存在である。晴実は元来馬を用いた商業・流通に関わる商人であったと推測され、おそらくその職能から見て陸揚物資の陸送業者的性格を基本に有していたものと推察される。また公方権力内部では、義氏の御料所でもあった品川湊にも代官周興の手代として関わりを有し、おそらく太平洋海運～江戸内海、さらに古利根・渡良瀬川水系に関わる商業・流通行為にも関与していたものと思われる。

次に二大河川流通路における水海の位置を素描しておこう。近年の中世東国流通史研究の進展の中で古利根・渡良瀬川水系と常陸川水系の結節点の具体相が論議されるが、その場合、近世初頭の利根川東遷事業で両水系を連結する水の要衝となった関宿（千葉県関宿町）が、中世においても近世と同一性格を有するものとして存在していたか否かが論議のポイントになっている。この問題については「おわりに」で触れるが、水海も、すでに見てきたように常陸川の河川流通と不可分の関係を有していた点、さらに関宿移封以前の簗田氏の本拠であった点からして、両水系連結における一定の位置と役割を有していたことは間違いない。

すでに述べたように、水海「南部」地域は鹿島・香取内海から遡上する常陸川水系の西の最奥部の河川津であり、この地は町水海を起点とする「宿街道」を通り、約八百m先の前林で奥大道（鎌倉街道中道）に接続していた[84]。奥大道は、周知の如く鎌倉と奥州を結ぶ基幹陸路であるが、前林から北へ約四kmで古河、南へ約三kmで元栗橋に至り、この両地でそれぞれ古利根・渡良瀬川水系に接続していたのである（地図Ⅰ・Ⅱ）。すなわち、水海・古河・元栗橋の三地は中世には両水系を極めて短い陸路で結ぶ関係に在ったのであり、水海同様、古河・元栗橋も古河公方移座前の鎌倉期から河川津として都市的発展を見ていたのではないかと想定できるのである。その場合、中世前期の古河・元栗橋における河川津の存在と、三河川津を結ぶ陸路の運送・流通業者の存在と実態が明らかにされなければならないが、紙幅の関係で本稿では十分な論を展開する余裕はない。ただ以下の事実はその一端を示すものではあるまいか。

それは、古河が、古代の「許我の渡」（万葉集巻十四）時代以来より館林方面から渡良瀬川を越える渡河集落として存在し、さらに、渡良瀬川沿いでかつ奥大道の通過点である立崎の地に鎌倉後期創建と伝える寺院跡（真言宗徳星寺・日蓮宗妙光寺）が認められ[85]、かつ大正二年にその一角の「頼政曲輪」跡から鎌倉末～南北朝中期の板碑が六基（他に紀年銘不明三基）発見され、何らかの祭祀の場と想定されていることである[86]。また元栗橋も、渡良瀬川（権現堂川）へ架かる「繰り橋」（船橋）の意から来た地名と考えられ、鎌倉末と推定される武蔵金沢称名寺の僧道円の書状[87]に、前林の戒光寺で使用する白檀や冬越の炭を元栗橋に下ったときに確保する旨が記されて、明らかに鎌倉末期には河川津の機能が窺われることであり、また、ここも奥大道の渡河点付近に平安末～南北朝期創建伝承の古寺院（真言宗実相院・日蓮宗法宣寺[88]）や三島神社が認められるのである。さらに両地域とも、その場付近に後に古河公方・野田氏築城の城郭が想定されており、河川津・古寺院の立地・後世の城郭占地が一つのセットとなっている点で水海「南部」地域の景観と極めて共通する側面が確認できることである。

さらに三地点を結ぶ陸路の運送業者としては、戦国期の例ではあるが先にも述べた小池氏の存在は注目に値する。それは、小池氏が、元亀四年（一五七三）の「古河代官連署書出写」に見られる如く渡良瀬川に面する「古河本郷」

に給地を有している事実であり、かつその一部に「とい（問）宿」なる字名を認めることができることである。[89]ここに、戦国後期には古河本郷の渡良瀬川沿いに、廻船業者である「問」の存在と、その前提たる河川津的機能が想定されるが、さらに、小池氏の馬を用いた商業・流通業者という先の想定からすれば、自らの本貫であり、常陸川水系の物資陸揚点である町水海と、古利根・渡良瀬川水系の物資の陸揚げ点である古河問集落とを馬で往反していた可能性が指摘できることである。

また、さらに小池晴実は、先述した如く、天正年間中期頃元栗橋に居在する公方義氏（栗橋様）のもとへ古河から鏤阿寺の進物をしばしば送達しており、[90]これもやはり小池氏の古河・元栗橋間の陸送機能を前提としたものではなかったと思われるのである。

以上、素描ながら両水系における三河川津の存在と、その間を陸上交通・流通路で結ぶ小池氏の如き商業・運送業者の存在の可能性を指摘してきた。詳細については別稿に譲りたいと考えるが、最後に中世後期の地域権力論との関係を見るならば、次のような側面が認識できよう。

それは、南北朝期における鎌倉府御料所下河辺荘が、小山氏に代表される北関東の伝統的豪族層と公方権力の接点として極めて政治性を有する場となり、そのため南北末期頃に府奉公衆の野田氏と簗田氏がそれぞれ荘の要地の古河と水海に配されるが、その後、十五世紀半ばの古河公方成立に至り、下河辺荘を中心として古河公方領国とでも呼ぶべき一種の領国支配が展開する。その領国構造は、古河に本城主たる公方が所在し、周辺要地に一種の支城主としてかつての在国奉公衆が再配置されるものであったが、その構成は、関宿・水海に簗田氏、元栗橋に野田氏、菖蒲に金田氏、幸手に一色氏等他が所在する体制であった。

　ところで、古河公方権力の全体像を検討した市村高男によれば、公方権力の根幹部分は、在国奉公衆の中でもとくに関宿・水海の簗田氏と元栗橋の野田氏によって担われ、両者を権力の両翼とすることで公方権力はまがりなりにも十六世紀半ばまで存続し得たと指摘されている(91)。この権力構成を経済的側面と絡めて解釈すれば、次のような説明が可能であろう。

　それは、鎌倉府段階さらに古河公方権力段階とも、権力の最も重要視した拠点が、何よりも公方や簗田・野田氏の本拠たる古河・水海・関宿・元栗橋の四地であったことであり、この四地が、一体的地域として、いわば権力の中枢地域であったと指摘できることである。そしてその点からすれば、古河公方権力とは、何よりも両水系を結ぶ水陸の結節点に基盤を置き存続し得た政権である点に基本的特徴を求めるごとができることである。そして最も経済的基盤として依拠したものは、おそらく両水系を繋ぐ水陸交通・流通の要衝たるこれら河川津（都市）とその間を結ぶ陸路の流通機能であり、そこに集積される社会的富であったのではないかと考えることができることである。

　さらに代々の公方権力中でも、とくに戦国後末期の義氏権力は、町水海の小池氏を被官化し、権力を支えてきた野田・簗田氏を抑圧・離反させつつも、元栗橋・関宿を一時期公方在所とするなど、公方自身が積極的にこれらの都市の掌握に乗り出している面が窺われ、先に想定した、簗田氏を排除しつつ行った義氏の陸上交通路支配への積極的関与ともあいまって、公方領国内の都市支配・流通路支配を集中・深化させていった側面も想定できるのではないかと思われるのである。

おわりに

以上、簗田氏城下水海の歴史的性格と二大河川流通路における水海の位置を検討してきたが、幾つか触れ得なかった問題点と今後の検討課題について述べてみたい。

まずその一つは、中世水海の前提たる古代の歴史的特性であり、そこから見た地域全体における水海の位置付けである。その点、先述した如く「内水海」側城郭跡発掘で確認された約三千点にも及ぶ奈良〜鎌倉期の良質の須恵器片の存在や、さらに「町水海」側に小字「凍ノ山」（コオリノヤマ）が認められ、歴史的にも中世後期に水海地域が「こおりの山」（『廻國雑記』）「郡山郷」（『三島神社鰐口写』）と称されている点は注目される。福島県双葉町郡山・同県二本松市郡山台を始め茨城県新治村の「古郡（フルゴオリ）」など「コオリ」関係の地形は概ね古代の郡家に由来することが指摘されているが[(92)]、さらに次の事実はそれに関連してまことに興味深いものである。

それは水海西側を取巻く釈迦沼を元来「日下部沼」と称すが、『続日本記』の宝亀四年（七七三）二月条に「下總國猿嶋郡人従八位上日下部浄人賜姓安倍猿嶋臣」と、猿島郡の従八位の位階を有する日下部氏が安倍姓を賜い、同氏族である四人の戸主日下部氏も同様の扱いを受け、さらに天応元年（七八一）九月には征夷の功によって阿倍猿嶋朝臣墨縄が正六位上から外従五位下勲五等を拝授しているとの記述である[(93)]。古代水海の周辺は『和名抄』では猿島郡の色益（シカヤ）郷に属していた可能性があるが[(94)]、とすると、この日下部氏（安倍氏）はこの水海の日下部沼周辺に居住していた可能性も高く、そして安倍氏改姓以前の日下部氏の従八位は、選叙令で郡司の大領・小領に相当する位階

である点からして、中世後期に「郡山郷」と称したこの水海地域が猿島郡の「郡家」であった可能性が高いのである。(95)

また「日下部」とともに日下部沼北部には「磯部」なる地名も存在するが（地図Ⅱ）、両者は五・六世紀の大王時代の名代・子代の所在から来た名称であり、すでにその時期より当地域が中央権力の直接支配に入っていた場所であること、さらに「日下部」は『日本書紀』神武即位前紀戊午年四月条に「草香津」、『古事記』神武天皇段に「日下之蓼津」、同垂仁天皇段に「日下之高津池」とあって、古代より「津」に関わる地名であること、(96)さらに「磯部」は漁撈や航海に従事する部民で、内陸部に分布する場合は河川津などでの舟運にも従事していた部民であると考えられること等々は、(97)本稿で想定してきた中世の水海の社会的性格―関東の二大河川流通路の結節点たる河川津―の歴史的前提としてはまことに相応しいものであるといえる。

以上の想定が許されるならば、水海は猿島郡家所在地であり、とくに「南部」地域は郡津であったことになり、まさにかかる古代の歴史的前提の上に中世の河川津たる都市水海、さらに戦国期の簗田氏城下水海が展開したことになるのである。すなわち、古代よりの伝統を引く中世水海という場の、古河・元栗橋・関宿の場も含めた地域全体における重要な位置と特性は十二分に認識されねばならない事実といえるのである。

次に触れておかなければならない問題は、簗田氏嫡流家の本拠であり簗田領の中心である関宿の、両水系の結節点としての位置付けである。すなわち水海の両水系における社会的・経済的機能の評価は、関宿の在り方と統一的に把握されなければならない問題であるからである。すでに触れたが、二大河川が中世からこの関宿で水路で連結していたか否かは現在まで幾つかの論議があり、(98)連結していたとする状況証拠も幾つか提示されている。私見でも、天正七年以降と推測される「北条氏政書状写」(99)にすでに「逆川」（従来寛永十八年〈一六四一〉開削と寛文五年〈一六六五〉開削の両説が存在する）なる言葉が見え、さらに天正二年に比定される「北条氏繁書状[100]」にはそこを「利根河」と表現するなど、間違いなく戦国末期には近世初頭の如く「逆川」で両水系は繋がっていたと考える。

ただ問題は中世の初めより（すなわち自然地形として太古より）かかる状況にあったかという問題である。その点、中世前期における関宿の有りようが明確にならなければならないが、文献史料の不足から現在まで十分には検討されて来てはいない。文献以外の史料から推測を試みてみれば現在のところ次のようなことが考えられよう。

まず、（1）古寺院の所在からであるが、中世初期より関宿が両水系を繋ぐ水運の要衝であったとすれば、両河川流域で最も都市的場として発展していたと想定してよいが、とすれば、いわゆる中世初頭の荘園・公領制成立に伴う「都鄙間交通」の活性化のなかで、水海のように、河川流通に関わる民衆によって担われたいわゆる「境の寺[101]」が成立していてもよいはずであろうと思われる。その点、現存する関宿（旧関宿地区）の古寺院の中に、平安・鎌倉期からの関宿創建の寺院が全く存在せず、すでに述べたように、古代・中世前期からの由緒を持つ古寺院（関宿昌福寺・同実相寺・同吉祥寺）が全て水海から簗田氏の移封とともに長禄元年（一四五七）別建されたという伝承を有している点は注意しなければならない。

また、（2）板碑の所在からであるが、関宿における鎌倉期の紀年銘を有する板碑の所在地が旧関宿地区近辺では皆無で、関宿町南部のみ認められること[102]（もちろん近世初頭の関宿城の築城で処分された可能性もあろうが）である。さらに、（3）地理的・地形的状況からであるが、戦国末期に確認できる「逆川」の在り方が、常陸川と平行して南東方向に向かう洪積台地を断ち切るように南西に向いて流れており（地図Ⅱ）、河水の逆流が起ることから来た名称であろう「逆川」という特異な名称と併せて、「逆川」が両水系間の分水嶺を越えて開削された人工河川の可能性[103]も否定できないことである。

以上の三点から、現在のところ私は、両水系における常陸川筋の水路の要衝としては、古代以来水海が重要な位置を占めていたものが、簗田氏が関宿に本拠を置いた中世後期のある段階に両水系を繋ぐ「逆川」が開削され[104]、以後関宿が水海に替わり水路の要衝として発展を見、永禄元年（一五五八）に北条氏康によって「彼地（関宿）入御手候事者、一国を被為取候ニも不可替候[105]」といわれる程の経済的・軍事的要衝として発展したのではないかと想定している。

そしてまた、関宿系簗田氏の発展や水海系簗田氏との嫡庶の関係の有りようはそれと表裏の関係にあったのではないかと考えている。ただ簗田氏関係文書には右の想定を直接証明する史料が残存しているわけではなく、あくまでも仮説に止まるものである。両水系における中世関宿の位置付けは、関宿城近辺や「逆川」流域の自然科学的・考古学的調査や廃寺寺院の調査を基本にして今後の重要な検討課題である。

註

（１）簗田氏に関する主たる研究としては次のようなものがある。
①佐藤博信「簗田氏の研究」（『古河公方足利氏の研究』所収、初出一九八一年）
②市村高男「簗田氏の栄光と陰」（『鷲宮町史通史上巻』第三編第五章第三節、一九八六年）
③長塚孝「戦国期の簗田氏について」（『駒沢史学』第三十一号、一九八四年）
④同「永正期における古河公方家臣簗田氏に関する一史料」（『史学論集』一八号、一九八八年）
⑤同「曹洞宗寺院と簗田氏」（『そうわの寺院Ⅱ』、一九九三年）
⑥中島茂男「古河城下町の形成と終焉」（『北下総地方史』創刊号、一九八四年）

（２）

⑦西ヶ谷恭弘「中世の古河城―古河御所と戦国期の古河城―」（『古河市史研究』一一号、一九八六年）
⑧伊禮正雄「栗橋城の構造と歴史」（『五霞村の歴史民俗研究』第二集、一九七五年、のち佐藤博信編『東国大名の研究』所収）
⑨市村高男「関宿と栗橋の城と町」（『鷲宮町史通史上巻』第三編第六章第三節、一九八六年）
⑩長塚孝「後北条氏と下総関宿―支城制形成の一過程―」（『中世房総の権力と社会』所収、一九九一年）
⑪同「旧利根川流域の城と町―古河・栗橋・関宿を中心に―」（『野田市史研究』第五号、一九九四年）

（3）註（1）①論文。同論文で佐藤氏は、最終的結論を留保しながらも、南北朝末期における簗田氏の下河辺荘移住の地を水海と見て、水海から関宿へと簗田氏の発展を捉えるが（市村高男氏も同一見解・註（6）⑭論文）、長塚孝氏は「与五将軍系図」「常陸三家譜」を史料的根拠に、応永年間頃の満助の代に関宿に居城を構え、その後持助の庶子への所領配分のとき水海へ勢力を伸長したと逆の見解を示している（註（1）⑤論文、註（2）⑪論文）。私は長塚氏の提示する論拠史料を尊重しながらも、天和三年（一六八三）に著された「東昌寺由緒書」（『そうわの寺院Ⅱ』、一九九三年）に「簗田初居住水海、最後移関宿之城」と記され、また万治元年（一六五八）頃成立の「城主記」（『山中文書』一号）に「水海城主長録元年簗田河内守持助・同長男中務大輔成助関宿ニ移ル」と見えて、近世初頭の在地側ではすでに簗田氏の水海→関宿への発展が広く認識されていること、また水海の実相寺・吉祥寺・昌福寺が持助の関宿移封とともに関宿に別建されたとの伝承が水海・関宿の各寺に伝わる点からして、やはり水海こそが南北朝末期の満助の移住地であると考える。また関宿へは長塚氏の指摘する如く応永年間に領地を所有し、古河公方成立以後の長禄元年に嫡流家の持助が移封されたものと考えたい。

（4）⑫峰岸純夫「中世東国の水運について」（『国史学』一四一号、一九九〇年）
（5）⑬市村高男「中世東国における房総の位置」（『千葉史学』第二一号、一九九二年）
（6）⑭市村高男「古河公方の権力基盤と領域支配」（『古河市史研究』一一号、一九八六年）
（7）栢植信行「中世品川の信仰空間」（『品川歴史館紀要』第六号、一九九一年）。
（8）西ヶ谷恭弘「水海城址確認発掘調査（第2次）現地説明会資料」（一九九二年）。
（9）元文五年十一月付「落堀新堤障リ無之事付」（「山中茂男家文書」）。

（10）「山中文書」八二号。

（11）『新編埼玉県史資料編一三』三四号。

（12）「鮎川文書」一〇号（『三和町史資料編原始・古代・中世』）。

（13）「山中文書」一号。なおこの「城主記」は著者不明であるが、簗田家家老と伝える水海山中家の由緒を伝えるとともに、近世初頭の水海の諸家・諸寺院の簗田関係伝来文書の所在、在地の様相を伝えるもので、近世初頭のみならず戦国期の水海の様相を窺うのに恰好の史料である。

（14）「古河足利家奉行人連署書状写」（「喜連川家文書案」『古河市史資料中世編』一四六〇号、以下『古河』と略）。

（15）「喜連川家文書案」（『古河』一四五六号）。

（16）茨城県行方郡麻生町の小高城も「ウチミジョウ」「ナカジョウ」「クラヤシキ」と、用途不明な「マンデー」という曲輪からなり、曲輪・名称とも水海城郭に類似の構成をとっており（村田修三編『図説中世城郭事典一』新人物往来社、一九八七年）、一般にあり得る城郭形態であったと思われる。

（17）「山中茂男家文書」。

（18）「下総旧事三」（『猿島町史資料編原始・古代・中世』五一八号、以下『猿島』と略）。

（19）市村高男「中世城郭史研究の一視点」（『中世東国史の研究』所収、一九八八年）を参照。

（20）西ヶ谷恭弘註（２）⑦論文。

（21）浄土真宗正蔵寺は町水海側の小字「凍の山」に所在したもと天台寺院であり、建保元年に浄信によって浄土真宗に改宗されたが、文応年間（一二六一～六二）頃「柳原」に移転したと伝え（「正蔵寺縁起」）、天和二年（一六八二）、時宗吉祥寺は嘉元二年他阿真教によって「柳原」に一宇を建立したことに始まり（「郷土誌」）、日蓮宗実相寺は法相宗行基によって「柳原」に創建された後真言宗を経て文永二年日蓮宗に転じ、その後応安元年（一三六八）中山法華経寺の日英によって法華塚の地に移転したとされ（「実相寺略縁起」（「実相寺文書」二三号））、また曹洞宗普舜院は天正三年水海城主簗田晴助を開基とし、父高助の菩提寺として「柳原」の地に創建されたと伝える（「郷土誌」）。

(22)「城主記」(『山中文書』一号)。
(23)佐野大和「六浦・平潟湾の歴史的景観」(『歴史手帳』一四―三、一九八六年)や山田邦明「南北朝・室町期の六浦」(『六浦文化研究』第三号、一九九一年)の掲載地図を参照。
(24)千々和到「板碑の立つ風景」(『板碑とその時代』、一九八八年)。
(25)柘植信行註(7)論文。
(26)その点後述する「町水海」地域の太子堂墓地に計六十六基(うち二十三基は近年出土、最古の板碑紀年銘は元亨四年・一三二四)が所在することは注目され、この太子堂墓地付近が霊地に比定できるかも知れない。
(27)(28)(29)(30)(31)「郷土誌」。
(29)安政三年「国役御普請仕様帳」(『山中源治家文書』)。
(31)水海実相寺・同吉祥寺・関宿実相寺・同吉祥寺・同昌福寺の各由緒に同一内容の伝承を有する。
(32)註(1)①論文、註(6)⑭論文。
(33)櫛田良洪「前林戒光寺について(上)(下)」(『金沢文庫研究』七〇・七一号、一九六一年)。
(34)千々和到「茨城県西部の中世金石文資料」(『茨城県史研究』四六号、一九八一年)。
(35)「城主記」(『山中文書』一号)。
(36)小林計一郎「新善光寺・善光寺式三尊一覧」(『長野』一〇八号、一九八三年)。
(37)小島道裕「戦国期城下町の構造」(『日本史研究』二五七号、一九八四年)、市村高男「中世後期における都市と権力」(『歴史学研究』五四七号、一九八五年)など。
(38)市村高男「戦国期東国の城郭と城下町」(『北の中世』所収、一九九二年)。
(39)佐藤博信註(1)①論文。
(40)『古河市のあゆみ』(一九七〇年)、市村高男註(1)②論文。
(41)「東昌寺文書」(『古河』一五四四号)。

(42)　清宮秀堅『下総国旧事考』。
(43)　『猿島』一七九号の同文書の解説など。
(44)　長塚孝註（1）④論文。
(45)　永禄元年（一五五八）六月から同五年二月頃まで、公方義氏と簗田晴助の間で古河城と関宿城が交換されたとき、関宿系簗田氏（晴助）は基本的には古河城に居在したが、同四年（一五六一）の簗田系公方藤氏擁立・入城、前関白近衛前久・前関東管領上杉憲政の古河在城のとき、簗田晴助は水海に所在したと考えられるので（「近衛前久書状写」（「静嘉堂本集古文書」『古河』一〇一九号））、天正二年以降ほど確証はないが、永禄元年からの両系統併存も十分に考えられる。
(46)　市村高男註（37）論文。
(47)　「山中文書」三八号。
(48)　「簗田晴助所領宛行状」（「山中文書」四号）。
(49)　長塚孝註（1）③論文。
(50)　この三家のうち岩上家は現存しないが、おそらく近世の早い段階までに退転したものと思われる。
(51)　「山中文書」六号。なおこの屋敷帳は内水海・町水海をそれぞれ銘記してはいないが、検地帳部分の作人名から内水海・町水海ごとに作成したことが分かり、それに拠って考察した。
(52)　「正蔵寺縁起」（一六八二年）。
(53)　『そうわの板碑』（総和町教育委員会、一九九二年）。なおこの板碑二十三基は現在前林東光寺蔵。
(54)　『そうわの板碑』に従えば、太子堂墓地以外で一ヵ所所在の板碑数の最大は三十基（前林東光寺蔵、太子堂墓地出土二十三基を差引いた分）であり、また太子堂墓地の板碑数のみで町内板碑数全体の十四パーセントを占める。
(55)　「群書類従」巻三百三十七。
(56)　「山中茂男家文書」。
(57)　菊池康明「古代の六浦―三島信仰の展開―」（『歴史手帳』一四―三、一九八六年）。

(58) 外山善八「長者伝説　虚像と実像をめぐって」（外山善八遺稿集『民俗学と伝説』、一九七八年）。
(59) 文明十八年（一四八六）段階の「廻國雑記」の記事では、「こおりの山」（町水海）に「しばらく」逗留した道興はその間全く簗田氏との関わりを記載していない。「歌日記」という文学作品故十分な史料的根拠にはならないが、簗田氏権力に抱摂されていない町水海の当時の性格を消極的に示すものではあるまいか。
(60) 『猿島』五二五号文書などで翻刻。
(61) 『猿島』六八二号文書などで翻刻。
(62) 『猿島』七一一号文書などで翻刻。
(63) 『猿島』三六五号。
(64) 『猿島』五一〇号。
(65) 『古河』一〇二七号。なお同文書は「城主記」では天正二年としている。
(66) 『猿島』六二五～六三六号、六八三号、七五〇号。
(67) 『猿島』六二五号文書の解説。
(68) 市村高男註（6）⑭論文。
(69) 「足利義氏官途状写」（「喜連川文書案二」『猿島』五八二号）。
(70) 佐藤博信「古河公方の家産管理について―御雑色・御厩者、御中居・御乳人論―」（『中世東国の支配構造』、一九八九年）。
(71) 網野善彦「中世前期の馬借・車借」（『立命館文学』第五二一号、一九九一年）。
(72) 弘治四年（一五五八）六月公方義氏が簗田晴助に与えた条書では「付相定外非分之傳馬押立、雑色・厩者・餌取以下」に簗田氏が関与することを「慮外之事」（厳禁）としており（「足利義氏条書写」『古河』九七七号）、「伝馬」と「厩者」はおそらく公方権力内部では共通する一面を有していたと思われる。
(73) 年未詳「芳春院松嶺書状」（「鑁阿寺文書」『猿島』七五〇号）。
(74) 佐藤博信註（70）論文、同「鑁阿寺文書の再検討」（『中世東国の支配構造』、一九八九年）。

(75) 公方晴氏・義氏段階の公方発給文書のうち「との」付けのものは計一〇点確認できるが、そのうち晴氏から「宇都宮江往復之事」なる理由で感状を与えられた「梅澤隼人佑」「小曾戸丹後守」はともに「とのへ」と記され（『古河』八〇九・八一〇号）、また鎌倉公方段階から代々鍛治職で足利氏に仕えた古河在住の職人的家臣福本氏にも、義氏からの安堵状で「とのへ」が付されている（『古河』一三三九号）。「往復」（交通）や独自の職能にかかわる家臣に対する公方の書札礼のかかる在り方から見れば、小池氏はまさに同質の存在といえよう。

(76) 「鑁阿寺文書」（『猿島』六三一号）。

(77) 佐藤博信「古河公方領に関する考察―「葛西様御領」をめぐって―」（『古河公方足利氏の研究』、一九八九年）。

(78) 御院家宛て本書状には「院主」（周興）とともに「瑞雲院」が記されており、周興が瑞雲院主から芳春院主に転じた永禄九年（一五六六）以降の文書であることは明らかであり、また同時に鑁阿寺東光院に発給されたと思われる副状（『猿島』六三六号）に「栗橋様」（公方義氏）と出る点からして、義氏が栗橋に所在した天正年間中期のものと考える。

(79) 仮にこの段階まで公方義氏の所領支配が継続していたとしても、その実態は品川町人衆からの地子銭徴収に留まらず、流通による富にも賦課されたものではなかったであろうか。それは品川の代官周興自身が永禄六年（一五六三）伊豆から上総佐貫への「船・船方相調」「飛脚船入」に「作意」しており（年未詳卯月廿七日付「北条家朱印状」〈「渡辺文書」『猿島』三八二号〉）、周興自身が江戸内海の流通に関与していた節があるからである。

(80) 天文十九年四月朔日付「北条家印判状写」（「武州文書」『古河』七六九・七七〇号）。

(81) 天正四年（一五七六）六月、京都醍醐寺三宝院の僧堯雅が印可授与のため関東に下向した際、品川より元栗橋・水海・古河を経由して常陸に向かっていった（「堯雅僧正関東下向記録」〈「三宝院文書」〉）のも、おそらく頻繁化した品川～古河間の河川交通によるものと思われる。

(82) 弘治四年六月十九日付「足利義氏条書写」（「静嘉堂本集古文書」『古河』九七七号）。

(83) 佐藤博信註（1）①論文。

(84) ここには現在香取神社に合祀された八坂神社が存在するが、中世の交通の要衝には祇園社（八坂神社）が祀られることが多い点からして、中世に「宿街道」が奥大道に接続していたことが想定できる。
(85) 中島茂男註(2)⑥論文。
(86) 『古河』板碑編。
(87) 「道円書状」(「金沢文庫古文書」一九四五号)。
(88) 真言宗実相院は神亀三年(七二六)行基の創建と伝え、建保六年(一二一八)天台宗、その後真言宗に改宗したといい、日蓮宗法宣寺は、鎌倉公方足利持氏を大檀那とし応永二年(一三九五)京都妙顕寺派の日在が関東布教の折創建したと伝える(『茨城県の地名』平凡社)。
(89) 『猿島』五一〇号。給地の二十筆のうち五筆に「とい宿」「同所南」「同所」がしるされ、さらに他の筆に「畠」「田」の地目が記されるに対し、この筆には地目の記載がなく、単なる字名ではなく、実際に河川交通業者である「問」が所在したものと思われる。
(90) 「鑁阿寺文書」中の小池晴実書状・副状(『猿島』六二五号、六二七号、六二八号、六二九号、六三〇号)。なお文書中には「栗橋様(義氏)へ代僧を以被申上」と出るが、進物が晴実に届けられる点からして実際に送進に当たったのは晴実配下の交通業者であったと思われる。
(91) 市村高男前掲註(6)⑭論文。
(92) 千田稔「歴史地理学と地名」、「郡家一覧」(『角川日本地名大辞典別巻二』、一九九〇年)。
(93) 以上『古河市史資料原始・古代編』一一六、一一七、一三三号。
(94) 吉田東伍『増補大日本地名辞書坂東第六巻』「猿島郡色益郷」の項(一九〇三年初版)。
(95) 吉田東伍註(94)の「猿島郡水海」の項でもすでに「郡山」の名称から猿島郡家の可能性が指摘されている。
(96) 早川万年「名代子代の研究」(井上辰雄編『古代中世の政治と地域社会』、一九八六年)。
(97) 志田諄一「磯部と舟運」(『常総の歴史』創刊号、一九八八年)。
(98) 峰岸純夫註(4)⑫論文、市村高男註(5)⑬論文、小笠原長和「東国史の舞台としての利根川・常陸川水脈」(『関東中心戦国史論集』所収、一九八〇年)、小野文雄「利根川東遷についての一考察」(『埼玉地方史』第二七号、一九九一年)、太田富康「中世前期の水運と交流」（『地方史研究』二三八号、一九九二年）。なお、地方史研究協議会第四三大会（一九九二年）の川島優美子「中世関東内陸水運における香取社の位置」報告の討論でも、同様の論議があった（『河川をめぐる歴史像―境界と交流―』雄山閣、一九九三年）。

(99)「秋田藩家蔵文書三八」（『猿島』七二五号）。

(100)「並木淳氏所蔵文書」（『猿島』五二三号）。

(101) 斉藤利男「古代・中世の交通と国家」（『日本の社会史　第二巻　境界領域と交通』所収、一九八七年）。

(102) 川戸彰「関宿町の板碑」（『関宿町史研究』創刊号、一九八八年）。

(103) 村上慈朗氏の御教示による。

(104)「正保国絵図」に収められる「下総国世喜宿城絵図」以下諸城下絵図では、「逆川」は本丸に隣接して近世関宿城の外堀の役割を果しており（『関宿城歴史資料調査報告書』）、可能性の一つとしては簗田氏による中世関宿城の築城当時の開削と見ることもできる。

(105) 年未詳（永禄元年比定）五月廿四日付「北条氏康書状」（「喜連川文書」『猿島』三〇五号）。

【付記】水海の現地調査では山中茂男氏に一方ならぬお世話を頂いた。記して謝す次第である。

Ⅵ

戦国期の利根川流路と交通
——栗橋城と関宿城の機能を中心に

新井浩文

はじめに

筆者はかつて、戦国期の関宿周辺の利根川流路について、権現堂堤修築の意義を中心に検討したことがある(1)。その際、戦国期の利根川流路として、『下総之国図』（船橋市西図書館蔵）に描かれた庄内古川ルートについても触れたが、近年になって地理学や近世史の視点から新たにこのルートに関する論考が出されている(2)。また、これまで古河公方関係の城郭は、水運との連携によって結ばれていたと指摘されることが多いが、そのネットワークにおける実態は、未だ不明瞭な部分が多い。

そこで、改めて戦国期の関宿周辺の利根川流路と城郭との関係、特に栗橋・関宿両城の関係について、検討を試みることにする。

なお、既に関宿周辺における河川の変遷については、地理学の立場からの大熊孝氏や村上慈郎氏による詳細な研究がある(3)。本稿は、これら先学の成果に拠りながら、関係史料を掲げて検討を試みたい。

一、戦国時代の利根川流路と城

（1）戦国期の利根川・渡良瀬川流路（古河城〜栗橋城）—中田付近〜権現堂まで—

まず【図】「渡良瀬川・利根川等の旧河道」から、戦国期の利根川流路の確認を行いたい。

大熊孝氏によれば、近世初頭の利根川は、羽生市川俣から南流する現在の利根川筋を加須市大越まで下り、ここから①「合の川」・②「北川辺蛇行河跡」・③「浅間川」の三派に分かれ、このうち③「浅間川」は高柳で旧栗橋町方面へ向かい渡良瀬川（権現堂川）に合流する一派と、途中で島川と分流して西に向かい旧鷲宮町川口で④「会の川」と合流し、旧栗橋町高柳から旧鷲宮町八甫を経由して権現堂川へ向かう一派があり、一方、渡良瀬川は、古河付近から旧栗橋町伊坂付近へ向かい、⑤権現堂川を通って幸手市権現堂付近へ南流し、ここで東流して関宿方面へ向かうとしている。(4)

なお、⑤権現堂川については、同河川の開削により分断された中田（古河市中田）と井坂（新栗橋）がかつて井(伊)坂郷として同一地域であったとする近世地誌の引用から、同河川が近世初頭の開削河川であったとする説もある。(5)そこで、次の【史料二】を掲げる。

【史料二】梅千代王丸充行状(6)

先御落居之地廿五郷

向五郷　　　　栗　橋

小手指　上伊坂
下伊坂　上中田
下中田　牛谷
小堤　大野
下井　網代
中里　大輪
飯田　若林
乙女　儘田
早河野　志鳥
稲穂

以上廿五郷

重而御落居之地

栗山　菅谷
久野生

以上

小山領十一郷

栗宮　塩沢

野田　　　尼賀谷
　　自結城被申上候儀候者、
横倉　御替地可被下候也、
　　自結城被申上候儀候者、
犬塚　御替地可被下候也、
中久木　川田
多摩　塚崎
武井

右之地被充行者也、尚以小山領之儀者、永代不可有御相違候、仍如件、

（朱印、印文「大和」）

天文廿三年甲寅十二月廿四日

野田左衛門大夫殿

【史料一】は、足利義氏が野田氏に対して、天文二十三年（一五五四）に野田氏の旧領を安堵するとともに、小山領を新たに充行った文書である。この中で、野田氏の所領として傍線部分の「上伊坂」「下伊坂」・「上中田」「下中田」が中世段階で既に両郷に分かれる形で存在していたことが窺える。このことから、権現堂川の成立時期は、近世

初頭よりも遡ることが史料上から確認できる。

なお、後述する栗橋城には「向栗橋」・「栗橋島」と呼ばれる場所が存在していたことが史料から確認できる。[7]【史料一】には、野田氏の居城があった栗橋（五霞町元栗橋）のほか、「向五郷」・「小手指」が記され、それらは渡良瀬川水系に位置する。また、新たに安堵された小山領がこの水系の上流部にあたる思川流域に散在することから、野田氏は簗田氏同様、渡良瀬川水系に強い影響力を持っていた可能性を指摘できよう。

（２）戦国期の利根川流路（高柳～八甫～権現堂）

次に、浅間川と島川・会の川の流れが集まる高柳～八甫間から権現堂への流路を史料から確認したい。

【史料二】『八甫村諸記録』[8]

（前略）往古の利根川と申ハ間口の十王より高柳村・川口村・八甫道三淵より西大輪・上川崎・中川崎・上高野・下高野・杉戸・粕壁川へ流て、八条川へ落、葛飾郡と埼玉郡之境に是有所、天正年度三淵御築留御普請有、利根川栗橋へ相まわり新武蔵葛飾郡ニなり申候、延宝年中頃辺の八甫の書物ニハ下総国猿島郡と書候書物数多有之、（中略）

宝泉寺脇利根川天正弐年ニ御築留御普請有て利根川権現堂川へ相廻り、又其後明暦年中栗橋へ相廻り、（以下略）

【史料二】は、文久元年（一八六一）に書写された『八甫村諸記録写』の利根川旧流路に関する記述部分を抽出したものである。近世の記録ではあるが、傍線部分から往古の利根川が、浅間川流域の間口（現加須市間口）より高柳、川口（現久喜市川口）を経て、八甫の道三淵より古利根川方面へ南流していたことと、天正二年（一五七四）に築堤されたという注目すべき記述が見られる。「八甫道三淵」は、現在の久喜市（旧鷲宮町）八甫にある宝泉寺池の周囲一帯にあたる。この場所には現在も「蛇田堤跡」が残り、古くは「仙台堤」と呼ばれていた。「道三淵」とは、河道が三カ所に入り組んだ地点の淵という意味で、宝泉寺の西脇を南流していた旧利根川の河道にあたり、淵＝大池の様相を呈していたと考えられる。[9] この堤は、まさに道三淵という河川の難所を締め切るためのものであったといえよう。

　これまで、利根川流域の堤修築は天正四年（一五七六）の権現堂築堤が初見とされてきたが、この天正二年段階で既に「八甫道三淵」の築堤が行われていたと仮定するならば、その背景にはどのような意図があったのだろうか。それを探るために、まず戦国期における八甫の歴史的位置について確認しておきたい。

【史料三】簗田持助判物写[10]

久能之郷不入之儀申上候、如八甫不入被下之候、仍如件、

天正五年丁丑

三月廿四日　持助（簗田）（花押影）

鮎川豊後守

【史料四】北条氏照書状写[11]

【　】（八カ）甫之上へ上、従上□小手指宿へ着候き、於此儀者明鏡ニ聞届候、一、八甫を上船者商船及卅艘候由申候、

其直ニ彼船も上候条、別ニ咎無之候之条、早々可被戻候、一、八甫之儀者、当知行ニ候、然者無躰他之船可通子

細ニ無之、今迄此穿鑿為如何不被申候、向後者一改可申付候、誰歟船通共改而可承候、恐々謹言、

（年未詳）六月三日　　　　氏照（花押）

布施美作守（景尊）殿

【史料三】は、簗田持助が八甫と同様に久能郷の不入権を鮎川氏に与えた文書で、八甫が不入権を付与されていた場所であったことがわかる。このことは、【史料四】で、「八甫を上船者商船及卅艘候由申候」という部分からも窺えるように、当時、八甫が港湾都市として機能し、関銭徴収等の行為が行われることなく自由航行できる場所であったが、「彼船」（敵船か）の小手指（栗橋城）方面への航行が確認されたため、今後は氏照「当知行」の場所として、船改めを実施すべき旨が栗橋城代の布施氏に伝えられている。

以上の状況から、天正二年段階の状況を考えてみよう。「八甫道三淵」における築堤工事は、その後の航行状況を考えると明らかに権現堂～栗橋方面への舟運の安定を意図したものであったと考えられる。築堤時期が、天正二年という第三次関宿合戦の年であることから判断すれば、関宿城攻めのための栗橋城方面への軍事物資輸送が目的であったと考えられる。

なお、八甫はこれ以前にも政治的・経済的・宗教的面において重要な場所に位置していた。それは、八甫と近接する位置にある高柳（現久喜市高柳）と鷲宮神社（現久喜市鷲宮）との関係から類推できる。

まず、高柳は鎌倉時代に金沢北条氏の直轄領で、室町時代には鶴岡八幡宮領となり、その後、鶴岡八幡宮若宮別当の雪下殿空然（足利義明）の御座所となった。また、永正期には古河公方足利政氏・高基父子の内紛の舞台やその後も足利晴氏の御座所となるなど政治的に機能してきた場所である[12]。水上交通の面から、当時は古河～栗橋～高柳とい

うルートが政治的に重要な役割を果たしており、高柳に近接する八甫が、例えば鎌倉に近接する六浦のような港湾的役割を果たしていたものと考えられる。なお、天正二年まで八甫から利根川が南流していたとする【史料二】『八甫村諸記録』の記述に立てば、江戸湾から高柳まで最短ルートで船にて遡上できていたことになり、鎌倉に対する御座所高柳の政治的重要度がこの時期までかなり大きかったことが容易に想像できる。

さらに、陸上交通の面からもその位置を確認しておきたい。幸手～千塚（幸手市千塚）～八甫～川口（加須市川口）～高柳～佐間（旧栗橋町佐間）～松永（旧栗橋町松永）～伊坂（旧栗橋町伊坂）～栗橋（旧栗橋町）を通る江戸時代の「日光御廻道」は、将軍の日光社参の際に「日光道中」が水害により交通不能となったときの臨時街道として設定された道であるが、この区間のうち、高柳～佐間～松永間は、中世鎌倉街道の伝承が残っており、現在でも自然堤防上にその痕跡の一部を確認することができる[13]。このルートは、幸手までの「日光御成道」がほぼ中世の鎌倉街道中道のルートであることから、鎌倉街道に沿って存在した中世の間道として、当時、高柳～古河間の陸上交通を担っていた道と推定される。よって、八甫まで水運を利用し、その後この陸路による古河方面への搬送も可能であったろう。

一方、鷲宮神社は『吾妻鑑』にもその名がしばしば登場する古社であり、享徳の乱の際には、足利成氏が願文を捧げた中世太田庄の総鎮守である[14]。また、鷲宮神社宮司の大内氏は、古河公方足利晴氏から鷲宮神社の既得権として「鷲宮関」における関銭徴収と「町役」の権利を認められていた[15]。この鷲宮神社の関銭徴収権は先の公方御座所である高柳とも密接に関係していたと考えられよう。さらに、八甫と鷲宮神社の位置的関係について『鷲宮町史』では、両者の極めて深い結びつきを示唆した上で、鷲宮社門前の町と八甫を行き来したり、さらには八甫から船で交易に乗り出したりする運送業者の存在と、彼らの門前町集住の可能性を指摘している[16]。

このように、八甫と高柳、鷲宮神社とは、政治的・経済的・宗教的な面において極めて密接な関係にあったが、後北条氏による公方足利義氏の擁立、永禄十一年（一五六八）の栗橋城からの野田氏排除、北条氏照の入城という政治的介入によって大きな変化を余儀なくされるに至った。恐らく、鷲宮神社の関銭徴収権はその後の氏照による栗橋周辺地域の支配体制下に組み込まれたのだろう。

なお、高柳の公方御座所としての政治的機能は、その後、天正六年～九年（一五七八～一五八一）にかけて足利義氏が「栗橋様」となったことからも明らかなように、栗橋城に引き継がれる形となった。このことは、八甫～権現堂へのルートが、天正二年以降、天正四年（一五七六）の権現堂築堤工事を経て、さらに水量の安定化が図られたことによるものと想像される。では、当該工事がどのように次の天正四年の権現堂築堤工事に繋がっていくのであろうか。この点について、次章で検討したい。

二、天正四年の権現堂堤普請とその後

（1）権現堂川と庄内古川

天正四年の権現堂堤普請の背景については、既に拙稿で述べたが改めて、権現堂川と関宿城の北側を流れる逆川との関係、さらに庄内古川との関係も含めて検討してみたい。

この権現堂川と権現堂堤については、地理学の見地から村上慈郎氏が改めて見解を述べている。村上氏は、①地盤の勾配が権現堂から南に大きく、東に小さいこと、②権現堂堤が権現堂から南流する蛇行河川への河水の流下を防ぎ、

それを上宇和田に導く形になっているので、権現堂～上宇和田間の河道改修と同時に築かれたということを根拠に、この部分が人工河川であるとした。さらに、その成立時期は、以前に村上氏が掲げた江戸川開削時期説よりも遡らせて簗田氏か後北条氏によって造られたものと結論づけている。(17) しかし、村上氏はその先の上宇和田付近から南流する庄内古川と逆川が、いつ繋がったかについては触れられていない。

庄内古川については拙稿でも触れたように、天文年間に関宿城下に簗田氏が開削した、利根川舟運を担う河川と繋がっていた可能性が高い。(18) しかし、この点については、近年、橋本直子氏が、庄内古川にはこの簗田氏によって天文年間に開削された新川と、上宇和田付近から南流していた古川があり、両者は当初繋がっていなかったことを指摘している。(19)

そこで、これらの見解から権現堂堤修築時である天正四年の関宿周辺の水運状況を概観する際に、再度確認しておきたいのが次の史料である。

【史料五】北条氏照判物写(20)

船　壱艘

右、氏照被官船也、従佐倉関宿、自葛西栗橋、往復不可有相違候、若横合之輩有之者、為先此証文可申披、後日之状如件、

天正四年丙子　九月廿三日　　氏照（花押）

【史料五】は、佐倉～関宿間の常陸川水系舟運と葛西～栗橋間の利根川水系舟運の実態を示した文書として知られ、このルートから両水系が繋がっていたか否かについて、かつて論点となったことがある。(21) この点について、かつて拙

稿では本文書の内容から両水系を繋ぐ中間位置に本文書を所蔵していた会田家と「網代宿」が所在することを指摘したが[22]、このうち「葛西～栗橋間」がどの河川を通って航行していたかが大きな問題となる。この段階で、権現堂堤によって完全に権現堂川から南流する蛇行河川が締め切られていたという確証はないが、権現堂付近で会の川と合流した権現堂川が少なくとも東流して、網代宿付近の庄内古川筋まで到達していたと考えられることから、恐らく庄内古川を利用していたのであろう。

なお、庄内古川が権現堂川から南流する部分しては、現在の「五霞落」に繋がる河川があり、権現堂川を遡上しなくても、この小河川を遡上すれば栗橋城の東側にあたる城下の先に着けることも可能である。この点を、次の史料で検討したい。

【史料六】北条家朱印状写[23]

大手諸軍在陣之内、万一古河・栗橋之間へ敵動有之付而者、何時も栗橋川向迄町人衆悉払而馳参、布施美作守相談、相応之儀可走廻候、若致無沙汰者有之者、後日聞出次第、可行重科候、如何ニも入精、可走回(廻)候、仍如件、

(天正八年)三月十三日　(虎朱印)

石巻左馬允奉之

【史料六】は、古河～栗橋間に敵が動いた際、網代・台宿の町人衆に対して、栗橋川向まで参集するように命じた天正八年と推定される北条家朱印状写である。注目されるのは文書中の「栗橋川向」の場所である。これまでの解釈では、栗橋城の権現堂川対岸にあたる「栗橋嶋」や「向栗橋」の場所と解されてきたが、網代・台宿の町人衆が動くとなると関宿城から近距離である必要がある。このことから、町人衆に参集を命じた場所は栗橋城の権現堂川対岸で

はなく、城の東側にあたる先述した現在の「五霞落」対岸であった可能性もある点を指摘しておきたい(24)。

では、その先の逆川との接続がどの段階で実施されたのだろうか。

（２）庄内古川と逆川

【史料七】結城晴朝書状(25)

急与申述候、如巷説者、南衆(北条)昨十日至□(于)関宿着陣、舟橋催之由候、至事実者、一両日中可被進陣候、実否見届、追而可申入候、当境目之事者及其構候、風聞之透、先為御心得申述候、兼日如唱者、陸奥守(北条氏康)栗橋江打着、公方様(足利義氏)鎌倉江移御座申、古河・栗橋堅固之仕置可有之由候、此義ニも候歟、何篇不可有御油断候、恐々謹言、

七月十一日(天正五年)　晴朝(結城)（花押）

宇都宮殿(国綱)

【史料七】は、年欠であるがその内容から天正五年（一五七七）のものと推定される結城晴朝が宇都宮国綱に宛てた書状である。傍線部から、後北条氏が七月十日に関宿に着陣して舟橋を架けていることが確認できる。後北条氏が結城方面へ出陣するということから、舟橋が架けられた河川は、逆川または常陸川であると考えられる。この年の閏七月朔日には、網代・台宿に対して、関宿城の外側に位置する山王山砦の南側曲輪の小堀に舟橋を双方から半分ずつ架橋するよう後北条氏が命じていることから(26)、逆川の存在を明確に示す史料はみられないものの、少なくとも城の防備面からその存在を推測することができよう。

では、この逆川と庄内古川、さらに権現堂川を繋ぐ工事がいつ行われたのであろうか。

【史料八】北条氏政印判状写(27)

入念論書ニ行ニのせられ、欠落之者を送たりと書候由、申上候、不及是非候、人か行ニのすれはとて、をのれか科を書顕、侘言状を可出候哉、沙汰之限候、切頸尤候へ共、是程之愚人、犬同前之所存候間、頸をハゆるし候、罪科二百人手間、関宿之築懸之堤を恒岡相談可為築候、仍如件、

追而、入念証文をハ返置候、已上、

天正十七年己丑
(朱印影)
卯月廿七日
太田(康宗)下野守殿

【史料九】北条氏政印判状写(28)

台宿之町人与相定上、網代ニ居住悪候、自身者、来月廿日を切而台宿へ可罷移候、仍如件、

天正十七年己丑
(朱印影)
卯月廿七日
寺嶋大学助とのへ
大谷(屋)内匠助とのへ

【史料八】は、北条氏政が領民の欠落侘状を提出した太田資宗に対して、斬首を許す代わりに関宿築堤を命じた文書である。内容から、罪科として「関宿之築懸之堤」工事のために二〇〇人規模の動員を命じていることが窺える。

本工事は、その動員数からもかなり大規模な築堤工事であったことが想像できる。

また、【史料九】は、【史料八】と同日付で網代に居住する寺嶋・大谷両氏に台宿へ移住するよう命じた文書である。この命令の意図については、以前、拙稿で舟運によって優位となった網代宿に商人が集住したため、機能を分散させる後北条氏の商業政策であるとした(29)。しかし、『総和町史資料編原始・古代・中世』の本文書解説では、「豊臣秀吉の攻撃に備えて、防衛上有利な台宿に町人を集住させようとする意図があった」としている(30)。

この説に従い、当時関宿城下においては、豊臣秀吉の来襲に備え、防衛機能の強化が図られていたとするならば、【史料八】の築堤工事も単なる治水という観点からだけでなく、防衛目的で行われていた可能性も否定できない。この点から、当初の逆川が天正二年段階における後北条氏の山王山砦からの防御策として簗田氏によって掘削されたとした拙稿との共通点も見出すことができよう(31)。

では、築堤場所とその時期は、どこでいつだったのだろうか。【史料七】でみたように、天正五年段階では、既に関宿城北側の逆川による外堀機能の存在を確認したが、これを強化するのに一定以上の水量確保が必要となる。そのためには、権現堂川と逆川、さらに前述した簗田氏によって開削された関宿城下から南流する庄内新川を繋ぐ工事が実施されていなければならない。この工事の時期については、江戸川の開削時期と同時期であるとこれまで言われてきたが、庄内古川の機能の評価が再検討されていることもあり、その時期はさらに遡る可能性もある(32)。戦国期の史料からだけではこれ以上、判断をすることは難しいが、本稿では、天正十七年（一五八九）のこの築堤がその第一期工事であったと仮説を立てておきたい。

むすびにかえて――江戸幕府治水工事への継承

以上、近年の研究成果に基づきながら、後北条氏による河川普請の変遷を栗橋城との機能から推察した。まとめてみると以下のようなろう。

・第一段階　天正二年（一五七四）の現古利根川筋の締め切り
利根川の本流が現古利根川による古河経由のルートから、権現堂川～栗橋～蛇行河川のルートとなる。これにより葛西から栗橋への直接航行が可能となる。権現堂経由で栗橋から古河行きの蛇行河川が利根川航行のメインルートとなる。

・第二段階　天正四年（一五七六）の権現堂築堤と蛇行河川の締め切り、権現堂川東部の河川改修
この段階で権現堂川は現在の庄内古川と繋がるか。航行ルートは、庄内古川がメインとなり、ここから権現堂川東部～八甫方面へとなるか。

・第三段階　天正十七年（一五八九）、逆川（庄内新川）と権現堂川東部・庄内古川と逆川を繋げる初期工事が行われる。近世の前段階の工事が完了する。目的は秀吉の来襲に伴う栗橋・関宿両城の堀機能強化と考えられる。最終的には、江戸川の開削により、逆川の位置づけが明確となる。

なお、一連の後北条氏による河川改修の成果としては、①これまで乱流地帯であった未開発地における開発の促進、②渡良瀬・利根川両水系河川の乱流によって遮断されていた東西交通が水量の軽減により可能となったことが挙げら

れよう。

①については、天正十七年に幸手城主一色義直から巻島主水に対して、間鎌の開発が命じられていることが一つの事例として挙げられ[33]、②については、天正十三年（一五八五）に後北条氏から一色氏に対して出された間口の舟橋管理に関する文書から、その実態が窺える[34]。なおこの文書では、一色氏が舟橋を一カ所に絞るよう後北条氏から命じられていることから、複数箇所に渡河点が設置されていた様子がわかる。この時点で少なくとも、近年、戦国期における鎌倉街道中道（奥大道）の不機能説についても、利用の有無だけでなく、戦況に応じた陸路の整備が後北条氏によってなされていったと考えるべきであろう[35]。

関宿周辺地域における最終的な治水事業の完成は、江戸川開削以降、近世段階の新田開発期まで待たねばならないが、その萌芽期は戦国期に既にあったといえるのではないだろうか。今後の研究に期したい。

註

（１）拙稿①「戦国期関宿の河川と交通―船橋市西図書館蔵『下総之国図』の史料紹介を通して―」（千葉県立関宿城博物館『研究紀要』第六号、二〇〇二年）および拙稿②「戦国期関宿周辺の河川普請」（千葉県立関宿城博物館『研究紀要』第八号、二〇〇四年）。

（２）橋本直子氏①「利根川中流域における河道変遷の再検討―一六世紀後半から一七世紀前半を中心に―」（『地方史研究』三三八、二〇〇九年）および同氏②『耕地開発と景観の自然環境学』（古今書院、二〇一〇年）第四章「利根川流域の自然環境変動の視点からみた河道変遷」。

（３）大熊孝氏「近世初頭の河川改修と浅間山噴火の影響」（『URBAN KUBOTA 一九』一九八一年）、村上慈朗氏「総和町および周辺地域における河川の変遷について」（『そうわ町史研究』五、一九九九年）。

（4）大熊氏前掲論文。

（5）『古河誌』や『利根川図誌』および註（2）橋本論文②では、慶長元～五年に開削されたとしている。

（6）『栗橋町史第三巻　資料編一　原始・古代・中世』（栗橋町、二〇〇八年）七五号文書。以下、『同書』からの引用は『栗』とする。

（7）『栗』三一三～三一四頁。この点については、後述するように権現堂川の成立時期について見解が分かれており、検討を要する。

（8）『鷲宮町史　史料一近世』（鷲宮町、一九八〇年）村況史料　一一号文書。

（9）栗原史郎氏の御教示による。

（10）「鮎川文書」『栗』一〇四号文書。

（11）「武州文書一五埼玉郡所収文書」『栗』一二三号文書。

（12）正慶元年七月五日金沢貞将袖判盛久奉書（「金沢文庫文書」『栗』四七号）・永徳二年二月二十三日足利氏満寄進状（「神田孝平氏旧蔵文書」『栗』五九号）・永正七年六月十二日上杉顕定書状写（「『歴代古案』三所収文書」『栗』六六号）・年未詳四月十日足利晴氏書状（「安保文書」、『栗』七八号）。

（13）杉山正司氏「幻の社参路―日光御廻道と御替道―」（『五街道』六九、一九九一年）。なお、『栗橋町の歴史と文化』によれば、中世の鎌倉街道渡河点は、鷲宮神社方面から高柳の対岸に沿って北上し、現在の古門樋橋付近から渡船して高柳へ渡るルートであったと伝えられている。天正十三年に後北条氏から一色氏に対して舟橋管理を命じた文書（『栗』一三二号文書）にみえる間口渡しは、この場所にあたるか。

（14）享徳五年二月十日足利成氏願文「鷲宮神社文書」（『栗』六三号文書）。なお、これ以前は小山氏が太刀を奉納している。

（15）年未詳十月二十四日足利晴氏書状「大内家文書」（『栗』七九号文書）。

（16）『鷲宮町史　通史上』（鷲宮町、一九八六年）七二二～七二三頁。

（17）村上慈朗氏「古河市周辺の河川流路の変遷について」（『古河歴史シンポジウム　古代・中世の古河地方を見直す―川戸台遺跡から古河公方まで―』レジュメ、古河歴史シンポジウム実行委員会、二〇一〇年）。

(18) 拙稿③「戦国期の関宿城と町場形成—近年の関宿城下構造に関する論考に触れて—」(『千葉県立関宿城博物館研究報告』一二、二〇〇八年)。
(19) 前掲橋本①・②論文。なお、橋本氏は、②論文の中で村上氏が指摘する権現堂川東部の成立時期について、会の川筋の自然河川として、その流末が庄内古川と繋がっていたとしている。
(20) 「下総旧事」三所収文書(『栗』一〇一号文書)。
(21) 峰岸純夫氏「中世東国水運史研究の現状と問題点」(峰岸純夫氏・村井章介氏『中世東国の物流と都市』山川出版社、一九九五年、後に峰岸純夫氏『中世荘園公領制と流通』岩田書院、二〇〇九年に再録)参照。
(22) 前掲拙稿③論文。
(23) 「下総旧事」所収文書(『幸手市史古代・中世資料編』(幸手市教育委員会、一九九五年)四〇二号文書)。以下、『同書』からの出典は『幸』とする。
(24) この点、関宿城の構造と比較すると、城の背後ではなく、城下に利根川を引き入れ船改めを行っていた簗田氏の対応が想起される。栗橋城も同様に城の背後ではなく城下に船着場があったと考えるのが自然である。なお、この説をとった場合、本稿第二章で検討したように権現堂川の存在が大きな問題となる。
(25) 「宇都宮氏家蔵文書」(『幸』四〇〇号文書)。
(26) 「下総旧事」所収文書(『幸』四〇一号文書)。
(27) 「楓軒文書纂」所収文書(『幸』四六九号)。
(28) 「楓軒文書纂」所収文書(『幸』四七〇号)。
(29) 拙稿④「関宿城下網代宿の成立とその機能—網代宿を中心に—」(『千葉県立関宿城博物館研究報告』創刊号、一九九七年)。
(30) 『総和町史資料編原始・古代・中世』(総和町、二〇〇二年)四〇九号文書解説。
(31) 前掲拙稿④論文。なお、本稿における拙稿①〜④論文については、いずれも拙著『関東の戦国期領主と流通』(岩田書院、二〇一一年)に所収。

（32）前掲橋本論文②。

（33）天正十七年五月晦日付け某（一色義直）朱印状（「巻島光夫氏所蔵文書」『幸』四七四号）には、一色義直より巻島氏に対して間鎌の開発が命じられている。

（34）天正十三年正月十四日付け北条氏印判状（「一色氏古文書集」（「安土城考古博物館所蔵文書」）『幸』四五六号）。

（35）齋藤慎一氏「鎌倉街道中道と下野国」（『戦国期下野の地域権力』岩田書院、二〇一〇年）では、鎌倉街道中道の高野～古河間が不安定なことから、利用されていなかった点を指摘している。（天正六年）十月二十六日付けの、北条氏照が並木氏に対して小山在番衆を命じた文書（「並木文書」『幸』四一二号）では、滝山（八王子市）～久喜（久喜市）・大室（加須市）～榎本（栃木県大平町）～小山（小山市）というように栗橋～古河～小山でないルートが記されている。これは滝山城から栗橋領を通過し、小山番衆として氏照の家臣が自領内を移動するために設定したルートである。このように、戦時には境目となる地域を避けたルートが使われている。そのためにも、通行可能な場所に関する情報と治水整備が求められていたといえるだろう。日常の通行ルートと戦時の通行ルートは区別して考える必要がある。

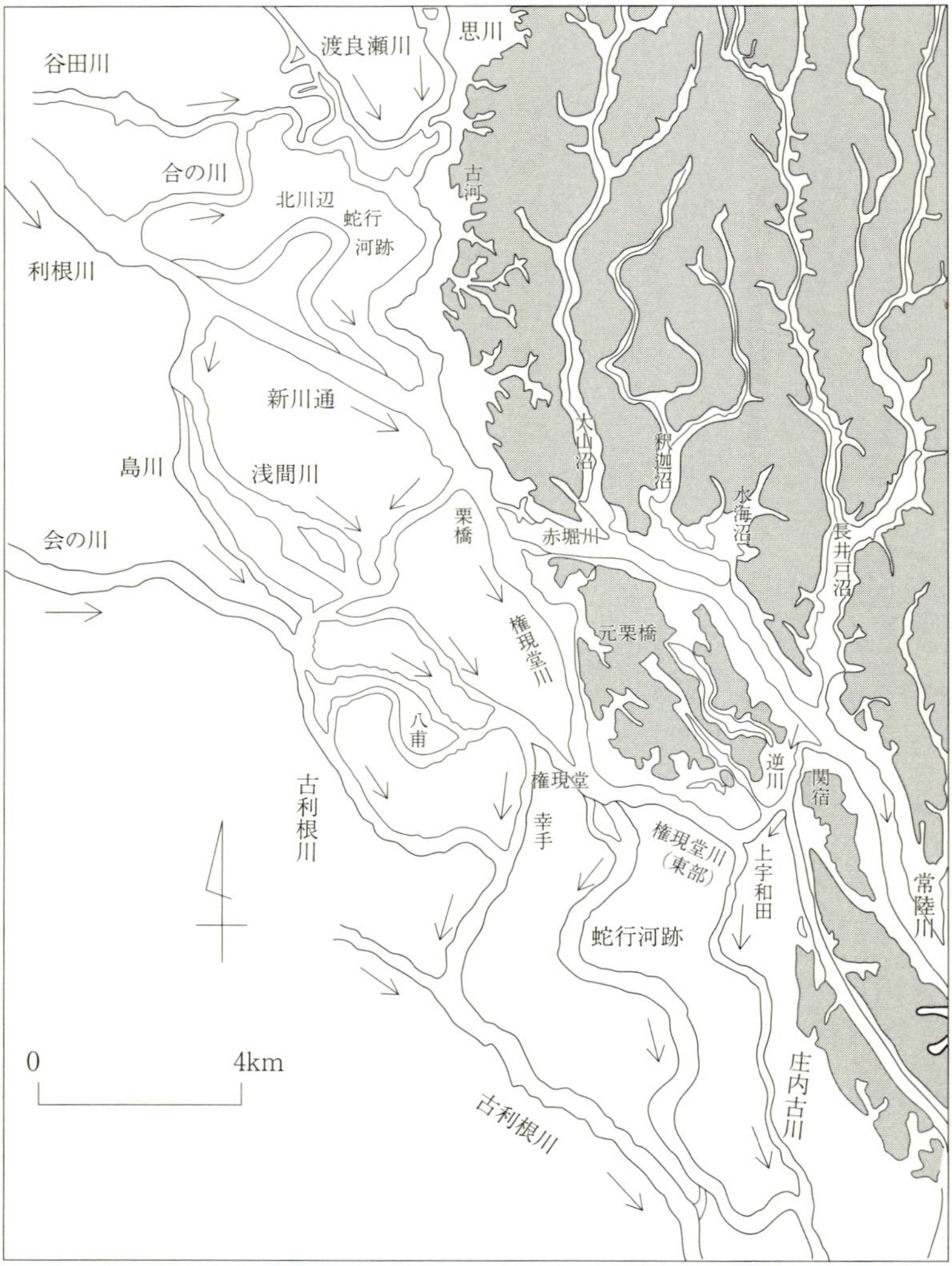

【図】渡良瀬川・利根川等の旧河道
（註（3）村上論文より引用・作成）

Ⅶ

『家忠日記』にみる下総国の水陸交通

石渡洋平

はじめに

中世東国史における水上交通をめぐる研究は、網野善彦氏(1)・綿貫友子氏(2)らの研究を契機に、一九八〇年代～一九九〇年代、一大ブームとも呼べるような活況を呈した分野といえる(3)。ただ、この時期の、いわば水上交通の「万能主義」や過大評価に警鐘を鳴らす研究も二〇〇〇年代前後に出てきた。滝川恒昭氏は、それまでの研究の課題として、次の三点をあげた(4)。すなわち、①水運・物流および消費・生産システムの実態、②中世水運の限界とその克服方策、③水運・流通の拠点である湊の機能と湊それぞれの機能分担である(5)。また、齋藤慎一氏により、渡し船・舟橋等をめぐる河川交通・陸上交通の季節性・制約も明らかにされた(6)。

以上のように、一時の水上交通の発展や可能性を追究した研究に対する批判と更なる実態の検討がなされているのが現状といえよう(7)。本稿では、これらの研究成果を踏まえ、『家忠日記』(以下、便宜上、単に『日記』と略記する)を素材に、中世東国史の水陸交通の一端を探ってみたい。

一、『家忠日記』とそれをめぐる研究

（1）『家忠日記』と松平家忠

まず、検討の前提として、『日記』の概要を整理しよう。[8]『日記』は、徳川家康に仕えた松平家忠（一五五五〜一六〇〇、松平氏の一族である深溝松平家出身）が記した日記である。『日記』で現存しているのは、天正五年[9]（一五七七）から文禄三年[10]（一五九四）までである。

家忠は三河国深溝を本拠にしていたのだが、家康の関東転封に伴い、深溝から武蔵国忍へ知行替となり、ついで下総国上代（居城桜井城）へ移ることになる。[11]以後、文禄三年十二月頃とされる小見川への本拠移動まで上代を本拠にする。

本稿で取り上げるのは、上代を本拠にしていた時期であり、とくに家忠の上代―江戸間移動ルートと兵粮米の輸送ルートを検討したい。検討にあたっては、家忠が上代から江戸へ向かう理由と兵粮米の輸送とは何なのか、という点を先に説明する必要があろう。

家忠が江戸へ行く主な理由の一つに、江戸城普請がある。家忠は、度々江戸城の普請役を課され、ときには人足（『日記』では「人数」と記される）を伴い、江戸へ向かい、普請が終わると上代へ帰る、ということを繰り返した。兵粮米輸送も、江戸城普請にかかわるものと考えられており、「江戸での諸経費や飯米のために」江戸へ送られたとの指摘がある。[12]

図１　家忠および兵糧移動ルート関係図
本図は、『中世の船橋～掘る・読む・たずねる～』（船橋市郷土博物館、2002年）5頁に掲載されている「江戸湾をめぐる図」に加筆・修正を行ない、作成したものである。

あわせて、このときの江戸は江戸城普請・城下町建設等、町人・人夫が集中していた。また、家康家臣の定住化が進んでいた。このような急激な人口増加による大量の米需要があり、家忠所領の年貢米が江戸で売却され、金に換えられていた、との指摘もある(13)。

本稿では、家忠の上代―江戸間移動ルートと兵粮米輸送ルートという大きく二点の問題を検討したいと考えているが、次に『日記』における水陸交通に関わる研究史を整理する。

表１　家忠日記　水陸交通関連記事一覧

No.	年	月	日	記事	備考
1	文禄元年	2	19	忍之城わたし候て、新郷より舟にて出候、	
2	文禄元年	2	20	矢はき迄越候	
3	文禄元年	2	21	かないと迄越候	
4	文禄元年	2	22	かミなり、へうふり候、上代迄つき候、小海川にて吉田佐太郎ふる舞にて馬ヲくれ候、佐太ニ刀ヲ出候、	
5	文禄元年	2	24	小見川にて鱸小吉舟方ヲきり候	
6	文禄元年	3	11	小見川より吉田佐太郎為見舞越候	
7	文禄元年	3	20	江戸普請ニ佐倉迄越候、鶴岡宗左衛門尉所ニ留候	
8	文禄元年	3	21	雨降、江戸へ参着候、伝馬町佐久間所ニ居候	
9	文禄元年	5	3	普請出来候、（中略）、三浦右衛門八残し候て帰候、舟橋近所にて新二郎昨日二日ニはて候由申来候、舟橋ニ留候	
10	文禄元年	5	4	上代迄越候	
11	文禄元年	7	5	江戸普請ニうすゐ迄こし候、うすゐ城へ出候、うすゐ隠居にて振舞候	
12	文禄元年	7	6	江城普請ちとのひて帰候	
13	文禄元年	7	11	江戸普請ニ佐倉いつもの宿迄こし候	
14	文禄元年	7	12	舟橋より舟にて江戸へ着候、我々屋敷ニ居候	
15	文禄元年	8	5	上代より俵子六十表、舟にて越候	江戸滞在中。
16	文禄元年	8	9	雨降、佐倉迄帰候	8日に普請大方出来。
17	文禄元年	8	10	上代迄越候	
18	文禄元年	8	16	雨降、江戸へ汨井(臼井）迄こし候、上代ニ馬屋作らせ候	
19	文禄元年	8	17	雨降、江戸越候	
20	文禄元年	8	18	各国衆御出仕なく候間無用之由ニて上代帰候、佐倉迄こし候	
21	文禄元年	8	19	村雨、上代へ帰候、江戸兵粮舟小見川より昨日出し候由候	
22	文禄元年	8	21	江戸奉行大窪十兵衛小見川へこし候て、音信ニ酒井平右衛門こし候	
23	文禄元年	8	22	十兵へ助崎へ被帰候て、平右衛門助崎迄越候、	
24	文禄元年	9	2	雨降、江戸へ兵粮舟小見川よりこし候	
25	文禄元年	9	3	巳午之間、大なへゆる、又三度ゆる、舟作候	
26	文禄元年	9	24	小見川佐太郎所へ越候	

27	文禄元年	10	4	江戸へさくらいつものやと迄こし候	
28	文禄元年	10	5	江戸へ越候、舟橋より舟ニのり候	
29	文禄元年	10	9	さくら迄帰候	
30	文禄元年	10	10	夜雨降、上代へ帰候	
31	文禄元年	11	7	跡大炊助被帰候、かしまへ被越候	10月晦日、跡部大炊助、江戸より被越候
32	文禄元年	11	18	小見川吉田佐太郎越候而会下ニ法門候	
33	文禄元年	12	2	太閤様御舟板とゝけ候へ之由申来候、日限ハ大窪十兵衛所より可申来之由候	
34	文禄元年	12	6	江戸大窪十兵衛所より来九日ニかつさ小田喜にて御舟木出候間、早々普請ニ越候へ之由申来候、	
35	文禄元年	12	7	木請取ニ先へ人を越候	
36	文禄元年	12	9	かつさ舟板普請ニ人数越候、中間七人かけ落候	
37	文禄元年	12	12	小田喜舟板普請延候て、人数帰候	
38	文禄元年	12	28	晩村雨、江戸越年ニかつさ知行埴谷迄こし候	
39	文禄元年	12	29	舟橋迄こし候	
40	文禄元年	12	30	江戸へ越候、御歳暮ニ城へ出候	
41	文禄2年	1	3	江戸知音衆礼ニあるき候、中納言様御たか野御出、かさいにてあい候	江戸滞在中。
42	文禄2年	1	4	同礼ニひる迄あるき候て舟橋迄帰候	
43	文禄2年	1	5	うちへ帰候	
44	文禄2年	1	25	風雨ニて、江戸へ普請出候事延候、晩あられ、雨ニましる	
45	文禄2年	1	26	江戸普請ニ佐倉迄出候、(中略)、さくら前の宿鶴岡ハ上方よりめんほくにて、賀藤申者所ニ留候	
46	文禄2年	1	27	江戸へ越候	
47	文禄2年	2	11	晩雨降、かつさより出候兵粮舟、去七日之風ニはなされ候て、兵粮七十表うちこミ候	江戸滞在中。2月7日、雨、へう（雹）ふる。
48	文禄2年	2	17	夜雨降、かつさより兵粮ふね越候	江戸滞在中。
49	文禄2年	2	19	昨日之かつさ兵粮金子三両ニうり候	江戸滞在中。
50	文禄2年	2	25	上代より板かねこし候	2月19日、くろかね板奉行衆へ上候。江戸滞在中。
51	文禄2年	3	3	普請漸出来候てかへり候、佐倉□（也ヵ）、雨降	
52	文禄2年	3	4	かうつへ越候、雨降	かうつ＝上代ヵ。
53	文禄2年	3	14	江戸へ兵粮出し候、手舟	

54	文禄２年	3	16	江戸へ兵粮ふね小見川より出し候	行間補書。
55	文禄２年	3	18	江戸普請衆かはり候てこし候、又江戸へ兵粮舟出し候	
56	文禄２年	3	23	鹿嶋へ参詣、小見川より舟にて	
57	文禄２年	3	24	小堀迄下向候、三浦右衛門八ふる舞候、逗留候	
58	文禄２年	3	25	夜雨、神なり、上代へかへり候	
59	文禄２年	3	28	豊前より江戸へ舟兵粮之勘定ニ才一郎越候	
60	文禄２年	4	8	江戸より才一郎、清七郎兵粮うり候て越候、金子三両二分	
61	文禄２年	5	1	江戸より舟にて越候小吉帰候	
62	文禄２年	5	14	客人衆鹿嶋へ参詣候	舟ヵ。
63	文禄２年	5	15	客人衆鹿嶋より被帰候	
64	文禄２年	6	13	小見川吉田佐太郎、朝食にてこし候	
65	文禄２年	6	23	江戸普請ニ佐倉迄出候	
66	文禄２年	6	24	江戸へ参着候、城へ出仕候	江戸滞在中。
67	文禄２年	7	27	普請出来候て佐倉迄かへり候	
68	文禄２年	7	28	雨降、上代迄帰候	
69	文禄２年	7	30	雨降、こゝもとの兵粮江戸へ舟にてこし候とて、かつさへいたし候	
70	文禄２年	8	13	雨降、こゝもとの兵粮かつさへ出、舟にて江戸へ	
71	文禄２年	9	2	晩より雨降、中納言様御上洛御暇請ニ作倉迄こし候	
72	文禄２年	9	3	大雨降、江戸へ参着候	
73	文禄２年	9	10	夜に入雨降、伏見御普請之儀ニ、三浦右衛門八かしつへ越候、はそん普請も出来候て主米帰候、本佐、板四郎右より大納言様御帰城日下としたる日限無之候間、先々帰候へ之由申来候て、市川迄帰候	かしつ＝上代ヵ。江戸滞在中。
74	文禄２年	9	11	雨降、かしつ迄帰候	かしつ＝上代ヵ。
75	文禄２年	9	18	おさる伊豆内より江戸羽柴瀬迄越候、水出候て逗留之由申来候	8月21日、お猿豆州あたミへ湯治候。
76	文禄２年	9	19	おさる帰候	
77	文禄２年	9	24	大納言御迎えニ作倉迄こし候	
78	文禄２年	9	25	水出てまハり道にて舟橋より舟にて江戸へ越候、大納言様御帰城日限不定候	
79	文禄２年	閏9	4	かつさより兵粮舟こし候	江戸滞在中。
80	文禄２年	閏9	8	舟橋迄かへり候	

81	文禄２年	閏9	9	上代迄帰候、かハらけの馬少煩にて作倉宿ニをき候	10日、昨日之馬能候てこし候。
82	文禄２年	閏9	30	作倉迄こし候	29日、江戸板倉四郎右衛門所より、大納言様今月末か来二三日時分にハ御下向候間、早々迎ニ越候へ之由申来候。
83	文禄２年	10	1	ひるより雨降、江戸へ参着候	
84	文禄２年	10	5	かしつ舟こし候	かしつ＝上代ヵ。江戸滞在中。
85	文禄２年	10	8	かつさ舟こし候	江戸滞在中。
86	文禄２年	11	1	作倉迄帰候	
87	文禄２年	11	2	かしつ迄帰候	かしつ＝上代ヵ。
88	文禄２年	12	26	江戸へ越年ニ、かつさ埴谷迄越候	
89	文禄２年	12	27	雨降、雪、舟橋迄越候	
90	文禄２年	12	28	江戸迄越候	
91	文禄３年	2	2	江戸へ佐倉迄出候	
92	文禄３年	2	3	朝雨降、江戸迄着候	

（2）水陸交通に関わる研究史

上代を本拠にしていた時期における水陸交通の問題を正面から検討しているのは、盛本昌広氏である[14]。このほか、本問題に言及しているものとして、小笠原長和氏[15]・川名登氏[16]・峰岸純夫氏[17]・滝川恒昭氏[18]らの研究がある。本項では、家忠自身の上代―江戸間移動ルートと兵粮舟のルートについて成果と相違点を述べることで、研究史の整理にかえたい。

なお、研究史の整理、また内容の検討にあたって、『日記』のなかにおける水陸交通記事（上代を本拠にしていた時期に限る）を抜粋した表1（本書三八二頁から三八五頁に掲載）を作成した。以下、表1から引用する場合、表1No.～とする。

まずは、問題の一点目、家忠の上代―江戸間の移動ルートの研究の成果と課題を整理しよう。盛本昌広氏は、上代―佐倉（一泊）（時には臼井経由）―船橋―（舟にて）―江戸が基本であったと指摘する[19]。一方、滝川恒昭氏は、船橋は状況に応じ水陸どちらの交通手段をも選べる場所＝湊であったと位置づける[20]。すなわち、船橋から舟で江戸へ向かうのが基本か水陸併用であったかという点が相違している。また、家忠は上代―江戸の行程のなかで、上総国埴谷（家忠知行地）に立ち寄ることがあるのだが（表1№38～40、88～90）、これは、上総の知行地の様子を確認するためであるという見解が出されている[21]。

つづいて、問題の二点目、兵粮米輸送ルートの研究の成果と相違点を整理する。兵粮米は舟で江戸へ運ばれたのだが、そのルートは、上代を起点に、小見川から出すルート（さらに二つに分かれる）と房総沖太平洋海運を利用したルートがあったことが指摘されている。小見川から兵粮舟を出した場合、関宿を経由し江戸へ運ばれたという見解があり[22]、それに対し小見川―印旛沼（印旛浦）―佐倉か船戸で陸揚げ―佐倉道で船橋へ―船橋から舟で江戸というルートであったとの批判が出されている[23]。これは、常陸川水系と利根川・渡良瀬川水系が関宿でつながっていたか、という問題を考えるなかで、『日記』の記事をどう解釈するかで生じた見解の相違と理解できる。

この小見川から舟を出すルートの他、上代―椿海―房総沖太平洋海運―江戸ルートがあったと指摘するのは、盛本昌広氏である。氏は、小見川のルートが文禄二年後半に変化したとする。その根拠は、表1№69・70である。上代の兵粮を上総に出し、江戸へ運ばせたとの記事から、「上代から椿海を利用して九十九里浜に出て、そこから房総半島を一周して、江戸に向かったものと考えられ」、小見川経由のルートを変更した「理由は明らかではないが、房総半島ルートの方が運賃や時間の面で有利であったとも考えられる」とする[24]。なお、房総半島ルートは称名寺領上代郷の年貢輸送ルートの一つであったとも指摘している[25]。

（3）本稿の課題

ここまで、研究史の整理を行なってきた。課題としては、全体を通して、まとまった研究が盛本氏のもののみという点であろう。盛本説が妥当かどうかも含め、改めて検討する必要がある。

家忠の上代―江戸間移動ルートについては、船橋の位置づけをめぐり見解が相違しており、この点、再検討が必要である。また、ルートは明らかにされつつあるが、移動手段（馬や舟など）が指摘されていないので、この点を検討したい。兵粮舟に関しては、関宿経由かどうかが大きな問題であるが、『日記』が簡略な記載なこともあり、多々論点も存在するので、本稿ではこの問題は保留したい。本稿では、関連記事を再検討し、とくに上代―椿海―房総沖太平洋海運―江戸ルートについて問題点を提示することで、今後の研究の基盤としたい。

以上のように、本稿では、家忠の上代―江戸間の移動ルートと兵粮舟の輸送ルートという大きく二点を再検討し、当該期の下総国の水陸交通を考えてみたい。

二、上代―江戸間の移動ルート

（1）関連記事の提示

さて、大きな問題の一点目、家忠の上代―江戸間の移動ルートの検討に移ろう。

まずは、関連記事の提示を行ないたい。検討にあたり、上代から江戸への行きとその帰りをセットにし、提示した。（　）内は表1の番号、〔　〕内は宿・移動方法・備考を記した。

①上代―佐倉〔鶴岡宗左衛門尉宿にて一泊〕―江戸（No.7・8）／江戸―船橋〔一泊〕―上代（No.9・10）
②上代―臼井〔臼井城にて振舞・一泊〕―〔普請延期・帰る〕―上代（No.11・12）
③上代―佐倉〔いつも＝鶴岡の宿にて一泊〕―船橋―〔舟にて〕―江戸（No.13・14）／江戸―佐倉〔一泊〕―上代（No.16・17）
④上代―沼井（臼井ヵ）〔一泊〕―江戸（No.18・19）／江戸―佐倉〔一泊〕―上代（No.20・21）
⑤上代―佐倉〔いつも＝鶴岡の宿にて一泊〕―船橋―〔舟にて〕―江戸（No.27・28）／江戸―佐倉〔一泊〕―上代（No.29・30）
⑥上代―埴谷〔江戸越年にて・一泊〕―船橋〔一泊〕―江戸（No.38・39・40）／江戸―船橋〔一泊〕―うち（上代）（No.42・43）
⑦上代〔前日の出発は風雨のため延期・No.44〕―佐倉〔賀藤と申者の宿にて一泊〕―江戸（No.45・46）／江戸―佐倉〔一泊〕―かうつ（上代）（No.51・52）
⑧上代―佐倉〔一泊〕―江戸（No.65・66）／江戸―佐倉〔一泊〕―上代（No.67・68）
⑨上代―佐倉〔一泊〕―江戸（No.71・72）／江戸―市川〔一泊〕―かしつ（上代）（No.73・74）
⑩上代―佐倉〔一泊〕―船橋―〔水出て回り道・舟にて〕―江戸（No.77・78）／江戸―船橋〔一泊〕―佐倉宿〔馬を置く〕―上代（No.80・81）
⑪上代―佐倉〔一泊〕―江戸（No.82・83）／江戸―佐倉〔一泊〕―かしつ（上代）（No.86・87）
⑫上代―埴谷〔江戸越年にて・一泊〕―船橋〔一泊〕―江戸（No.88・89・90）

⑬上代―佐倉〔一泊〕―江戸（No.91・92）

以上、①〜⑬が関連記事から確認できるルートである（以下、①などの数字はそのルートを指す）。つづいて、ルートから判明する点を整理したい。

経由地として、上代―江戸間で、佐倉・臼井・船橋・埴谷・市川の計五箇所が確認される。佐倉が最も多く見受けられ、家忠の宿泊所として機能していた。経由地の一つ、船橋から舟で江戸へ向かっていることも分かる。この点、「舟にて」文言がなく、船橋の地名がある場合も舟で江戸へ向かうことがあったと推測することができよう。また、埴谷を経由（⑥・⑫）するのは、江戸で年越しする場合のみであったことも確認できる。移動手段としては、船橋から舟を利用しているほかでは、陸上か水上をとっているかは明確にはみえない。日数の面では、埴谷を経由する場合を除き、上代―江戸間は常に二日行程であり、埴谷経由の場合は、三日行程である。

（2）問題点の検討と私見

関連記事の提示とそこから判明する点を確認したので、内容の具体的検討に移りたい。まずは、上代―佐倉―船橋―〔舟にて〕―江戸のルートは基本であったか、という点である。検討にあたり、当該期の陸上交通を確認しよう。当該期の下総国の陸上交通については、「谷本文書」によって知ることができる(26)。

【史料1】伊奈忠次等連署手形(27)

下総森山より柑子江戸へ届申御用ニ候、人足壱人入候時も可有之候、又弐人入候時も可有之候、多クあかり候時者、御伝馬壱疋無相違可被出者也、

（文禄四年）
未六月四日

伊熊　〇（黒印）
大十兵〇（黒印）
長七左〇（黒印）
彦小刑□（黒印）
嶋次兵□（黒印）

森山おかいゝ田
府馬
鏑木
大寺
たこ
さくら
うす井
大わた
ふなはし
やわた
市川
かさい

あさくさ

史料1は、江戸への柑子献上での宿次を示したものである。史料1は文禄四年に比定され、『日記』と同時期の史料として扱える。

では、『日記』と比較してみよう。『日記』では、佐倉が宿泊所としてみえるので、上代—佐倉というルートは確実であり、また。上代—臼井も記事からみてとれる。佐倉からは船橋を経由したことが分かり、船橋から舟で江戸へ向かっていることも記事から判明する。

問題は、船橋から舟以外のルートがあったかという点である。その点、『日記』のなかで、江戸から陸上交通で上代へ帰った確実な事例が存在する（⑨の市川経由）。『日記』は簡略な記載のため、どのルートを使ったか分からないが、舟の場合は「舟にて」と記す。「舟にて」および船橋の地名の記載無く、江戸から佐倉へ向かっているケースもある（④・⑦・⑧・⑪等）。

すなわち、すべての経由地は記事から読み取れないが、陸路としては、岡飯田（香取市岡飯田）—府馬（香取市府馬）—鏑木（旭市鏑木）—大寺（匝瑳市大寺）—多古（香取郡多古町多古）—佐倉（印旛郡酒々井町本佐倉）—臼井（佐倉市臼井）—大和田（八千代市大和田）—船橋（船橋市）—八幡（市川市本八幡）—市川（市川市）—葛西（東京都）—浅草（東京都台東区）—江戸のルートで移動したと推測できる。遠山成一氏は、上記の街道が「森山城の手前上代から中島城のある銚子方面へも延びる道であったことは疑いない」と指摘する[28]。

なお、川名登氏は、『日記』文禄二年十一月十八日条「多湖の橋かかり合力ニ人足つかハし候」から「多古の橋の掛替に援助の人足を派遣していることは、多古の橋をよく利用していたことの証拠」と指摘する[29]。この指摘に従えば、多古を経由地と数えられ、また道の維持という側面からも注目できる。他に関連記事がないため、俄かに判断し難いが、たとえば、『日記』文禄元年十二月四日条に「多湖保科弾正見舞ニ被越候」とあり、上代の家忠にもとに多古の保科正直が訪れているので、上代―多古間の通行は確実と位置づけられよう。

（３）移動手段と佐倉の役割

ルートを推定したところで、移動手段を検討したい。移動手段というのは、船橋から舟を使用しているといったものである。峰岸純夫氏が兵粮米の輸送ルートで、小見川―印旛沼（印旛浦）―佐倉か船戸で陸揚げと推測しているが、上代から小見川―〔舟にて〕―印旛浦という舟を使用したことがあったかどうかという点が問題である。

この点、表１№81に注目したい（⑩の帰路）。家忠は江戸から佐倉を経て上代へ帰る際、河原毛の馬が病気になったため[30]、佐倉に預け置いている。本来ならば、佐倉に預け置かなくてよい。この記事から、佐倉―上代間で馬を用いていたと推測でき、更に船橋（表１№80）―佐倉間でも馬を用いていた傍証になる。あわせて、病気になった馬が家忠のもとに帰ってきているので（表１№81備考）、家忠の馬であるといえる。

このような点を踏まえれば、従来の研究で明確には示されていなかった移動手段について、上代―佐倉―船橋間では馬を用いていた＝陸路であったと指摘できよう。

それとともに注目したいのは、佐倉の役割である。『日記』からは、宿泊所（鶴岡氏・賀藤氏の宿）＋馬を預けられる場所＝中継地点佐倉の姿がみてとれる[31]。相京晴次氏は、北条氏政が千葉邦胤に命じ、上総・下総の原野に馬牧を作らせたと指摘している[32]。また、馬牧の経営は、邦胤家臣の青柳四郎右衛門・明谷四郎左衛門・宮沢兵部に任せたとも指摘する。写であるが、「青柳幸男家文書」は、千葉胤富・邦胤の青柳宛官途状、同じく青柳宛の邦胤知行充行状、北条氏政ヵ定書（着到書）を載せる。(33)

『日記』で佐倉宿に馬を預けている記事は、牧士と関係する記事として、注目すべきであると指摘したい。今後はこのような視点から、改めて関連記事を検討する必要がある。

（4）小括

これら『日記』の記載をみると、上代―佐倉―船橋―〔舟にて〕―江戸ルートは多用されたルートといえるが、滝川氏がいう陸路と海路のどちらも選べる湊＝船橋という位置づけに賛同でき、陸上・水上併用だったと指摘できる。(34)では、なぜ陸上・海上を併用していたのか。注目したいのは⑩である。滝川氏の位置づけに加える点は以下の通りである。すなわち、⑩で家忠は船橋から舟で江戸へ行くことを「回り道」と表現している。この記載は一箇所にしかみられないものの、陸上で江戸へ行けない場合は、船橋から舟でというルートで江戸へ向かうという判断が下されたと推測できる。おそらく、市川の渡しが河川増水のため渡れない状況であったのではないか。戦国期、市川には舟橋が架けられていた。(35)

また、齋藤慎一氏は、増水で渡船が困難となり、舟橋は外されたと指摘する。(36)河川状況によって、江戸へ向かうルートは陸上か水上か選択されたというほうが実態に近いといえよう。

河川が増水している状況で舟を使うというのは矛盾しているように思われるが、『日記』の記載を素直に解釈すれば、既述のようになろう。ただ、舟を使うことも多く、条件され調えば舟も利用されたと考えられ、そのときどきの風向きといった気候条件により、水上か陸上かは柔軟に選択されていたと位置づけられよう。つまり、上代―江戸間は水陸交通併用であり、陸路が利用できない際の回避手段の一つ＝船橋から舟にて江戸へルートであったといえる。

三、兵粮舟をめぐる諸問題

（１）関連記事の提示と検討

本節では、兵粮舟をめぐる諸問題を検討する。まず、関連記事の提示とそこから読み取れることを整理する。兵粮舟の関連記事は、表１№15・21・24・25・47・48・49・53・54・59・60・69・70・79・84・85である。これら関連記事から判明する点を箇条書きで示すと、次のようになる。

・上代から六〇俵の米が舟で江戸へ届いた（№15）。
・小見川から兵粮舟を出している（№21・24・54）。
・舟を自らつくっている。「手舟」（№25・53）。
・上総から出し、江戸へ兵粮舟が来ている（№47・48・79）。
・兵粮米を損失することもあった（№47）。
・上総へ出して舟で江戸へ（№69・70）。
・「かつさ兵粮」「かつさ舟」のように、地名＋兵粮もしくは地名＋舟という表記（№49・84・85）。
・兵粮米を売り、その勘定を行なう人物がいた（№59・60）。

以上の点のうち、本稿の課題とした上代―椿海―房総沖太平洋海運―江戸ルートのかかわる記事、とくに箇条書きの四つ目から六つ目に示した「上総へ出す」「上総から出す」といった問題を次に検討したい。

（2）「上総へ出す」「上総から出す」をめぐって

「上総へ出す」「上総から出す」といった問題に関係する記事は、表1№47～49および69・70である。表1№47～49は、家忠が江戸滞在中の記事である。

№47では、上総から出航した兵粮舟が風で離され、兵粮七〇俵を損失したことが読み取れる。№48では、江戸にいる家忠のもとへ上総から出した兵粮舟が着いたことが分かる。その兵粮は、№49にあるように、「かつさ兵粮」と呼ばれていた。№69・70については、研究史の整理の箇所で触れたが、上代から上総へ出し舟で江戸へ、という記事であり、盛本氏は上代―椿海―房総太平洋海運―江戸と解釈している。

まずは、№47について検討しよう。№47について、盛本氏は、「舟が陸から離され、沈没の危機にあったため、積荷の兵粮七〇俵を海に投げ込んだ」と解釈している[37]。盛本氏は№47も房総沖太平洋海運を用いたと捉えており、このルートは、海難事故により年貢が無事江戸へ届かないこともあり、関宿ルートに比べ、危険率が高いと位置づける。

加えて、『日記』の記載のあり方から次の二点を指摘する[38]。一点目は、七日の出来事が十一日に家忠に伝わっているので、この情報伝達は陸路によるものというものである。二点目は、七日（もしくはそれ以前）に出航した舟が十七日に江戸へ着いており、十日程度かかっている点から、房総半島を一周して江戸へ向かうか、途中で風待ちなどをするので、時間がかかると位置づけているものである。

№47などをこのように位置づけるとすると、盛本氏自身が「房総半島ルートの方が運賃や時間の面で有利であったとも考えられる」とする点や、№69・70で小見川ルートから房総沖太平洋海運ルートにかわったとするその時期の問題等、齟齬をきたす。これは、盛本氏の研究の進展による捉え直しとも理解できるかもしれないが、再検討を要するといえる。

大きな問題として、房総沖太平洋海運の危険性がある。つまり、メリットとデメリットは、それぞれどうであったかということである。そもそも、戦国期の房総沖太平洋海運自体、これまで種々議論が交わされている問題なのである。この点を改めて検証してみよう。

（３）戦国期の房総沖太平洋海運

本項では、戦国期房総沖太平洋海運について検討するが、まずは先学で示された房総沖太平洋海運の証左を確認する。房総沖太平洋海運をめぐっては、否定的な説が多いなか、戦国期にそれが存在したという肯定的な見解も出されている。ここでは、肯定的な説を文献史学側から提示している、滝川恒昭氏の研究成果を整理したい。

滝川氏によれば、房総沖太平洋海運を使用したことを明確に示す史料には恵まれないが、以下のような状況証拠があるとのことである。

一点目として、中世以前に遡ると考えられる湊集落の存在がある(39)。とくに、白浜・磯村・勝浦・一宮などは、港湾都市とも評価されている。また、航海上の目標となるべき位置に存在する「海城」（白浜城跡・勝浦城跡など）も注目される(40)。二点目として、房総沖太平洋海運を意識したと評価される下総簗田氏の安房の知行地の存在があげられる(41)。

三点目として、先の二点より更に注目したい史料がある[42]。それは、伊豆半島から房総半島の外洋を経由して、勝浦までの航路があったと考えられる史料である。本史料では、北条氏が勝浦城の正木氏のもとへ兵粮を送っているのだが、「伊豆浦之船無相違着岸之由」とあり、勝浦―伊豆間の海運が開けていたことを示唆させる。つまり、房総沖太平洋海運で航海の難所とされる野島崎沖を乗り越えていることが注目されるのである。

（4）私見

ここまで、検討してきたことを踏まえると、筆者は戦国期房総沖太平洋海運を否定することは出来ないと考えており、むしろ利用していたと評価する。ただし、「常用」というわけではなく、滝川氏が明らかにした季節性（冬場の航海困難）の問題を考慮すると[43]、条件さえ調えば、上代―椿海―房総沖太平洋海運―江戸というルートも利用したと位置づけられる。

そう考えた場合、上代―椿海―房総沖太平洋海運ルートのメリットであるが、時間ではないとすると、運賃や輸送量の面で、小見川ルートより有利であったのだろうか。この点、さらなる追究が必要となろう[44]。

兵粮舟に関して、以上のように位置づければ、盛本説は、ルート面では肯定できるものである。しかし、文禄二年後半になって変化したという点はより説明が必要だろう。文禄二年後半変化というのは、№.69・70もあくまで『日記』においてその時期に所見されるということであり、近年の研究を考慮すれば、ある年から変化ではなく、季節性や当日の気候（波風など）状況によって、使い分けられていたと位置づけるのが妥当といえよう。

表２　上総知行地一覧

知行地	比定地	備考
こしあて	茂原市腰当	
吉田	八街市東吉田	下総
鳥はミ	横芝光町鳥喰上・鳥喰下・鳥喰新田	
戸田	山武市戸田	
宮田	東金市宮ヵもしくは千葉市若葉区宮田ヵ	
吉倉	八街市吉倉	下総
平川	千葉市緑区平川	下総
上谷	東金市上谷	
かきもち	大網白里市柿餅・柿餅上貝塚入会地	
さけほうし	大網白里市下ヶ傍示	
仏嶋	大網白里市仏島	
はんや	山武市埴谷	
北塚	茂原市北塚	
丹尾	東金市丹尾	
せいなこうや	大網白里市清名幸谷	

『日記』文禄元年３月６日〜10日条、辰（天正20年）３月３日付松平又八宛彦坂小刑部・伊奈熊蔵・大久保十兵衛発給の知行書立（本光寺文書・『江戸幕府代官頭文書集成』209号）及び盛本ａ・註（11）平野論文を参考に作成。

本稿では、『日記』を中心に検討したため、解決は課題とせざるを得ないが、『日記』における兵粮舟の問題は、今後、房総沖太平洋海運のメリット・デメリットの面を追究しながら、その位置づけをはかることが求められる。(45)

四、上総知行地からみた兵粮舟輸送の一試論

(1) 上総知行地とその位置

第三節で兵粮舟に関する問題である「上総へ出す」「上総から出す」を検討してきたが、果たして房総沖太平洋海運以外のルートは考えられないのであろうか。ここでは、それ以外のルートの可能性を提示することで、問題提起としたい。

注目したいのは、家忠の上総知行地とその位置である。上総知行地の特徴として、盛本氏は「郷の所在地は上総北部に集中していて、地域的なまとまりを持っている。また、すべての郷は内陸部に位置するが、東に広がる九十九里浜に容易に出ることができ」、「年貢は舟で江戸へ運ばれていた」と指摘する。(46)

筆者としては、すべての郷が隣接する訳ではないが、上総北部に所在する点では盛本氏に賛同でき、とくに現在の東金市・大網白里町（東金市の隣）に複数の知行地がある点が注目できると考える。

（2）「鵜沢文書」と物資輸送ルート

上総知行地の特徴をおさえた上で、注目したいのが鵜沢文書である(47)。

〔史料2〕酒井政辰書状(48)

　尚々、委者明日、三六二申へく候、

今度参候兵粮共、ミなミなはい(榛)原三斗六升入にて、こし(越)候へく候、□(なカ)ハ(縄)とたハら(俵)をかい［　］一かへ二くるミ(包)こし候へく候、さいふくし(西福寺)よりいて(出)候米、其外方々にあるへく候、よくよくとりそろへ(取揃)候て、二はん(番)ニ立被申候かたかた、一キあい(騎合)きけん(機弦カ)のてん(伝)馬、刑部ニかきたて(書立)させ、ふれ(触)候て、早々はま(浜)へ出し候へく候、とけ(土気)へハまこ(孫)七・右馬助つのり候所より一往ことハらせ(断)候へく候、うすい(臼井)へも申上候へく候、［　］以上ハ不申候て、十二日より十七日の間ニ二百俵共可申候、かしく、

「(ウハ書)遠山三(河)川殿
□(一カ)衛門殿　　自品川
□左衛門殿　」

本文書は、小田原合戦の時期のものであり、小田原城に在陣する東金酒井政辰が所領東金から小田原へ兵粮を送る

よう命令している。輸送にあたり、「浜」＝浜野湊に出すよう指示していることがみてとれる。この点、福田久氏は東金・土気―野田―小弓―浜野・曽我野という陸路を想定している[49]。すなわち、戦国末期、東金酒井氏の所領の兵粮が浜野湊に出されていた事実が確認できるのである。浜野湊から江戸湾へ出て小田原へ、と考えられ、浜野湊―江戸というルートも想定できよう[50]。

ただ、この時期は里見氏（豊臣方）が安房の制海権を握っていたことも踏まえなければならない。つまり、酒井氏（北条方）が房総沖太平洋海運を利用できず浜野湊から兵粮を送っていたという状況であり、慎重な位置づけが必要だが、最低でも東金・土気―野田―小弓―浜野・曽我野―江戸というルートが一方法であったとはいえよう。

（3）小括

『日記』の記事は簡略であり、「上総へ出す」「上総から出す」をどう位置づけるか判断材料が少なく、確定は難しい。ただ、知行地の特徴とそこからいかに兵粮を送るかといった点を考慮すれば、土気―野田―小弓―浜野・曽我野―江戸というルートも想定できる。今後、『日記』から推測されるルートとその性格を追及していくことが課題となろう。

むすびにかえて

本稿では、『家忠日記』を素材に、家忠自身の上代―江戸間移動ルートと兵粮舟の輸送ルートという大きく二点の問題を検討し、当該期の下総国の水陸交通について位置づけをはかった。それぞれの具体的な結論は繰り返さないが、どちらも気候条件によりルートの選択がなされたと位置づけた。これは、滝川恒昭氏の研究を受けたものであるが[51]、たとえば滝川氏が冬季から春先にかけて基本的に海上交通はオフシーズンだったと位置づけている点など、『日記』では冬に近い時期でも船橋から船を用いていたり、年末でも船橋経由であったり（船を用いたと推測）、必ずしも法則に入らない事例もある。この点、当日の気候など諸条件によって変化し、むしろこういった柔軟な選択・対応がなされていたのが中・近世移行期の水陸交通の実態と言っても良いのではないだろうか。

なお、房総沖太平洋海運は、現段階でもより具体的考証が求められていることが明らかになった。本稿では、房総沖太平洋海運を肯定的に捉えたうえでの位置づけを行なった。また、房総沖太平洋海運以外でのルートとして上総知行地の特徴から東金・土気—野田—小弓—浜野・曽我野—江戸ルートを想定した。結果的に解答を導き出せず、問題提起にとどまったが、『日記』の検討を通じ、現段階においても、多くの課題があることが判明した。今後の課題としたい。

註

（1）網野善彦「中世前期の水上交通—常陸・北下総を中心に—」（同『日本社会再考—海民と列島文化—』、小学館、一九九四年、初出一九七九年）。

（2）綿貫友子「『武蔵国品河湊船帳』をめぐって—中世東国における隔地間取引の一側面—」（『史艸』三〇号、一九八九年）。同論は加筆・修正の上、綿貫友子『中世東国の太平洋海運』（東京大学出版会、一九九八年）に収録された。

（3）研究は膨大にのぼるため、一九七〇年代末から一九九五年までの成果については、さしあたり、峰岸純夫「中世東国水運史研究の現状と問題点」（峰岸純夫・村井章介編『中世東国の物流と都市』、山川出版社、一九九五年）と同書巻末の文献目録を参照。

（４）滝川恒昭「書評　佐藤博信著『江戸湾をめぐる中世』―研究史整理の視点から―」（『千葉史学』三九号、二〇〇一年）。

（５）その後、滝川氏はこれらの課題に取り組んでいる。滝川恒昭ａ「戦国期の船橋」（『中世の船橋～掘る・読む・たずねる～』、船橋市郷土博物館、二〇〇二年）・同ｂ「戦国期江戸湾における小林氏の動向」（『六浦文化研究』一一号、二〇〇二年）・同ｃ「中世東国海上交通の限界・制約とその対策」（浅野晴樹・齋藤慎一編『中世東国の世界２南関東』、高志書院、二〇〇四年）。

（６）齋藤慎一「河川水量と渡河」（同『中世東国の道と城館』、東京大学出版、二〇一〇年、初出一九九九年）。

（７）『日記』は、竹内理三編『増補続史料大成第十九巻家忠日記』（臨川書店、一九八一年）を用いた。なお、原本は七冊からなり、現在、駒澤大学図書館所蔵である。

（８）『日記』については、『日記』をつけた松平家忠も含め、盛本昌広『松平家忠日記』（角川書店、一九九九年、以下、便宜上盛本ａとする）に詳しく、本稿も多くを同文献に拠っている。

（９）近時、『日記』のはじまりが永禄十一年であるとの説が出されている（大嶌聖子「「家忠日記」の冒頭記事」『ぶい＆ぶい』二二号、二〇一一年）が、本論では直接対象にする問題ではないので、通説に従った。

（10）『日記』の末尾については、文禄三年二月下旬であるとの説が出されている（大嶌聖子「「家忠日記」の末尾記事」『ぶい＆ぶい』一六号、二〇一〇年）。この点も注（９）と同様な理由で通説に従っておく。

（11）当該期の家忠の動向については、盛本ａ、平野明夫「伏見城籠城への道程―下総小見川城主松平家忠―」（久保田昌希編『松平家忠日記と戦国社会』、岩田書院、二〇一一年）・小高春雄「松平家忠と上代」（『千葉城郭研究』第一〇号、二〇一一年）等参照。

（12）川名登『河岸に生きる人びと―利根川水運の社会史―』（平凡社、一九八二年）五一頁。なお、川名氏は同『近世日本の川船研究　上―近世河川水運史―』（日本経済評論社、二〇〇三年）二一七～二一八頁で『日記』における舟の形態にも言及している。

（13）盛本ａ一九四～一九五頁。

（14）盛本ａおよび同「室町期房総における経済と流通」（同『中世南関東の港湾都市と流通』、岩田書院、二〇一〇年、初出二〇〇七年、以下、便宜上、盛本ｂとする）。

(15)　小笠原長和「東国史の舞台としての利根川・常陸川水脈」（同『中世房総の政治と文化』、吉川弘文館、一九八五年、初出一九七〇年）。
(16)　前掲註(12)川名著書。
(17)　前掲註(3)峰岸論文。
(18)　前掲註(5)滝川a。
(19)　盛本a一九一頁。
(20)　前掲註(5)滝川a。
(21)　盛本a二〇三〜二〇四頁。
(22)　前掲註(15)小笠原論文、盛本a一九四頁。
(23)　前掲註(3)峰岸論文。なお、遠山成一「内乱期下総国における寺領経営の一側面—称名寺領東庄上代郷と湛睿—」（『千葉県の文書館』三号、一九九八年）は、金沢称名寺領上代郷年貢の搬送経路を、上代—黒部川—小見川—香取内海—印旛浦—印東庄（臼井庄）—陸送—千葉庄光明院・千葉湊—江戸内海—六浦と位置付づけた上で、峰岸説を注目すべき見解として紹介している。
(24)　盛本a一九五〜一九六頁。
(25)　盛本b。
(26)　本文書を検討しているものに、小笠原長和「徳川家への献上柑子」（同『中世房総の政治と文化』、吉川弘文館、一九八五年、初出一九六〇年）、遠山成一「戦国後期下総における陸上交通について—「下総道」をめぐって—」（『千葉史学』二四号、一九九四年）等がある。
(27)　「谷本文書」。『千葉県史料中世篇諸家文書』（千葉県、一九六二年）「谷本文書」六号。
(28)　前掲註(26)遠山論文。
(29)　千葉県教育庁文化課編『千葉県歴史の道調査報告書三　銚子街道』（千葉県教育委員会、一九八七年）「二（一）成立と沿革」（川名登執筆分）。なお、盛本昌広氏は、多古の保科正直の居城の堀に橋をかける工事とする（盛本a一二一頁）。

(30)『日記』文禄元年十一月九日条に「かふらき町出候、か、かハらけの馬かい候」とあり、鏑木の市で購入した馬か。
(31)具体的検討は今後の課題としたいが、以下のような点を外山信司氏・高橋健一氏・木内達彦氏にご教示頂いた。近世、鶴岡氏は酒々井宿において有力な存在であり、そのうち一家は問屋、一家は金融（高利貸し）を営んでおり、いずれにしても、戦国期から近世酒々井宿まで豪商であった。また、馬を預けているのは、近世に酒々井宿は佐倉牧の管理の拠点となり、牧士がおり、牧で捕らえられた野馬が集められる所であったことを考えると、馬の治療などができる技術者（＝牧士）がいた。なお、鶴岡氏については、高橋健一「戦国時代佐倉の鹿島宿―伝承の検討を中心として―」（『房総の郷土史』二〇号、一九九二年）に言及がある。
(32)相京晴次「野馬牧場と牧士」（『酒々井町史』通史編上巻第五章第八節、酒々井町、一九八七年）。相京氏は、『千葉県印旛郡誌』後篇（千葉県印旛郡役所、一九一三年）をもとに検討している。
(33)『千葉県の歴史資料編中世5県外文書2・記録典籍』（千葉県、二〇〇五年）所収の「青柳幸男家文書」。
(34)戦国期の船橋は、市川とともに、江戸湾奥の物資集積地として機能していた。前掲註（5）滝川a。
(35)（永禄十年ヵ）七月十七日付千葉胤富判物。「千葉市立郷土博物館所蔵原文書」。黒田基樹・佐藤博信・滝川恒昭・盛本昌広編『戦国遺文房総編』第二巻（東京堂出版、二〇一一年）一二五〇号。
(36)前掲註（6）斎藤論文。
(37)盛本b。
(38)盛本b。
(39)滝川恒昭「戦国期の房総太平洋岸における湊・都市の研究―房総沖太平洋海運検討の前提として―」（『千葉史学』三一号、一九九七年）。
(40)海城については、滝川恒昭「戦国期江戸湾における「海城」の存在形態」（『千葉城郭研究』第三号、一九九四年）・柴田龍司「海城からみた流通と交通―南関東を中心に」（峰岸純夫・村井章介編『中世東国の物流と都市』、山川出版社、一九九五年）等参照。
(41)簗田氏の所領の位置とその評価については、佐藤博信「下総簗田氏の上総・安房進出の歴史的意義―関東足利氏との関係を中心に―」（同『江戸湾をめぐる中世』、思文閣出版、二〇〇〇年、初出一九九八年）参照。

(42)（永禄十年）六月二十七日付北条氏政書状写（正木武膳家譜・『戦房』一二四七号）。本史料については、滝川恒昭「勝浦正木氏の基礎的考察―「正木武膳家譜」所収文書の紹介と検討を通じて―」（『勝浦市史研究』創刊号、一九九五年）および前掲註（2）綿貫著書参照。
(43) 前掲註（5）滝川c。
(44) ただし、まずは戦国期の椿海をどう評価するかも問題なのである。この点、青山宏夫「干拓以前の潟湖とその機能―椿海と下総の水上交通試論―」（『国立歴史民俗博物館研究報告』第一一八集、二〇〇四年）等をもとに、さらに検討を加える必要があろう。
(45) なお、推測の域を出ないが、『日記』における上総国小田喜の舟板（材木）（表1№33～37）も、房総沖太平洋海運を利用し、運んだとも考えられる。この舟板は、「太閤様」＝秀吉の朝鮮侵略に伴う役賦課である（盛本a二〇一頁）。この記事については、材木の産地の視点から、川名登編『房総と江戸湾』（吉川弘文館、二〇〇三年）九四頁（原淳二氏執筆分）でも触れられている。
(46) 盛本a一八三頁。盛本氏は九十九里浜―房総沖太平洋海運―江戸ルートを想定していると読み取れる。
(47) 鵜沢文書については、重永卓爾「天正十八年相州小田原合戦に関する若干の文書―上総国鵜沢文書の紹介―」（『季刊南九州文化』第三四号、一九八七年）等を参照。
(48)「鵜沢文書」。『千葉県の歴史資料編中世3県内文書2』（千葉県、二〇〇一年）「鵜沢文書」七号。
(49) 福田久「上総酒井氏について―内海での活動と物資調達の一側面―」（『中世房総』一〇、一九九八年）。
(50) 近世に至っても、九十九里浜南部―土気往還・東金街道―千葉町―曽我野・寒川・登戸―江戸という物資輸送ルートが使用されていた。原直史「房総産魚肥の流通」（『千葉県の歴史』通史編近世2第七編第六章第二節、千葉県、二〇〇八年）等参照。
(51) 前掲註（5）滝川c。

【初出一覧】

解　題

石渡洋平「中世の下総国の研究状況と本書収録の論考について」（新稿）

第1部　武士と宗教・文化

Ⅰ　外山信司「「香取の海」を基盤とした中世の権力と文化」（『地方史研究』三四七、二〇一〇年）

Ⅱ　木村　修「船形・薬師寺の梵鐘と鋳物師善性について」（『成田史談』三九・四〇号、一九九四年）

Ⅲ　高橋健一「本土寺蔵「華籠」銘の人物をめぐって」（『枝折』第二編、一九九四年）

Ⅳ　浜名敏夫「中世房総の芸能と原氏一族─本土寺過去帳の猿楽者─」（『中世房総』五号、一九九一年）

Ⅴ　外山信司「『雲玉和歌集』と印旛の浦─本佐倉城主千葉勝胤との関連を中心に─」（『印旛沼─自然と文化』三号、一九九六年）

Ⅵ　角田吉信「香取市久保・久保神社「千葉親胤御影」について─作者・江戸時代初期の千葉定胤（千葉家当主）─」（『香取民衆史』一〇号、二〇〇七年）

Ⅶ　川戸　彰「戦国末期における一仏師の活躍─その墨書銘をめぐって─」（『千葉県の歴史』一三号、一九七七年）

Ⅷ　小高春雄「佐倉市海隣寺の千葉氏石塔群について」（『千葉城郭研究』五号、一九九八年）

Ⅸ　日暮冬樹「千葉妙見社から見る千葉氏と原氏～戦国期を中心に～」（『印西の歴史』八号、二〇一五年）

第2部　交通と流通

Ⅰ　阪田雄一「金沢氏と成田周辺の荘園─その存在意義の再検討─」（『成田市史研究』一九号、一九九五年）

Ⅱ　遠山成一「戦国後期下総における陸上交通について─「下総道」をめぐって─」（『千葉史学』二四号、一九九四年）

Ⅲ　高橋健一「戦国時代佐倉の鹿島宿─伝承の検討を中心として─」（『房総の郷土史』二〇号、一九九二年）

Ⅳ　滝川恒昭「常総の流通と布川新井氏―新井家旧蔵文書の紹介―」（『千葉県史研究』二号、一九九四年）
Ⅴ　内山俊身「戦国期簗田氏城下水海の歴史的位置―関東の二代河川流通路の結節点を考える―」（『そうわの文化財』四号、一九九五年）
Ⅵ　新井浩文「戦国期の利根川流路と交通―栗橋城と関宿城の機能を中心に―」（『研究報告』一五号、二〇一一年）
Ⅶ　石渡洋平「『家忠日記』にみる下総国の水陸交通」（『千葉史学』六二号、二〇一三年）

【執筆者一覧】

解題

石渡洋平　別掲

第1部　武士と宗教・文化

外山信司　一九五八年生。現在、千葉歴史学会会員。
木村　修　一九五一年生。元日本橋学館大学教授。
高橋健一　一九五三年生。元佐倉市役所職員。
浜名敏夫　一九三八年生。元千葉県旭光会事務局長。
角田吉信　一九六九年生。現在、会社員。
川戸　彰　一九三一年生。現在、一般社団法人日本考古学協会シニアフェロー。
小高春雄　一九五一年生。現在、千葉県大多喜町教育委員会。
日暮冬樹　一九六六年生。現在、佐倉市教育委員会学芸員。

第2部　交通と流通

阪田雄一　一九五三年生。現在、千葉県立犢橋高等学校教諭。
遠山成一　一九五四年生。現在、千葉県立佐倉東高等学校教諭。
滝川恒昭　一九五六年生。現在、千葉市史編集委員。

内山俊身　一九五四年生。元茨城県立歴史館首席研究員、元茨城大学人文学部非常勤講師。
新井浩文　一九六二年生。現在、埼玉県立歴史と民俗の博物館学芸主幹。

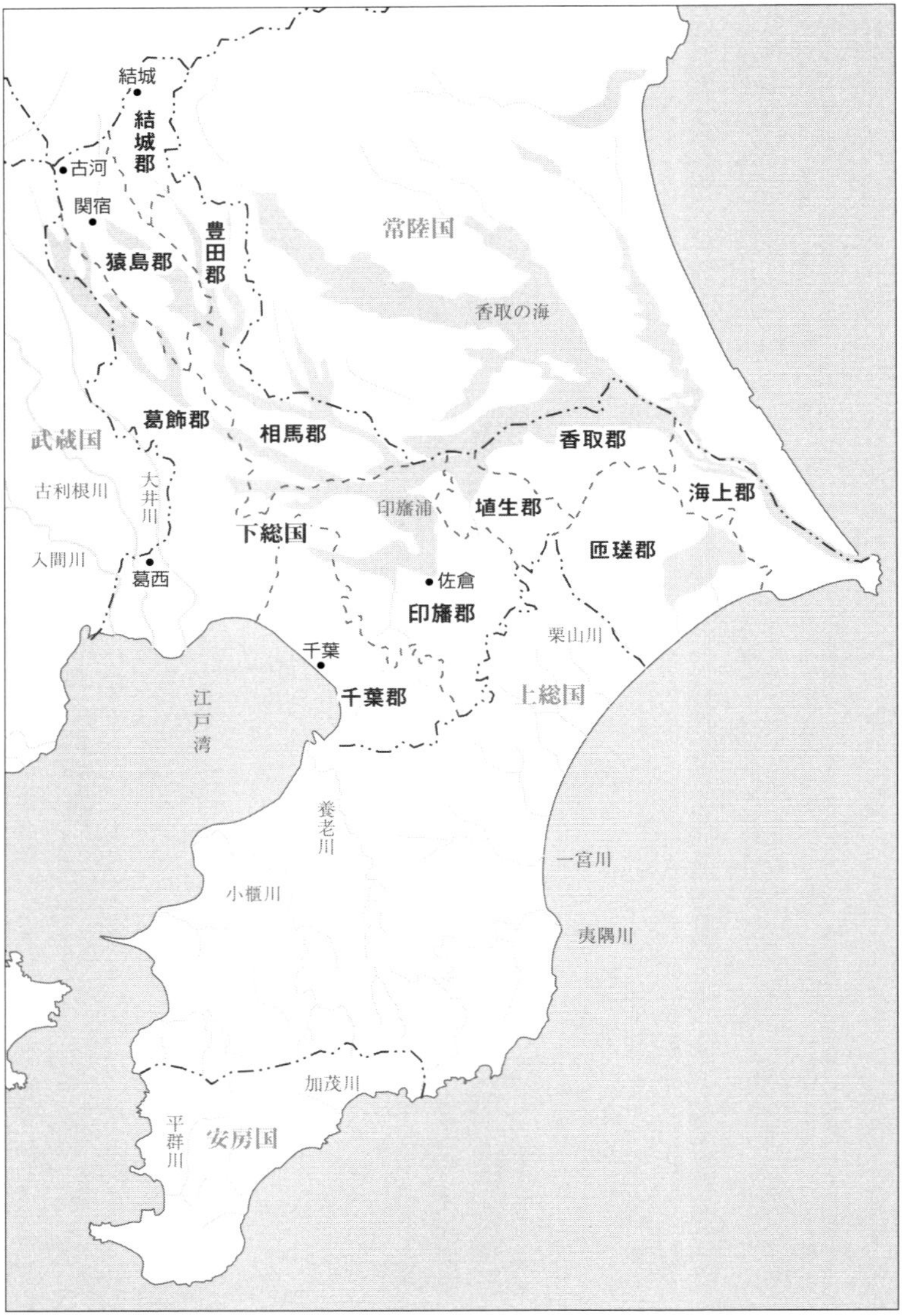

図　中世の下総国

本図は『千葉県の歴史』通史編中世（千葉県、2007年）192頁掲載の「下総国の中世荘園と公領の所在地」などを参考に作成した。

【編著者紹介】

石渡洋平（いしわた・ようへい）

1986年、千葉県生まれ
駒澤大学大学院人文科学研究科歴史学専攻修士課程修了。
千葉県文書館県史・古文書課嘱託を経て、現在、戎光祥出版株式会社編集部所属。
論文・分担執筆に、「戦国期下総一宮香取社をめぐる地域権力――下総千葉氏を中心に」（佐藤博信編『中世房総と東国社会』、岩田書院、2012年）、「戦国期下総国香取社大禰宜職の継承と動向」（『戦国史研究』第68号、2014年）、「戦国期下総海上氏の展開と動向―― 一族・家中・領域支配」（『駒沢史学』第83号、2014年）、大石泰史編『全国国衆ガイド〝地元の殿様たち〟』（星海社、2015年、担当下総国・上総国・安房国）、「安房里見氏と常陸鹿島神宮」（佐藤博信編『中世東国の社会と文化』、岩田書院、2016年）などがある。

装丁：川本　要

旧国《きゅうこく》中世《ちゅうせい》重要《じゅうよう》論文《ろんぶん》集成《しゅうせい》　下総国《しもうさのくに》

二〇一九年三月一日　初版初刷発行

編著者　石渡洋平
発行者　伊藤光祥
発行所　戎光祥出版株式会社
〒一〇二-〇〇八三　東京都千代田区麹町一-七
相互半蔵門ビル八階
電　話　〇三-五二七五-三三六一㈹
FAX　〇三-五二七五-三三六五
編集協力　株式会社イズシエ・コーポレーション
印刷・製本　モリモト印刷株式会社

ISBN978-4-86403-313-8